# 當代新儒學叢書

郭齊勇 高柏園
主編

# 郭齊勇新儒學論文精選集

郭齊勇 著

臺灣 學生書局 印行

# 當代新儒學叢書序

　　現當代新儒學思潮是從中國文化自身的大傳統中生長出來的、面對強勢的西方文化的挑戰應運而生的、20 世紀中國最具有根源性的思想文化的流派，是在現代中國反思與批判片面的現代性（包括全盤西化或俄化）的思想流派，也是在現代中國積極吸納西學、與西學對話，又重建傳統並與傳統對話的最有建設性與前瞻性的思想流派。這一思潮是非官方、非主流的，其代表人物都是在野的公共知識分子，故深具批判性與反思性，又是專家、學者兼教師，在哲學、史學與教育界等領域有著卓爾不群的建樹。這一思潮發揚中國傳統的人文精神，既有終極性的信念信仰，又不與自然或科學相對立，堅持社會文化理想與具體理性，揚棄工具理性，開啟了 21 世紀中國重釋、重建傳統與批判現代性弊症的文化走向，又延續至今，在中國思想文化界繼續發揮著積極健康的作用。在西化思潮席捲全球、包舉宇內的時代，國人把儒學棄之如敝屣，洋人視儒學為博物館、圖書館，當此情勢下，有現當代新儒家興焉。這一思潮的代表人物正視儒學為活的生命，真正能繼承、解讀、弘揚儒學的真精神，創造性地轉化包括儒家、道家、佛教等思想資源在內的傳統文化，把中華文明的精華貢獻給全人類，積極參與世界與中國現代文明的建構，其功甚偉！所以，這一學派雖然很小，影響力有限，在臺灣也是寂寞的，但因思想深刻，不隨波逐流，值得人們珍視。

　　現當代新儒學思潮形成於 1915-1927 年發生的東西文化問題論戰與1923 至 1924 年發生的「科學與人生觀」論戰期間。最早的代表人物是梁漱溟、張君勱、熊十力、馬一浮等。以上也可以視為本思潮發展的第一階段。以後的三個階段，時空轉移，頗有意思。第二階段發生在抗戰時期與勝利之後的中國大陸，第三階段發生在 1950 至 1970 年代的臺灣與香港地區，第四

階段發生在 1970 至 1990 年代的海外（主要是美國），改革開放後又由一些華人學者帶回中國大陸。第一階段可以簡稱為五四以後的新儒學（家），第二階段可以簡稱為抗戰時期的新儒學（家），第三階段可以簡稱為港臺新儒學（家），第四階段可以簡稱為海外新儒學（家），改革開放後返輸中國大陸。其代表人物包括三代四群十六人：第一代第一群：梁漱溟、熊十力、馬一浮、張君勱；第一代第二群：馮友蘭、賀麟、錢穆、方東美；第二代第三群：唐君毅、牟宗三、徐復觀；第三代第四群：余英時、杜維明、劉述先、成中英、蔡仁厚。此外，現代新儒家陣營中，還應包括如下人物：陳榮捷、陳大齊、謝幼偉、張其昀、胡秋原等。

　　隨著對現當代新儒學思潮與人物研究的開展，兩岸三地湧現出一批專家學者及其研究成果。

　　2015 年，友人、學者高柏園教授與我商量在臺灣學生書局出版當代新儒學叢書事，他提出了本叢書的構想、計畫及兩岸三地的作者人選。當時柏園兄擔任校長職，公務繁忙，諸事請學生書局主編陳蕙文女史籌畫。陳蕙文主編很有眼光，又很幹練，很快寫出本叢書出版與編輯計畫書，全面闡述了出版緣由及具體方案，祈望本叢書的出版，能更進一步闡明現當代新儒家學說，以利儒家思想之傳播，為民族復興盡綿薄之力。

　　本叢書名為：當代新儒學叢書。叢書主編是高柏園教授與在下。擬收輯臺灣、大陸、香港、海外學者共 30 位。每本字數：25-30 萬字。叢書各冊為論文集形式，各篇論文多寡長短不限，也不論其是否曾經發表出版。每冊書後附作者簡介，與該作者新儒學研究論著目錄。

　　本叢書各冊擬於 2020 年及以後陸續出版，衷心感謝各位作者及學生書局各位同仁的辛勤付出，懇望得到學術界、讀書界的朋友們的指教！

　　是為序。

郭齊勇

2019 年夏天於山東嘉祥

# 當代新儒學叢書序

　　子曰：必也正名乎！今逢《當代新儒學叢書》開始陸續出版之際，正可對「當代新儒學」一名之意義做一說明，並指出其中可能的發展與價值之所在。

　　儒學可大分為三期，其一為孔孟荀為主軸的先秦儒學，其核心關懷是周文疲弊的問題。其二為宋明新儒學，牟宗三先生認為其新有二義，其一是宋明理學之伊川朱子學，此為歧出轉向之新，其二是伊川朱子學之外者，其乃調適上遂之新。宋明儒學的核心關懷是回應佛老在文化與學術上之挑戰，並積極建構儒學自身的學問系統。今日所言之當代新儒學乃是屬於中國哲學史上第三期儒學，其代表性人物有熊十力、梁漱溟、張君勱、唐君毅、牟宗三、徐復觀等人，其核心關懷乃是中國及其文化，在面對西方文化入侵與挑戰之時，如何一方面靈根自植，真實護持中國文化之價值，另一方面遍地開花，對文化、民主、科學等問題，予以全面性、整體性的批判、回應與建構。其實，這樣的關懷並非當代新儒家的專利，也是當代中國人的共同關懷，而當代新儒家之為當代新儒家，乃是對此問題有其特殊的角度與立場，此即是當代新儒學的特質所在，也可以說是當代新儒學的理論性與系統性所在。

　　儒釋道三教是中國文化的主要內容，而三教之為三教在其有各自的教相，也就有其特殊性與系統性，缺少系統性就無法成為一套特殊的立場與教相。當代新儒家的教相或系統性有三個重點：其一是道德的理想主義，理想主義可以有不同型態，而當代新儒家乃是以道德為首出的理想主義。道德的理想主義不但不排除任何客觀知識，反而是要吸收、消化客觀知識，以幫助其道德理想之實現，因此當然不是反智論。同時，道與德乃是對所有人開放

的存在，因此也沒有人有絕對的優位性去宰制他人，反而是尊重每個人對道德的體會與價值的實現，當代新儒家在此排除了良知的傲慢與文化的自大，而是重視對話、溝通與和諧。以道德的理想主義為基礎，當代新儒家特別強調生命實踐之學的重要與必要。道德的理想主義不只是一種理念，更是一種實踐的方向與內容，而此方向與內容也就落在日常生活中加以實現，也就是一種生命的學問，一種生命實踐之學。如佛經所謂「說食不飽」，生命之學不只是知道聖賢之道，而更要成為聖賢，具體真實地善化、實現、圓滿我們的生命。因為生命之學的推動，道德的理想主義才在具體的實踐中彰顯天道性命之永恆與普遍。更進一步，則無論是道德的理想主義或是生命實踐之學，都是在仁心無限的基礎上展開。仁者親親仁民愛物，其心一方面自覺、自在、自由，一方面則以一切存在為其所關懷、參與、與轉化的對象與內容，此即所謂自由無限心。此自由無限心之圓滿境界，即是天人物我合一之學，此義分四層，天是指超越界，說明儒家並非只是侷限在人間世，而保有一定的超越性。此超越性也呈現為一種無限性與絕對性，滿足儒家的宗教性。地則說明人與存在之關係，所謂「萬物皆備於我」、「大人者與天地萬物為一體」，接著強調人與自然、人與環境的本一與合一。本一就存在說，合一就價值說，其本一也。如果只是偏指自然環境，則人便是特指人文社會的存在，也就是文化的內容。孔子盛讚周文之郁郁乎文哉，其實也正是強調人文化成的價值與重要。人固然是活在自然環境之中，然而人也同時活在人文世界、意義世界之中，人是以其傳統文化為其前理解，進而與世界進行溝通與互動。而當代新儒家之重視道德，其實也就是重視文化，重視我們生命不可或缺也無可逃的前理解。這樣的態度並不是一種封閉的命定主義，而是指出歷史文化的必然影響，當我們如是說時，其實也說明我們對歷史文化已有充分的自覺與反省，這也就成為我們由繼承而創造，日新又新的動力與基礎所在。道德是自覺，而理想主義就表現為動力與目標，知行一也。知行無他，即是我之知、我之行，也就是人的主體性與主體自覺之問題。主體並非憑空而至，它乃是在歷史文化與生活世界中，逐步成長的存在。它具有歷程性、開放性與超越性，它是在我們的道德實踐的過程中，逐步形成的價值內

容的創造者與參與者，它具價值義與實踐義。所有的道德工夫修養，皆是依心而發，也就是主體性的自我實現的自覺表現。

　　孟子讚孔子為聖之時者，今由天地人我合一之學觀之，則當代新儒家除了繼承並發揚傳統文化之價值之外，尤其重視時代的感受與回應。21 世紀的人類文明與宗教問題，這是天；人與環境、自然之關係，這是地；人與社會、家庭之關係，這是人；人與自己的心靈、身心之關係，這是我。我想，面對 21 世紀當代新儒家並未缺席，反而更積極地參與世界的改造與進化。以中華文化、孔孟思想、宋明理學、當代新儒家為前理解，以獨特的思想提供給人類社會，這是我們的責任與義務，也是我們的價值與喜悅。

　　《當代新儒學叢書》得以出版，要感謝學生書局陳仕華教授的倡議，郭齊勇教授的支持，學生書局陳蕙文小姐與其團隊的努力，以及所有學者的共襄盛舉。叢書的出版一方面是總結成果之豐碩，更重要的是它將成為我們了解儒學之前理解，從而將迎來更令人讚歎的學術文化迴響，人能宏道，非道宏人。且讓我們以豪傑之士自許，雖無文王，而儒學猶興。

高柏園

序於淡江大學中文系

2019 年 8 月 1 日

# 郭齊勇新儒學論文精選集

# 目　次

## 附　錄

## 後　記

# 綜論現當代新儒學思潮

現當代新儒學思潮[1]是從中國文化自身的大傳統中生長出來的、面對強

---

[1]　「新儒家」（Neo-Confucianism），用以指宋元明時期的道學或理學，最初是馮友蘭為方便西方漢學界而使用的名詞，卜德（Derk Bodde）譯馮氏《中國哲學史》使之成為英譯宋明道學或理學的專門用語，張君勱、陳榮捷、狄百瑞（Wm. Theodore de Bary）等都使用之，這一術語後又返輸中土。自 20 世紀 70 年代中期以降，臺灣與旅居美國的華人學者又用「新儒家（學）」指五四新文化運動以後旨在復興精神性的儒家或儒學的思潮、流派與學者。為區別於宋明理學，後來一般又以「現代新儒學（家）」或「當代新儒學（家）」指代後者。1976 年，張灝的英文論文〈新儒家與當代中國的思想危機〉在美國正式發表。1982 年 8 月 1 日，臺北《中國論壇》雜誌社在臺召開「當代新儒家與中國現代化」座談會，會議由李亦園、韋政通主持，余英時、劉述先、張灝、林毓生、金耀基等發言，對現當代新儒家的定義、範圍、意義等作了廣泛的討論。一般以這一會議作為從學術上研究現當代新儒學思潮的濫觴。劉述先又區分前面說的一般的「現代新儒學」（Contemporary New Confucianism）與「當代新儒家」（Contemporary Neo-Confucianism），後者指熊十力至劉述先一系強調心性之學的學者。我持開放的儒學觀，對現代新儒學（家）廣義視之，沒有這種細分。詳見：羅義俊編著：《評新儒家》（上海：上海人民出版社，1989 年）；景海峰編：《當代新儒家》（北京：三聯書店，1989 年）；劉述先：《論儒家哲學的三個大時代》（香港：香港中文大學出版社，2008 年）。中國大陸學者全面性地評述、研究這一思潮的著作有：鄭家棟：《現代新儒學概論》（南寧：廣西人民出版社，1990 年）；宋志明：《現代新儒家研究》（北京：中國人民大學出版社，1991 年）；方克立：《現代新儒學與中國現代化》（天津：天津人民出版社，1997 年）；鄭家棟：《當代新儒學史論》（南寧：廣西教育出版社，1997 年）；顏炳罡：《當代新儒學引論》（北京：北京圖書館出版社，1998 年）；郭齊勇：《郭齊勇自選集》（桂林：廣西師範大學出版社，1999 年）；黃克劍：《百年新儒林——當代新儒學八大家論略》（北京：中國青年出版社，2000 年）；陳來：《現代中國哲學的追尋——新理學與新心學》（北京：人民出版社，2001 年）；景海峰：《新儒學與二十世紀中國思想》（鄭州：中州古籍出版社，2005 年）；李翔海：《民族性與時代性

勢的西方文化的挑戰應運而生的、20 世紀中國最具有根源性的思想文化的
流派，是在現代中國反思與批判片面的現代性（包括全盤西化或俄化）的思
想流派，也是在現代中國積極吸納西學、與西學對話，又重建傳統並與傳統
對話的最有建設性與前瞻性的思想流派。這一思潮是非官方、非主流的，其
代表人物都是在野的公共知識分子，故深具批判性與反思性，又是專家、學
者兼教師，在哲學、史學與教育界等領域有著卓爾不群的建樹。這一思潮發
揚中國傳統的人文精神，既有終極性的信念信仰，又不與自然或科學相對
立，堅持社會文化理想與具體理性，揚棄工具理性，開啟了 21 世紀中國重
釋、重建傳統與批判現代性弊症的文化走向，延續至今，在中國思想文化界
繼續發揮著積極健康的作用。一百年來，在西化思潮席捲全球、包舉宇內的
時代，國人棄儒學如敝屣，洋人視儒學為博物館，當此情勢下，有現當代新
儒家興焉，正視儒學為活的生命，真正能繼承、解讀、弘揚儒學的真精神，
創造性地轉化包括儒釋道在內的傳統文化資源，將中華文明的精華貢獻給全
人類，積極參與世界與中國現代文明的建構，其功甚偉！所以，這一學派雖
然很小，影響力有限，在臺灣也是寂寞的[2]，但因思想深刻，不隨波逐流，
值得人們珍視。

# 一、本思潮產生的社會歷史文化背景

百多年來，中國文化走過了之字形的道路。傳統中國社會是儒家型的社
會，傳統中國文化是以儒學為主幹的文化。鴉片戰爭之後，先進的中國士
子，在救亡圖存、求強求富的心結之下，以先進／落後的二分法為思維框
架，無視國際形勢背景與政治、經濟、軍事、外交等複雜因素，想當然地將
國勢衰微的原因全算在中國文化傳統的身上，要傳統文化，特別是儒家文化

---

　　——現代新儒學與後現代主義比較研究》（北京：人民出版社 2005 年）；羅義俊：
　　《生命存在與文化意識：當代新儒家史論》（上海：學林出版社，2009 年）。請讀
　　者詳參。

**2**　詳見牟宗三、唐君毅等著：《寂寞的新儒家》（臺北：鵝湖出版社，1996 年）。

負全責，於是就有了貶斥、糟蹋祖宗文明的一波又一波的所謂「文化運動」，儒家（包括經學）首當其衝，遭受到全面的背棄與踐踏。

中華民族的海上與陸上的絲綢之路久矣遠矣，因其「忠孝、仁愛、信義、和平」的性格，從未對所到之地實行殖民統治與擴張。然自所謂「新大陸」的被「發現」始，西方資本主義列強以其文化稟性，令人發指、滅絕人性地毀滅土著人（原住民）之人種與文明，繼之稱霸全球。19 世紀中期之後，中國傳統社會與文化在西方列強的入侵下逐步解體，自此步入今天所謂「全球化」進程。中國社會與文化本身充滿活力，又自有更生、創新精神，其內在地發展潛能，自可以走上從傳統文明到現代文明的漸進發展的道路，然而自「被現代化」以降，受世界政治格局的影響，自身的發展被強制地阻隔與扭曲，乃至於今天產生諸多問題，如民間社會空間狹小，社會文化幾近「無本無根」等。當然，中國能獨立自強的最大的原因，還是中國社會與文化自身仍有其力量。

現當代新儒學思潮不是孤立產生的，它屬於文化守成主義的大的範疇。文化守成主義非我國一國所特有，而是國際文化現象。伴隨著現代化由西方向全世界推進，每個地區、每個民族的現代化過程幾乎都表現為對西歐近代文化的普遍價值既吸納又排拒的雙向對流過程。在現代化的過程中，西方和非西方皆出現了以認同、回歸民族文化傳統為特點，表面上排拒，實際上吸納西方近現代文化的某些重要價值的文化保守主義思潮。它形式上反現代化，實際上卻是促成各民族文化現代化的一個重要的方面。其典型的代表人物有德國浪漫主義思想家與文化民主主義思想家哈曼、謝林、赫爾德和耶拿大戰以後的費希特，英國的柏克、卡萊爾，俄國的陀思妥耶夫斯基，印度的辨喜、古斯、依克巴、泰戈爾、甘地，中國的辜鴻銘、吳宓、梅光迪、後期梁啟超、梁漱溟、張君勱、熊十力、馬一浮，以及他們的前驅章太炎，日本的岡倉覺三、北一輝、和辻哲郎、西田幾多郎，及非洲、中東的某些學者[3]。

---

[3] 參見〔美〕艾愷（Guy Alitto）：《文化守成主義論》（臺北：時報文化出版企業公司，1986 年）。

現代性的後果是多方面的，其中負面的東西，首先遭到英法特別是德國思想家的批評，繼而遭到東歐、南歐思想家的批評，並隨著帝國主義的殖民擴張，引起了亞、非、拉丁美洲思想家的批評。不能認為這些批評都是錯誤的、不識時務的，實際上，這些批評本身就是現代化的一個重要的組成部分，因為這些地區或國家的現代化決不可能是英國化或法國化，這些地區的知識分子也不可能不審視人類精神文化價值的部分失落的問題。

美國學者史華慈（B. Schwartz）認為，18 世紀末與 19 世紀初出現的保守主義與自由主義和激進主義是不可分離的整體，他們三者是「在許多共同觀念的同一架構裏運作」的，「而這些觀念是出現於歐洲歷史的某一時期」的；西方「保守主義起於對啟蒙運動之主流的『辯證的反動』」，英、德的保守主義是針對法國革命這樣激烈的社會政治變革的；「現代中國保守主義主要是『文化的保守主義』，根本上並不是墨守現行之社會政治現狀的『社會政治的保守主義』」；「可以用『傳統主義者』而不用『保守主義者』來描述現代中國的所有這些人，如章炳麟、熊十力、梁漱溟和其他宣稱過去的理念和價值對他們仍具有效的人」[4]。史華慈認為，20 世紀的中國幾乎沒有全盤肯定現行的社會秩序的英國柏克式的保守主義，有的只是受民族主義情感所影響，肯認傳統文化價值而很少肯認當時的政治秩序的保守主義（陶希聖是一個例外）。

現代化從易北河以西的歐洲部分向易北河以東的地區乃至全世界推進，幾乎給這些地區都帶來了「文化危機」。這些地區在推就之間，走上了民族文化啟蒙或現代化的特殊道路。「西化」還是「本土化」，「體用之別」，「內外之異」，並非我國所專有。「西方文化派」與「本土文化派」的論戰，更為普遍。

---

[4] 〔美〕史華慈（Benjamin I. Schwartz）著，林鎮國譯：〈論保守主義〉，傅樂詩（Charlotte Furth）等著，周陽山等編：《近代中國思想人物論——保守主義》（臺北：時報文化出版企業公司，1980 年），頁 20-21、33-34。傅樂詩編的本書英文版《變革的限制——論民國時代的保守主義》一書 1976 年在美國出版，本書是西方討論現當代新儒家之肇端，收錄了史華慈、傅樂詩、張灝、艾愷、杜維明等人的論文。

　　在這種文化危機中，文化保守主義者逐漸認同西方科學與民主的價值，同時提出了值得深究的兩個方面的課題：其一是，經濟、政治層面的現代化固然帶來文化習俗、觀念的現代化，但這種變化並不必然蘊含文化價值層面上的全面反傳統，現代化終究是各民族的現代化；其二是，科技理性的過分膨脹和工業文明對整合的人性的肢解，出現了人的真實存在性的喪失並化為抽象性的危機，因此，不能不重新省視人與自然的關係問題（環境污染與生態破壞）、人與社會的關係問題（社會異化），特別是人的生命存在、道德境界、精神價值與安身立命的問題，人之心性情才的全面發展的問題。前者屬現代化的民族化的範疇，後者屬現代化過程中的人及人與天、地、人、物、我的關係的範疇。我們顯然不能將提出如此重大議題的思想流派排除在中國的現代化進程與五四啟蒙傳統之外。

　　作為文化守成主義的重要組成部分，現當代新儒學的背景是價值系統的崩潰、意義結構的解體和自我意識的喪失。近現代中國的思想危機是「意義的危機」，即人們對於人生、宇宙的基本意義的看法與信仰的危機。中國現代知識分子在外來思潮衝擊下所出現的「精神的迷失」格外地顯著。「除了價值和存在的迷失，精神危機另有深沉的層面，這層面頗難為名，且謂之『形上的迷失』。由於全然採用傳統宗教和哲學的形上世界觀，過去的中國知識分子生活於睿智的世界中。到了現代，科學的輸入成了傳統世界觀的強力溶劑。對許多受過教育的中國人來說，科學的衝擊並非全然的困擾，因為使外在世界更加合理這一點上，科學的確開出了一條新途。但是科學提供的睿智是有其限制的。因為科學雖然能回答許多『什麼』和『如何』的問題，可是對於『究竟因』卻無法不緘默。因此，科學因其本質之故，無法取代傳統中廣涵一切的世界觀。」[5]

　　多年以來，在對近代文化、五四新文化的研究中，我們總是將主張文化的「西化」或「蘇俄化」的自由主義、科學主義、社會主義、激進主義思潮

---

5　張灝著，林振國譯：〈新儒家與當代中國的思想危機〉，傳樂詩（Charlotte Furth）等著，周陽山等編：《近代中國思想人物論──保守主義》（臺北：時報文化出版企業公司，1980年），頁373-375。

看作是進步的、革命的。這種看法並不全面。實際上，離開了民族主義、保守主義，上述思潮便失去了張力。進一步說，在中國現代化的過程中，後者不僅是前者的對立互補要素，而且它本身也是民族文化現代化重建的重要的動力之一。換言之，與自由主義、科學主義、社會主義等思潮相互對立而又相輔相成的文化保守主義，也是五四思潮和五四傳統不可或缺的組成部分。晚清經學，無論是古文經學（章太炎為代表），還是今文經學（廖平、康有為為代表），不惟文化守成主義與疑古學派受其陶染，以上諸思潮都不同程度受其影響。章、廖、康等可謂同時開啟了幾道閘門。即使是五四運動，在一定的意義上，與《時事新報》副刊《學燈》上大量發表的評介西方思潮的文章也不無關係。而這一副刊，張君勱主筆於前，張東蓀繼之於後。要之，以上諸思潮是相互影響、相輔相成的，而非絕對對立的。中國的現代化過程，是不同思潮相互激蕩、共同耦合的過程。文化守成主義在其中也起了正面的作用，而且它的生命力還將繼續存在下去。

　　以下，我們梳理一下文化守成主義的歷程[6]。

　　前五四時期的文化保守主義的著名代表是國粹派——章太炎和劉師培。眾所周知，他們是當時社會政治秩序的挑戰者。在政治層面上，他們是激進派；在文化層面上，他們則對 19 世紀 90 年代中國倫理精神的危機做出了保守主義的回應。他們對外來文化的吸納和本土文化的闡揚都非常駁雜。在日本明治維新以後由三宅雪嶺、志賀重昂所提倡的「保存國粹可以強國」的思想影響下，1904 年冬，劉師培與鄧實、黃節組織了「國學保存會」，次年初創辦了《國粹學報》。1906 年，章太炎出獄赴日，號召用國粹激勵種性，增進愛國的熱腸。不久，東京留學生中成立「國學講習會」，由章太炎主講；旋又成立「國學振起社」，章任社長，錢玄同和魯迅兄弟參與[7]。同

---

6　參見郭齊勇：〈試論五四與後五四時期的文化保守主義思潮〉，1989 年 5 月國家教委紀念五四 70 周年學術會議入選論文；原載臺灣《中國文化月刊》第 121 期（1989年 11 月）；又載《歷史的反響》（香港中文大學中國文化研究所、香港三聯書店，1990 年 5 月）；又載黑龍江《學習與探索》雜誌 1990 年第 1 期。

7　魯迅的〈文化偏至論〉正是這一時期的作品，基本上反映了國粹派和尼采的文化觀。

時，劉師培、章太炎改變《民報》編輯方針，使之變成深奧的國學刊物。在此先後，嚴復、梁啟超轉化到紹述國學的立場。

國粹派的基本口號是「學亡則亡國，國亡則亡族」，基本思路是以保文化來救國家、救民族，以國粹為立國之根本源泉。國粹派對社會進化、工業化與文化價值和道德理性的背反，表示了困惑和不安。他們從歷史、語言、文化與種族的具體而特殊的關係出發，界定「中國性」，探尋文化價值之源。他們的思考，不僅成為 20 世紀文化保守主義的濫觴，而且成為包括胡適、魯迅、顧頡剛、郭沫若等在內的各派學者的思想資源之一。

五四時期的文化保守主義者，與《新青年》派分庭抗禮的，有大家所熟知的《東方雜誌》主編杜亞泉（筆名傖父）及其繼任者錢智修和作者陳嘉異，有《甲寅》週刊的主編主撰章士釗（孤桐），有《歐遊心影錄》的作者梁啟超和《東西文化及其哲學》的作者梁漱溟等。1915-1927 年發生的東西文化問題論戰，就文化保守主義這一方而言，在所謂「東方精神文明」、「西方物質文明」和「回過頭去走儒家孔子的道路」等等朦朧論說之中，仍然包含著部分的真理，例如，揭示帝國主義戰爭所暴露的人類文明的危機，對科學萬能論的懷疑，發掘傳統文化中的不同於西學的價值，關於世界文化比較研究的多元參照，關於人類文化起源、發展路向和現代化道路的多樣性及文化的民族性問題的討論等等，不能說沒有借鑒意義。其實，杜亞泉為將西方科學教育引入國民教育系統做了大量工作。

1923 至 1924 年發生的「科學與人生觀」論戰，站在科學派健將對面的玄學家是極力推行西方民主政治的張君勱、張東蓀，以及林宰平、梁啟超（中間偏玄）等。科學派的丁文江、唐鉞、吳稚暉、王星拱、胡適等主張實驗主義、馬赫主義、新實在論，而玄學派則主張倭伊鏗、柏格森、杜里舒哲學。從一定意義上說，這場論戰是西方哲學界科學主義與人文主義爭論的繼續。與東西文化問題論戰一樣，科玄論戰的水準不高，不可能解決科學與哲學、科學與人生觀、精神文明與物質文明、客觀必然與意志自由等等問題，但將這樣一些問題提出來討論，則是我國思想界的一大進步。張君勱指出純科學解決不了人生問題和文化、歷史問題，認為中國經濟、政治、文化的改

造，不能忽視道德修養，應防止西方文明的流弊，協調精神文明與物質文明。現在看來，這些看法都非常有意義。

　　1922 年創刊的《學衡》雜誌，在 10 多年內（1933 年停刊）聚集了一批文學和史學界精英，成為文化守成主義的重鎮[8]。《學衡》宗旨為「論究學術，闡求真理，昌明國粹，融化新知，以中正之眼光，行批評之職事，無偏無黨，不激不隨」。吳宓、梅光迪、湯用彤等提出的「東西歷史民性的差異性」問題，選擇中西文化真正的精華加以融會貫通的問題，摒棄淺薄、狹隘的學風的問題，都有積極的意義。「學衡」派對中西文化作過切實的研究，有透闢的學理分析，因而主張既「保存國粹又昌明歐化」，既反對菲薄國學又反對保守舊化，批評科玄論戰雙方引進的西學（如前者引進的杜威、羅素，後者引進的柏格森、倭伊鏗），「均僅取一偏，失其大體」，主張忠實全面地介紹、闡揚包括柏拉圖、亞里斯多德和孔子、墨子、莊子、佛教經典在內的東西方文化精粹[9]。《學衡》連載的繆鳳林的〈中國民族西來辨〉、柳詒徵和陸懋德分別撰著的〈中國文化史〉，都有極高價值[10]。

　　「學衡」派沿著「國粹」派的思路，更加強調政治的根本在於道德；在

---

[8]　《學衡》的主編是吳宓，參與者有梅光迪、劉伯明、柳詒徵、湯用彤等；主要撰稿人還有：王國維、陳寅恪、蒙文通、胡先驌、張蔭麟、郭斌和、釋太虛、繆鳳林、劉盼遂、鄭鶴聲、劉永濟、景昌極等。

[9]　詳見梅光迪：〈評提倡新文化者〉，吳宓：〈論新文化運動〉，湯用彤：〈評近人之文化研究〉，繆鉞：〈與學衡編者書〉，分別載於《學衡》1922 年 1、4、12 期；1926 年第 56 期。

[10]　侯健〈梅光迪與儒家思想〉（《近代中國思想人物論——保守主義》第 272 頁）還介紹了一些《學衡》的盟友，如章太炎、黃侃、吳梅、汪榮寶、朱祖謀、吳芳吉、錢基博等。與《學衡》性質相同的同人刊物，還有《史地學報》（南高，1921-1924）、《湘君季刊》（長沙明德學院，1922）、《國學叢刊》（南高，1923-1926）、《華國月刊》（1923-1926）等；其後還有《國風》、《國命》、天津《大公報》副刊等。又，吳芳吉的朋友，與吳同年生卒的蜀中大學者劉咸炘，字鑒泉，學富五車，中西會通，著《推十書》凡二百三十一種。劉鑒泉亦屬於這個陣營。詳見業師蕭萐父：〈劉鑒泉先生的學思成就及其時代意義〉，《吹沙二集》（成都：巴蜀書社，2007 年）。

文化哲學的取向上，「學衡」派推崇白璧德（I. Babbitt）、莫爾（P. E. More）、薛爾曼（S. P. Sherman）等美國的新人文主義者。白氏等人提倡人文道德、反對文藝與生活中粗淺濫汙、浮靡頹廢的趨勢，拒斥科學一元論，認為文化與人生的規律根本不同於自然與生物的規律。

1925 年成立，維持 4 年之久的清華國學研究院也是其中的重鎮。該院主持者是吳宓，先後執教的導師有王國維、梁啟超、趙元任、陳寅恪。該院風格兼取中西之長。從該院畢業的學生有 74 人，大多成為人文教學和研究的種子。其著者有王力、劉盼遂、劉節、高亨、謝國楨、姚名達、徐中舒、蔣秉南、姚薇元、姜亮夫等。

1905 年清廷廢除科舉，1912 年中華民國首任教育總長蔡元培下令廢止中小學與師範學校讀經，這都是儒學在制度上受到重創的大事件。1919 年五四運動以降，西化狂潮席捲宇內。儘管如此，1920 年代至 1940 年代，有關國學、儒學的基礎教育在公私立中小學中仍普遍受到重視，中小學生的國學基礎比較好，公私立大學的中文、國文系也辦得很好，甚至連所有的教會大學都相繼建立了相當不錯的國文系，專門學校如無錫國學專科學校等更不待言。作為通識教育的「大學國文」課程建構起來並起了重要作用。彼時社會民間文化的空間比較大，在官、民、學三股力量的支持下，1920 年代末至抗戰前，國學、國醫、國藥、國藝、國樂、國術、國畫、國劇等都興盛起來，形起了「國字號」的社會文化運動。這些恰好是在借鑑西學及中西學合流的背景下產生的，文化守成主義思潮無疑在其中起到了重要的作用。

1935 年 1 月，國民政府官方和陳立夫授意陶希聖、何炳松、王新命、黃文山、薩孟武等十教授發表〈中國本位文化建設宣言〉，引起了關於本位文化問題的論戰。〈宣言〉遭到真正的「全盤西化派」的陳序經和主張「充分世界化」的胡適等人的批判。具有強烈官方色彩的《文化建設月刊》（1924-1937）學派在持論基點上與「國粹」、「學衡」和我們下面要談到的「現代新儒家」有一個很大的區別，即他們是「把價值建立在民族文化本身的現世層面，並且因而他們的現代化理論以科學主義式的混合主義為基礎。他們強調科技是歷史發展的樞紐，科學思想就是現代社會秩序的自然伴

隨物，並且主張按照科學標準來調和中西方的精華」[11]。陶希聖等「文化建設派」政治上的保守主義，認同當今而不是發掘過去，以科學主義而不是以人文主義持論，都表明他們不是文化保守主義的主潮。但應當承認，他們在知識界仍有一定的影響。

　　作為文化守成主義的組成部分，現當代新儒家並非異軍突起。孔子說：「德不孤，必有鄰。」（《論語・里仁》）從國粹派、東方文化派、玄學派、學衡派、國字號運動到現當代新儒家，有著千絲萬縷的聯繫，其關係錯綜複雜。以上社會文化的土壤，孕育了現當代新儒學思潮。當然，其深層次原因仍要歸結到近現代中國的民族危機與人的意義危機。

## 二、本思潮形成、發展的諸階段與諸人物

　　現當代新儒學思潮形成於 1915-1927 年發生的東西文化問題論戰與1923 至 1924 年發生的「科學與人生觀」論戰期間。最早的代表人物是梁漱溟、張君勱、熊十力、馬一浮等。以上也可以視為本思潮發展的第一階段。以後的三個階段，時空轉移，頗有意思。第二階段發生在抗戰時期與勝利之後的中國大陸，第三階段發生在 1950 至 1970 年代的中國臺灣與香港地區，第四階段發生在 1970 至 1990 年代的海外（主要是美國），改革開放後又由一些華人學者帶回中國大陸。第一階段可以簡稱為五四以後的新儒學（家），第二階段可以簡稱為抗戰時期的新儒學（家），第三階段可以簡稱為港臺新儒學（家），第四階段可以簡稱為海外新儒學（家），改革開放後返輸中國大陸。

　　1986 年開始的十多年間，方克立、李錦全二教授領導了有國內三十多位學者參加的「現代新儒家思潮研究」課題組，從資料整理、學案編撰等工作開始，直至專人、專題研究，產生了一大批學術成果。我個人也有幸參與

---

[11]　〔美〕傅樂詩（Charlotte Funh）著，廖仁義譯：《現代中國保守主義的文化與政治》，傅樂詩（Charlotte Furth）等著，周陽山等編：《近代中國思想人物論——保守主義》（臺北：時報文化出版企業公司，1980 年），頁 71。

其事。課題組選擇的研究對象的名單，逐步完善，最後編入「現代新儒學輯要叢書」或專人研究系列叢書的，包括三代十五人：第一代：梁漱溟、張君勱、熊十力、馬一浮、馮友蘭、賀麟、錢穆、方東美；第二代：唐君毅、牟宗三、徐復觀；第三代：余英時、杜維明、劉述先、成中英[12]。

　　爾後，劉述先綜合諸家，提出了三代四群（十五人）的架構：

　　第一代第一群：梁漱溟（1893-1988）、熊十力（1885-1968）、馬一浮（1883-1976）、張君勱（1887-1969）。

　　第一代第二群：馮友蘭（1895-1990）、賀麟（1902-1992）、錢穆（1895-1990）、方東美（1899-1977）。

　　第二代第三群：唐君毅（1909-1978）、牟宗三（1909-1995）、徐復觀（1903-1982）。

　　第三代第四群：余英時（1930-）、劉述先（1934-2016）、成中英（1935-）、杜維明（1940-）。

　　劉述先說：「把這個架構與現代新儒家思潮的四波發展配合起來看，就可以大體把握到這一思潮的脈動。」[13]我認為在第三代第四群中還應增加蔡仁厚（1930-2019），故本節重點介紹以上十六人。蔡仁厚繼承牟宗三的思想，亦有自己的創獲。實際上，在更廣義的現代新儒家陣營中，我認為至少還應包括如下人物，即 1949 年以後在美國的陳榮捷（1901-1994），在臺灣的陳大齊（1886-1983）、謝幼偉（1905-1976）、張其昀（1900-1985）、胡秋原（1910-2004）等人。他們也有非常了不起的，甚至不亞於本節重點介紹之人物的貢獻，但因我未展開深入研究，加之與本思潮主流確實有不小差

---

12　詳見方克立：《現代新儒學與中國現代化》（天津：天津人民出版社，1997）。中國大陸地區學者們有關現代新儒學的資料整理、個案與整體研究的情況，請詳見郭齊勇：〈近 20 年中國內地學人有關當代新儒學研究之述評〉，《人文論叢》2001 年卷（武漢大學出版社，2002 年）；胡治洪：〈近 20 年我國大陸現代新儒家研究的回顧與展望〉，徐洪興主編：《鑒往瞻來──儒學文化研究的回顧與展望》（復旦大學出版社，2006 年）。

13　劉述先：《論儒家哲學的三個大時代》（香港：香港中文大學出版社，2008 年），頁 192。

異，故本書未及討論。

這一思潮在五四之後的興起，上文已經說明。以下我們講第二階段：本思潮在民族復興、貞下起元的抗戰期間獲得的長足發展。在此期間，出現了大量的融會中西印思想文化精華、富有民族特色的史學著作和哲學著作。其中包括熊十力富有原創性的《新唯識論》（語體文本）、《讀經示要》；馮友蘭的《新理學》等「貞元六書」；賀麟的《近代唯心論簡釋》；錢穆的《國史大綱》；馬一浮的《泰和宜山會語》、《復性書院講錄》；唐君毅的《道德自我之建立》等。抗戰勝利之後，還有梁漱溟的《中國文化要義》、賀麟的《文化與人生》等。這些著作表明，這一時期的中國知識分子，能夠以比較健全的心態認識和理解東西文化及其哲學，既不滿足於轉手稗販，又不沉溺於盲目陶醉；對於傳統文化的認同，有了比較清醒的理性的依據，對於現代世界必然之勢的認同，則增加了情感的強度；在對古今中外文化精髓有了深切瞭解的前提下，綜合熔鑄，試圖創造出新的文化系統。

這一時期本思潮代表人物的主要活動有：1939-1940 年間，馬一浮、梁漱溟、張君勱分別在樂山、北碚和大理創辦了旨在弘揚並復興中華文化的復性書院、勉仁書院和民族文化書院。1941 年，《思想與時代》雜誌[14]創刊號刊載賀麟〈儒家思想的新開展〉一文，臺港和海外學者普遍視其為「現代新儒學」或「現代新儒家」宣言。該文明確提出了「以儒家思想或民族精神為主體去儒化或華化西洋文化」，否則，「中國將失掉文化上的自主權，而陷於文化上的殖民地」；認為民族文化的復興主要是儒家文化的復興，「假如儒家思想沒有新的前途、新的開展，則中華民族以及民族文化也就不會有新的前途、新的開展」。賀麟認為，五四時代的新文化運動是促進儒學發展一大轉機，因為它「破壞和掃除儒家的僵化部分的軀殼的形式末節，及束縛個

---

[14] 《思想與時代》雜誌，由遷徙到遵義的浙江大學張蔭麟等發起創辦，主事者還有張曉峰（其昀）、謝幼偉等。張蔭麟 1942 年 10 月去世後，該刊由謝幼偉主編，先後在貴陽印行了 40 期，復員後於 1946 年 12 月在杭州復刊。這一刊物經常發表熊十力、錢穆、馮友蘭、賀麟、賀昌群、朱光潛、洪謙、周一良、韓德培、繆鉞、唐君毅等人的文章。

性的傳統腐化部分。它並沒有打倒孔孟的真精神、真意思、真學術，反而因其洗刷掃除的工夫，使得孔孟程朱的真面目更是顯露出來」[15]。

抗戰時期在大後方與《思想與時代》相類似刊物還有唐君毅與周輔成合辦的《理想與文化》，以及《中國文化》（四川璧山，1945 年創刊），《圖書集刊》（四川省立圖書館，1942 年創刊）等。1947 年，牟宗三和徐復觀在南京分別創辦了《歷史與文化》和《學原》，其中尤其是《學原》，成為現代新儒家的重要陣地。

然後我們看第三階段。1949 年，錢穆、唐君毅、張丕介在香港創辦「新亞書院」；徐復觀在香港創辦《民主評論》；1951 年，王道在香港創辦《人生》雜誌；1955 年，徐復觀、牟宗三先後赴臺中東海大學執教，由徐、牟推薦，劉述先也於 1958 年進入東海任教。正因為當時徐、牟兩位先生都在東海任教，1957 年杜維明慕名報考了該校。當時的臺灣的東海大學與香港的新亞書院，是港臺地區中國文化的研究傳播中心。現代新儒家以此為基地，在中國文化「花果飄零」之際，於艱難困苦中「再植靈根」，弘揚儒學。

移居港臺的文化保守主義者，昔年在大陸，爾後在臺港的著述，是五四以後我國文化寶庫的一個重要部分。如錢穆的《先秦諸子繫年》、《中國近三百年學術史》、《中國學術思想史論叢》、《朱子新學案》等，徐復觀的《兩漢思想史》、《中國人性論史》、《中國藝術精神》等，唐君毅的巨著《中國哲學原論》等，牟宗三的《才性與玄理》、《佛性與般若》、《心體與性體》等，方東美的《原始儒家道家哲學》、《中國大乘佛學》、《華嚴宗哲學》、《新儒家哲學十八講》等，在中國文化和中國哲學的研究方面，做出了巨大的貢獻。

港臺新儒學運動中最著名的事件，是 1958 年 1 月張君勱、唐君毅、牟宗三、徐復觀聯名發表的〈中國文化與世界──我們對中國學術研究及中國

---

15 賀麟：〈儒家思想的新開展〉，《文化與人生》，《賀麟全集》（上海：上海人民出版社，2001 年），頁 12。

文化與世界文化前途之共同認識〉的宣言。〈宣言〉主要是針對西方人對中國文化的誤解而發的，但反映了流寓海外的華人知識分子發自肺腑的「憂患意識」。〈宣言〉認為，「中國文化問題，有其世界的重要性」；中國文化不是「死物」「國故」，乃是「活的生命之存在」，「今日還有真實存在於此歷史文化大流之中的有血有肉的人」，正在努力使人類和中華民族的「客觀精神生命的表現」，繼續發展下去。中國文化雖有多根，且不斷與外來文化融合，但它的根本特點乃在於「一本性」，即在本原上是一個體系，並有一脈相承之統緒。中國文化的倫理道德思想及實踐，不僅僅是一種外在規範，以維持社會秩序，而且是一種內在精神生活的根據，包含有宗教性的超越感情。由孔孟而宋明理學的心性之學「是中國文化之神髓所在」，是人之內在的精神生活的形上學。「我們不能只以一外在的標準，來衡量中國文化之價值，指導中國文化之前途。」心性之學將哲學、道德和宗教結合為一，它認為人的生命涵有一生生不已的仁心，由這一點仁心的體證不斷擴充，可以由內在接通超越，由有限體證無限，解決人的終極託付的問題，使人達到安心立命的境界。「中國文化依其本身之要求，應當伸展出之文化理想，是要使中國人不僅由其心性之學，以自覺其自我之為一『道德實踐的主體』，同時當求在政治上，能自覺為一『政治的主體』，在自然界、知識界成為『認識的主體』及『實用技術的活動之主體』。這亦就是說中國需要真正的民主建國，亦需要科學與實用技術，中國文化中須接受西方或世界之文化」[16]。足見他們並非只講道德心性，不講政治與社會改革。他們強調由心性之學創造轉化出現代的道德實踐的主體，這一主體同時又是政治的主體，認識的主體，實用技術活動的主體。只有這樣才能最終完成民主建國的任務，促進科學技術的發展。

第一代新儒家中梁漱溟、熊十力、張君勱等反復討論了中國文化何以未能產生科學與民主的問題，第二代新儒家唐君毅、牟宗三、徐復觀等，則提

---

[16] 由唐君毅起草，唐牟徐張討論並連署的〈中國文化與世界宣言〉，見《民主評論》和《再生》雜誌 1958 年元旦號，又見唐君毅《中華人文與當今世界》（臺北：臺灣學生書局，1975 年）等。其英文版有好幾種本子，在海外有較大影響。

出了以民主政治或民主建國作為「新外王」的第一要務，以科學知識系統作為「新外王」的材質條件，充實中華文化生命的內容，以使中國人的人格有更高的完成，中國民族之客觀的精神生命有更高的發展。

特別是牟宗三，他從哲學的層面、民族文化生命的層面討論「內聖開新外王」的問題。牟氏承認中國文化歷史中缺乏西方近代民主制度及科學技術，致使中國未能實現現代化工業化，按照他的理想方案，實現現代化必須以儒家的道德理想主義為科學與民主立根，以西方的知性和政道補正、擴充和發展儒家內聖之學。牟氏觀照中西文化，他將中西文化的精神區分為「綜合的盡理之精神」和「分解的盡理之精神」，又以理性的「運用表現」與「內容表現」說明「綜合的盡理精神」，以理性的「架構表現」與「外延表現」說明「分解的盡理精神」，藉以說明中國文化在理性之架構表現方面的缺失，導致中國沒有發展出現科學與民主政治，即只有道統而無學統（科學的知識系統），只有治道而無政道（民主政治）。有鑑於此；牟宗三提出了「三統」之說：道統必須繼續，即以內聖心性之學為立國之本；學統必須開出，即吸納、融攝西方傳統，由道德主體轉化出知性主體和實用技術活動之主體；政統必須認識，即肯定民主政治發展的必然性，由道德主體轉化出政治的主體[17]。

現代性的後果絕非都是正面的，現代工業文明給人類帶來了許多新的問題，如人類的特性及其全面發展的問題，人的生命存在和生活意義的問題，人類的疏離感及異化問題，乃至環境污染、生態平衡的問題等等。以「天人合一」模式，「圓而神」的智慧和儒家倫理，既可轉出或融攝西方的科學與民主，亦可補西方文化之偏弊，救西方文化之自毀，為全人類各民族文化提示一新的方向和模式。這是港臺新儒家的主要看法。

20 世紀 60 年代在臺灣，自由主義與保守主義發生了好幾次論戰，如1961 年底徐復觀與胡適的論爭，及由此引發的聲勢浩大的中西文化論戰。

---

[17] 參見牟宗三：《歷史哲學》、《道德的理想主義》、《政道與治道》等 20 世紀 50 年代的所謂新外王三書，分別為臺灣學生書局和廣文書局出版。後來，三書被編為《牟宗三先生全集》第九卷、十卷（臺北：聯經出版事業公司，2003 年）。

但總的來說，這兩派相互滲透，兩派第二代代表人物殷海光與徐復觀在 1960 年代中期化敵為友，可視為兩派對立之勢漸趨緩和的標誌。殷氏在臨終前認同傳統文化的價值，徐氏則被公認為是「以自由主義論政，以傳統主義衛道」的人傑。

現當代新儒家建構的哲學思想體系在 20 世紀中國人文學術中佔有重要地位。他們大多具有強烈文化意識，是實踐型與體驗型的哲人。其犖犖大者，如熊十力熔鑄《易》《庸》形上學與陽明學、船山學及唯識、天臺、華嚴、禪宗思想，構建體大思精的「新唯識論」，挺立人的主體性，弘揚生命健動不息的精神；方東美建構了廣大悉備的生命哲學，探討生命的情調與美感，以寬廣的文化視野，研究人的終極關切、人與自然的關係及人的困惑和疏離的問題；唐君毅建構了「心通九境」的「生命心靈」體系，不僅對中西印各文化精神作了判教式的總結，而且對人生活動的各價值層面、各精神境界作了「弘大而辟」的發揮；牟宗三也從民族文化生命的角度，探討「內聖開新外王」的問題，提出三統並建的偉構，前已述及。

唐君毅更是被牟宗三稱為「文化意識宇宙的巨人」，其文化哲學體系以人為體，以文為用，以道德理性為核心。唐氏認為，人重於文，如果離開了人而言文（如宗教、如科學），則可能導致反人文或視人如非人；如果離開人之「精神上自作主宰」言自由人權，離開「道德意識」「人格平等」而言民主，則並不能有助於人之學術文化上的創造與獨立的人格的形成，或使民主政治化為「分權力」或「分臟」之政治。

不論現代化如何推進，人的終極託付，「內在的安心立命始終是一個不可替代的問題，它不能靠對於一個超越外在的上帝的信仰來解決。」[18] 到了 20 世紀，人的存在、人類文化的走向等問題愈發凸顯出現，遂成為哲學的核心議題。針對現代社會使人有意或無意忘卻、泯失了自己的具體存在，使人成為四分五裂的抽象的人、單面的人（即被異化、物化、外在化了的人），現當代新儒家重視人的生命存在的體驗，高揚人的道德主體性，開闢

---

[18] 劉述先：〈當代新儒家的探索〉，紐約：《知識分子》1985 年秋季號。

了一條探尋人的存在意義的新路。毫無疑問，現當代新儒家在這一領域所做的貢獻，超越了狹隘的民族主義，而具有世界意義。他們的作品可以與世界其他人文學者，如雅斯貝斯、海德格爾、薩特和法蘭克福學派的作品媲美。他們建構的哲學人類學，其意義、其價值將逐步為人所認知、所接受。

第四階段。1949 年以後，錢、方、唐、牟、徐等在香港、臺灣地區執教，培養了一大批研究中國文化的人才。他們的學生中如蜚聲海內外的余英時、杜維明、劉述先、成中英、蔡仁厚等學者是第三代現當代新儒家的代表人物。他們在美國或臺港地區的知名大學或學術機構執教，思想更加開放，反省現代性與全球化，思考傳統與現代、人文與科技、東方與西方、全球化與本土化之間的諸多問題，積極參與文明對話與全球倫理的建構。

受唐、牟、徐的影響，香港新亞書院、臺北鵝湖雜誌社的同人，成為在臺港地區弘揚中華文化與儒家價值的重要力量。繼承牟宗三、唐君毅、徐復觀學術旨趣的臺灣鵝湖學派，老一代中有戴璉璋、蔡仁厚、王邦雄、曾昭旭等，新一代中有楊祖漢、李瑞全、李明輝、林安梧等。唐君毅的弟子霍韜晦及其法住文化書院致力於在香港及東南亞的民間與企業中推廣中華傳統文化價值。

臺灣、香港的文化保守主義，主要是新儒家，通過與歐美、大洋洲和東南亞各地學者的廣泛交往，在國際學術界已成為不可忽視的流派。臺灣《鵝湖》學派、香港法住文化書院等主持召開了許多國際會議。在美籍華裔學者和臺港學者中已有了第三代現當代新儒家的代表人物，他們籌辦了很多國際性的學會組織及同人刊物等。美籍學者吳森說：「當代儒家思想可能是大陸中國之外最有影響和傳播最廣的思潮，除了它擁有眾多的宣導者和擁護者外，它還通過臺灣的教育制度，以及在某種範圍內，通過香港一些學校的課程設置，保持著它顯赫的聲望和很高的地位。」對新儒家持批判態度的臺灣學者韋政通說：「民國以後的學術思想史，新儒家雖然是一個保守的立場，但往長遠看，這個新傳統，尤其在哲學方面，會占一個重要地位。」[19]

---

[19] 吳森：〈中國大陸之外的中國哲學〉，《中國哲學史研究》1986 年第 2 期；韋政

　　以西方學者庫恩的範式理論格之，現當代新儒家當然是一個大的學術共同體，其中的學者雖所同不甚其異，但就反思現代化，強調中國文化的主體性，肯定儒學的深層價值及其現代意義來說，不失為一種思想範式。其中，梁、熊、馬是一個小的共同體，他們三人的弟子相互流動，並尊梁、熊、馬為三聖。熊的弟子唐、牟、徐及其弟子又是一個小的共同體，關係密切。錢穆與余英時也可以視為一個小的共同體。錢、余與唐牟及其學生的思想進路並不相同，錢、余走的是史學、特別是思想史的路數，而唐牟及其弟子走的是哲學、特別是觀念論的路數。方東美與唐、牟雖同為哲學家，路數也不同。新儒家學者的關切也有所區別。杜維明、劉述先關心儒、回、耶教的對話。杜維明重視的是儒學作為世界文化的一種精神資源，對於現代人的生活，對於西方、甚至全球可能發生的影響。劉述先認為，當代新儒家由道統的承擔轉移到學統的開拓、政統的關懷。成中英強調，應當以批判的理性而不是內在的體驗為方法，在客觀性的基礎上建立知識而不是在主體體驗的基礎上印證價值，應以知識探討為價值判斷、選擇或重建之基礎，而不是先肯定價值，再尋求知識手段以實現價值理想。

　　當代新儒家陣營正在分化、重組的過程中。十多年來有「新儒家」與「新儒學」之辨，有「知識」與「價值」的二分，也有「後牟宗三」「後新儒學」的崛起。海峽兩岸的儒家學者在互動中彼此靠攏、位移的事也多所發生。林安梧的「儒學革命」和「後新儒學」，強調重視「氣」論，重視客觀面，回到船山學，多少受到大陸學者的影響[20]。大陸研究者中也在發生分化，亦不乏由同情的理解到對新儒學之價值更加認同者。大陸學者的研究也形成一定的氣候[21]。港臺第四代新儒家、中國大陸儒學新生代很複雜，這裏

---

　　通：〈面對各種沖刷的歷史思想使命〉，臺北：《中國論壇》第 15 卷第 1 期（1982
　　年 10 月）。

[20] 參見林安梧《儒學革命論——後新儒家哲學的問題向度》（臺北：臺灣學生書局，
　　1998 年）。

[21] 2005 年 9 月 9 至 12 日，由我與同仁發起、籌辦並主持的「第七屆當代新儒學國際學
　　術會議」在敝校武漢大學舉行，出席會議的有來自六個國家及我國兩岸三地的 140 位

略而不講[22]。

## 三、主要代表人物的學術形貌、特色與建樹

　　以上主要介紹現當代新儒學思潮所處的時代氛圍與學術生態。以下我將對十六位學者的學術思想作簡約述介，整體地把握這些人物的思想形貌與特色，從而使現當代新儒學思潮的形態更加具體地顯現出來。需要特別注意的是，他們雖屬同一思潮或文化共同體，但作為獨立思想家，不同學者的學養、經歷、思想資源、人格風範、致思傾向的個體性、多樣性則是不容忽視的。由於每一位人物的思想總是在其生命進程中不斷變遷，我只能說其主要的歸屬。

　　首先，說說第一代第一群的梁漱溟、熊十力、馬一浮、張君勱。

　　**梁漱溟**是中國現代著名的社會活動家，又是不斷努力將自己思考的結論付諸生命實踐的哲學家、思想家。他為了民族文化和精神的出路而學問、思考、生活、奮鬥。他頂著西化大潮而上，立志為孔子、釋迦牟尼討回一個公道，在朦朧的中西印文明比較中，表明了一個立場：中國現代化不能沿著西方走過的路亦步亦趨，不能將幾千年的文化經驗付之一炬，而要在現代化過程中「批評」地重新拿出自己的固有傳統。梁氏有其獨到的文化哲學觀、中國文化觀、儒學思想、鄉村建設理論、人生哲學。他「援西學入儒」，力圖「洗出二千年前孔子的真面目」，將孔子、儒家的學說，視為活生生的生命的智慧，提醒我們在現代化的過程中要保持道德精神的超越性、相對獨立

---

學者，盛況空前。當代新儒家的第三代著名代表人物蔡仁厚、戴璉璋、杜維明、劉述先、成中英等同時到場，實屬罕見。會議由武漢大學與臺灣鵝湖雜誌社等單位共同主辦。會議論文集即《人文論叢》2006 年卷，由我與胡治洪教授任執行主編，於 2007年 6 月由武漢大學出版社出版，全書 134 萬字。

[22] 澳洲學者 John Makeham（梅約翰）2008 年在美國哈佛大學出版英文專著 *Lost Soul – "Confucianism" in Contemporary Chinese Academic Discourse*，討論了近 30 年海外與大陸新儒學，其中有一節：「郭齊勇：作為儒學的復興主義者」。

性。他以柏格森生命哲學作為參照,重探儒家生命哲學的意蘊,發明儒學,特別是王陽明及其後學的意義。梁氏將「理性」界定為道德本心,同時又涵蓋了人的社會存在的豐富性和完滿性,具有融合中西的特點;他為重建儒家生命精神、心性修養與終極關懷作出了巨大的努力,維護了中華文化的基本精神,指出了方向;他雖然出入諸家,點評、比較中、西、印文化,但其最根本的方法卻是直覺體驗式的反身而誠的探求,而這正是理解其文化哲學的一把鑰匙。抗戰勝利後,他代表第三黨參與最高政治;1950 年代初期,他曾與毛澤東「廷爭面折」;1974 年,他公然抗拒「批孔運動」。在歷史的脈動和社會思想的複雜衝突中,還原梁氏近一個世紀的心路歷程,我們認為,梁氏嘗試過的教育改革、鄉村建設、民主建國、退而閉門著述的過程,曲折而繁複,他以全幅生命開啟了儒學現代化之門,最終並未如人所說皈依了佛門[23]。

　　**熊十力**是哲學家。他面對西學的衝擊,在傳統價值系統崩壞的時代,重建本體論,重建人的道德自我,重建中國文化的主體性。熊十力一生重復得最多的話是:「吾學貴在見體」。「體」是什麼?如何去「見」?或者說,什麼是人的生命存在的本體、宇宙萬物之本根及其生生不息的源頭活水?如何以自己的真實的生命去透悟、契接和回應它?這便是中國哲學的本體學和方法學的問題。熊十力正是從這兩方面去建構他的哲學體系的。前者叫做「境論」,後者叫做「量論」。熊氏《新唯識論》之「境論」就是他的形上學與本體-宇宙論,是針對著「存在危機」與「形上迷失」而創發的哲學體系。熊十力的終極關懷,即在於為人類找回失落了的根源與根據。科技理性的膨脹,人文價值的喪失,道德意識的危機,生命本性的困惑,促使他以探尋宇宙人生的大本大源為己任。因此,「重立大本」是熊氏「境論」的要旨。為了「重立大本」,又必須「重開大用」,由此而展開了「體用不二」

---

[23] 參見郭齊勇:〈梁漱溟的文化比較模式析論〉,《武漢大學學報》1988 年第 2 期;郭齊勇、龔建平:《梁漱溟哲學思想》(武漢:湖北人民出版社,1996 年)。有關梁漱溟的著作,見中國文化書院主編:《梁漱溟全集》共八卷,山東人民出版社,1989-1993 年陸續出版。

的哲學體系。在熊十力看來，法相唯識之學、漢學考據、實證主義、科學主義，如此等等，根本的缺陷在於它們關注的不過是餖飣枝節，從而肢解、掩蔽了對於「宇宙之基源」、「人生之根蒂」的考察和體悟。因此，重新思考人的類存在的危機和人的類本質的發展，重新反省生命的意義和人生的價值，重新尋找「人生本質」和「宇宙本體」，並明瞭二者的關係，就成為哲學家的首要任務。他所謂出入於佛學，實是借助批評佛教唯識學來批評西學，以他所理解的孔子與《周易》的精神，及王陽明、王船山二王之學相結合，建立以「本心」為本體，即用即體，即體即用，「體用不二」的哲學系統，並開出知識論與外王學。而他的機體主義的宇宙論又與懷特海相暗合。他的生命哲學與柏格森不可同日而語。他重建儒學的努力卻從未懈怠過，他又有三位優秀的弟子──唐君毅、牟宗三、徐復觀，故他在現當代儒學史上的地位是無法動搖的[24]。

　　**馬一浮**是國學大師、詩人、書法家，梁漱溟稱他為「千年國粹，一代儒宗」。其學術特點是深通經學、理學與佛學，經史互通，儒佛道三教互釋，程朱與陸王調和，圓融會通，了無滯礙。馬氏以「一心開二門」的架構方式建構其思想系統。在這兩層結構中，核心是本體－心性論，這是根源和根據，是形而上的基礎；工夫論和六藝論是本體之用（展示、表現、功用），是形而下的層面。馬氏以本體言心，此心即性、亦即天、亦即命、亦即理、亦即性德或德性。性德開出兩支，一是道德活動，包括修養、實踐、行為，二是文化活動，包括文化現象、系統或文化建制。上層（體）是下層（用）的既內在又超越的根據，是本體；同時又是創生出道德活動和文化系統的主體。六藝不僅指《詩》、《書》、《禮》、《樂》、《易》、《春秋》，同時涵蓋了今天的自然科學、社會科學、人文學、社會組織與社會文化活動、政治、經濟、法律、宗教、哲學、文學、藝術等等。所有這些，都統攝於

---

[24] 參見郭齊勇：《熊十力思想研究》（天津：天津人民出版社，1993 年）；郭齊勇：《天地間一個讀書人：熊十力傳》（上海：上海文藝出版社，1994 年）。有關熊十力的著作，見蕭萐父主編、郭齊勇副主編，郭齊勇、景海峰、王守常等整理：《熊十力全集》共九卷十冊（武漢：湖北教育出版社，2001 年）。

「性德」即心性本體，它們只是這一本體的展開和表現的形態。本心即性德之體主宰、保證了文化活動、道德活動既具有理想，又具有理性。馬氏以「一心開二門」來詮釋張載「心統性情」之說，以即用即體、即體即用的方式，揚棄了朱子的理氣二元和心性情三分；又以心、性、理的層次分疏，批評了王陽明的直接等同論。性理是體，情氣是用；性是心真如門，情是心生滅門。心統性情，兼該體用。人需要修養踐形，使得全氣是理，全理是氣。他還提出了「性修不二」論，即「全性起修，全修在性」之說。總之，馬氏將儒家易學中的「三易說」（不易、變易、簡易）和佛家哲學中的「一心二門」「一體二相」「體大、用大、相大」等等框架融會統一起來，架構其本體論，從而奠定了現代新儒學的本體－宇宙論、本體－道德論、本體－文化論、本體－知識論的範式[25]。

張君勱是法學家、社會政治活動家、哲學家，《中華民國憲法》的起草人，被譽為中國的「憲政之父」，一生主張並推動「政治民主化」「軍隊國家化」，徘徊於政治與學術之間。他早年遊學並講學於德國，中年去過印度，晚年生活在美國，通曉中、西、印哲學與文化，從事中西印文化與哲學的比較研究。在西方文化方面，特重古希臘哲學、德國近現代哲學、現代歐洲文明比較研究的成果。在中國文化方面，重點研究儒學，特別是先秦與宋明儒學。他主張協調科學與人文、知識與價值，博采西方學說之長，以儒學思想為主溝通東西文化，復興中國思想。他認為，儒家思想的特質是：強調知識與道德並重，重歷史的延續性和社會的和諧性，重悟性與理解的相應性和全面性。又說，儒家哲學的特性有四方面：一是道德價值學說；二是以形

---

[25] 參見郭齊勇：〈側身天地更懷古，獨立蒼茫自詠詩——論馬一浮的人格境界與哲理詩〉，《中國文化》總第 9 期（1994 年 2 月）；林安梧：〈馬一浮心性論初探〉，氏著：《現代儒學論衡》（臺北：業強出版社，1987 年）。有關馬一浮的著作，見《馬一浮集》共三卷（杭州：浙江古籍出版社、浙江教育出版社，1997 年）；《馬一浮先生遺稿續編》（臺北：廣文書局，1998 年）；《馬一浮先生遺稿三編》（臺北：廣文書局，2002 年）；《馬一浮全集》共六冊（杭州：浙江古籍出版社，2013 年）。

下為基，進而達於形上，形上形下相通；三是對心靈的調節；四是身體力行。他闡發儒家「萬物之有」的多元宇宙觀與「致知之心」的修養與認知方法。他認為，先秦儒家與古希臘政治思想可謂出於同根，都認為政治的善惡不離於道德，都主張以德治為政治的基礎；儒家思想中不乏民主的種子，如推崇湯武革命、重視民意、選賢任能、言論自由、反對天下為私而主張天下為公等；宋明時代儒家宣導的鄉約，符合西方的公民教育和地方自治。他認為，中國思想史上與歐洲文藝復興相媲美的是宋代的文化。宋初學者勇於疑古、創新；宋代文體多樣，詩詞、通俗語體文、理學家語錄、平話、通俗小說等適合於平民化；各種學術與思想發達，理學與經、史、考據、金石學有很高成就；對美術有濃厚興趣；活字排印法促使了文化繁榮；尤其是新儒學的興起，對佛教的抗爭，強調理性自主的精神，與歐洲新教與舊教的鬥爭相類似。張君勱認為，宋明新儒學的思想體系可分為四類：宇宙論；自我反省（性、心、思、知）；書院教育；政制。他主張，社會進步、民族復興的要件是儒學的復興，儒學復興則是孔孟以來及宋儒的基本精神的復興，中華民族精神氣節的重建，此乃中國現代化的基礎。在政治法律方面，他參照西方憲政與中國實踐，謀求中國現代治道與治式，以國家民族為本位，推動民主政治建設及相應的經濟、法制、文化、教育與信仰的配置[26]。

其次，說說第一代第二群的馮友蘭、賀麟、錢穆、方東美。

**馮友蘭**是哲學家。馮氏不僅中學的底子厚實，而且曾留學美國，獲哥倫比亞大學哲學博士學位。他認為，中國傳統哲學的形上學，是好的、真正的形上學，它看起來不切實用，然而它卻能提高人的境界，指導人生，給人以安身立命、樂天知命之根據，使人受用無窮。經過現代哲學的洗禮，傳統形上學完全可以發揚光大。馮友蘭哲學的中心範疇是「理」、「氣」、「道

---

[26] 參見鄭大華：《民國思想家論》（北京：中華書局，2006 年）。該書收有作者討論張君勱思想的四篇論文。又請見鄭大華：《張君勱學術思想評傳》（北京：北京圖書館出版社，1999 年）。有關張君勱的著作，臺灣學生書局、弘文館等於 1980 年代出版數種。中國人民大學出版社於 2006 年出版張君勱儒學著作集一套五種，清華大學出版社 2008 年出版的漢語法學文叢中有張著兩種。

體」、「大全」,學術路數,大體上是《易》《庸》——程朱的路數。他的特點是以柏拉圖、新實在論哲學,以西方的邏輯分析方法來重建程朱理學,凸顯了邏輯先在的理世界的主宰性。雖然同是重建道德的形上學,卻與熊十力恰恰構成對立互補的兩極,熊是「仁的本體論」而馮是「理的本體論」。馮氏認為,反思的思想是以人生為對象的,在人生中思想人生的思想,是反思的思想。反思到極至,當然必須超越邏輯、超越經驗。但是哲學家必須有系統地表達人類精神的反思,又必須使用邏輯分析方法。正的分析方法與負的體悟方法並不矛盾,倒是相輔相成的。他把人生境界劃分為四個等級:自然境界,功利境界,道德境界,天地境界;哲學的任務是幫助人達到道德境界和超道德的天地境界。他的《新理學》等「貞元六書」的創制,經過了1937 年至 1946 年的歷史跨度,晚出之《新原人》與《新原道》無疑是「貞元六書」中最有價值的兩部著作。這兩部書與馮氏的多種《中國哲學史》,飽含真正體悟人生意境、抉發中國哲學精神的精彩絕倫之論。他的兩卷本《中國哲學史》經卜德翻譯(在翻譯過程中馮氏曾指導卜德糅進了《新原道》的一些內容),半個多世紀了,仍是英語世界不可多得的最好的《中國哲學史》教材。馮友蘭對中國文化與哲學不僅有深切的理解,而且最善於深入淺出地表達出來,培養、影響了數代中國哲學的研究者。在文革後期批孔運動中,馮氏違心地撰文參與批孔,此乃政治大氣候造成的,他晚年曾真誠地作了自我反省與檢討[27]。

　　**賀麟**是哲學家、翻譯家。賀麟早年留學西方。他的哲學是中學西學、心學理學兩面之調解的「理想唯心論」,是道德的理想主義和理性主義統一的形上學。賀麟認為,作為宇宙人生之真理、萬事萬物之準則和真善美永恆價值的「道」,即是本體,而精神則是主體。若從體用的觀點來說,精神是以道為體而以自然和文化為用的意識活動。他希望中國人能夠真正徹底、原原

---

[27] 參見郭齊勇:〈熊馮金賀合論〉,《哲學研究》1991 年第 2 期;郭齊勇:〈形式抽象的哲學與人生意境的哲學——論馮友蘭哲學及其方法論的內在張力〉,《中州學刊》1998 年第 3 期。有關馮友蘭的著作,見《三松堂全集》正文十四卷,附錄一卷《年譜》(鄭州:河南人民出版社,2000 年)。

本本地瞭解、把握、吸收、轉化、利用、陶熔西洋文化以形成新的儒家思想、新的民族文化。他反對將儒學或民族文化褊狹化、淺薄化、孤隘化，主張吸收西洋藝術、基督教精華和正宗哲學（蘇格拉底、柏拉圖、亞里斯多德、康德、黑格爾），使儒學藝術化、宗教化、哲學化，更加發揮其指導人生、提高精神生活和道德價值的特殊功用。他建議在哲學上建立「仁的宇宙觀」和「仁的本體論」及「誠的宇宙觀」和「誠的本體論」。賀麟的理路，是融合陸王、程朱，而以康德批判哲學、黑格爾精神哲學加以提揚和重釋。他的哲學不離開生活，在政治方面注重研究決定整個民族命運的命脈與精神，在道德論上持盡性主義或自我實現主義，在人生論上持理想主義。賀麟哲學討論了心物問題與知行問題。在心物問題上由心物平行說發展到心體物用論，把自然之物和文化之物都看成精神的表現。在知行問題上，他強調了知行之間的動態整合，並據行為心理學、意識現象學和近代哲學的身心學說重新詮釋宋儒和孫中山的知行關係學說。在本體方法學上，他在胡塞爾現象學的啟發下，提出直覺理智兩端互補的學說。他認為，哲學方法是由「前理智的直覺」到「理智的分析」到「後理智的直覺」，由「感性直觀」到「知性直觀」到「理性直觀」。他受新黑格爾主義的影響，認為直覺不僅是思維方法，同時是一種生活態度，是精神修養達到的最高境界；直覺也不僅是道德的敏感，而且同時又是超道德的、藝術的、宗教的、哲學的洞見和神契。他大有功於中國之西方哲學的教學與研究事業，培養、影響了兩代西方哲學的研究與翻譯人才[28]。

**錢穆**是國學大師、歷史學家，博通經史子集。錢先生又是教育家，創辦新亞書院，培養了很多人才。錢氏在中國文化和中國歷史的通論方面，多有創獲，尤其在先秦學術史、秦漢史、兩漢經學、宋明理學、近代思想史等領

---

[28] 參見郭齊勇：〈賀麟前期的中西文化觀與理想唯心論試探〉，《天津社會科學》1988年第 1 期；郭齊勇：〈論賀麟的中國哲學史研究〉，《哲學雜誌》1993 年第 1 期。有關賀麟的著作，有《文化與人生》、《哲學與哲學史論文集》及譯著多種由商務印書館或其他出版社出版，其全集，由張祥龍教授主持整理、編輯，自 2008 年由上海人民出版社陸續出版。

域，造詣甚深。他將經學的基本精神歸結為：以人文主義精神為中心，肯定人的價值及其意義；注重歷史的精神，肯定經學與史學的一致；天人合一精神，此人文精神不反對自然和宗教，相反總是融攝宗教，並使人文措施與自然規律相融和；融合精神，經學本身把文學、史學、宗教、哲學融合在一起；通經致用及重視教育的精神。他能通貫諸子，並以史學觀點研治諸子學。他從總體上把握諸子師授淵源，以儒墨兩家為軸心疏理諸子，從動態把握諸子之統一。錢氏治理學尤其重視朱熹，建立了龐大的朱子學，用理氣一體渾成的道理解決了學者對理氣二元或一元的爭論，也用心性一體兩分的道理，打破了門戶之見。他對理學研究的另一個重點是王陽明。錢氏對清代學術思想的研究集中在清代學術與宋明學術之間的關係，以及清代學術的發展與流變上。他認為只有中國歷史文化的精神，才能孕育出世界上最悠久最偉大的中國民族，民族精神是族類生活的靈魂和核心。錢氏是一代通儒，他的學問宗主在儒。其儒學觀的要點是：(1)肯定儒學在中國歷史文化中的主幹地位，發揮周公、孔子以來的人文主義；(2)定義儒的廣泛性，指出儒家在社會政治、教育師道、經史博古、文章子集之學各方面有全面的發展；肯定心性學說是中國學術的「大宗綱」，治平事業是中國學術的「大厚本」；(3)闡揚儒學的最高信仰和終極理想，闡釋儒家中心思想──「天人合一」「性道合一」的精義；(4)以開放的心態，破除門戶，打破今古文經學、漢學宋學、程朱理學與陸王心學的界限，對儒學史作出了別開生面的建構，提出了儒學史與社會文化史相輔相成、相交相融的儒學發展階段論；(5)回應20 世紀諸思潮對儒學的批評，指出儒學是一個不斷與時俱進的活傳統，是中國現代化的重要精神資源和現代人安身立命的根據[29]。

　　**方東美**是哲學家。方氏兼通中西印、儒釋道，早年曾留學美國，中年以

---

[29] 參見郭齊勇：〈論錢穆的儒學思想〉，《學人》第八輯（南京：江蘇文藝出版社，1995 年）；郭齊勇、汪學群：《錢穆評傳》（南昌：百花洲文藝出版社，1995年）；郭齊勇、汪學群：〈錢穆學術思想探討〉，《學術月刊》1997 年第 2 期。有關錢穆的著作，見錢賓四先生全集編輯委員會編：《錢賓四先生全集》共三大編 54巨冊（臺北：聯經出版事業公司，1998 年）。

後從研究西方哲學回到研究中國哲學，不滿西方人對中國哲學的翻譯介紹，用英文寫了大量論著，闡發中國哲學精義，並從事比較哲學研究，參與國際學術對話並講學。他是有詩人氣質的開放型的學者，對儒家「道統」說、「獨尊」論與宋明儒的狹隘門戶觀等，有著深切的批評，對道家、佛家倍加讚譽，發揚原始儒家、原始道家、大乘佛學、宋明清新儒學等四大思想傳統與資源的真精神，肯定中國哲學的旁通統貫性，並尊儒家的皇極中道與三才之道、道家的超脫解放之道、佛家的菩提道等。方氏強調《尚書》《周易》是儒家乃至中國文化的根源，揭示儒家具有廣大悉備的創造性的生命精神，直透宇宙大化流衍的創造力，把個人的生命當作中心，再貫徹到宇宙的一切神奇奧妙中，由此形成儒家的「天地之心」也就臻於情、意、理三者，充量和諧。他指出，儒家哲學的特色在於：肯定天道之創造力，充塞宇宙，流衍變化，萬物由之而出；強調人性之內在價值，翕含辟弘，發揚光大，妙與宇宙秩序，合德無間。他稱儒家是「時際人」，即宇宙、人生真相在時間的歷程中展現開來，此為創造的過程。他發揮《周易》「生生」精神[30]，創建了生命本體論的哲學體系，以「普遍生命」為萬物創化的無窮源頭，肯定人類生命的超升即從自然人到道德人的轉化，即人可以變化氣質，超凡入聖，轉識成智，達至「全人」的境界。他比較希臘、歐洲、印度、中國之智慧型態，欣賞生生不已、物我融貫與普遍和諧的智慧，強調真、善、美統合與超越的理境。方氏與其他的現當代新儒家的儒學觀有不一致的地方，但亦有其深刻的一致性。正如有的專家所說，方東美「肯定了儒家思想乃中國精神文化的主流之一……強調對於中國政治思想來說儒家思想始終是主要的……認為儒家思想對於指導中國人的生活來說是第一位的……認為儒家人格乃中國人純正的代表……強調恢復儒家精神與復興中國傳統文化的一致性……堅決反對科學主義，具有強烈的人文主義情懷……真誠地認同儒家學說的精神價值，明確地承認儒家學說的現代意義……堅決主張以儒家價值取向來拯救當

---

[30] 關於現代新儒家學者對《周易》的借鑒與闡釋，請參見郭齊勇：〈現代新儒家的易學思想論綱〉，《周易研究》2004 年第 4 期。

代的文化意義危機和道德危機，以儒家的價值取向作為未來社會之主導的價值取向。」[31]

再次，說說第二代第三群的唐君毅、牟宗三、徐復觀[32]。

**唐君毅**是哲學家。他是仁者型的人物，具有悲憫意識與宗教情懷，在東方與西方、傳統與現代劇烈衝突與交流互動的背景下，用整個生命和全部心血護持著人類和族類的文化理想、道德理性，他充分肯定人類各大文明的原創性，充分尊重世界各民族文化與宗教精神的合理內核，希冀包容不同的價值理念。他會通中西，融貫三教，創造性地建構了「性」「道」一元、「體」「用」「相」多面撐開的文化哲學系統。這一系統，以「道德自我」為中心。但道德的主體性與文化活動，精神理想與人文世界是有密切關係的。「心之本體」客觀化、外在化為人類文化活動的各側面、各層次、各系統，包括家庭、社會、經濟、政治、哲學、科學、文學、藝術、宗教、體育、軍事、法律、教育等等，包括東西方文化史和思想史上各方面的成就。唐氏晚年在肯定「道德自我」的主導性的同時，將它擴大為「生命存在」，涵蓋精神生命不同的內容和不同的活動方面，肯定因此而相應地具有的不同的心靈境界。他從不同類型的人的生命存在與心靈活動的廣闊內涵出發，架構了弘大而辟的「三向九境」系統。在中西印哲學文化對比研究的基礎上，唐氏特重中國哲學史的解讀與重構，闡發其不同於西方、印度的特殊性。他指出，今天最圓滿的人文主義，必須是中西會通的人文主義，以解除現代世界中的文化的偏蔽。他對東方宗教的相容性，對儒學的宗教性與超越性，對中國哲學「內在超越」特色的發揮，尤有價值。唐氏「心本體論」的中心貫穿在人文精神論、宗教觀、道德哲學、人生論的各方面，在文化之體、用、

---

[31] 蔣國保、余秉頤：《方東美思想研究》（天津：天津人民出版社，2004 年），頁29。有關方東美的著作，由方東美先生全集編纂委員會整理，臺北黎明文化事業公司於 1970 年代末到 1980 年代出版了中文書十多種、英文書三種，各種書均冠以「（方）東美全集」的字樣。

[32] 參見郭齊勇：〈唐牟徐合論〉，《學人》第五輯（南京：江蘇文藝出版社，1994年）。

相關係上，在「即人生以言人心」與「本人心以論人生」的關係上，尤其在精神安立、本體理境之追尋的思考或體悟方式上，我們都可以見到德國觀念論，尤其是黑格爾思想的影響。但唐氏的「心」又與黑格爾絕對精神不同。他努力從事文教事業，曾與友人創辦雜誌，創辦新亞書院，參與校政，教書育人，提攜後學。他又關心社會，參與社會活動，批評當下，是面向未來的公共知識分子的一員[33]。

牟宗三是哲學家。他是智者型的人物。牟氏對古希臘柏拉圖、亞里斯多德等直至萊布尼茲、羅素、懷特海、維特根斯坦、海德格爾等哲學家均有深度的理解，尤其對康德、黑格爾哲學下了很大的功夫。我們甚至可以說，他幾乎是以畢生的精力會通中西哲學，特別是透過康德來重建儒學。牟氏哲學以「智的直覺如何可能」作為突破口。依康德的思路，道德以及道德的形上學之可能與否，關鍵在於智的直覺是否可能。在西方哲學傳統中，智的直覺沒有彰顯出來，而在中國哲學中卻有充分的顯現。中國儒釋道三家都肯定智的直覺。牟宗三指出，人現實上當然是有限的存在，但可以因此無限性的超越者以為體而顯其創造性，因而得有一無限性。這正是理想主義之本質，也正是中國儒釋道三教之本質。由於有了智的直覺這一主體機能，有限的人生取得了無限的價值和意義。「道德的形上學」在牟氏看來並不同於「道德底形上學」。前者指的是由道德的進路來接近形上學，或者說形上學是由道德的進路來證成；後者的重點在說明道德之先驗本性。前者必須兼顧本體與工夫兩面，甚至首先注意工夫問題，然後在自覺的道德實踐中反省本心性體；後者並不涉及工夫論，而只是把這套學問當作純哲學問題，不知它同時亦是實踐問題。牟宗三建構了兩層存有論：本體界的存有論（無執的存有論）和現象界的存有論（執的存有論）。本體界的存有論與現象界的存有論相配

---

33　參見郭齊勇：〈論唐君毅的文化哲學〉，《求是學刊》1993 年第 4 期。另請參見單波：《心通九境——唐君毅哲學的精神空間》（北京：人民出版社，2001 年）。有關唐君毅的著作，由臺灣學生書局於 1980 至 1990 年代出版了唐君毅全集校訂本，共二十餘卷。以臺版《唐君毅全集》為基礎，大陸的九州出版社於 2016 年 8 月出版了《唐君毅全集》新編本，共六編三十九卷。

合，完成一圓實的「道德的形上學」。這兩層存有論，是在成聖成賢的實踐中所開展出來的。牟宗三晚年詮釋圓教與圓善，譯注康德的第三批判，論證「真善美的分別說與合一說」。牟氏使儒家圓教與康德圓善相會通。康德三大批判分別講「真」「善」「美」，但對於「即真、即美、即善」的合一境界卻沒有透悟，而在這一方面，中國智慧卻能達到相當高的境界。牟宗三的工作表明，中西哲學的互釋與會通是中國哲學轉型的重要途徑之一。他彰顯了中國哲學的自主性，提出了諸多有價值的論域與思路，啟迪後學融會中西，創造出新的哲學系統[34]。

**徐復觀**是思想家與思想史家。他是勇者型的人物，早年從政，晚年治學。他與唐、牟為同道，共同弘揚中國傳統文化精神。與唐、牟不同的是：他不是從哲學的路子出發的；對傳統與現實的負面，特別是專制主義政治有很多批判；有庶民情結，是集學者與社會批評家於一身的人物。「憂患意識」一說即來自徐氏，指表現在「敬」「敬德」「明德」觀念中人的精神集中，對事的謹慎、認真的心理狀態，由信神而轉為人的自覺，乃殷周之際從原始宗教掙脫出來的中國人文精神之躍動。由此凸顯的是主體的積極性與理性，自覺反省，對自己行為負責。這種人文精神自始即帶有道德的性格。他特重發掘中國歷代知識分子對於治道與民生的關切、介入，以天下為己任和以德抗位、道尊於勢的傳統。他對先秦人性論史、兩漢思想史、中國藝術精神與藝術史有深入的研究與獨到的見解，其中指導性的乃是一道德史觀或心性史觀，認為中國文化是由上向下落，由外向內收的「心的文化」，人心是

---

[34] 參見郭齊勇：〈簡論牟宗三的中西文化比較模式〉，《現代新儒學研究論集》（一）（北京：中國社會科學出版社，1989 年）；〈論牟宗三「兩層存有論」的道德形上學〉，《天津社會科學》1993 年第 5 期；〈牟宗三先生以「自律道德」的理論詮釋儒學之蠡測〉，《哲學研究》2005 年第 12 期；〈牟宗三先生會通中西重建哲學系統的意義〉，《人文論叢》2006 年卷（武漢：武漢大學出版社，2007 年）；〈牟宗三的形上學體系及其意義〉，臺北：《鵝湖》月刊總第 414 期（2009 年 12 月）；〈牟宗三先生「三統並建」說及其現代意義——以「開出民主政治」說為中心〉，《孔子研究》2016 年 01 期。有關牟宗三的著作與譯著，見牟宗三先生全集編纂委員會整理之《牟宗三先生全集》二十餘卷，由臺北聯經出版事業公司於 2003 年出版。

價值之源與生命的導向。他認為孟子性善論是一偉大的發現，每一個人即在他的性、心的自覺中，得到無待於外、圓滿自足的安頓。性善證實了人格的尊嚴，同時即是建立了人與人的相互信賴的基礎，也提供了人類向前向上的發展以無窮希望的根據。孟子的王政即是以人民為主的政治。徐復觀比較重視經學與經學史，創造性地詮釋禮樂文明。他通過對周秦漢，特別是漢代社會政治結構的探討，徐氏深刻揭露、鞭笞了專制政治。他特別重視知識分子問題，不僅考察了「史」的原始職務，與祝、卜、巫的關係，尤其論述了史職由宗教向人文的演進，宗教精神與人文精神的交融。他對漢代優秀知識分子以理想指導、批判現實政治的研究，多所弘揚。徐復觀肯定中國知識分子的使命感、入世關懷、政治參與和不絕如縷的犧牲精神。他身上即體現了知識分子，特別是人文知識分子，以價值理念指導、提升社會政治的品格。徐復觀治學嚴謹扎實，有考據的功夫，把考據、義理與辭章三者結合得很好[35]。

　　最後，說說第三代第四群的蔡仁厚、余英時、杜維明、劉述先、成中英。

　　**蔡仁厚**是思想家與哲學史家。蔡氏以教書為生，學術研究的重點是中國哲學史，尤其是先秦儒家、宋明理學、現當代新儒學。他弘揚乃師牟宗三「生命的學問」的路向，不廢講學，在平凡的學問生命中體現傳統知識分子的人格，光大民族文化的大統。蔡氏服膺唐、牟、徐「慧命相續、返本開新」的宗旨，其特點是最為平實、全面、系統地闡發了從先秦到現當代的儒學之精義。他堅持第一、二代現代新儒家開闢的精神方向，把握儒學的常與

---

[35] 參見郭齊勇：〈論徐復觀的思想史觀〉，《江漢論壇》1993 年第 6 期；郭齊勇：〈徐復觀《兩漢思想史》導讀〉，《好書》2002 年第 2 期；郭齊勇：〈徐復觀論禮樂〉，《江西社會科學》2004 年第 8 期。有關徐復觀的著作，見臺灣學生書局、臺灣商務印書館、中央研究院中國文哲研究所出版之各版本。簡體字版有上海三聯、上海書店、華東師範大學出版社出版的數種，及李維武編：《徐復觀文集》五卷本（武漢：湖北人民出版社，2002 年）。2014 年，《徐復觀全集》由徐復觀哲嗣徐武軍教授、武漢大學郭齊勇教授、臺灣大學王曉波教授、臺灣東海大學薛順雄教授共同主持編輯，共二十五種，二十六冊，由北京的九州出版社出版。

變，討論儒家思想的現代意義以及中國哲學的反省與新生。在中國哲學史的研究上，蔡氏有五階段論，即先秦為中國文化原初形態的百花齊放，兩漢魏晉為儒學轉型而趨衰與道家玄理之再現，南北朝隋唐為異質文化的吸收與消化，宋明為儒家心性之學的新開展，近三百年為文化生命之歪曲、衝激與新生。他認為，儒之為儒，不能由王者盡制的外部禮樂（禮教）來規定，而必須由聖者盡倫的成德之教（仁教）來規定，這才能確定儒家之教義與儒者生命智慧的方向。但禮樂文制也很重要，人文教化需要禮。蔡氏發憤考述孔門弟子之志行，又對荀子與朱子之「心」論的關係發表了獨到的見解。從孔子到宋儒是其研究重點，包括《中庸》《易傳》形上智慧的傳續與周濂溪的默契，洛學南傳與閩學定位，湖湘學與胡宏《知言》，對朱子的理解，朱子與張栻的論戰，朱陸異同與象山實學及對陽明學的疏導等。他重視性理學文獻的疏導，講課時特別喜用自己創制的表式來顯示義理脈絡與系統的架構。他對韓國、日本性理學特有慧心，又深入研究了儒家之宗教性問題。他認為儒家之為教，是含具宗教意識，能表現宗教的功能作用，也能顯發宗教的超越精神，是一個具有宗教性的大教。他參與了與儒學與基督教的對話。蔡氏大有功於現代新儒家前輩義理的闡述，特別是對牟宗三學行的整理與研究。其人其文與其名相應，教書育人，應事接物，盡顯仁厚君子之風範[36]！

　　**余英時**是歷史學家、思想家與思想史家。余氏在西方學術界的地位最高。他與其他的現代新儒家不同，他為乃師錢穆的地位及錢氏為什麼沒有連署 1958 年新儒家宣言事，甚至為自己的朱子論說等打過筆仗，對現當代新儒家所謂「熊十力一系」唐牟及其弟子等有過激烈的批評。但我仍堅持把余氏歸於這個思想群體，乃是因為，余氏最了不起的地方是嚴守現代學術本

---

[36] 詳見蔡仁厚：《儒家思想的現代意義》（臺北：文津出版社，1987 年）；蔡仁厚：《儒學的常與變》（臺北：東大圖書公司，1990 年）；蔡仁厚：《孔子的生命境界——儒學的反思與開展》（臺北：臺灣學生書局，1998 年）；蔡仁厚等：《蔡仁厚教授七十壽慶集》（臺北：臺灣學生書局，1999 年）；蔡仁厚：《哲學史與儒學論評：世紀之交的回顧與前瞻》（臺北：臺灣學生書局，2001 年）；蔡仁厚：《自訂學行著述年表（初續卷）》（臺中：晨星出版公司，2009 年）。

位，從歷史學的徑路，認真爬梳史料，嚴謹、深刻、具體地研究了中國文化傳統的特色，儒學與中國社會的關係，作為意識形態的儒學與生活方式的儒學的不同，傳統與現代，中國現代化過程中儒學的作用，中國傳統價值系統在現代的處境等，回應韋伯問題及西方中心論的挑戰。平心而論，余氏其人其學恰好彰顯了儒的真精神。余氏特重從孔子開始的中國的「士」的傳統，研究古代知識階層的興起與發展，道統與政統的關係，認定文化和思想傳承與創新，自始至終都是士的中心任務，考察儒士承擔的文化使命與精神理想如何影響社會，中西知識分子的不同等。他指出：由於中國的超越世界的「道」與現實世界的「人倫日用」之間是一種不即不離的關係，中國的超越世界沒有走上西方型的外化之路；孔子代表的士有重「理性」的一面，不是靜觀瞑想的哲學家；也負有宗教性的使命感，但又與承上帝旨意以救世的教主不同。他認為，以中國文化的價值系統而言，儒教始終居於主體的地位。中國的社會良心，必然要落在士階層上。他縝密地討論了宋代士大夫的政治文化，認為宋代的士不但以文化主體自居，而且也發展了高度的政治主體的意識。理學家們以各種方式抑制君權，伸張士權，在君民、公私論上有似於西方契約說。他從政治文化的角度系統而全面地檢討了道學（或理學）的起源、形成、演變及性質，將理學放回到它原有的歷史脈絡中重新加以認識。他討論了 16 至 18 世紀明清社會中商人的地位與思想，從紳商並提、士商相雜中，朱子的道德觀念是怎樣傳播到商人身上的，商人是怎樣巧妙地運用傳統文化中的、儒佛等宗教倫理中的因素來發展商人精神即「賈道」的。也可以說，他是從歷史的徑路研究了儒家資本主義。余氏從來不認為傳統與現代互不相容，一再論證中國現代化過程中，傳統發揮了主動的力量。他認為，20 世紀初葉中國傳統的解體主要發生在「硬體」方面，作為「軟體」的價值系統沒有很快消失，而是進入了「死而不亡」的階段，與許多現代的價值不但相激相蕩，也相輔相成。余英時的論說相對於哲學理路的當代新儒家的論說，適成一種互補[37]。

---

[37] 詳見余英時：《士與中國文化》（上海：上海人民出版社，1987 年）；余英時：

　　杜維明是思想家、哲學家與人文學家。杜氏艱苦卓絕地在北美「傳道、
授業、解惑」，而且風塵僕僕，席不暇暖，代表儒家與各宗教、思想傳統交
流對話，開拓了西方儒學論說空間。現代西方思潮與學者對他的影響較大，
他與外域學者們不斷地對話，受到他們提出的諸多問題的「問題性」或「問
題意識」的啟發。他始終抓住儒家身心性命之學及其核心價值，不斷闡發、
挖掘。這不僅是由具體語境造成的，而且是針對著活生生的提問者背後潛藏
的「問題意識」的。杜氏的解釋理路及論說之創新要點，大體上有這樣一
些：1、人與天道、自然的「存有的連續」。2、身體的重要性與「踐形」和
「體知」。3、儒家的「自我」──多重關係網絡的中心及其不斷擴充與轉
化。4、道、學、政等向度的展開。5、仁與禮之間的創造張力。6、儒學的
宗教性。7、「啟蒙反思」。8、「文化中國」。9、「文明對話」。儒家倫
理能夠為全球文明對話提供資源，而資源發掘工作要靠公眾知識分子。10、
「全球倫理」。杜維明認為，中國的「第二序反思」是儒家所代表的對人本
身的反思。這一反思包括具體活生生的個人、自我，個人與群體，人與自
然，人與天的關係等四層面。儒學的宗教性就是要在凡俗的世界裏體現其神
聖性，把它的限制轉化成個人乃至群體超升的助源。儒家有它獨特的終極關
懷，並與社會實踐緊密結合，這是一個體現宗教性的特殊形式。以上十點，
核心是「儒學創新」，內容包括：一、個人自我之中身體、心知、靈覺與神
明四層次的有機整合；二、個人與社群乃至社群與社群之間的健康互動；
三、人類與自然的持久和諧；四、人心與天道的相輔相成。杜氏認為，對西
方現代文明所提出的挑戰作出創建性的回應，正是儒學第三期發展的起點。
他在「人文精神」、「文明對話」、「文化中國」、「啟蒙反思」、「全球

《錢穆與中國文化》（上海：遠東出版社，1994 年）；余英時：《現代儒學論》
（上海：上海人民出版社，1998 年）；「余英時作品系列」六種：《朱熹的歷史世
界》、《論戴震與章學誠》、《方以智晚節考》、《文史傳統與文化重建》、《現代
危機與思想人物》、《現代儒學的回顧與展望》（北京：三聯書店，2004-2005
年）；辛華、任菁編：《內在超越之路──余英時新儒學論著輯要》（北京：中國廣
播電視出版社，1992 年）。

倫理」、「東亞價值」等論域中的討論，關於儒學的宗教性及儒佛、儒耶的
對話，關於儒家與自由主義、女性主義的對話和對環境生態倫理的參與問
題，關於儒家的「自我」、「內在經驗與體知」、「身、心、意、知、物」
之關係的創造詮釋，關於文化認同與創新、從特殊到普世性的考量，關於現
代性、全球化的反思，都與現代和未來的中國與世界有著密切的關聯[38]。

　　劉述先是哲學家。他的專長是西方文化哲學、宗教哲學與中國儒學，尤
其是宋明理學，以及中西比較哲學、比較宗教學。他是講堂教授與書齋學
者，做純學術研究，但他也以極大的熱誠反省現代化與「全球化」帶來的諸
多問題，積極參與並推動全球倫理的建設，代表儒家參與世界各宗教間的對
話，貢獻華夏民族獨特的智慧、理念與精神。劉氏注重現代神學的成果及面
對現代化的儒耶溝通。他取基督教神學家田立克（Paul Tillich）的見解，把
宗教信仰重新定義為人對終極的關懷。他指出孔子從未懷疑過超越的天的存
在，從未把人事隔絕於天。但孔子強調天道之默運，實現天道有賴於人的努
力，人事與天道有不可分割的關係。人自覺承擔起弘道的責任，在天人之際
扮演了一個樞紐性的角色。但這與西方無神論不同，沒有與宗教信仰完全決
裂。他強調儒家仁心與生生精神可以作為現代人的宗教信念與終極關懷，通
過對傳統與現代的多維批判，肯定儒家思想的宗教意涵有著極高的價值與現
代的意義。他著力論證、開拓、辯護、推進了「超越內在」說。他對「理一
分殊」作出新解：第一、避免執著於具體時空條件下的分殊，陷入教條僵
化。第二、鼓勵超越理想的落實，接通傳統與現代。第三、肯定儒家傳統智
慧、中心理念與未來世界的相干性。第四、培養哈貝瑪斯（J. Habermas）所
說的交往理性，求同存異，嚮往一個真正全球性的社團，同時要反對相對主
義，肯定無形的理一是指導我們行為的超越規約原則。劉述先通過「兩行之
理」「理一分殊」的新釋，注入了新的資訊，使之更有現代性和現實性，肯

---

[38] 參見郭齊勇：〈論杜維明學術思想〉，《中國哲學史》2002 年第 4 期。另請參見胡
　　治洪：《全球語境中的儒家論說：杜維明新儒學思想研究》（北京：三聯書店，2004
　　年）。有關杜維明的論著，見郭齊勇、鄭文龍編：《杜維明文集》共五卷（武漢：武
　　漢出版社，2002 年）。

定超越與內在、理想與現實、傳統與現代、科技與人文的有張力的統一。他的研究，不單是哲學思想史的，尤其是哲學性的，是以現代哲學的問題意識與方法論去解讀、詮釋古代哲學大家的思想遺產，發揮出了一些新的看法。近些年來，劉氏的工作重點是用英文把有關先秦儒學、宋明儒學和當代儒學的智慧、哲思及學術，通過自己的研究介紹給西方，這些英文專著都已在西方出版。總之，劉述先重視宗教對話，闡發了儒學的宗教意涵，推進並豐富了「內在－超越」學說，創造性地詮釋「理一分殊」，積極宣導「兩行之理」，發揮發展了儒學「仁」、「生生」與「理」之旨[39]。

　　成中英是哲學家，國際中國哲學、儒學、易學研究的著名專家與組織者。成氏中西兼通，他的創造性成就主要在以下幾個方面：第一，全面把握中西哲學精神，通過對中西哲學的深入比較，探討了中國哲學的基本特點，並把這些研究成果迅速地與西方哲學界交流對話，促進了中西哲學界的互動。第二，創造性地建構了本體詮釋學，融攝了中國傳統哲學的洞見，尤其在本體－宇宙論、本體－方法論上繼承、轉化、發展了中國哲學。第三，以現代視域，特別是以分析的理路在哲學各領域及哲學與其它學科交叉的領域作出了深入而精到的研究，在知識論（包括思維方式論）、倫理學（包括道德哲學、價值論）、美學、管理哲學（特別是把《周易》的哲學原理運用於管理科學）等四個方面都有建樹與拓展。簡言之，成教授在中西哲學比較、

---

[39] 郭齊勇：〈劉述先先生的學術思想與學術貢獻〉，《儒學、文化與宗教——劉述先先生七秩壽慶論文集》（臺北：臺灣學生書局，2006 年）。另請參見：姚才剛：《終極信仰與多元價值的融通——劉述先新儒學思想研究》（成都：巴蜀書社，2003 年）。劉述先的著作有：劉述先：《理想與現實的糾結》（臺北：臺灣學生書局，1993 年）；劉述先：《朱子哲學思想的發展與完成》（臺北：臺灣學生書局，1995 年）；劉述先：《當代中國哲學論：問題篇》（美國新澤西：八方文化企業公司，1996 年）；劉述先：《儒家思想意涵之現代闡釋論集》（臺北：中央研究院中國文哲研究所籌備處，2000 年）；劉述先：《全球倫理與宗教對話》（臺北：立緒文化公司，2001 年）；劉述先：《現代新儒學之省察論集》（臺北：中央研究院中國文哲研究所，2004 年）。經劉述先先生同意，郭齊勇與胡治洪、姚才剛教授等正在整理、編輯《劉述先文集》十卷本，將由中國人民大學出版社出版。

本體詮釋學及真（知論）、善（仁論）、美、管理諸層面都有卓越的建樹。成氏創建「本體詮釋學」無疑受到海德格爾、伽達默爾的影響，但更重要的源自中國哲學的主流傳統，特別是「道」的本體－宇宙論及有關「道」的體悟、把握的方法學。他認為，《周易》乃是一個基於綜合的創造的「觀」的思想系統，是與宇宙真實的整體化的過程與過程化的整體密切相應的。今天，人類面臨的知識與價值、自由與必然、知與行、天與人、個人與群體等矛盾關係，都在相生相成的發展中，這恰恰需要中國智慧的再發現。成氏宣導中國哲學的現代化與世界化，並為之奮鬥了半個世紀。他力圖使中國哲學取得理性的語言與形式，使它能夠為人類作出普遍化的貢獻，即可以把中國哲學的優長（如關於人與自然的及整體的真實關係的深切認知，如深厚的人生與人生的經驗與體驗）發揚出來，此正是世界哲學現代發展之所需。他認為，中國哲學的世界化是以綜合的創造為其基礎，以創造的綜合為其實現的。他對儒學發展史上的主要代表人物孔、孟、程、朱、王陽明、黃宗羲、戴震及現代新儒家有精湛的研究，對儒學與現代新儒學的主要論域與基本理論特質，如儒學與宗教，儒學與知識論，心性哲學，道德哲學，生態哲學，儒學與康德哲學的比較等發表了創新見解，對儒學的當代意義與未來走向，特別儒學的現代化與世界化有深刻反思[40]。

　　以上我們對三代四群十六位不同風格、不同學養的現當代新儒家人物作了簡要評介。我們取開放性、多樣性的看法，未將這一思潮狹隘化。

## 四、新的論域、問題意識及其意義

　　近代以來，中國遭受西方列強的侵略，處於被動挨打的局面。有些人把失敗的最終原因歸結為中國文化落後、尤其是儒學落後。這種思潮，在甲午戰爭之後就產生了，並愈演愈烈，到了五四發展到了一個高峰，形成了一些

---

[40] 郭齊勇：〈成中英先生的學術貢獻〉，潘德榮主編：《本體與詮釋》第五輯（上海：上海社會科學院出版社，2005 年）。有關成中英的論著，見李翔海、鄧克武編：《成中英文集》共四卷（武漢：湖北人民出版社，2006 年）。

諸如「打到孔家店」、全盤西化等等極端思想。將前現代文明與現代化對立起來，將中國近代衰敗的責任歸咎於傳統文化，無疑是簡單粗暴的做法。當時主流派的思想家，如胡適、陳獨秀等，將西方近代科學、民主的價值與制度，與中國本土的文化思想、制度文明絕對對立起來，將孔孟仁義的價值，乃至將前現代文明中的宗教、倫理、政治、藝術、文學，與西洋思想，視為水火冰炭，絕對兩樣，斷斷不能相容。西化思潮在中國曾經長期處於強勢。一直到今天，仍然有不少學者把民主、自由、科學的現實訴求與傳統文化資源打成兩橛。近兩百年來，中國人遭遇的是從社會結構到意義結構全方位的坍塌、解體，儒學從對社會滲透的無所不在的活的文明，變成海外漢學家列文森（Joseph R. Levenson）在《儒家中國及其現代命運》中所謂博物館中的死的文化，中國文化的自信力完全坍塌。現當代新儒家面對的困境是空前的。

在這種形勢下，現當代新儒家的思考給我們的啟示是多方面的。

現當代新儒家反思現代性，反思唯科學主義，重視人類與中華民族的長久的人文精神與價值理性，其論域、問題意識或思想貢獻有：

**1、跳出傳統文化與現代化二元對峙的模式，並由此反省現代性，重新思考東亞精神文明與東亞現代化的關係問題。**東亞現代化不僅僅是對西方衝擊的被動反應，傳統與現代不僅僅是單線遞進的關係。東亞諸國的現代化有自身的內發性，是在世界與東亞、世界與中國互動背景下自身的調適與發展的歷程。東亞現代化有自身的精神、制度、人才資源。當代新儒家提出了現代性中的傳統、現代性的多元傾向和從民族自身資源中開發出自己的現代性的問題。杜維明指出：「不能只把現代化當作一個全球化的過程，也不能把現代化當作一個同質化的過程，更不能把全球化當作一個西化的過程。正是全球化的意識，使得根源性意識越來越強。也正是這一原因，我們……特別突出現代性中的傳統。」[41]現代性在西方諸國有不同的內涵和特質，其在

---

[41] 杜維明：〈人文精神與全球倫理〉，《杜維明文集》第五卷（武漢：武漢大學出版社，2002年），頁503。

東亞及世界其它地區也應當有不同的形式、內容與精神。當代新儒家充分重視協調世界思潮與民族精神，整合世界性與根源感、現代性與民族本已性。全球化問題在我國大規模地討論之先，當代新儒家思潮已經提供了不同於啟蒙理性的新的思路，率先體認到現代化不等於西化，不同地域的文明都蘊藏著現代的、普遍的價值，可以進行創造性轉化。全球化絕不意味著某一種話語霸權的進一步擴張。在東亞諸國家和地區的現代化過程中，其地域與民族的文化大傳統和小傳統已經並將繼續起著巨大的多重作用，在一定層次或程度上創造並豐富著現代化、現代性的新模式。

　　2、「文明對話」與「文化中國」。梁漱溟在新文化運動末期已經開始了跨文化比較與對話的工作，雖不免粗疏，卻代表了一種思路。唐君毅起草的，唐君毅、牟宗三、徐復觀、張君勱連署的 1958 年〈中國文化與世界宣言〉[42]，雖因強調一本性而遭到不少批評，但平心而論，他們的〈宣言〉和其他豐富的有高度學術水準的論著、講學，具有深刻的意義。現代新儒家為跨文化比較、對話和融合做了大量的工作。文明衝突在歷史上和現時代已屢見不鮮，唯其如此，文明對話與溝通才尤顯重要。文明對話與溝通如何可能呢？首先是民族文化精神的自覺自識。如果某種非西方文明或所有的非西方文明失掉了本已性，成為強勢文明的附庸，恰恰使文明對話成為不可能之事。第三代新儒家更強調開放性。杜維明指出：「文化與文化的交流，不是零和遊戲，不必採取你爭我奪的方式，越交流雙方的資源就越多。如果以發揚傳統精緻文化為基礎，和西方深刻的價值進行溝通，我們應向兩方面開放，要向當代西方而不是狹隘意義上的工具理性和只突出富強價值的西方，而是當代西方之所以成為西方的精神源頭充分開放。要瞭解基督教、猶太教、回教在西方文藝復興時所起的積極作用，瞭解古希臘的哲學智慧，瞭解中世紀的發展對西方的影響。」[43]雖然「文化中國」並非當代新儒家首倡，海內外各方面學者均有論述，但近年來以杜氏闡釋最多。事實上，除了地理

---

[42] 唐君毅：《中華人文與當今世界》（臺北：臺灣學生書局，1975 年）。

[43] 杜維明、袁偉時：〈關於文化中國若干問題的對話〉，《現代與傳統》1995 年第 4 期。

中國、政治中國、經濟中國、軍事中國之外，確實有受中國文化不同程度浸潤或影響的地域與人群，謂之為「文化中國」未嘗不可。這些地域與人群的現代生存樣態、價值意識、思維方式、心理結構，的確與多元性的中國文化有千絲萬縷的聯繫，對整個世界未來的多元、良性發展起著積極的作用。

**3、儒家價值與全球倫理、環境倫理、生命倫理。** 20 世紀 90 年代以來，世界宗教、文化學者非常關注世界倫理的問題。這顯然必須調動世界各宗教、文化、倫理的資源。鑒於當代紛爭的世界需要取得倫理共識與普遍和諧的相處之道，1993 年，天主教背景的孔漢斯（Hans Kung）教授起草的〈世界倫理宣言〉為一百二十位不同宗教的代表所簽署。該宣言把包括孔子在內的、世界上各文明、各宗教的原創性的思想家提出的「己所不欲，勿施於人」的原則放到了重要的地位。孔子的這一思想有助於國家間、宗教間、民族間、社群間、個體間的相互尊重，彼此理解與溝通。〈世界倫理宣言〉能否為聯合國所通過，那是另一個問題，但有關此問題的熱烈討論，實屬客觀需要、大勢所趨、理所當然。當代新儒家學者努力參與了全球倫理的建構。劉述先在這一背景下闡揚儒家的「為己之學」及「仁義禮智信」等核心價值觀的現代意義。他尤以宋儒「理一分殊」的睿識，來解決既尊重差別又平等互待的問題，並接通傳統與現代、一元與多元[44]。調動儒家資源來參與新的環境倫理、生命倫理的建構亦已成為熱點。《中庸》中天、地、人、物各盡其性的原則為歷代儒家所重視，這的確是生態與生命倫理的一個重要的生長點。「盡己性、人性、物性即是讓天地萬物各遂其性，各適其情，即是參贊天道，反之，參贊天道即在於能使自己、他人和天地萬物都得到充分的生長發展，得以各盡其性分。」[45]儒家主張「仁者與天地萬物為一體」，儒學中的自律、仁愛、不傷害、公義原則等，均有重大的價值和世界意義。

**4、儒學與現代民主、與自由主義的關係。** 現代新儒家的三代代表人物都重視接納西方近世以降的自由、民主、法治、人權的價值，多有創獲。他

---

[44] 劉述先：《儒家思想意涵之現代闡釋論集》（臺北：中央研究院中國文哲研究所，2000 年），頁 225-249。

[45] 李瑞全：《儒家生命倫理學》（臺北：鵝湖出版社，1999 年），頁 65。

們在政治訴求上並不保守，在民主政治理念的宣揚及其制度建設（例如憲政）上，在以德抗位，批評政治威權方面絕不亞於自由主義者（例如胡適）。梁漱溟、張君勱、徐復觀就是其中的佼佼者，熊十力、唐君毅、牟宗三在理論上也有不少建樹[46]。自孔孟以來，儒家的政治主張與道德原則相配合，其中可以作為現代民主政治之資源的頗為不少。對政治化的儒學也不必一概否定，而需要做具體的歷史的分析。儒學的經世原則，對社會政治的參與與批評，民貴君輕思想，及歷史上與之相應的結構、制度，均不能一言以蔽之，咒曰「骯髒的馬廄」。對民間社會、自治組織、言論空間，道統與政統、政道與治道的相對制衡，新儒家多有發揮。關於本土政治、法律資源的開發，關於「儒家自由主義」的概念，學術界有多方面的討論，亦成為當代新儒學的又一向度。我以為，就自由主義者必須具有的獨立的批評能力和精神，必須具有的道德勇氣、擔當精神而言，就自由、理性、正義、友愛、寬容、人格獨立與尊嚴等自由主義的基本價值而言，就民主政治所需要的公共空間、道德社群而言，就消極自由層面的分權、制衡、監督機制和積極自由層面的道德主體性而言，儒家社會與儒家學理都有可供轉化和溝通的豐富資源。

　　**5、儒學的宗教性與超越性及「內在超越」**。這是第二、三代當代新儒家的理論創識。當代新儒家學者不是從制度儀軌的層面而是從精神信念、存在體驗的層面肯定儒學具有宗教性的。性與天道的思想亦即儒家的宗教哲學。安身立命的「為己之學」具有倫理宗教的意義。儒家的「天」與「天道」既是超越的，又流行於世間，並未把超越與內在打成兩橛[47]。關於當代新儒家的「超越內在」說，海內外學者都有不少批評，以為「超越」不能同時是「內在」的。但現當代新儒家與傳統儒家在基本品格上是一致的，他們

---

46　參見李明輝：《儒家視野下的政治思想》（臺北：國立臺灣大學出版中心，2005年）；何信全：《儒學與現代民主——當代新儒家政治哲學研究》（臺北：中央研究院中國文哲研究所，1996年）。

47　參見郭齊勇：〈當代新儒家對儒學宗教性問題的反思〉，《中國哲學史》1999年第1期。

更為關心的不是認識論，而是價值論、本體論問題。這樣，「超越」一詞也不是在認識論上講的，而是從本體－境界論上去講的。所謂的「超越性」指的是神性、宗教性，又可以表示現實性與理想性或者有限性與無限性之間的張力[48]。依據「天人合一」這樣一種理念，高高在上的天道與人的「良知」、「本心」是相通不隔的，如果「天道」、「天」具有神性，那麼，說人之「良知」、「本心」也因此獲得神性，應是能夠成立的。為何在儒家看來，「宇宙心靈」和「個體心靈」可以渾化為一，原來，所謂「天」，是具有神性意義的天和義理之天，並不是指的外在於人的自在之物，而「天」也是一個本體－價值論的概念，其認識論意味十分淡薄。如果從認識論角度來看「盡心、知性、知天」，又把天看成外在的客觀存在，便顯得難以理解，像「心外無物」這樣的說法便不可理喻。超越性與宗教性雖有區隔，但在現當代新儒家看來，二者具有相通性。因為，超越的「天」完全沒有認識論意味，而只是價值之源。如果超越性被理解為神性、宗教性，而天人又是相通不隔的，那麼，以「內在超越」來解釋傳統儒家的思想便不是不可理解了。換句話說，超越的價值理想追求，可以通過人的修身增德而在充滿人間煙火的紅塵中實現。這樣一種超越，的確與西學中的超越有所不同。它不需要也難以得到認識論意義上的、實證主義方式的「證實」，而需要的是儒者的身體力行，自證自信。

　　當然，勿庸諱言，現當代新儒學思潮及其代表人物的思想有不少局限。我們認為，儒家價值系統在現代化中仍然有它的價值和意義，但需要重新定位。中國原有的價值系統早已處在不能不解體、轉型、重組的境地，保持狹義「道統」作為「國本」有相當的難度。如何可能？值得討論。歷史和現實昭示我們，儒家的終極關懷、道德理想主義的某些合理因素保留在新的統一交融的文化體系之中，甚至超越國界保留在全人類的新的文化之中，都是有可能的，但其「內聖外王」的基本結構原封不動地保存下來，卻是不可能

---

48　李明輝：《當代儒學之自我轉化》（臺北：中央研究院中國文哲研究所，1994年），頁 146。又請參見郭齊勇、龔建平：〈儒家、儒教，宗教性、超越性〉，《中國學術》總第九輯（北京：商務印書館，2002 年）。

的。現代生活非常複雜，現實的挑戰使我們重建民族文化的主體性與借助、調動儒家道德資源參與當下的合理化建設是甚為繁複的，我們更應走向生活世界，走向民間。正如景海峰所指出的，牟宗三「系統架構得越精巧，就越有可能遠離現實」，這對我們提出了「深刻反省儒家道德理想主義的現實境遇問題」[49]。當然，現代新儒家提出的諸多問題，他們的理論建構又都是針對現實社會文化有感而發的，這就值得我們反復咀嚼，悉心理會。

---

[49] 景海峰：《新儒學與二十世紀中國思想》（鄭州：中州古籍出版社，2005 年），頁280。

# 試論現代新儒學的幾個特點

　　同一時期的儒學，因地域、師承、流派的差異，或因對自然、社會、人生看法的差異，形式與內容都呈現出豐富的樣態。不同時期的儒學的內容、形式、社會地位及其功能的差異就更大了。被稱為「新儒學」的宋明理學（或道學），是面對異質的印度佛教文化以及中國化了的佛教宗派和本土道教文化的衝擊，並與之整合、涵化的結果。較之先秦儒學和漢唐儒學，「新儒學」新在對於人的生命存在、人生的意義和價值作了系統、嚴整的形上學的論證。這種論證是多方面的，有的從心學的角度，有的從理學的角度，有的從本體論的角度，有的從道德修養的工夫論的角度，共同成就了一種具有世界意義和世界價值的「心性之學」（其中當然有其政治外王學的內容）。

　　粗略地說，儒學發展史上有四個大的階段：先秦儒學、漢唐儒學、宋明儒學和現代新儒學。第四階段現在還只剛剛開始。從形態特徵上考察，宋明儒學揚棄了漢唐儒學的注經傳統，吸納了佛、道二家理論思維的長處，發揮了孔孟道德哲學的內核，創造了有獨到見解的精緻的思想體系，把儒學提高到一個新的水準。

　　本文擬就儒學的創新發展，特別是現代新儒學的心態、形態、方法、問題意識、思想內涵、價值和社會功能的特點問題，作如下初步探討。

## 一、開放性與一本性的糾結

　　在思想資源上，現代新儒學決不固守一隅。不論是對中國儒家、道家、佛學，還是對印度哲學、佛學和西方哲學，都能「以平等心究觀古今各大學派」，而特重「援西學於儒」。揚榷百家，融會貫通是現代新儒學的一大特

點。熊十力說：「古代百家之學，不論短長，其可為後人之借鑒與參稽，則為絕不容疑之事。」他認為，「今日治哲學者，於中國、印度、西洋三方面必不可偏廢」；「學貴自得，博求往哲，觀其會通」。他主張「曠覽中外，去門戶而尚宏通，遠偏狹而求圓觀」[1]。賀麟指出：「以自由自主的精神或理性為主體，去吸收融化、超越揚棄那外來的文化和已往的文化。儘量取精用宏、含英咀華，不僅要承受中國文化的遺產，且須承受西洋文化的遺產，使之內在化，變成自己的理性的材料。」「我根本反對被動的『西化』，而贊成主動的『化西』，所謂『化西』，即是自動地自覺地吸收融化，超越揚棄西洋現在已有的文化。但須知這種『化西』的工作，是建築在深刻徹底瞭解西洋各部門文化的整套的體用之全上面。」[2]

現代新儒學的開放性當然是相對於歷史上的儒學而言的。一般地說，20世紀的儒學已不可能繼續沿用宋明儒學的思維框架或運思模式。借助西方新實在論（如馮友蘭）、新黑格主義（如賀麟），或康德（如牟宗三）、黑格爾（如唐君毅）的方法重建中國哲學，或相容中西印各派哲學的觀點、方法，豐富儒家道德哲學、生命哲學、人生哲學（如方東美），表現了現代儒學的開放度。

但同時，現代新儒學又強調中國文化的「一本性」。賀麟在抗日戰爭時期指出：「儒家思想之是否復興的問題，亦即儒化西洋文化是否可能，以儒家精神為體以西洋文化為用是否可能的問題。中國文化能否復興的問題，亦即華化、中國化西洋文化是否可能，以民族精神為體、以西洋文化為用是否可能的問題。」[3]其合理層面是提出了民族主體性的原則，然可疑之處在

---

[1]　熊十力：《明心篇》，《熊十力全集》第七卷（武漢：湖北教育出版社，2001年），頁 275；《佛家名相通釋》，《熊十力全集》第二卷（武漢：湖北教育出版社，2001 年），頁 3；《新唯識論（語體文本）》，《熊十力全集》第三卷（武漢：湖北教育出版社，2001 年），頁 412；《十力語要》，《熊十力全集》第四卷（武漢：湖北教育出版社，2001 年），頁376。

[2]　賀麟：《近代唯心論簡釋》，《賀麟全集》（上海：上海人民出版社，2009 年），頁 200-201。

[3]　賀麟：《文化與人生》，《賀麟全集》（上海：上海人民出版社，2011 年），頁 13。

「中體（或儒體）西用」模式的可行性。張君勱、唐君毅、牟宗三、徐復觀於 1958 年發表的〈中國文化與世界〉宣言中強調「中國文化在本原上是一個體系」，即「一本性」。此一本性並不否定中華文化的民族、時代、地域、流派的多樣性，而是肯定中國文化有一脈相承的統緒。「殷革夏命而承夏之文化，周革殷命而承殷之文化，即成三代文化之一統相承。此後秦繼周，漢繼秦，以至唐、宋、元、明、清，中國在政治上有分有合，但總以大一統為常道。且政治的分合，從未影響到文化學術思想的大歸趨，此即所謂道統之相傳。」「以中國文化有其一本性，在政治上有政統，故哲學中即有道統」[4]。牟宗三批評了中國傳統文化有治道而無政道，有道統而無學統，提出「三統」並建：道統必須繼續——以內聖心性之學為立國之本；學統必須開出——融攝西方傳統，轉出知性主體，建立獨立的科學知識系統；政統必須認識——肯定民主政治發展的必然性。其核心仍是繼承儒家內聖之學的道統。

　　總之，「一本性」或「道統」的強調，與「開放性」有一定的矛盾。現代新儒家的開放性具有一定的限度，這就影響了它的發展。牟宗三 1988 年 12 月在香港「唐君毅思想國際會議」上聲言「只有儒學才是中國文化的常道」，並且認為西方文化發展到康德已經到頭了，中國文化發展到劉蕺山也就沒有了。這反映了現代新儒家在某種程度上的褊狹。當然，第三代新儒家較其前輩要開放得多，提出了全方位、多層次地與當代各種思潮對話，在多元文化背景下創造性地發展儒學的思想（杜維明、劉述先、成中英等），這已突破了「一本性」或「道統」的大防[5]。

## 二、自我批判與忠誠信仰的矛盾

　　現代新儒家對儒學傳統，包括對宋明理學的傳統作過多方面的批判。例

---

[4]　唐君毅：《中華人文與當今世界》下冊（臺灣東方人文學會，1975 年），頁 876-878。

[5]　參見方克立：〈第三代新儒家掠影〉，《文史哲》1989 年第 3 期。

如熊十力批評宋儒窒欲主靜、食古不化，其學其識在「翻天動地、創制易俗、開物成務、以前民用」方面甚為不足。他說宋儒有兩大缺點，一是「絕欲」，二是「主靜」，前者「弄得人生無活氣」，後者脫離實際，「把日常接觸事物的活動力減卻許多」，「這兩個主張殊未能挽救典午以來積衰的社會」。熊氏又說：「宋儒之最可責者有二：一無民族思想，二無民治思想。」他對宋儒心性之學多有繼承發揮，認為「宋儒倡鞭辟近裏切己之學，可謂知本，惜其短於致用。」[6]

　　梁漱溟批判了把個體的主體性消融於人倫關係的儒家倫理。他指出：「在以個人為本位之西洋社會，到處活躍著權利觀念。反之，到處彌漫著義務觀念之中國，其個人便幾乎沒有地位。此時個人失沒於倫理之中，殆將永不被發現。自由之主體且不立，自由其如何得立？在西洋近代初期，自由寶貴於生命；乃不料在中國竟同無主之棄物！中國文化最大之偏失，就在個人永不被發現這一點上。一個人簡直沒有站在自己立場上說話的機會，多少感情要求被壓抑、被抹殺。五四運動以來，所以遭受『吃人禮教』等詛咒。」[7]梁漱溟還分析了中國傳統文化何以不能開出民主和科學的原因。牟宗三剖析「中國文化生命的特質及其發展的限度」，認為「它實在是缺少了一環。牟氏認為，在全幅人性的表現上，從知識方面說，中國文化缺少了『知性』這一環，因而也不出現邏輯數學與科學；從客觀實踐方面說，中國文化缺少了『政道』之建立這一環，因而也不出現民主政治，不出現近代化的國家政治與法律」[8]。按照他的看法，具有「綜合的盡理精神」的中國文化過分重

6　熊十力：《十力語要》，《熊十力全集》第四卷（武漢：湖北教育出版社，2001年），頁 268；《熊十力全集》第四卷（武漢：湖北教育出版社，2001年），頁512；《讀經示要》，《熊十力全集》第三卷（武漢：湖北教育出版社，2001年），頁 824；《原儒》，《熊十力全集》第六卷（武漢：湖北教育出版社，2001年），頁748。

7　梁漱溟：《中國文化要義》，《梁漱溟全集》第三卷（濟南：山東人民出版社，1990年），頁 251。

8　牟宗三：《歷史哲學》，《牟宗三先生全集》第 9 冊（臺北：聯經出版事業公司，2003年），頁 218。

視了道德理性（即「仁心」）的「運用表現」和「內容表現」，缺少了「分解的盡理精神」的西方文化的「架構表現」的環節，「外延表現」不足，不能向下撐開，不能轉化出科學和民主，因此，必須補充中間架構環節，由道德主體轉出知性主體，轉出科學的知識系統，人民由倫常上的「道德的存在」轉化為「政治的存在」。

現代新儒家對儒學傳統的批判也是有限度的。從梁漱溟到牟宗三，兩代新儒家都認為中國文化不是不及而是大大超過了西方文化。牟宗三說：「中國為什麼不能出現科學與民主政治呢？我們的答覆是理性之架構表現不夠。中國文化只有理性之運用表現……若論境界，運用表現高於架構表現。所以中國不出現科學與民主，不能近代化，乃是超過的不能，不是不及的不能。」[9]

現代新儒家中有人承認五四新文化運動是促進儒家思想新發展的一大轉機，肯定「新文化運動之最大貢獻，在破壞掃除儒家的僵化部分的軀殼形式末節和束縛個性的傳統腐化部分。他們並沒有打倒孔孟的真精神、真意思、真學術，反而因他們的洗刷掃除的工夫，使得孔孟程朱的真面目更是顯露出來」[10]。但港臺新儒家對五四運動多持否定態度。總體上來說，現代新儒家對儒學傳統的正面價值肯定得多，對儒學的負面否定得少，對儒學衰落的原因和儒學的局限性研究不夠深入，對儒學的復興及儒學在現世和後現代的功能過於樂觀。沒有對儒學執著的愛戀和強烈的情感，人們就不會稱他們「新儒家」了；沒有對儒學傳統作出一定程度的批判，人們也就不會稱他們「現代儒家」了，從心態特徵和外在表現來看，現代新儒家總是處在開放性與一本性之間、自我批判與忠誠信念之間。

---

[9] 牟宗三：《政道與治道》，《牟宗三先生全集》第 10 冊（臺北：聯經出版事業公司，2003 年），頁 57。

[10] 賀麟：《文化與人生》，《賀麟全集》（上海：上海人民出版社，2011 年），頁 12。

# 三、邏輯思辨與直覺體悟的互補

從治學方法上來看，現代新儒家之不同於以往的儒家和同時代的其他學者的地方，在於他們掌握了東西方哲學方法學的優長，互濟互補，相得益彰。現代新儒家的偉構充滿了細密的詮解說明和精到的邏輯分析，表明他們受過現代理論思維的訓練。特別是以西學或佛學方法為工具，使得他們思路清晰，析理細密。他們的思辨水準和邏輯分析能力遠遠超過了歷史上的任何儒學大師。

但是，正如現代新儒家所強調的，哲學方法不同於科學方法，不僅僅需要邏輯分析，更需要對生命、生活的感受、體驗和體悟。從這一方面來說，現代新儒家是典型的東方哲學家，是儒、佛、道的方法學的最好的繼承者。熊十力說：「玄學者，始乎理智思辨，終於超理智思辨，而歸乎返己內證。及乎證矣，仍不廢思辨。」[11]這說明在任何認識階段或環節上，理性思辨和直覺頓悟總是相互聯結、相互補充的。熊氏又說：「恃思辨者，以邏輯謹嚴性，而不知窮理入深處須休止思辨而默然體認，直至心與理為一，則非邏輯所能也；恃思辨者，總構成許多概念，而體認之極詣則所思與能思俱泯，炯然大明，蕩然無相，則概念滌除已盡也。」[12]也就是說，通過思維和修養交致其力，可以達到止息思維、掃除概念、精神內斂、默然返照，渾然與天道合一的境界。

賀麟說：「直覺與理智乃代表同一思想歷程之不同的階段或不同的方面，並無根本的衝突，而且近代哲學以及現代哲學的趨勢，乃在於直覺方法與理智方法之綜貫。」「直覺方法一方面是先理智的，一方面又是後理智的。先用直覺方法洞見其全，深入其微，然後以理智分析此全體，以闡明此隱微，此先理智之直覺也。先從事於局部的研究，瑣屑的剖析，積久而漸能憑直覺的助力，以窺其全體，洞見其內蘊之意義，此後理智之直覺也。直覺

---

[11]　熊十力：《十力語要初續》，《熊十力全集》第五卷（武漢：湖北教育出版社，2001年），頁12。

[12]　同前注，頁58。

與理智各有其用而不相背。無一用直覺方法的哲學家而不兼采形式邏輯及矛盾思辨的；同時亦無一理智的哲學家而不兼用直覺方法及矛盾思辨的。」[13]這裏強調的是前理智直覺、形式邏輯、矛盾思辨與後理智直覺的動態統一。

　　馮友蘭的《新知言》專講哲學方法論。他要說明「新理學」的方法與維也納學派是不同的。哲學方法不僅有正的方法即理論思維的方法，而且還有負的方法，烘雲托月的方法，即不說不可言說的東西是什麼，而只說它不是什麼的方法。對於不可思議、不可言說的問題採取正負兩種方法去研究或體悟。牟宗三於 60 年代末提出「智的直覺」的問題，以後又進一步系統論述了這一問題。他認為儒家的「德性之知」、道家的「玄智」、佛家的「般若智」就是「智的直覺」。所謂「本心仁體之誠明、明覺、良知、虛明照鑒」（儒），所謂「道心之虛寂圓照」（道），所謂「觀照即空即假即中之實相的般若智」（佛），即是通過「智的直覺」來實踐或證現「本心」、道心、真常心等「實有體」是「實有用」，並進而成聖、成真人、成佛以取得「實有果」。這就是中國哲學的「基本存有論」[14]。通過「智的直覺」來實現道德形上學，是現代新儒學共同的方法學。

# 四、理論理性與實踐理性的統一

　　與上述特點相關聯，現代新儒家的多數人強調學問與人格一致，哲學與生活統一。

　　從表層來看，現代新儒學的形態與歷史上的儒學形態具有顯著的區別。這裏不僅沒有漢唐儒學的「注經」傳統，也沒有宋明儒學的「解經」傳統。也就是說，現代新儒家認同並闡發儒家價值系統，既不必通過注疏經典的途徑，也不必通過解說經典中的概念、範疇、命題，藉以發揮自己的哲學思想

---

[13] 賀麟：《近代唯心論簡釋》，《賀麟全集》（上海：上海人民出版社，2009 年），頁 76、74-75。

[14] 詳見牟宗三：《智的直覺與中國哲學》（臺北：臺灣商務印書館，1971 年）。又見《牟宗三先生全集》第 20 冊（臺北：聯經出版事業公司，2003 年）。

的途徑。不難看出,只有在 20 世紀,經過五四新文化運動的洗汰和歐風美雨的沖刷,儒學後繼者才可能脫離經典自由地闡發自己的哲學,應用新的運思方式和基本概念,建構風格迥異的哲學體系。現代新儒學的代表著作中,還有一部分是作者以新的知識結構重建中國文化史、中國思想史和中國哲學史的鴻篇巨制。無論是他們的哲學體系的建構,還是他們對包括儒家文化和儒家哲學在內的整個中國文化和中國哲學的抉發,他們充分發揚了理論理性的精神。如熊十力以《周易》形上學批判佛學而建構的「新唯識」體系,唐君毅對儒學最獨特也最重要的修養工夫論的建樹和他的文化哲學體系,牟宗三的道德形上學體系等等,如馮友蘭、方東美、錢穆、唐君毅、牟宗三、徐復觀的哲學史、思想史的著作等等,都滲透了理論理性的精神,知性分析的方法。

但是,從深層來看,現代新儒家之所以為現代新儒家,更重要的是他們的實踐理性的精神。現代新儒學從內容到形式,都打上了時代的烙印,但原始儒學、宋明儒學的實踐精神卻仍被繼承下來了。熊十力講「性智」與「量智」,「量智」是理論理性,「性智」則是生命本體的理性,它涵蓋了理論理性和實踐理性。熊先生強調的仁心本體流行的境界,生命的整體化、知行的互動、主客的不二、天人的合一,包括了實踐理性的問題。像梁漱溟、熊十力、馬一浮這樣的非學院派的新儒家,按照自己的哲學信念生活,身體力行,付諸行動,集知識與美德於一身,不斷把自己修養到無我的境界。他們的人格和情操獲得了普遍的讚譽。據張岱年先生回憶,著名哲學家金岳霖先生曾經說:「我的哲學背後沒有人,熊十力先生的哲學背後有他那麼一個人。」這些都表明現代新儒學的一個極重要的特點,即認識和實踐一致,學問與人品不二。

方東美先生說:「中國哲學同西方的哲學,尤其近代西方哲學,有一個顯著的差別。西方的思想要從思想的客觀系統中設法子把人的性情品格情操化除掉,於是依據方法學與邏輯把它所要成立的思想,以客觀的論證一層一層地顯現出來。但是在東方的哲學裏面,尤其在中國哲學……不是只把思想與觀念系統表達出來就達到它的目的;中國哲學的中心是集中在生命,任何

思想的體系是生命精神的發洩。這一個生命精神一定根據這位思想家的性情
品格，才能夠把它的真象全盤揭露出來！這主要的固然是中國各家的哲學，
從大體上看，多多少少地帶有人本主義；而一個學術的思想系統離不掉人在
生活上面所顯現的精神！假使這一個觀點是正確的話，在中國各派哲學中，
後面都有一個活生生的人格在那兒呼之欲出！道家、儒家、佛家、新儒家均
如此。因為他們的立言都要把他們的生命精神忠實地表達出來，把那個支配
生命精神方面的人格顯現出來。所以在中國思想上面，一字一句都要引歸身
心，他不是說空話的！」[15]

　　此外，在實踐活動方面，梁漱溟積極從事鄉村建設運動，作為第三黨代
表在抗戰結束參與國共和談，積極調停國共兩黨爭端，為國內和平奔走盡
力；張君勱長期以「第三勢力」自居，致力於民主憲政建設；錢穆與唐君毅
等創辦新亞書院。實際上，所有現代新儒家學者都不同程度的具有書院情
節，都曾參與書院的創辦或講學，他們都是教育家。這裏所說的是傳統中國
思想家的特點，也是現代新儒家的特點。現代新儒家若要傳承下去，就必須
摒棄職業哲學家和思想家將思想與行動、學問與人品割裂的毛病。

## 五、生命意境與內在超越的關聯

　　狹義的現代新儒學是指「熊十力學派」，即奉熊十力為開祖，經唐君
毅、牟宗三、徐復觀之發展，由杜維明、劉述先等人接續的一派[16]。廣義的
現代新儒學還包括實踐派梁漱溟和史學家錢穆，及講宋明儒學與中西印文化
比較的張君勱，講「六經」和理學、佛學的馬一浮，「新理學」的代表馮友

---

[15]　方東美：《方東美演講集》（臺北：黎明文化事業公司，1988 年），頁 79-80。

[16]　參見劉述先：《論儒家哲學的三個大時代》（香港：香港中文大學出版社，2008
年），頁 192。按劉先生的說法，「現代新儒學」取廣義，英譯為「Contemporary
New Confucianism」；「當代新儒家」取狹義，英譯為「Contemporary Neo-
Confucianism」，即「熊十力學派」。又見余英時：〈錢穆與新儒家〉第四部分「與
新儒家的關係」，《現代儒學論》（上海：上海人民出版社，1998 年）。

蘭與「新心學」的代表賀麟，及更具兼綜傾向的方東美及其弟子等學人。無論廣義狹義，現代新儒家之所以為現代新儒家，從根本上是看他的終極關懷、安身立命之道之所在。這是他們的核心。

有的論者指出：「當代新儒家思想最大的貢獻在明白地指出，無論現代西方在科學技術的巨大貢獻，以及政治社會革命意識的覺醒，內在的安心立命始終是一個不可替代的問題，這個問題不能靠對於一個超越外在的上帝的信仰來解決。新儒家體證到，吾人所稟賦的生命人人涵有一生生不已、怵惕惻隱的仁心，由這一點仁心的體證不斷擴充，即可以由內在接通超越，由有限體證無限。顯然，這樣的肯定不能由科學的經驗推概來檢證，它所牽涉到的是人的終極的託付，惟有立志，下定決心，不斷做修養功夫，才可能有所如實相應，而達到一種安心立命的境界……人人可以通過自己的踐履去體現這一境界……如果人類終不能逃避這種由內在去體證超越這一層面的問題，也就不能忽視中國儒家所開出的義理與體證的道路。它的意義與價值不因時代環境的改變而失效，但必須用現代的方式重新表達出來，才能夠重新在現代發生作用與影響。」[17]

人存在於天（宗教信念或終極關懷）、地（自然生態環境）、人（社會關係）、我（內在自我意識）之間。有什麼樣的人物就有什麼樣的境界，人境之間有一種相互呼應的關係。不同的人生觀、世界觀使人生存在不同的意義網路之內。人們的價值觀念離不開他對存在的觀念。方東美在《生生之德》中肯定存在的多重性，諸差別境界有：物質世界、生命世界、心靈世界、藝術境界、道德境界、宗教境界；存在與人性相合於其頂峰——至人之境，這是不可思議、玄之又玄的境界；它們之間存在著互動的關係。也就是說，不僅有上回向，表示人的生命精神一層一層向上提升，而且有下回向，即到達最高價值理想境界之後，再把精神力量向下貫注，逐一貫注到宗教領域、道德境界、藝術領域、心靈境界、知識領域，一直到物質的活動。通過這一貫注，人性也分享了創造的權力，物性也分享了創造的權力，實現了天

---

[17] 劉述先：《文化與哲學的探索》（臺北：臺灣學生書局，1986 年），頁 300。

人合一，人性也就包含了神性。馮友蘭在《新原人》中把人的精神境界分為四種：自然境界、功利境界、道德境界、天地境界。唐君毅在《生命存在與心靈境界》中以哲學人類學來融通人性論、形上學和知識論，把人的生命存在的整個表現與「道德自我」聯繫在一起。他把人的心靈活動分為三界九境：客觀境──①萬物散殊境（心靈相應於客觀事物的體所成之境），②依類成化境（心靈相應於客觀事物的相所成之境），③功能序運境（心靈相應於客觀事物的用所成之境）；主觀境──④感覺互攝境（心靈自己反省主觀的感覺活動所成之境），⑤觀照凌虛境（心靈自己反省主觀的相的呈現所成之境），⑥道德實踐境（心靈自己反省主觀的道德理性的活動所成之境）；超主客觀境──⑦歸向一神境（心靈超主客的有關體的嚮往所成之境），⑧我法二空境（心靈超主客的有關相的嚮往所成之境），⑨天德流行境，又稱盡性立命境（心靈超主客的有關用的嚮往所成之境）。最終歸趣於儒家的天德流行境界。

現代新儒學發掘了中國傳統文化的價值之源，闡述了道德的理想主義，肯定了道德的主體性，回答了人的生命存在的真正價值，這在盛行金錢和權力拜物教，盛行功利主義的當代世界，是有一定意義的。

## 六、「保內聖」與「開外王」之間的困局

現代新儒家提出了「返本開新」的文化思想，即返回儒家心性之學的根本，開出「新外王」──現代科學和民主政治。他們希望以科學知識系統作為「新外王」的材質條件，以民主政治作為「新外王」的第一要務，充實中華文化生命的內容。也就是以儒家的道德理想主義為科學和民主立根，以西方的知性和政道補正、擴充和發展儒家外王之學。道德實踐的主體建立之後，通過「自我坎陷」，暫時後退一步，向下貫注，轉出「實用技術活動的主體」、「認識的主體」、「政治的主體」、「思想的主體」。由此建立科學知識系統，「在中國傳統之道德性的道統觀念之外，兼須建立一學統，即科學知識之傳承不斷之統。而此事，正為中國文化中之道德精神，求其自身

之完成與升進所應有之事」。在他們看來，實用技術的發展，中國工業化的實現，正是中國文化中道統之繼續所理當要求者。同樣的道理，「從中國歷史文化之重道德主體之樹立，即必當發展為政治上之民主制度」，「民主憲政，亦即成為中國文化中之道德精神自身發展之所要求」[18]。

重內聖心性之學，開外王事功之業，是儒家文化符號系統的基本框架。所謂「保內聖，開外王」並沒有離開這一格局。但傳統外王學的資源，他們沒有作深度的發掘。這影響了新外王的建構。新時代的新道德建設，乃至人的終極關懷、安身立命等問題的解決，有賴於傳統的精神資源。但同時，社會經濟生產方式和交往關係、資訊手段的發展和飛躍，適合於舊生產方式的舊道德必然隨之淘汰。因此，儒家道德倫理中的某些合理因素保留在新的文化系統中是可能的，但儒家學說的內核和基本結構原封不動地保存下來是不可能的。韋伯論證了新教倫理與資本主義的內在關係，作為典型儒家社會的東亞地區，在他看來無疑沒有近代資本主義的發生機制，毋寧說，「工業東亞」是輸入性的資本主義。但20世紀60年代以來東亞經濟的騰飛，在某種程度上證偽了韋伯的說法，也因此導致「多元現代性」（「東亞現代性」）的討論。無論如何，東亞地區在經濟發展之後，運用傳統儒學來救治心靈危機，協調人際關係，參與企業管理，並對工業社會中出現的一些問題加以補偏救弊，已有成效。

儒學與現代民主、儒學與自由主義的關係是值得深究的問題。現代新儒家的三代代表人物都重視接納西方近世以降的自由、民主、法治、人權的價值，多有創獲。儒學的經世原則，對社會政治的參與與批評，民貴君輕思想，及歷史上與之相應的結構、制度，都有可以轉化的因素。對民間社會、言論空間，道統、學統、政統、治統的相對制衡，新儒家多有發揮。我的看法是，不必提「保內聖」與「開外王」，而是需要切實研究儒學思想中可以與現代民主政治、現代工商管理相溝通的因素，並在實踐中加以摸索，讓儒

---

[18]　〈中國文化與世界〉宣言，見唐君毅《中華人文與當今世界》下冊（臺灣東方人文學會，1975年），頁899-904。

學思想積極參與現代社會的生活。道德心性修養與自由人格、民主政治的關聯極大，需認真研究。

## 七、傳統與現代，儒學的現代化與現代化中的儒學

如此說來，儒學還有生命力嗎？儒學在現代與後現代還有作用嗎？儒學在現代化中如何定位？我們注意到，現代新儒學思潮的影響力是有限的。抗戰時期賀麟先生斷言的「廣義的新儒家思想的發展或儒家思想的新開展，就是中國現代思潮的主潮」，「自覺地正式地發揮新儒家思想，蔚成新儒學運動」，終究沒有實現。但儒學的發展總是在理想與現實的矛盾中展開的。

新儒家學者的努力，有沒有什麼意義呢？必須肯定他們為祖國的學術文化事業所作出的多方面貢獻。他們為弘揚傳統文化的精華，為重建中華新文化，在學術上作了很多工作，與並世其他學派的學者相比，他們在學術上的成就更大一些。余英時先生說：「傳統儒學的特色在於它全面安排人間秩序，因此只有通過制度化才能落實。沒有社會實踐的儒學似乎是難以想像的。即使在道德領域內，儒學的真正試金石也只能是在實踐中而造成的人格。……就儒學本身而言，儒學所涵蓋的思想內容日益被西學的專業化研究所取代，就儒學的社會功能而言，儒學的社會基礎已經成為過去，儒學與社會的聯繫也已割斷。現代儒學究竟何以自處？」[19]我並不同意余先生的這一論斷，不同意他關於儒學成了「遊魂」的說法。但余先生在這裏比較尖銳地提出了儒學在當代的發展前景問題。

我們不能過高估計儒學在當代和後現代的作用，但是，儒學中的有益的成分對於調適人與自然的關係及社會人際關係，對於指導人生、提高精神生活，對於防止工業社會泯失人的具體存在、妨礙人的全面發展、造成人性的

---

[19] 余英時：〈現代儒學的困境〉，所引為 1988 年新加坡國際儒學討論會論文。作者在收入他的《現代儒學論》（上海人民出版社，1998 年）時在文字上略有修改，但主要思想內容未變。又見〈中國思想傳統與現代變遷〉，《余英時文集》第二卷（桂林：廣西師範大學出版社，2004 年）

異化和人的困惑與疏離，都有積極的功能。肯定地說，儒學還有生命力。儒學中的合理因素在我國新文化大系統中可以得到復興。儒學的價值在今天和未來將不斷地被人們發現、開掘、回採、實現。中華民族的文化現代化離不開儒學的營養，儒學也將隨著中華民族的文化現代化不斷改變自己的內容和形式。

「傳統」是多樣的，不僅僅只有儒家傳統；儒家傳統也不僅僅只是內聖心性之學。「傳統」與「現代」都不是抽象的整體，也不可能截然二分。「傳統」總是與時俱進、豐富多彩的，「傳統」本質上是一切歷史變化中主動地有選擇地保存，在理解者內在地置身於其中的歷史，人們可以從新的視角反觀並發現新的傳統。儒家文化中確有一些因素在今天或將來仍具有普遍意義和世界價值，但這些價值和功用決不是凝固不變的，在具體的時空條件下，它對於中外文化的新的整合和新的發展的作用是非常複雜的。

# 熊十力哲學述評

　　20 世紀 20 年代以來形成的現代新儒學，其第一代和第二代的代表人物有：梁漱溟、熊十力、馬一浮、張君勱、馮友蘭、賀麟、錢穆、方東美、唐君毅、牟宗三、徐復觀先生等。他們都是著名的哲學家或國學大師，面對西方文化的衝擊，挺立起中國文化的主體性，創造性地融合西方思想，回應歐風美雨的挑戰，繼承並發展中華文明的基本價值，創造新的哲學系統，重建中國哲學與中國學術。

　　在整個現代新儒學思潮中，熊十力（1885-1968 年）是最具有原創性、最具有影響力的哲學家。他對於現代新儒學的最大貢獻，乃在於奠定了這一思潮的哲學形上學之基礎。他的全部工作，簡要地說，就是面對西學的衝擊，在儒學價值系統崩壞的時代，重建儒學的本體論，重建人的道德自我，重建中國文化的主體性。熊十力一生重複得最多的話是：「吾學貴在見體」。甚麼是「體」？如何去「見」？或者說，甚麼是人的生命存在的本體，宇宙萬物之本根及其生生不息的源頭活水？如何以自己的真實的生命去透悟、契接和回應它？這便是儒家哲學的本體學和方法學的問題。熊十力正是從這兩方面去建構他的哲學體系的。

## 一、重立大本，重開大用

　　熊十力的終極關懷，即在於為人類尋找回失落了的自我。科技理性的膨脹，人文價值的喪失，道德意識的危機，生命本性的困惑，促使熊十力以探尋宇宙人生的大本大源為己任。西方的實證主義，印度的唯識法相之學和中國的漢學考據，在熊十力看來，其根本缺點在於它們關注的不過是餖飣枝

節，從而掩蔽了對於「宇宙之基源」、「人生之根蒂」的考察和體悟。因此，重新思考人的類存在的危機和人的類本質的發展，重新反省生命的意義和人生的價值，重新尋找「人生本質」和「宇宙本體」，並明瞭二者的關係，就成為哲學家的首要任務。

熊十力從儒家哲學的思想資源裏發掘並重建了「大本大源」。他認為，哲學的根本任務即是「明示本體」，哲學「以本體論為其領域」。他所說的「本體」是什麼呢？「仁者本心也，即吾人與天地萬物所同具之本體也。」「蓋自孔孟以迄宋明諸師，無不直指本心之仁，以為萬化之源、萬有之基。即此仁體，無可以知解向外求索也。」[1]「本心即萬化實體，而隨義差別，則有多名：以其無聲無臭，沖寂之至，則名為天；以其流行不息，則名為命；以其為萬物所由之而成，則名為道；以其為吾人所以生之理，則名為性；以其主乎吾身，則謂之心；以其秩然備諸眾理，則名為理；以其生生不容已，則名為仁；以其照體獨立，則名為知；以其涵備萬德，故名明德。」「陽明之良知即本心，亦即明德。」[2]可見熊氏之「本體」，不是「自然本體」，而是生生不已的、剛健運動的「生命本體」，同時又是內在的「道德自我」即「道德主體」。也就是說，人的生命創造活動、道德自我完善的活動，即是「本體」及其實踐，即是人的最高本質，它涵蓋了天地萬物，主導著自然宇宙。

按照儒家的看法，人的存在必須以在世界上實現最高的善（至善）為必然目的。熊十力在這裏強調的儒學之「本體」，尤其是心學之「本體」，不是超絕的本體，而是合天地萬物於一體，將宇宙人生打成一片之整體。這樣的「一體之仁」，可以推廣到鳥獸、草木、瓦石。也就是說，通過內在於人的「仁心」或「明德」之體，即人的精神生命與道德意識的運動或感通，人的生命與宇宙大生命能夠回復成一體。但是，人之生命與宇宙大生命回復成一體的中間環節是「用」，也即是工夫，即是道德實踐或社會實踐。熊氏強

---

[1]　熊十力：《新唯識論》，《熊十力全集》第三卷（武漢：湖北教育出版社，2001年），頁397-398。

[2]　熊十力：《讀經示要》，同前注，頁636、630。

調的就是道德（或社會）踐履與良知、仁心的一致，工夫與本體的一致，外王與內聖的一致。

　　本體論，又稱存有論或形上學，是關於最高存在問題的探討，亦即是關於人與世界之關係的探討。這種探討，在不同的時代和不同的民族，或同一民族的不同學派，有不同的側重面，代表了不同的文化精神和價值取向。從原始儒學到宋明儒學，其實是有其本體論的，不過前人沒有用這個名稱，沒有刻意從這個角度去闡發它。

　　熊十力大談本體論問題，尤其是把儒家哲學的內核——內聖之學中所探討的心性關係問題、道德哲學的問題、人的安身立命的基礎和終極寄託的問題（用現在的話來說，是關於人的存在的問題），把從孔孟到程朱陸王關於這些問題的回答，加以系統化、體系化，同時又投注了自己的生活體驗，投注了自己的感情和全部生命，從而在中國儒學史上第一次公開地以「本體論」的名目標誌他的儒家哲學體系。

　　創制了嚴整細密的哲學體系，又使用了本體論的名稱，這就是「新儒家」之所以「新」、「現代儒學」之所以「現代」之處（這當然是外在的、表層的）。僅僅是這一點，熊十力就遭到了許多批評。呂澂說：「玄哲學、本體論、宇宙論等云云，不過西歐學人據其所有者分判，逾此範圍，寧即無學可以自存，而必推孔、佛之言入其陷阱，此發軔即錯也。」[3]梁漱溟則認為，熊先生的失敗在於癖好哲學這一把戲，即意在吸收西方哲學之長，自逞其才，以建立其本體論、宇宙論等等理論體系，背離了中國文化之反躬向內、踐形盡性的根本[4]。因為反躬向內、踐形盡性這些儒學的根本，是要靠體驗和實踐的，是不需要理論體系的。熊十力則不以為然，他正是要把這一套理論體系化，而且正是要對不可言說之體悟、踐履的內聖修己之學加以言

---

[3]　呂澂：〈辨佛學根本問題〉，《中國哲學》第十一輯（北京：人民出版社，1984年）。又見《熊十力全集》第八卷（武漢：湖北教育出版社，2001年），頁427。

[4]　梁漱溟：〈讀熊著各書書後〉，《勉仁齋讀書錄》（北京：人民日報出版社，1988年）。參見《熊十力全集》附卷上（武漢：湖北教育出版社，2001年），頁742-743。

說。他甚至把儒家本體理論之建構與民族尊嚴、與中國哲學的現代化和世界化聯繫了起來。「此土著述，向無系統……而淺見者流，不承認此土之哲學或形而上學得成為一種學」，菲薄固有，一意襲外人膚表，因此亟需建立繼承「東方哲學的骨髓與形貌」，吸納西方知識論和科學思想，「對於宇宙人生諸大問題無不網羅融合」的「系統嚴謹之體制」[5]。

　　熊十力認為，哲學就是本體論。他所窮究的「玄學的本體論」或「玄學的真理」，與「科學的真理」是根本不同的。「蓋哲學之究極詣，在識一本。而此一本，不是在萬殊方面，用支離破碎工夫，可以會通一本也。科學成功，卻是要致力於支離破碎。……所以於科學外，必有建本立極之形而上學，才是哲學之極詣。哲學若不足語於建本立極，縱能依據一種或幾種科學知識出發，以組成一套理論，一個系統，要其所為，等於科學之附庸，不足當哲學也。」[6]在熊氏看來，不懂得人的生命本體和道德主體，僅僅依一種科學，如物理學或生物學中的一種學說去解釋宇宙萬化之源或生命之源，則未免以管窺天。熊氏《新唯識論》是從建本立極處來談本體的。就這一角度而言，梁先生的批評是不適當的，因為熊先生不僅沒有背離反而發展了儒家內聖之學的根本。

　　因此，熊十力強調「一本」，強調「見體」、「究體」，他認為，非如此，宇宙論只能認識現象，不識萬化之源、萬物之本；人生論無有歸宿，不能參究生命本性，從有限的生活內容體悟無限；道德無內在根源，只能成為一種外在的法規；知識論沒有源泉，治化論也沒有基礎。熊十力以他的本體論統攝了宇宙論、人生論、知識論、治化論等等。他自詡其《新論》將此融成一片，抓住了窮究宇宙實體的一本性這個核心，從而繼承了中國哲學的傳統。這一傳統，張東蓀解釋為：「其道德觀念即其宇宙見解，其宇宙見解即

---

[5]　熊十力：〈答君毅〉，《十力語要》，《熊十力全集》第四卷（武漢：湖北教育出版社，2001年），頁178。

[6]　熊十力：《印行十力叢書記》，同前注，頁5。

其本體主張，三者實為一事，不分先後」<sup>7</sup>。盡己性以盡物性，宇宙從屬人生，從深解人生真相透悟大自然的真情，在人生日用間提撕人，令人身體力行，以至於知性知天，這便是所謂「聖學血脈」。熊氏所說的「一本」和「見體」（即徹見真實的存在），所本所見的，既是生生不息、翕闢開闔的宇宙本體，又是人之所以為人的真宰。因此，宇宙本體不是超越於人類而獨在的，吾人之真性遍為天地萬物本體，天地萬物之本體即是吾人真性。價值之源就在吾人心中。由此觀之，儒學本體論不僅討論宇宙生化的過程和根源，尤其關懷人性及其全面發展的問題，人存在的意義、價值和功能的問題。

　　儒學本體論或熊氏重建的儒學本體論有如下兩個特點：

　　第一，以西學作為參照，包括亞里斯多德和斯賓諾莎的實體學說，乃至黑格爾的「絕對精神」，都有作為外緣的、離開主體客觀獨存的實體，或超越於主體和客體的「第一因」、「主宰者」，君臨萬物之上的造物主、神天、上帝。儒學本體論則相反，即反對「把本體當做是離我的心而外在的物事」，反對「憑理智作用」，向外界去尋求或建立本體。這就是萬物本原與吾人真性的「不二」說。「孔子曰：『人能弘道，非道弘人。』」（言人能弘大其道，道不能弘大吾人。道者，即本體或真性之稱。真性雖是吾人所固有，而吾人恒迷執小己以障蔽之，則真性雖自存，卻不能使吾人弘大。必吾人內省，而自識本來面目，存養而擴充之，則日用云為之際，皆是真性燦然流行，是則人能弘大其道。）斯義廣大淵微至極，其否認有超越吾人與天地萬物而獨尊之神道，使神道不復能統治吾人。哲學精神至此完全脫去宗教盡淨，遂令人道天道融合為一，不可於人之外覓天也。」<sup>8</sup>循著思孟和陸王心學的「盡心則知性、知天」的路線，熊氏將宇宙本體（或實體）內化為心性本體，並對「天人合一」、「孔顏樂處」、「渾然與天地萬物同體」的人生

---

7　張東蓀文見《十力語要》第二卷，頁 6。又見《熊十力全集》第四卷（武漢：湖北教育出版社，2001 年），頁 174。

8　熊十力：《原儒》，《熊十力全集》第六卷（武漢：湖北教育出版社，2001 年），頁 320-321。

境界作了本體論（即道德形上學）的論證。

　　第二，以佛學作參照，熊氏高揚了《周易》形上學的生生不息、尊生健動的學說。他說：「佛氏談本體，只是空寂，不涉生化；只是無為，不許說無為而無不為；只是不生滅，不許言生。……詳核佛氏根本大義，卻是體用條然各別……此蓋出世法之根本錯誤。」[9]熊氏之本體學說，不僅重立心性之本體，尤其重開本心之大用。根據他的「體用不二」「即體即用」的學說，由即流行即主宰的本體開出了「翕闢成變」的宇宙論，積極入世、自強不息的人生論。生命本體或心性本體是活潑潑的有內在動力的本體，其變動不居、流行不息的特徵和能動的、改造自然和社會的功能，決非靜止的、「耽空滯寂」的自然本體或絕對精神所可比擬，同時又不是柏格森之生命衝動所能取代的，因為柏氏之衝動只是本能、習氣，是盲目的，它不是生命的本質、自覺的本心和道德的力量。熊氏之本體流行、即體即用的思想，我們在下一節還要詳說。要之，熊十力關於世界意義和人類存在意義的終極思考，奠定了現代新儒學之道德形上學（或道德的理想主義）的基礎；其重立大本、重開大用的「體用不二」的架構，成為第二代現代新儒家「保內聖、開新外王」的濫觴。

## 二、深於知化，長於語變

　　熊十力形上學之主要思想淵源是《易經》和《易傳》之能動變化、生生不息的學說。他同時也繼承了先秦道家、魏晉玄學、宋明理學之大化流行、即體即用、天人合一的思想，並且以佛學之境界論、自我意識和剎那生滅、瞬息變化的觀念強化了《周易》哲學的動態性和能動性。他所親身經歷的清末民主主義革命，使他切身體驗到革故鼎新和變化日新的氛圍。他服膺王船山哲學，將其概括為「尊生以箴寂滅，明有以反空無，主動以起頹廢，率性

---

[9]　熊十力：《印行十力叢書記》，《熊十力全集》第四卷（武漢：湖北教育出版社，2001 年），頁 8-9。

以一情欲」；又以類似的語言概括自己的哲學：「吾平生之學，窮探大乘，而通之於《易》。尊生而不可溺寂，彰有而不可耽空，健動而不可頹廢，率性而無事絕欲。此《新唯識論》所以有作，而實根柢《大易》以出也。（上來所述，尊生、彰有、健動、率性，此四義者，於中西哲學思想，無不包通，非獨矯佛氏之偏失而已。王船山《易外傳》頗得此旨，然其言散見，學者或不知綜其綱要。）魏晉人祖尚虛無，承柱下之流風，變而益厲，遂以導入佛法。宋儒受佛氏禪宗影響，守靜之意深，而健動之力，似疏於培養；寡欲之功密，而致用之道，終有所未宏。」[10]

熊十力哲學本體論與宋明理學（包括理學和心學）的最大區別，就在於它強調了「健動之力」和「致用之道」，堅持「由用知體」，「即用顯體」，以欲明性，以有反無，由此彰顯本體（本心、仁體）是實實在在存在著的，是人類文化與宇宙之生生不息的終極根源。

熊十力哲學內蘊的勃勃生機確非他的前輩、同道和門生所能企及。他的「體用不二」論、「翕闢成變」論之「深於知化」和「長於語變」，為世所公認。

所謂「體用不二」論，簡單地說，首先是肯定本體的唯一性，其次是肯定本體的能動性和變易性，再次是肯定本體與功能的一致性。熊先生借助於佛教的緣起論，認為所有的物理現象、心理現象，都是沒有自性、沒有實體的，人們不過是將這些假象執著為真實存在。熊先生進一步指出，真實存在的只有一個本體，它既是宇宙的心，又是一一物各具的心；既是宇宙萬象的本原，又是人們反求自識的絕對真理。與佛教不同，熊先生又認為，本體與現象不是隔礙的，本體顯現為大用，本體不在現象之外或現象之上，就在生生化化的物事之中。本體最重要的特性是「無不為」、「變易」、「生滅」。「本體」範疇同時就是「功能」範疇，不能在功能之外另求本體。體用之間、理氣之間，沒有誰先誰後的問題（無論是邏輯上的還是時間上

---

[10] 熊十力：《讀經示要》，《熊十力全集》第三卷（武漢：湖北教育出版社，2001年），頁916。郭按：王船山（夫之）的《易外傳》即《周易外傳》。

的）。《新唯識論》不否認物理世界、現象界、經驗界或所謂日常生活之宇宙，但所有這些，都是本體大化流行的顯現。沒有物理、現象世界，亦無從彰顯本體。

熊氏說「體用不二」之論是「自家體認出來的」，並自詡這一理論克服了西洋、印度哲學視本體超脫於現象界之上或隱於現象界之背後的迷謬，救正了多重本體或體用割裂的毛病。他自謂：「潛思十餘年，而後悟即體即用，即流行即主宰，即現象即真實，即變即不變，即動即不動，即生滅即不生滅，是故即體而言用在體，即用而言體在用。」[11]「夫體之為名，待用而彰，無用即體不立，無體即用不成。體者，一真絕待之稱；用者，萬變無窮之目。」[12]這就是說，良知是吾人與天地萬物所同具的本體，天地萬物是良知的發用流行。抹煞了天地萬物，也就是抹煞了能夠顯現出天地萬物之「本心」的功能，那麼，這唯一的本體也就只能束之高閣，形同死物。

熊先生對於「實體」範疇作了如下規定：本體應是絕對的、全的、圓滿無缺、無始無終、超越時空的，是萬理之原、萬德之端、萬化之始；其顯現為無窮無盡之大用，應說是變易的，然大用流行，畢竟不改易其本體固有的生生、健動種種德性，應說是不變易的，如此等等。總之，熊十力借鑒天臺宗「圓融三諦」和華嚴宗「一即一切、一切即一」的思辨模式，甚至襲用其「水波」之喻，說明本體不是宇宙萬有的總計、總和或總相，而是宇宙萬有的法性，每一物（現象）都以一元（本體）之全體為其所自有，而不僅僅佔有全體之一分，猶如每一個水波都是整個大海的顯現。本體是結構與功能的統一，無待與有待的統一，不易與變易的統一，主體與客體的統一，主宰與流行的統一，本質與現象的統一，整體與過程的統一，絕對與相對的統一。熊十力哲學本體論的最高範疇充滿著人性，具有人格特徵，是理論理性、實踐理性和情感的統一。這個絕對本體充滿著活力，具有最大的功能。由此觀

---

[11]　熊十力：〈講詞〉，《十力語要》，《熊十力全集》第四卷（武漢：湖北教育出版社，2001 年），頁 79-80。

[12]　熊十力：〈論體相——答梅居士書〉，《思想與時代》1942 年第 12 期。又見《熊十力全集》第八卷（武漢：湖北教育出版社，2001 年），頁 151。

之，價值真正之終極根源只在每個人的本心。只要除去私欲、小我的束縛或掩蔽，圓滿自足的生命本性或宇宙的心（亦是一一物各具的心，亦是個體的心或個體的理性）就具有極大的創造性，足以創造世界和改變世界。

　　所謂「翕闢成變」論，乃是其「體用不二」論的邏輯發展。熊氏之「本體」或「實體」內部隱含著矛盾與張力（如心與物，生命、精神與物質、能力），兩極對待，蘊伏運動之機，反而相成，才有了宇宙的發展變化。「翕」與「闢」都是實體的功能，「翕」是攝聚成物的能力，由於它的積極收凝而建立物質世界，「闢」是與「翕」同時而起的另一種勢用，剛健自勝，不肯物化，卻能運用並主宰「翕」。實體正是依賴著一翕一闢的相反相成而流行不息的。翕勢凝斂而成物，因此翕即是物；闢勢恒開發而不失其本體之健，因此闢即是心。翕（物）、闢（心）是同一功能的兩個方面，渾一而不可分割。這兩種勢能、兩種活力相互作用，流行不已。但這兩方面不是平列的，闢包涵著翕，翕從屬於闢，闢勢遍涵一切物而無所不包，遍在一切物而無所不入。「翕和闢本非異體，只是勢用之有分殊而已。闢必待翕而後得所運用，翕必待闢而後見為流行、識有主宰。」[13]

　　熊氏認為，吾與宇宙同一大生命，自家生命即是宇宙本體。因此，所謂「闢」即是生命，即是心靈，即是宇宙精神，生化不息，能量無限，恒創恒新，自本自根。「翕闢成變」論反對在變動的宇宙萬象之外去尋求「能變者」，反對離開人去尋求天的變化，始則以精神性的生命本體作為萬化之源，萬有之基，繼則指出這一絕對待的精神本體就是「心力」，就是人的能動性和創造力。「翕闢成變」論所強調的「變」，是改造物質世界和改造社會。他認為，具有創造世界功能的，不是什麼不死的靈魂或超然的上帝，而是活潑潑的主觀精神。吾人一切以自力創造，有能力，有權威，是自己和世界的主人。因此，熊氏認為，維護「人道之尊」，必須破除出世、破除造物主、破除委心任運思想，自強不息，積極入世。「天行健，明宇宙大生命常

---

13　熊十力：《新唯識論》，《熊十力全集》第三卷（武漢：湖北教育出版社，2001年），頁102。

創進而無窮也，新新而不竭也。君子以自強不息，明天德在人，而人以自力顯發之，以成人之能也。」否則，「人將耽虛溺寂，以為享受自足，而忽視現實生活，不能強進智力以裁成天地，輔相萬物，備物致用，以與民群共趨於富有日新之盛德大業。」[14]「識得孔氏意識，便悟得人生有無上的崇高的價值，無限的豐富意義，尤其是對於世界，不會有空幻的感想而自有改造的勇氣。」[15]熊十力以這種自覺的人本精神，強調以「人道」統攝「天道」，珍視人的價值，高揚活生生的生命力量，提倡剛健進取的人生態度。

熊十力之「體用不二」「翕闢成變」論，在一定意義上是一種實踐本體論，是本體與實踐的辯證統一論。陸王心學的心本論是一種道德擴充論，其「本心」「良知」是一切道德行為的根據，而人與天地萬物渾然之一體，是其延長或擴充的起點與終點。熊十力的心本論，則在一定程度上具有了社會實踐的意義，其本體是自然合目的性的「至善」，本體是依靠其實踐來實現的。由於近代思想的影響和他本人的民主革命的實踐，他沒有把實踐僅僅局限在修身養性的範圍之內。在一定的意義上，本體的功用主要表現為文化創造活動。有本體即有文化創造，無文化創造亦無本體。

熊十力晚年對於辯證法更加契心。但他提倡的不是唯物論的辯證法，而是中國傳統的生命辯證法。在《原儒》中，他說：「然則變化之道，非通辯證法，固不可得而明矣。大地上凡有高深文化之國，其發明辯證法最早者，莫有如中國。」他闡發了宇宙論中的無對與有對、無限與有限、心與物、能與質，以及人生論中的人道與天道、性善與性惡之間的矛盾、對立和動態統一的關係，指出「辯證法是無往而不在，學者隨處體察可也。」「學者必通辯證法，而後可與窮神。」[16]他的哲學著作，通篇強調新故推移，「常創新而不守其故」，肯定本體之流行的至健無息、新新而起。從思想範式上來說，熊十力發展了《大乘起信論》的「一心開二門」的架構和《周易》、

---

14　熊十力：《讀經示要》，同前注，頁 955。

15　熊十力：《新唯識論》，同前注，頁 135。

16　熊十力：《原儒》，《熊十力全集》第六卷（武漢：湖北教育出版社，2001 年），頁 318、323-324。

《老子》的「一體兩面」的辯證思維模式，以動態整合的「不二」形式，建構了他的哲學本體論，論證了「天人」、「體用」、「翕闢」、「心物」、「道器」、「理欲」、「動靜」、「知行」、「德慧與知識」、「成己與成物」、「格物與致知」的辯證統一關係。熊氏之辯證法思想在現代新儒家中是最突出的，熊氏之辯證思維模式對於第二代現代新儒家亦有極大的影響。

# 三、體證本體，性修不二

　　熊十力本體論中的另一個十分重要的問題是如何透識本體的問題，這也是熊十力哲學的方法學問題。如何去「見」「本心仁體」呢？靠邏輯方法、思辨方法能不能「見體」呢？

　　對「本心仁體」的認識的問題，其實不僅僅是一個認識論的問題。為此，熊十力區分了所謂「科學的真理」與「玄學的真理」、「科學的心理學」與「玄學的心理學」、「量智」與「性智」、「思辨」與「體認」。

　　熊氏認為，就真理本身言，無所謂科學與玄學之分，但就學者的研究對象而言，似乎應當作出區別。「科學尚析觀（析觀亦云解析），得宇宙之分殊，而一切如量，即名其所得為科學之真理。玄學尚證會，得宇宙之渾全，而一切如理，即名其所得為玄學之真理。」「吾確信玄學上之真理，決不是知識的，即不是憑理智可以相應的。然雖如此，玄學決不可反對理智，而必由理智的走到超理智的境地。」[17]熊十力認為，科學有科學的領域，但科學不能解決宇宙人生的根本問題。人類如果只要科學，而不要「反己之學」，將會帶來許多弊病。那就是放棄了萬物發展到最高級的人類的內部生活，拋卻了自家本有的主體性和道德人格。如果沒有玄學真理，科學真理也失去了基礎和依歸。

　　熊十力認為，科學的心理學，注重實測，以神經系統為基礎解釋心理現

---

17　熊十力：〈答唐君毅〉，《十力語要》，《熊十力全集》第四卷（武漢：湖北教育出版社，2001 年），頁 184、187。

象，但科學的心理學的實驗卻不能解釋人類的高級心靈——仁心。「若夫高級心靈，如所謂仁心，則惟有反己體認而自知之耳，誠非實測術所可及也。」「哲學的心理學，其進修，以默識法為主，亦輔之以思維術。默識法，反求吾內部生活中而體認夫炯然恒有主在，惻然時有感來，有感而無所繫，有主而不可違，此非吾所固有之仁心歟？」[18]這就是說，科學手段和方法，包括心理學的理論和實驗，並不是萬能的，其適用的範圍是有限的。人們的道德意識，人們對於完滿人格的追求，人類的主體性、創造性，人之所以為人的道理，人的安身立命的根據，所有這些，不可能用層層剝蕉的分析方法、思維術或實驗手段來解決，只能用高一層次的玄學本體論及其「默識」、「反求自識」、「反己體認」、「思修交盡」、「性修不二」的方法來解決。

　　哲學之知和科學之知分屬不同的層次。在自然科學領域裏，需要向外探索，以理性思維為主要方法；在玄學範圍內，需要的是反省自求，起主要作用的是一種超乎理性思維的「覺」和「悟」。前者是「為學日益」的「量智」，後者是「為道日損」的「性智」。「性智者，即是真的自己的覺悟。此中真的自己一詞，即謂本體。在宇宙論中，賅萬有而言其本原，則云本體。即此本體，以其為吾人所以生之理而言，則亦名真的自己。……量智是思量和推度，或明辨事物的理則，及於所行所歷，簡擇得失等等的作用故，故說名量智，亦名理智。此智元是性智的發用，而卒別於性智者，因為性智作用，依官能而發現，即官能得假之以自用。」[19]「性智」是不待外求的「具足圓滿的明淨的覺悟」，而作為「思量和推度」的「量智」，不過是「性智的發用」而已。性智是本心之異名，亦即是本體之異名；因此所謂「見體云者，非別以一心來見此本心，乃即本心之自覺自證。」[20]

---

[18] 熊十力：《明心篇》，《熊十力全集》第七卷（武漢：湖北教育出版社，2001年），頁220-221。

[19] 熊十力：《新唯識論》，《熊十力全集》第三卷（武漢：湖北教育出版社，2001年），頁15-16。

[20] 同前注，頁528。

　　熊氏認為，「量智」只是一種向外求理之工具。這個工具用在日常生活的宇宙即物理的世界之內，是有效的，但若不慎用之，而欲解決形而上的問題時，也用它作根據，把仁心本體當做外在的事物來推求，那就大錯而特錯了。玄學及其方法則不停留在這一步，它需要從性智上做涵養工夫。「因為我人的生命與宇宙的大生命原來不二，所以，我們憑著性智的自明自識才能實證本體，才自信真理不待外求，才自覺生活有無窮無盡的寶藏。若是不求諸自家本有的自明自識的性智，而只任量智把本體當作外在的物事去猜度，或則憑臆想建立某種本體，或則任妄見否認了本體，這都是自絕於真理的。」「量智只能行於物質的宇宙，而不可以實證本體。本體是要反求自得的。本體就是吾人固有的性智。吾人必須內部生活淨化和發展時，這個智才顯發的。到了性智顯發的時候，自然內外渾融（即是無所謂內我和外物的分界），冥冥自證，無對待相（此智的自識，是能所不分的，所以是絕對的）。」[21]

　　這就是說，關於本心仁體的認識，其實是一種自我認識，是一種自明自了。熊十力說：「今云證會者，謂本體之自明自了是也。」「夫證會者，一切放下，不雜記憶，不起分別；此時無能所、無內外，唯是真體現前，默然自喻。」[22]「恃思辨者，以邏輯謹嚴勝，而不知窮理入深處，須休止思辨，而默然體認，直至心與理為一，則非邏輯所施也。恃思辨者，總構或許多概念，而體認之極詣，則所思與能思俱泯，炯然大明，蕩然無相，則概念滌除已盡也。（概念即有相。）余之學，以思辨始，以體認終。學不極於體認，畢竟與真理隔絕。」[23]按照熊先生的說法，證會或體認，是一種頓超直悟，當下睹體承當，即在一定的階段，不需要經過感覺、概念、判斷、推理，頓

---

[21]　熊十力：《新唯識論》，《熊十力全集》第三卷（武漢：湖北教育出版社，2001年），頁22-23。

[22]　熊十力：〈王準記語〉，《十力語要》，《熊十力全集》第四卷（武漢：湖北教育出版社，2001年），頁436-437。

[23]　熊十力：〈答徐復觀〉，《十力語要初續》，《熊十力全集》第五卷（武漢：湖北教育出版社，2001年），頁58。

然消除了主客、能所、內外、物我的界限。熊先生強調,玄學不廢理性思辨,玄學不排斥量智,但必須超越思辨或量智,達到天人合一的性智、證會或體認的境界。玄學境界,也即是玄學方法。這是超越邏輯、袪除言詮、止息思維、掃除概念,排斥記憶、想像、分析、推理諸理性思維活動,精神內斂、默然返照,渾然與天道合一的一種大徹大悟。

這是一種思維狀態,即「眾裏尋他千百度,驀然回首,那人卻在燈火闌珊處」、「恰恰無心用,恰恰用心時」的狀態,當下得到了對於生活和生命,對於自然世界和精神世界之最深邃的本質的一種整體的、綜合的洞悉。這其實是在多次反復的理性思維基礎上產生的。

這是一種思維方法,即不是站在生活之外作理智分析,而是投身於日常生活之中的感性體驗,以動態的直接的透視,體察生動活潑的人的生命。只有切實的經驗,與自家的身心融成一體的經驗,設身處地,體物入微,才能直接達到和把握真善美的統一,頓悟本心仁體。這種體驗或證會,破除了對於任何語言、思辨、概念和推理的執著。這種思維方式的特點是主體直接滲入客體,與客體合一。主體對於最高本體的把握即採用這種體悟或證會的方式。

這是一種道德境界。「從來儒者所謂與天合德的境界,就是證會的境界。吾人達到與天合一,則造化無窮的蘊奧,皆可反躬自喻於寂寞無形、炯然獨明之地,而非以己測彼,妄臆其然也。」[24]破對待、一物我,「民胞吾與」、「天人合一」,熊十力追求的是仁者不憂的「孔顏樂處」,是一種絕對快樂的崇高精神境界。從形式上看,它是超苦樂,超善惡的頓悟;從實質上看,這種道德直覺功夫是由長期涵養性智累積而成的最敏感的價值判斷,頃刻之際,是非善惡壁壘分明。中國哲人歷來主張對於道德行為和精神生活,對於真善美的價值,靠體驗來加以把握。這就是所謂的「證量境界」。為了達到這一境界,熊氏在《原儒》中提出了「思修交盡」的方法,即思維

---

[24] 熊十力:《新唯識論》,《熊十力全集》第三卷(武漢:湖北教育出版社,2001年),頁146。

與修養交致其力。他認為，思而無修，只是虛見；修而無思，終無真解。

　　關於「見體」與修養的關係，熊十力繼承佛教、理學，重申、發展了「性修不二」說：「天人合德，性修不二故，學之所以成也。《易》曰：『繼之者善，成之者性』。全性起修名繼，（性是全體流行不息的，是萬善俱足的。故依之起修，而萬善無不成辦。是謂全性起修，即繼義。）全修在性名成。（修之全功，依性而起，只以擴充其性故，非是增益本性所無。故云全修在性，即成義。）本來性淨為天，後起淨習為人。故曰：人不天不因，（性者，天也。人若不有其天然具足之性，則將何所因而為善乎？）天不人不成。（後起淨習，則人力也。雖有天性，而不盡人力，則天性不得顯發，而何以成其為天耶？以上二語，本揚子雲《法言》。）故吾人必以精進力，創起淨習，以隨順乎固有之性，而引令顯發。」[25]

　　這就是說，本體（性）與工夫（修）是統一的，天道與人道是統一的。人們內在的、與生俱來、圓滿自足的道德本性是為善的根據；但如果我們不盡人力，不從事學習、修養，則天性也不能充分顯發。所謂「繼善成性」，即是通過修養工夫，使固有的德性充分擴展開來。熊先生發揮了王船山的「性日生日成」的思想，認為德性即道德生命是一個不斷創新的過程，是創起淨習、克服染習的過程。他說：「先儒多半過恃天性，所以他的方法只是減，……他們以為只把後天的染汙減盡，天性自然顯現，這天性不是由人創出來。若如我說，成能才是成性，這成的意義就是創。而所謂天性者，恰是人創出來。」[26]也就是說，熊先生主張積極地保養內在「良知」「良能」去努力創造，而不是以「良知」「良能」為固有具足，消極保守，被動地防止現實生活負面的影響。因此，有一度熊先生甚至主張用「明智」這個詞取代「良知」。他說：「良知一詞似偏重天事，明智則特顯人能。」「吾言明智與陽明良知說有不同者，彼以良知為固有具足，純依天事立言，而明智則亦

---

[25] 熊十力：《新唯識論》，《熊十力全集》第三卷（武漢：湖北教育出版社，2001年），頁464-465。

[26] 熊十力：〈高贊非記語〉，《十力語要》，《熊十力全集》第四卷（武漢：湖北教育出版社，2001年），492頁。

賴人之自創，特就人能言也。」[27]他的意思是，「明智」是賴人自創的，而所謂人的「天性」亦無不是人創的。這是極有見地的思想！這在修養論上揚棄了先儒的「復性」說，也推進了王陽明的「即工夫即本體」的思想，而直接繼承王夫之（船山）的人性論，創造性地轉化了儒家修養論。

　　要之，如何「見體」的問題，即「智的直覺」的問題，不僅僅是一個認識論和方法論問題，而且是一個人生論和人性論的問題，是一個道德人格修養的問題。從熊氏之本體論出發，其宇宙論、人生論、人性論、認識論都凸顯了能動、創新、變易的精神，這是熊氏哲學的特點。

# 四、道德理想主義的形上學

　　以上我們從三方面探討了熊十力為現代新儒學奠定的哲學本體論及其核心道德形上學的主要內容。如何評價這一學說呢？

　　如前所述，熊十力本體論上的睿見，有助於彰顯人類終極存在的意義世界，重建人的道德自我，重建人的自尊，肯定人的價值和理想人格。這對於「現代性」之負面，即工具理性過度膨脹、科學技術日益發展所衍生的副作用，例如功利主義、金錢拜物教、權力拜物教的批評，對於人文價值和道德倫理之淪喪的警醒，無疑具有莫大的意義。沒有精神主體、道德人格，人只能淪於「無家可歸」的境地。的確，現代化不僅僅包括工業化、都市化、科學化，還應當包括人的全面發展，人性的完善，人與自然、人與人、人與內在自我關係的和諧，人有崇高的境界、精神的依歸和寄託。因此，作為現代新儒學思想中樞的道德的理想主義在現代化建設過程中是有積極意義的。

　　對於我們這個民族來說，十分重要的問題是，20 世紀在歐風美雨的沖刷之下，我們的民族精神、歷史意識、文化情結、價值系統、終極關懷、形上睿智面臨著深刻的危機。20 世紀是中國傳統的文化資源在中國本土上遭

---

[27]　熊十力：〈高贊非記語〉，《十力語要》，《熊十力全集》第四卷（武漢：湖北教育出版社，2001 年），頁 491、494。

到普遍的毀辱和拋棄的時期。只有像熊十力先生這樣少數的文化精英，才作為中流砥柱，拯救中國文化的危機，抗拒著現代化的負面造成的人類文化或世界文化的腐化。他希冀為中國尋找回失落了的民族精神，為人類尋找回失落了的人類的本性和個體的真我。面對著人類的、族類的、個體的存在危機，熊十力先生在他的生活中，以他自己的生命體驗與直感，重新反省了生命的意義和人生的價值，重新探索、反思宇宙人生的大本大源，一掃餖飣枝節的遮蔽，回到了數千年人類哲學史所考察的最最根本的問題上來。

在價值迷失的年代，在走向現代化的進程中，熊十力先生並不是食古不化的縉紳先生，他終身致力於活化民族精神。因此，他的哲學是一種體用哲學（或立體開用、明體達用、即體即用、體用不二的哲學）。一方面，他主張「尊生」、「明有」、「主動」、「率性」，強調「用」「物」「有」「坤」的層面，呼喚科學、民主、自由、人權、知識理性，在一定意義上承認力、勢、智、利、情、欲的合理性，批判陳腐的、令人窒息的傳統社會文化中負面教條的桎梏；另一方面，他重新抉發儒、釋、道的人生智慧，啟發人們自識「真的自己」，珍視升進向上、清淨純潔、創化不息、開闔無窮的精神生命的「大寶藏」，去執息妄，化解無明，使人的精神得以安頓，人生的追求得以撥正，因此更強調「體」「心」「無」「乾」的層面，重建人性的美善、人道的莊嚴、人格的獨立、人際的和諧、人權的尊重。在民族文化大廈由於內在與外在種種原因崩壞離析之際，再創明天，使之重新挺立於世界民族之林。

熊十力先生來自民間，來自窮鄉僻壤和社會的最下層，親身體驗了 20 世紀中國人民所遭逢的種種災難，無窮無盡的動盪和痛苦，從列強的肢解、軍閥的混戰、日寇的蹂躪、內戰的廝殺，直到慘死於滅絕人性的所謂「無產階級文化大革命」。民間疾苦，筆底波瀾。他的人生，他的哲學，他所呼喚並實踐的安身立命之道，正是對黑暗卑瑣的現實的抗議和對人類理想境界的追求。

熊十力哲學亦有自身的內在矛盾和局限性。例如熊氏抽象地發展了人類活動的能動性，鑒於辛亥革命的失敗，他將自強不息、積極入世的人生哲學

推到極端，視個人意志、「自我意識」為改造社會的根本動力，為「改造物質、制御物質、利用物質」的主宰者和宇宙生化不已的「內在根源」。熊先生的上述看法，無疑誇大了「人」與「心」的作用，使之成為宇宙的中心。這是有失偏頗的。

作為曾經參加過民主主義革命的鬥士，熊十力創制哲學的基點——資產階級革命力量的不足，使他錯誤地認為，辛亥革命失敗正是由於缺乏自信力和主觀能動性發揮得不夠；作為「後五四時期」的哲學家，熊十力創制哲學的另一基點——軍閥混戰，道德淪喪，革命者亦不在身心上用工夫，再加上西化思潮，菲薄固有，中國文化價值失落，這一切又使他感到要挽救文化危機、道德危機，必須提倡「人道之尊」，必須肯定和闡揚中國文化的價值和中國知識分子的自尊。知人論世，熊十力本體論——道德形上學的背景即在如上兩個方面。

以道德理性來整飭人心，以民族尊嚴來激勵種性，發起信心，這不僅是宋明理學家，而且也是清末思想家章太炎、譚嗣同們的思想模式。歷史證明，道德理想主義的張揚，往往與現實社會大大脫節，並不能真正有效地促進中國的現代化。具體的道德原則是歷史範疇，其變化歸根結蒂依賴於社會物質生活條件的變化。道德可以提示人，使人警醒，使人不懈地追求理想人格，但具體的道德原則並不是永恆的、絕對的，對社會生活所起的作用和影響也不是萬能的。民族性是非常重要的，但民族性與世界化必須統一起來，才不至於自外於世界文明的發展大道。

熊十力和現代新儒家的內聖學體系是有意義、有價值、有貢獻的。但他們的內聖與外王有很大的矛盾。實際上，這是兩種價值系統的矛盾。當然，我們不能苛求一切哲學思想體系都具有現實性，都能為廣大群眾所接受。哲學的功能並不完全是這樣的。歷史上的許多哲學思想體系作為人類智慧的結晶，作為人的生命體驗的產物，卻具有永恆的價值。熊氏哲學也是這樣，因為它畢竟在現時代又一次觸及到人類的終極關懷，闡發了人之所以為人這一古老而常新的課題。

從另一方面來說，熊先生認定人的存在與民族的歷史文化不能分開，這

是正確的。在世界不同系統的文化日益涵化、整合成為現代文化的今天，儘管文化的民族性是泯滅不了的，但人類文化和人類價值意識的共性必然增加。在這種條件下，隨著現代工商業和資訊時代而產生的文化價值，諸如平等、自由、權利、公理、正義、進取、競爭、科學、理性、民主、個性、真理等等，作為現時代的歷史範疇，畢竟不可能全部在儒學思想資料中古已有之、圓滿具足。當然，對這些價值也要分析，不能孤立地、片面地發展。儘管科學技術的日益膨脹造成了人性的異化和人文危機，但這些弊病只能在經濟、技術、自然科學的不斷發展中加以調治，可將儒學中的某種有益成分借鑒、繼承、光大，以與現代文化調適。

　　熊十力並不是守舊者，他對儒學有批評、有改造、有發揮，有創新。他的思想啟發我們，對自己民族的思想資源發掘越深，自身的價值越豐富、厚實，我們吸納西方的、外來文化的、或普世價值的能力就越強。任何現代化都是自己文化的現代化。西方價值有很多單面、平面的弊病。我們需要提高自己對自己民族文化的理解能力。作為地方話語的中國文化、儒家文化具有的普世價值，仍需我們剝離出來，護持、培育、光大、弘揚。

# 論熊十力對佛教唯識學的批評

1932 年熊十力《新唯識論》文言文本的出版，是他從學術思想上背離他的老師歐陽漸（竟無）先生及其學派的標誌。之後，歐陽先生授意劉定權（衡如）作《破新唯識論》，熊先生作《破破新唯識論》，展開論戰。日後參加論戰的，有歐陽先生及其高弟呂澂（秋逸）、王恩洋、陳銘樞（真如）等，還有釋太虛及其高弟釋印順，以及周叔迦、釋巨贊、朱世龍等[1]。這成為中國現代佛學史上的一樁公案。本文主要論述熊先生對佛教唯識學的批評。

## 一、關於性體：「性覺」與「性寂」之爭

歐陽竟無先生以唯識學的立場融會佛學。他認為孔佛的相似或一致，都在講明人的本心。本心之體，儒家曰仁，佛家曰寂，乃轉凡成聖的根據。但就實踐是否趨向人生究竟而論，孔行而無果，佛行即是果，這是二者的區別[2]。這裏提出了非常重要的問題，儒學的根本究竟是什麼？宋明儒者和熊十力們為什麼一聽說「寂滅寂靜」便產生抵制的心態，而發揮「生生不息」、「大化流行」之義加以排拒？這涉及到新舊唯識學、儒佛心性論之判別的要害。

---

1　參見郭齊勇：《熊十力與中國傳統文化》（臺北：遠流出版事業公司，1990 年），頁 195-205；又請詳見蕭萐父主編、郭齊勇副主編：《熊十力全集》附卷（上）（武漢：湖北教育出版社，2001 年）。

2　詳見歐陽漸：〈答陳真如書〉，原載《內院雜刊——入蜀之作五》，現收入《熊十力全集》附卷（上）（武漢：湖北教育出版社，2001 年），頁 138-146。

　　熊十力佛學思想的一個重要內容是比較儒佛心性論。他完全不同意歐陽大師將儒家之「仁」與佛家之「寂」等量齊觀，相反卻認為這二者是尖銳對立的。在《讀經示要》卷二，熊氏特別分析了佛家的長處和短處。短處的第一條即是：「以空寂言體，而不悟生化。本體是空寂無礙，亦是生化無窮。而佛家談體，只言其為空寂，卻不言生化，故其趣求空寂妙體，似是一種超越感，緣其始終不脫宗教性質故也。」[3]熊十力認為，佛家人生思想「畢竟以度脫眾生令出生死為歸趣，即以出世與寂滅為歸趣」；「印度佛家，本趣寂滅，然及大乘，始言無住涅槃，（生死涅槃兩無住著，名無住涅槃。小乘只是不住生死，卻住著涅槃。及至大乘說兩無住，即已接近現世主義。）又不棄後得智，（彼說後得智是緣事之智，即分辨事物的知識。此從經驗得，故名後得。）斯與儒家思想，已有漸趨接近之勢，然趣宗之旨，究未能舍。此吾之《新論》所由作也。」[4]歐陽漸在〈答陳真如書〉中曾批評熊氏只看到「無住涅槃」，沒有懂得佛家的根本歸趣是「無餘涅槃」。實際上，熊氏並非沒有看到佛家的趣寂之旨，他所要批評的正是這一點。

　　關於儒佛心性論之同，熊先生指出：「儒佛二家之學，推其根極，要歸於見性而已。誠能見自本性，則日用間恒有主宰，不隨境轉。此則儒佛所大同而不能或異者也。」[5]宋明儒學所以能發展先秦儒學的心性論，並成就一道德形上學的義理規模，很重要的是受到佛學的刺激與影響。中國佛學的天臺、華嚴、禪宗才把「心」提到絕對的精神本體、道德本體的高度，所謂「心體」即是「性」，即是人之所以為人的內在本性和終極根據。就洞見到人的道德本體和道德主體這一根本性而言，儒佛是相互補充與促進的。

　　關於儒佛之異，熊先生強調了幾點：首先，儒學是哲學不是宗教，佛學是宗教不是哲學；儒學是積極入世的，佛學是歸趨出世的。這一點與第二代

---

[3]　熊十力：《讀經示要》卷二，《熊十力全集》第三卷（武漢：湖北教育出版社，2001年），頁796。

[4]　熊十力：《十力語要》卷一，《熊十力全集》第四卷（武漢：湖北教育出版社，2001年），頁57、113。

[5]　熊十力：《十力語要》卷二，同前注，頁287。

新儒家唐君毅、牟宗三和第三代新儒家杜維明、劉述先等很不一樣，唐、牟、杜、劉等很強調儒學的宗教性，甚至說就是道德的宗教[6]。熊先生則認為儒學是不離開現實人生的，而佛學的「根本迷謬之點」是主張「有迥脫形骸之神識，因欲超生。推其歸趣，本屬非人生的。」[7]其次，他認為，儒學盡生之理，佛學逆生之流；儒學於空寂而識生化之源，佛學講空寂而不講生化創造。看起來兩家都講萬物剎那生滅，然佛氏側重「滅」之方面，儒家側重「生」的方面。所謂剎那生滅，按《周易》的哲理，那就是滅滅不住，生生不息，故故不留，新新而起，即「生生之謂易」。比較儒佛人性論之見蔽，熊氏認為，佛教在性體寂靜方面領會較深，但未免滯寂溺靜，遏制了生生不已、變化不竭之機；儒家則以舍故生新、創造不竭的宇宙大生命之稟賦來界定人性，以生動創化、剛健自強、大用流行、德配天地的內涵說明「心體」，以之推廣於社會人生，則自強不息、精進不止，人類的文化即由此而創建、積累、豐富、發展。在熊氏看來，唯有儒學才是立足現實、積極奮進之學，於此才見得人生的意義與價值。

　　按熊十力的見解，「仁」體是具有實體意義的，不是「空」的，因此才能有生生不息、大用流行的顯現，才是豐富的人類文化的源泉。這即是人類的根本屬性。反之，「寂」體是捨棄世間，渡化彼岸的，不能開「用」，不能創造文化。因此，儒學才有它的「外王學」，佛學則開不出「外王」事功。

　　如前所述，在性體的問題上，熊十力批評了佛學以寂靜言性體。呂澂則更為明確地指出，《新論》與唯識學的分歧，是「性覺」與「性寂」的分歧，是中國的「偽經」「偽論」與法相唯識義理的分歧。

　　1943 年，熊十力、呂澂往還書信十六通，辯論佛學根本問題。呂澂指出：「性寂與性覺兩詞，乃直截指出西方佛說與中土偽說根本不同之辨。一

---

6　詳見郭齊勇：〈當代新儒家關於儒學宗教性問題的反思〉，《中國哲學史》1999 年第 1 期。

7　熊十力：《十力語要》卷四，《熊十力全集》第四卷（武漢：湖北教育出版社，2001 年），頁 500。

在根據自性涅槃（即性寂），一在根據自性菩提（即性覺）。由前立論，乃重視所緣境界依；由後立論，乃重視因緣種子依。能所異位，功行全殊。一則革新，一則返本，故謂之相反也。說相反而獨以性覺為偽者，由西方教義證之，心性本淨一義，為佛學本源，性寂乃心性本淨之正解⋯⋯性覺亦從心性本淨來，而望文生義，聖教無徵，訛傳而已⋯⋯中土偽書由《起信》而《占察》，而《金剛三昧》，而《圓覺》，而《楞嚴》，一脈相承，無不從此訛傳而出。流毒所至，混同能所，致趨淨而無門。不辨轉依，遂終安於墮落。」[8]

呂先生批評熊先生《新論》完全從「性覺」立說，與中土一切偽經、偽論同一鼻孔出氣。所謂「性寂」「性覺」，是對於心性本淨一語的兩種解釋，一真一偽，各有其整個意義。呂先生說：「要之，佛家者言，重在離染轉依，而由虛妄實相（所謂幻也，染位仍妄），以著工夫。故云根本義曰心性本淨。淨之云者，妄法本相，非一切言執所得擾亂（淨字梵文原是明淨，與清淨異）。此即性寂之說也。⋯⋯六代以來，訛譯惑人，離言法性自內覺證者（不據名言，謂之曰內），⋯⋯於是心性本淨之解，乃成性覺。佛家真意，遂以蕩然。蓋性寂就所知因性染位而言，而性覺錯為能知果性已淨。由性寂知妄染為妄染，得有離染去妄之功行。但由性覺，則誤妄念為真淨，極量擴充，乃愈益沉淪於妄染。兩說遠懸，何啻天壤？」[9]

這裏涉及到印度佛學與中國佛學，唯識宗與天臺、華嚴、禪宗在真如觀和佛性論上的分歧。《成唯識論》的真如觀，如熊先生所說，視真如為不生不滅、不變不化的，阿賴耶識與真如沒有直接聯繫，阿賴耶識才是一切諸法的本源。被呂澂斥為偽論的中國佛學的《大乘起信論》則賦予真如以不變、隨緣二義。阿賴耶識有覺不覺二義，真如與阿賴耶識不一不異。天臺、華

---

[8] 呂澂與熊十力：〈辯佛學根本問題〉，原載《中國哲學》第十一輯（北京：人民出版社，1984 年）。呂澂，復書二。又見《熊十力全集》第八卷（武漢：湖北教育出版社，2001 年），頁 428-429。

[9] 呂澂與熊十力：〈辯佛學根本問題〉，呂澂，復書五。又見《熊十力全集》第八卷（武漢：湖北教育出版社，2001 年），頁 448。

嚴、禪宗以真如理性為佛性，由於真如理性恒常遍在，故承認一切眾生皆有佛性，均能成佛。唯識宗以本有無漏種子為佛性，認為有一類眾生只具理佛性，不具行佛性中之本有無漏種子，這一類眾生永無佛性，不能成佛。天臺、華嚴、禪宗主張理想與現實相即，煩惱即菩提，生死即涅槃。唯識宗則主張區分二者，以無漏種子斷滅有漏種子，轉識成智，轉凡入聖。唯識宗的阿賴耶識並不是「心性本淨」，它具有染淨兩個方面。阿賴耶識是一切染淨之所依，因此，問題的關鍵是如何轉染成淨。所以，「轉依」成了重要課題。通過熏習，通過修行，舍染為淨，轉凡入聖，轉煩惱為菩提，轉生死為涅槃。而天臺、華嚴、禪宗則視佛性為「覺心」，強調「反觀心源」「反觀心性」，以己心、眾生心與佛心平等互具，把能否成佛的關鍵，放在「體悟自心」、「反觀自心」、「自己覺悟」上，提倡「自性菩提」、「即心即佛」[10]。

　　呂先生把新舊唯識學的分歧歸結到心性問題上來，認為熊先生《新論》和天臺、華嚴、禪宗一樣，一味主張「返本」，有很大的毛病。他認為，唯識學的心性論才是革新進取之論。所謂「性寂」與「性覺」，一則革新，一則返本。「唯其革新，故鵠懸法界，窮際追求。而一轉捩間，無住生涯，無窮開展。庶幾位育，匪托空談。此中妙諦，未可拘拘本體俗見而失之也。唯其返本，故才起具足於己之心，便已畢生委身情性，縱有安排，無非節文損益而已。等而下之，至於禪悅飄零，暗滋鄙吝，則其道亦既窮矣。」[11]呂先生的意思是，「性覺」「返本」之論，容易導致人性負面的擴張，天臺、華嚴、禪宗在修持的體驗上，只是保任本心，破除障礙以顯現本心，忽視聞思修慧的無邊功德，誤解了本有、始起的緣起義。既然一切是本具的、圓滿自足的，就用不著下功夫努力修養了。因此，空談返本很容易導致委身情性。今按，熊先生強調返本，更強調「性修不二」、「思修交盡」，他不滿意於唯識宗者，即在於唯識學將理想與現實、天國與人間、凡愚與聖佛之間的過

---

10　參見賴永海：《中國佛性論》（上海：上海人民出版社，1988 年）。

11　〈辯佛學根本問題〉，呂澂，復書三。又見《熊十力全集》第八卷（武漢：湖北教育出版社，2001 年），頁 431。

渡環節設置得太多、太繁，不夠簡易直捷。他與那些空談心性、空談返本者是有區別的。

　　按熊十力的看法，「心性」不是「空」的，而是「實」的，不是「寂」的，而是「創」的，不是「靜」的，而是「動」。這就是心性本體的特性。由「體」生發出「大用」，展示了「體用不二」「內聖外王」的系統。儒家一面上達天德，貫通天道與性命，一面下開人文，實現人文主義的理想價值，成就家國天下的事業。與佛學不同的是，儒家強調文化的建構，其文化的力量很強[12]。熊十力把客觀面的「天道誠體」與主觀面的「仁與心性」結合起來，這個體當然不可能是「寂滅寂靜」的。熊先生認為《大乘起信論》和天臺、華嚴、禪宗尚不強調出世，且能談「用」，因此，凡批評「寂滅」者，特別指印度佛教與玄奘以來的法相唯識之學。同時又認為，相對於儒家來說，佛家各派又都是主張「空寂」的。歐陽竟無先生說熊十力從宋明儒學出發，這是不錯的。熊先生與宋明儒一樣，肯定心性本體的豐富、充實及潛在的完滿性、創發性，認為心性本體是一切存在的本體，即存有即活動，既「寂然不動」又「感而遂通」，「於穆不已」，「生化不息」。熊先生的這一本體，靜態地為本體論的「實有」，動態地則為宇宙論的「生化原理」和道德自我的「創造實體」。他比宋明儒更強調創造性、能動性，多次批評宋明儒的創造精神還不夠[13]。

　　然而唯識學的「性寂」，並不是指空寂、靜止、寂滅，其所強調的是心性本淨和離染轉依，特別是修持工夫。因此，在一定的意義上，熊十力批評唯識學只是借題發揮。當然，熊十力站在儒家的立場上，講本體的大用，文化的建構，把心性問題與社會實踐結合起來，這是不同於唯識學的。

---

12 參見吳汝鈞：〈當代中國哲學〉（一），《鵝湖》月刊，1990 年第 1 期。
13 詳見《十力語要》卷四，《熊十力全集》第四卷（武漢：湖北教育出版社，2001年），頁 511-513；《十力語要》卷二，《熊十力全集》第四卷（武漢：湖北教育出版社，2001 年），頁 239-240。

# 二、關於「心體」：
# 有無自性？有機整體還是拼湊集聚？

　　以上我們從熊十力、呂澂二位先生的論辯中知道《新唯識論》與唯識學者判別的一個重要樞紐乃是關於性體之「性覺」與「性寂」的問題。另一方面，與之交織並進的，是關於心體的問題。熊十力認為，心體即性體，這一本心有實在性，是整體，有變現世界的功能，不能將它割剖成碎片。

　　以天臺、華嚴、禪宗與唯識宗相較，熊氏傾向於天臺、華嚴、禪宗，這是第一個層次的問題；以儒學與佛學相較，熊氏傾向於儒學，這是第二個層次的問題。第一層是中國式的佛教宗派與印度式的佛教宗派的區別；第二層是佛學與儒學的區別。順著這一思路，我們繼續研究新舊唯識學關於心性本體的認識[14]。

　　佛家認為世界為幻象，世界的一切，包括「我」，都是待各種條件、因緣，和合而生。也就是說，一切事物都沒有質的規定性，都是處在各種條件相互制約的關係之網中。所謂「性空」、「自性空」就是指的這個意思，即沒有實在的自體。中國人以自己的哲學傳統創造性地誤讀梵文「自性」兩字的意義，以為「自性」「性體」即是中國人所說的人性。據有的研究者說，佛教所講的「佛性」之「性」，並不是「性質」的意思，而是「界」的意思。「界」有「因」，即質因、因素。佛性並不就是中國先秦以來哲學家所講的人性。佛性是講眾生成佛的根據、條件，但佛家所說「眾生」的範圍極廣。「就佛性的意義來說，既指心性（包括人的本心、本性），也指悟解萬

---

14　必須說明的是，儒家、佛家在不同時空條件下發展為多門多派，歧見甚多，甚至勢同水火。儒佛各派間亦有相互滲透與融合的地方。我們以上所說儒佛對立，中國佛學與印度佛學的對立，天臺、華嚴、禪宗與唯識宗之對立，都是相對而言的。我們承認學派的多元、多樣，也承認其間有不同層面的共性。呂先生、熊先生辨析儒佛心性論，當然是就印度佛學各派之共性與中國佛學各派之共性，佛家各派的共性與儒家各派的共性，或天臺、華嚴、禪宗的共性與唯識宗的共性來作比較的，這些比較只有相對的意義。

物的真實智慧，還和境、理相通，而指事物的本質、本性和宇宙萬物的本體、本原。但佛性論也講本性的善惡，與中國傳統的人性論在內涵上有相似之處。」[15]中國佛教所講的「眾生」，主要指人，「佛性論」漸漸變成主要討論人成佛之根據和條件的問題，在一定意義上，「佛性論」變成了「人性論」。

　　中國哲學家所說的「心」，大體上不外《中庸》、《五行》、《孟子》所說的與超越的天道、聖境相連接、相貫通的心，及道德上的惻隱、羞惡、是非、辭讓等仁、義、禮、智之心，荀子所說的邏輯學、知識論上的認知之心，佛家、道家所說的虛靈明覺之心，即一種本體狀態或精神境界。中國佛教臺（天臺）、賢（華嚴）、禪俱倡「心性合一」之說，把心、性提到本體論的高度，這就刺激中國宋明理學家從形而上學的角度，集中討論了心性問題。面對佛教如此龐大的理論系統，宋明理學家的回應是重新發掘先秦儒學精神，融攝儒釋道諸家，建樹了自己的形上學、宇宙論、人性論、倫理學、知識論。新的理論體系不僅沒有失去，反而強化了中國人對世界、對人生的基本態度，這就使他們能夠內在地而不是外在地批評佛家的世界觀、人生觀，肯定其中的道德價值和境界追求。從佛學所說的「性」、「自性」、「佛性」出發，儒家討論了具體的人與人性。又如，化除禪宗「明心見性」之「見性」的佛教原意，把探究宇宙是否為實有或虛幻的問題，解釋為作為宇宙之一部分的人類及其本性的問題。儒家在與佛學的推就、排吸之際，闡發了新的意義，產生了新的理論。

　　牟宗三說，宋明儒學討論的中心問題，是「道德實踐所以可能之先驗根據（或超越的根據），此即心性問題是也。由此進而復討論實踐之下手問題，此即工夫入路問題是也。前者是道德實踐所以可能之客觀根據，後者是道德實踐所以可能之主觀根據。宋明儒心性之學之全部即是此兩問題。以宋明儒詞語說，前者是本體問題，後者是工夫問題。就前者說，此一『道德底

---

[15]　方立天：《中國佛教與傳統文化》，（上海：上海人民出版社，1988 年），頁 277。

哲學』相當於康德所講的『道德底形上學』……」[16]熊十力先生正是在西學的衝擊下，重新討論道德形上學中的本體問題與工夫問題。他的側重面在本心性體的闡釋上。

與佛學的爭鳴，其實在一定意義上是熊氏哲學的形式外殼，他的實質是要回應西方。在本心性體方面，第一個問題是肯定還是否定道德本體與道德主體，也就是它是「無實自體」，還是具體地存在、有其「自性」；「心」本體的特性是被動、靜止還是主動、創生。在熊氏看來，這既是儒佛的區別，又是中西的區別。這在表現形式上是《新唯識論》與舊唯識學的論戰。第二個問題，「本心性體」是整全的、有機一體的，還是零碎的、拼湊集聚的；與此相關，道德理性的顯發，道德意識的修養，是簡易直捷、當下即是，還是繁瑣複雜、委婉迂曲。這就不僅是中西、儒佛的區別，而且包含了理學與心學的分歧。這也是在新舊唯識學爭鳴的外衣下進行的。現在我們說說後一方面，即熊氏佛學思想的另一個重要內容，對法相唯識之學的「集聚名心」的抨擊。

批評之一：唯識舊師肯定「諸識獨立」，肢解了心性本體之全。熊先生把唯識學關於心的分析與西方心理學相對照，一併加以排斥。就佛學言，自釋迦至小乘，只立六識，六識是一體而隨用異名，但認為各識獨立，只相依而有，便已留下隱患。熊十力說，自大乘有宗建立第八識，唯識理論漸以精密，並且逐步地形成兩派。一派是「諸識同體異用」派，以印度一類菩薩、一意識師、來中國傳法的真諦法師和玄奘門下受到攻難的圓測法師為代表，主張「諸識雖有八個名目，但隨其作用不同，而多為之名耳。諸識自體，究是渾然而一，非是各各獨立也。」熊先生認同此派。另一派則是「諸識各各獨立」派，以印度無著、世親兄弟，中國玄奘、窺基師徒和南京內學院歐陽竟無先生為代表，指責前派為異端。「中土唯識之論，自（窺）基承（玄）奘命，而糅譯《成論》（按，指《成唯識論》），主張諸識各各獨立，一切

---

16　牟宗三：《心體與性體》第 1 冊（臺北：正中書局，1981 年），頁 8。又見《牟宗三先生全集》第 5 冊（臺北：聯經出版事業公司，2003 年），頁 10。

心、心所，各從自種生；一切心、心所，各緣自所變相，不得外取。此二義者，並是《成論》根本大義，諸識各各獨立而相依以有。斯義決定，後學莫敢興疑。故自唐以來，談大有（按，指大乘有宗）之學，皆盛推奘師。吾獨惜奘師偏揚無著、世親而定一尊，遂令中土不窺大有之全，至為可惜。」[17]

　　批評之二：唯識舊師將心、心所分說，每一心、心所又析為四分，剖成碎片。按，瑜伽行學派把相當於感覺的前五識（眼、耳、鼻、舌、身）和相當於知覺的第六識（意）作為「了別境識」，把第七識（末那）作為「思量識」，第八識（阿賴耶）作為「藏識」。前七識將所見聞覺知的印象留在第八識上，這叫熏習。熏習的產物就是種子。第八識含藏一切種子，是前七識的根本依據。上述八種意識各有主體，有自在的能力，每一識對境而了別之者，是為「心」或「心王」；隸屬於「心王」，隨「心王」而起的心理活動，或「心王」有對境領納與取像等作用，是名「心所」，有觸、作意、受、想、思等五十一種。每一「心王」與它所屬的若干心所又都析為四分──相分、見分、自證分和證自證分。「相分」是「所緣」，即認識對象。「見分」是「能緣」，即認識能力本身。它對於主觀意識內的相狀有明瞭照見的作用。「相分」是境，「見分」是識。相、見二分均從各自的潛在力（即「種子」）中產生。「見分」能認識「相分」但不能認識自己。能證明並鑒定認識能力的意識自體叫「自證分」。因此，也可以說，「見分」和「相分」都是「自證分」所變現。能認識、證知「自證分」的叫「證自證分」。大體說來，唯識學所揭示的認識過程是：由「識」（分別和認識事物的精神狀態與功能）變現出「相分」，然後再以「識」之「見分」去認識「相分」，最後以「自證分」和「證自證分」對這種主觀認識能力的可能性和可靠性加以確證。

　　唯識學關於人的認知功能的結構分析是很有價值與深意的。然而熊十力不感興趣，認為「此在心理方面說，似同時有此等層累曲折可言，但不宜剖

---

[17]　熊十力：《十力語要初續》，《熊十力全集》第五卷（武漢：湖北教育出版社，2001年），頁238。

為各各碎片而已。故四分義宜活講。護法諸師不免析得太死。」「人心之功用，本有外緣、返緣兩方面。」[18]外緣之用，如見分緣相分是；亦有返緣作用，如自證分緣見分，及自證分與證自證分互緣。外緣屬量智，內緣屬性智。返緣之極詣，即全冥外緣，而入證量。他想以他的「量智一性智」理論來改造繁瑣的「八識四分」之說。他認為，「哲學家講知識論者，如經驗派只從人心功用之外緣方面著眼，理性派似於返緣方面有窺，然大概猶是量智思辨之詣，其與儒佛諸哲境地，恐相隔太遠……凡陷於知識窠臼不能超拔與惑障深重之人，其返緣作用均不顯……」[19]

　　按熊氏所謂「心」，不僅指知識之心，尤其指道德之心。整一的心體包含著道德主體與認知主體，因此他不允許對心性本體作肢解。熊先生肯定心體包含有認識主體的因素，相對於陸王心學來說，是一大進步，亦是對法相唯識學的吸取。但從根本上看，這種認識心仍是指道德認識。「舊唯識論師，以為心是能分別境物的，就說心只是分別的罷了。實則所謂心者，確是依著向上的、開發的、不肯物化的、剛健的一種勢用，即所謂『闢』而說名為心。若離開這種勢用，還有什麼叫做心呢？舊師把心只看做是分別的，卻是從對境所顯了別之相上去看。易言之，是從跡象上去看，是把它當做靜止的物事去看……」[20]其實唯識學所指的「境不離識」之「境」，是心中所分別的內境而不是意識之外的客觀存在（外境）。熊十力所謂流行無礙、不可剖析、剛健向上的勢用，即是「乾元性體」、道德本心。在他看來，知識論的問題其實也是從屬於心性論的。「必修養極至，性智全露，而後能之」。即使我們僅僅就認知主體而言，思維實體是整全的。必須強調認識主體的整體作用、整合功能。總之，熊十力的看法是：不能把認識主體與道德主體割裂開來，不能把認識主體及其功用割裂成碎片。

---

[18] 熊十力：《十力語要初續》，《熊十力全集》第五卷（武漢：湖北教育出版社，2001年），頁 242。

[19] 同前注，頁 243。

[20] 熊十力：《新唯識論》語體本，《熊十力全集》第三卷（武漢：湖北教育出版社，2001 年），頁 110。

　　批評之三：唯識舊師否定了「眾生同源」與「吾人與天地萬物同體」。按，熊氏認為，唯識學把心體分為諸識，每一識中，其「心王」是有自體而獨立者，其諸「心所」亦是各各有自體而獨立者，更於每一「心王」、「心所」分作四分、三分或二分。以此去觀宇宙，則「只是千條萬緒之相分而已，舍此無量無邊相見分，何所謂宇宙乎？」「由唯識師賴耶義詳玩之，則是眾生各一宇宙。某甲與某乙實非同一天地（此中天地，即用為宇宙之別名），而只是彼此之天地同在一處，互相類似，宛然若一而已。唯識師雖將諸識剖得零零碎碎，而有賴耶為根本依，所以宇宙不同散沙之聚，人生不至如碎片堆集，全無主動力。此其觀想精微，確有足稱者也，但其鉤心鬥角之巧，益見其純恃意想構畫，決不與實理相應。彼雖詆外道以戲論，而彼乃如此刻畫宇宙人生，如圖繪一具機械然，毋亦未免戲論乎？《新論》出而救其失，誠非得已。」[21]熊先生的意思是，如果否定了吾人與天地萬物同體，隔阻了天道與性命的貫通，那麼，無論是宇宙、人生，還是心體、性體，哪裏有一點生機，哪裏有一點創造性？

　　按宋明儒學和熊十力的理解，我們生活在鳶飛魚躍、生機盎然的天地之間；天地不舍晝夜，日新其德，創生不息，靈活無礙，其所賦予心體與性體者，決沒有僵滯、機械、狹隘、零碎的性格。與此相應，活潑潑的宇宙統一於心體，心體唯是一，怎麼能說是「集聚」、「拼湊」呢？天地間活潑潑的，無非此理，這就是仁體良知的流行不息。割裂零碎的「心體」豈能謂之「心體」，豈能回應、收攝整全無礙的宇宙？馬一浮《新唯識論序》特別表彰熊氏「破集聚名心之說，立翕闢成變之義」，在這一方面與熊先生持同樣的看法。

　　批評之四：唯識舊師不悟「吾人本有內在主宰」。熊氏與義女仲光講佛學，偶舉唐代澄觀《華嚴經疏抄》七十六，引經偈云：

---

21　熊十力：《十力語要初續》，《熊十力全集》第五卷（武漢：湖北教育出版社，2001年），頁249-250。

我今解了如來性，如來今在我身中；

我與如來無差別，如來即是我真如。

熊說「此偈極親切，初學宜深體之。」[22]按此《疏抄》乃天臺、華嚴、禪宗融會的產物，熊氏借此偈表達「我即本體即主體」的思想。他常常引稱、吟哦的王陽明的詩有：

人人心中有仲尼，自將聞見苦遮迷；

而今指與真頭面，只是良知更莫疑。

又：

無聲無臭獨知時，此是乾坤萬有基；

拋卻自家無盡藏，沿門持缽效貧兒。

熊先生認為唯識學的「心的分析」不利於確立道德自我──「真我」「主宰」。「吾人本有內在主宰，陽明所謂良知，是即吾身之乾元，《易》云『大明』者即此……儒者工夫，只於流行中識主宰，不待空天地萬物等法相，以趣寂而後證真宰……二氏覓主宰於空寂虛靜，其流弊甚多……儒者超悟自我與天地萬物同體，不可遏絕一體流通之機……此為合內外、通物我、融動靜，無往不是主宰周流遍運。非僅守其內在炯然明覺者，即可謂證得主宰也。」[23]每個人固有的「仁」體並不離開宇宙的流行。要成就聖賢人格，必須發現、擴充、實現「真正的自我」。挺立道德自我、仁體良知，並不是「自我中心」，而恰恰是於天道與人道的流行中識得主宰。但是，如果拋棄

---

[22] 熊十力：《十力語要初續》，《熊十力全集》第五卷（武漢：湖北教育出版社，2001年），頁204。

[23] 熊十力：《十力語要初續》，《熊十力全集》第五卷（武漢：湖北教育出版社，2001年），頁228-229。

了自家無盡藏，泯滅了良知，沒有道德人格，人則不成其為人。熊先生認為，主宰在內而不在外，唯識學的「心的分析」，削弱了對於「真正的自我」的體認。

批評之五：唯識舊師思辨愈精巧、愈繁瑣，則距離現實人生愈遠，愈不能「見性成佛」。熊十力的學生徐復觀轉述熊先生的話說，中國文化多由實際體驗而出，「各家思想，因皆出自生活中之體驗，故多深入於人生之真實，使讀者當下可以反躬自得，啟其充實向上之機……唯識宗重解析辯論，先生（按指熊十力）嘗為余言：其思考之訓練，多得力於此。然識力不高、功力不至者，每易為其繁瑣浮詞所固蔽，無由得其統宗。」[24]因此，在方法論上，熊十力認可禪宗「直指人心，見性成佛」的精神體驗。

熊先生主張「簡易之學」，反對「支離之學」，以直截明白的方式，通過人之存在的體驗直指本源。按熊先生的理解，自性的顯發是更為重要、更為生動的。所謂心性之學亦就是內聖之學，是內而在於自己作聖賢工夫（即道德實踐），以完成自己的德性人格。一個人自覺地過精神生活，作道德實踐，不能不正視心性。這並不要你脫離現世人生，也不要通過繁瑣的修養方式，只要有一種「覺」的工夫，能夠「立志」，便能於現實生活中挺立道德人格。

以上我們從五個方面進一步討論了熊氏《新唯識論》與唯識學的分歧，更能體現熊氏佛學思想的真面目。

# 三、餘論

熊先生批評唯識學是為了建構自己的哲學體系。他最主要的「體用不二」「即體即用」的思想，是他的自悟，而取證於《周易》的。印順法師判

---

[24] 徐復觀：〈重印名相通釋序〉，熊十力《佛家名相通釋》（臺北：廣文書局，1961年）。

定《新唯識論》接近於「真常唯心論」[25]。總之，熊十力沿著《大乘起信論》——天臺、華嚴、禪宗——宋明理學的路子走下來。熊先生在沖淡佛學的宗教氛圍，強調自性自發、人人成佛、直取自心、不假外求等方面，在簡化修養方法，加深人生意味，肯定齊家、治國、平天下等大群社會生活方面，在以心性本體為核心，以「體用不二」為框架，建立道德形上學的哲學體系方面，都有自己的貢獻。但熊先生有一套自己的思想方式，與唯識學的思想方式不同，因此他對唯識學的批評或與唯識學者的爭辯，難免郢書燕說，隔靴搔癢，各說一套，格格不入。

　　熊先生為了闡發「體用不二」之論，批評唯識學者的種子與現行的看法犯了「兩重世界」的錯誤，種子與真如的論說犯了「兩重本體」的錯誤[26]。這些批評不能說沒有一點根據，但與唯識學原義有很大差異。按佛學原義，種子是一種潛能，種子與現行互為因果，種生現界，並非絕對隔礙。唯識學的「真如」範疇是一個認識論的範疇，而不是本體論的範疇。唯識學者反對把「真如」說成是攝一切法、生一切法的，而把這一任務留給阿賴耶識。熊先生的批評，是據真如緣起論者、《大乘起信論》、天臺、華嚴、禪宗的思路，把真如看成一切法的本源、一切事物現象產生的原因、本體，所以批評唯識學者犯了「二重本體」之過。

　　王恩洋批評熊十力：「廢緣生而談顯現，廢因緣而立本體，斥因果而談體用，建立一定性真常獨立之本體，以為生化萬象之機。」[27]劉定權批評熊十力：「不明立種深意，於是緣起義遂昧；緣起之理不彰，於是外道之說斯起。一誤現界以種子為體，二誤現界以真如為體，三誤兩體對待有若何關

---

[25] 參見印順：〈評熊十力的新唯識論〉，此文發表於 1948 年，現收入《熊十力全集》附卷（上）（武漢：湖北教育出版社，2001 年），頁 213-255。

[26] 詳見《十力語要》卷一，《熊十力全集》第四卷（武漢：湖北教育出版社，2001 年），頁 76-80；《新唯識論》語體本，《熊十力全集》第三卷（武漢：湖北教育出版社，2001 年），頁 82-83。

[27] 王恩洋：〈評新唯識論者的思想〉，原載《文教叢刊》1945 年第 1 期。又見《熊十力全集》附卷（上）（武漢：湖北教育出版社，2001 年），頁 197。

係。」[28]這些批評抓住了熊先生的主要誤解。如果不是從哲學家而是從學問家的立場來檢討，熊先生把佛學的中心問題——因果相關的緣起說放在一邊，離開因果緣起的相依相反去說本體、勢用、轉變、生滅，的確是有毛病的。佛教的主題不是本體論，以如來藏、真如、圓成實性、菩提、涅槃等說為宇宙實體、本體，也需要具體分析。熊先生要發揮「仁心本體」「體用不二」之說，講主宰，講大用，確立德性本體的至上性、唯一性、真實性，當然不便講緣起、依他，而必須講本有、依自。如果講眾緣互相藉待而詐現為心，心無自體，那麼離開諸緣便沒有了「本心」了。因而熊先生不能不回避緣生說，而用體用義覆蓋、取代緣起義。

熊先生曾經批評護法把佛學原來的緣起義變成了構造論：「把眾多的緣看做為一一的分子，於是把所謂心看做是眾多的緣和合起來而始構成的……好似物質是由眾多的分子和合而構造成功的。」[29]這種批評也是借題發揮。他明明是反對唯識學繁瑣的心的分析，反對對「仁心」或「良知」本體的肢解，於是說護法把緣生說變成了構造論，然後再批評這一假設的謬誤。熊先生為什麼講體用玄學而不講緣起性空，講「依自」而不講「依他」呢？如前所說，按緣起性空的邏輯推理，人們也可以否定道德本體與道德主體的真實性、能動性、創造性。

按熊十力的「同一」哲學，眾生同源，宇宙一體，本體、功能、真如、實性只是一事。因此，熊先生在《新唯識論》的「功能」章批評護法的兩條，第一條是將本體與功能、功能與現象分解成因果、隱顯、能所、體相之兩橛。熊先生認為功能既是本心，那麼功能對於天、地、人、物而言乃是一種共在，沒有差別，功能即成為每一具體人、物的自體。按他的理解，似乎護法的功能說強調了每一有情的體性的差異，種子、功能各各不一。他批評護法的第二條是將功能與習氣混為一談。他指責護法將功能分為「本有功

---

28 劉定權：〈破新唯識論〉，原載《內學》1932 年第 6 輯。又見《熊十力全集》附卷（上）（武漢：湖北教育出版社，2001 年），頁 16。

29 熊十力：《新唯識論》語體本，《熊十力全集》第三卷（武漢：湖北教育出版社，2001 年），頁 73。

能」和「始起功能」，又將功能分為「有漏」與「無漏」。熊先生認為，功能既是本心，即是本有的，不可分的，無始無終，圓滿具足的，說「始起」「有漏」，都是指的習氣，乃薰染所致。

　　我的看法是，熊十力對唯識學和護法大師的批評，完全是創造性的誤讀。護法、唯識的種子論、習染論及關於心的分析，非常複雜。按唯識義，種子、功能、習氣，並非一層之體用關係，而是多重迭合的複雜關係。熊先生為創制自己的哲學體系，以「六經注我」的方式解釋唯識學。熊先生雖借取了唯識學的「境不離識」「攝相歸性」「攝境從心」諸論及名相分析的方法等，但總的說來，他的思想路數與唯識學不同。如前所述，他是中國化了的佛學的路數和宋明儒的路數。

# 論熊十力與唐君毅
# 「戊子己丑良知意念之辨」

　　戊子己丑間，即 1948 年底至 1949 年初，熊十力數次致函唐君毅、牟宗三，批評唐對劉宗周（念臺、蕺山，1578-1645）的認同，批評蕺山之「意」與「誠意」觀，捍衛王陽明學。熊與唐、牟間為此事通函八、九封，現僅存熊函五封。本文擬分疏熊、唐對蕺山之學的理解與分歧。

## 一、戊子己丑良知意念之辨

　　從文獻上來看，這場討論在《十力語要初續・答唐生》上露出一些痕跡。我在整理《熊十力全集》的過程中，特別是整理過去未發表過的 1948-1949 年間熊十力給唐君毅、牟宗三諸門人的信劄中，才認識到這一討論的嚴重性。

　　《十力語要初續・答唐生》，是經過刪改、修飾了的熊至唐的函劄，致函時間是 1949 年 1 月 23 日。原函的文字要比《初續》所錄多一些，言辭更尖銳、激烈一些。從原函可知，熊在杭州時聽人說到當時唐發表的文章，唐之意「似因前儒談心，多只在虛明覺照處或知的方面說，此畢竟靠不住，所以有取於念臺以主宰言『意』」[1]。此處所指唐的文章，據我考證即為在《學原》1948 年二卷一期上發表的〈泛論陽明學之分流〉一文。牟宗三於

---

[1]　熊十力：〈復唐君毅再論良知主宰〉（1949 年元月 23 日），《熊十力全集》第八卷（武漢：湖北教育出版社，2001 年），頁 523。

1947 年 8 月在《歷史與文化》第三期、1948 年 3 月在《理想歷史文化》第一期發表〈王陽明致良知教〉上下篇，這一長文於 1954 年在臺北出版單行本。唐、牟 40 年代末關於王陽明及其學派的文章是這場討論的先導。

　　1948 年底，熊與牟宗三、唐君毅之間已有了好幾函，專門討論陽明學，特別是劉蕺山論「意」與「誠意」問題。我據熊函所提示及唐君毅日記，把這一討論的往來函劄的情況排列如下：

　　1948 年 12 月 26 日　　熊十力就良知主宰問題答唐君毅（《熊十力全集》卷八）

　　1948 年 12 月 29 日　　牟宗三致函熊十力

　　1948 年 12 月 31 日　　牟宗三復函熊十力

　　1948 年 12 月 31 日　　熊十力致牟宗三轉唐君毅（《熊十力全集》卷八）

　　1949 年 1 月 11 日　　唐君毅復函熊十力、牟宗三（各一函）

　　1949 年 1 月 13 日　　熊十力復牟宗三（《熊十力全集》卷八）

　　1949 年 1 月　　　　熊十力囑牟宗三轉唐君毅（《熊十力全集》卷八）

　　1949 年 1 月 23 日　　熊十力復唐君毅再論良知主宰（《熊十力全集》卷八）

　　1949 年 2 月 3 日　　唐君毅復函熊十力

　　以上熊氏函劄，一般只具日月，未繫年，年代由我考定。熊十力「又囑宗三轉君毅」一函，未具月日，內容與此有關，相信也寫於這一時段。

　　熊、唐、牟討論蕺山學，時值 1948 年歲末至 1949 年歲首。其時熊十力避戰亂住在廣州郊外化龍鄉黃艮庸家「觀海樓」[2]，牟宗三在杭州浙江大學[3]，唐君毅則在南京、無錫、上海間往返[4]。其時牟在浙大哲學系執教，唐在

---

[2]　郭齊勇：〈熊十力年表〉，《天地間一個讀書人——熊十力傳》（臺北：業強出版社，1994 年），頁 285-286。

[3]　蔡仁厚：《牟宗三先生學思年譜》（臺北：臺灣學生書局，1996 年），頁 15-16。

中央大學（南京）執教，並在江南大學（無錫）兼課，但因寒假與戰亂，並未正式上課。

　　熊十力以上遺劄均存唐君毅處。20 世紀 80 年代，我在搜集、整理《熊十力全集》的過程中，唐先生胞妹唐至中女士將唐先生兄妹處所存熊先生函劄數十通的影印件陸續寄我，使我得以最早閱讀以上資料，並加以整理。我們不妨將上述熊、唐、牟對蕺山學的討論稱為「戊子己丑良知意念之辨」。在時局危急，居無定所之際，他們仍能靜下心來爭論明代學術思想史上的「良知」、「意」與「誠意」等問題，真是現代新儒學史上的一段佳話。惜唐、牟致熊函劄數通未見，但唐、牟有關陽明學與劉宗周思想的觀點，可從上述論文及其它唐、牟著作中找到。限於篇幅，本文只談熊、唐，不談牟氏。

## 二、識本體即是工夫：熊對蕺山學的批判

　　熊氏批評唐君毅的主要內容，概括起來，有如下一些：

1. 批評唐氏推重劉念臺以「意」為心之所存，為良知之主宰之說，指出陽明以「良知」（心）為內在主宰，不能「離良知而別覓主宰」。批評唐氏認同良知善善惡惡之幾，常能主宰乎念慮之間，肯定良知善善惡惡之幾，常有定向乎善而不容昧者，即是所謂「意」；批評唐氏調和陽明、蕺山二家之說。

2. 批評唐氏謂王龍溪、羅近溪「於良知爛熟」和江右以下以至蕺山之工夫論，「為王學更進一解，而和會晦庵與陽明，為宋明之理學作最後之殿軍」論[5]，指出：二溪與聶雙江、羅念菴均未注意明物察倫與擴

4　唐君毅：〈日記〉（上），霍韜晦主編：《唐君毅全集》第二十七卷（臺北：臺灣學生書局，1988 年），頁 18-24；唐端正：〈唐君毅先生年譜〉，《唐君毅全集》第二十九卷（臺北：臺灣學生書局，1990 年），頁 67-70。

5　唐君毅：〈泛論陽明學之分流〉，收入唐氏《哲學論集》，《唐君毅全集》第十八卷（臺北：臺灣學生書局，1990 年），頁 194。

充工夫；劉蕺山思想混亂，其說源於王棟（一菴）；真正宋明儒學殿軍，「其必以船山、二曲、亭林三位合為一體而後可耳」[6]。

熊氏對劉蕺山之批判的主要內容是：

1. 批評蕺山之論，遠離《大學》之「誠意」本旨，指出「誠」與「誠意」只是「毋自欺」，單刀直入，此即順良知主宰而努力推擴。「致良知」之「致」即是「推擴」。「推擴工夫即順良知主宰而著人力。」「若無推擴之人功，主宰只是無為，將被私欲隔礙，以至善善不能行，惡惡不能去。」[7]

2. 以孔子「十五志學」與《孟子》「養氣」章為根據，特別提揭「志」與「立志」，重申「志」為天人之間的樞紐，認為「志」不立，即己物化而失其「天」（「天」指吾人內在之性智或良知，非指外在之上神）。「此樞紐樹不起，則毋自欺不能談。毋自欺作不到，而言涵養操存，其不陷於惡者鮮矣。」[8]批評蕺山以忿懥、恐懼、好樂、憂患為心之體或心最初之幾，以離開了仁體良知之「情」為心體。「夫善言此心最初之幾者，孟子四端，千的萬當。以其於性之見端處言情，則情為隨順大明真體而顯發之情，故此情即性，而非好好色、惡惡臭之情也。好好色、惡惡臭之情，是與形骸俱起之習氣所成，非真性也。此等好惡，無有大明或良知為之宰也。」[9]熊氏認為，工夫基於「立志」，「志」未立定，哪有工夫？「志」就是工夫，亦即是本體。

3. 批評蕺山在良知或心體之中，又建一層主宰為「意」，指出「意」是依本心（即良知）之發用而得名。「念臺言意有定向，不悟有定向

---

6　熊十力：〈就良知主宰問題答唐君毅〉（1948 年 12 月 26 日），《熊十力全集》第八卷（武漢：湖北教育出版社，2001 年），頁 518-519。

7　熊十力：〈答唐生〉，《十力語要初續》，《熊十力全集》第五卷（武漢：湖北教育出版社，2001 年），頁 216。

8　同前注，頁 219。

9　同前注。

者，乃良知之發用，自然如是，非可於良知或心體之上，別構一重『意』來，說有定向也。」「良知備萬理，無知無不知，是吾人內在主宰。不可於良知或心體之中，又建一層主宰名『意』。」[10]

4. 指出他自己《新唯識論》也有「意」這一名相，乃改造佛家唯識學「心、意、識」三名而成，是隨義異名而實一物，猶如一人有多名。「以其為吾人與天地萬物之統體言，則曰心；尌就其為吾身之主宰言，則曰意；尌就其感物而動言，則曰識⋯⋯念臺並非如此說。他所謂心、虛靈、覺、主等名，並不是我那樣說。我的說，可以說是依方面的異而不同其名。他似是在自心中分了許多層次。」[11]

熊十力指出自己的路數是：「即工夫即本體」，此源於孔子的「人能弘道」、孟子的「擴充」和《易傳》的「聖人成能」。按熊氏的解釋：「良知確要致，他本是身之主（即主宰之謂），但上等人氣質清，可不大費力，一識此本體（即主宰），便不會違他。視明、聽聰，處處是主宰用事。質不美者，如能聞師友啟迪，得識本體，卻要自家努力把他（本體或主宰）推擴出來。誠意工夫全仗此。」[12]這與《天泉證道記》所載，陽明回答接人的兩種方式十分近似。對於利根人乃直示識本體即工夫之義，而愚夫愚婦則不能直透本原。按熊的理解，良知主宰知善當為，知惡不可為，而人們常常不順良知為善止惡，這是習心或私意起來計較利害得失所致。此時，人們常常為自己找一個理由或藉口，此即自欺。誠意只是無自欺。有了自欺，真意即被障礙而不能為善去惡，久而久之，真意全被障礙，遮蔽，即本體失掉了，主宰不見了。

考察熊氏所謂「即工夫即本體」的路數，我們注意到，熊氏只是強調「自反」、「推擴」，「順汝良心一直推擴去」，「好善如好好色，非做到

---

[10] 熊十力：〈答唐生〉，《十力語要初續》，《熊十力全集》第五卷（武漢：湖北教育出版社，2001 年），頁 219、220-221。

[11] 熊十力：〈致牟宗三轉唐君毅〉（1948 年 12 月 31 日），《熊十力全集》第八卷（武漢：湖北教育出版社，2001 年），頁 520。

[12] 同前注。

不可；惡惡如惡惡臭，非拔去不可。此等努力的行動，也即致良知之致。易言之，即推擴工夫。此當就依順良知主宰處說，而非可於好惡之情動時說也。好惡情動時，如動得正必是早已順著良知推擴，常常有主宰在，故好惡不亂。此時自不須於好惡上再著意添個好之真、惡之真。」他又說：「主宰不是由人立意去作主之謂，主宰非外鑠非後起，而確是汝之本心，是汝固有之良知或性智，亦即孟子所云『仁義之心』，程朱云『天理之心』，卻要在知善知惡、知是知非之知或智處認識他。陽明教初學，總在此指點，認識了這個面目，卻要自家盡人能，即努力去推擴他。推擴得一段，主宰的作用便顯發一段。推擴得兩段，主宰的作用便顯發兩段。你時時在在順主宰的作用而推擴之，即無所往而不是主宰顯發。於流行見主宰，要於此悟去；即工夫即本體，要於此悟去。一息不推擴即容易失掉主宰，而習心私意將乘機而起變，自欺而不自覺矣。」[13]

　　熊十力反對朱子、陽明「在意發處求誠」，也批評理學家用「克治」工夫。綜合以上「推擴」之論，我們可知熊氏與蕺山的分歧：1)熊氏批判蕺山混淆了良知的存在與良知的發動，尤警惕「意念發動」時習心私意的滲入，他不忍心把「良知本心」叫做「意」，也不願意在「良知本心」之上「頭上安頭」，或在「良知本心」之內，增加一個中間環節。2)平心而論，熊氏是「即本體即工夫」的路數，或「識本體即是工夫」的路數，而不是他所標榜的「即工夫即本體」的路數。按他的「體用不二」觀，說是「即工夫即本體」也不錯，因為「即工夫即本體」與「即本體即工夫」本不二。大體上，蕺山之偏向，乃是由工夫而識本體，而熊氏雖批判二溪、心齋乃至所有王門近於狂禪，骨子裏卻與他們一樣，仍是當下直接透悟本體，直指本體，使人識得本體，而識本體亦即是工夫的一路。3)熊氏堅持王陽明「識得良知為一頭腦」之論，以良知為主宰，堅持陽明致良知的工夫正是誠意的理路。按陽明之良知，即是人能知善知惡，而好善惡惡，為善去惡即是良知的發用。按

---

13 熊十力：〈致牟宗三轉唐君毅〉（1948 年 12 月 31 日），《熊十力全集》第八卷（武漢：湖北教育出版社，2001 年），頁 522-523。

熊氏對陽明學的把握，識良知為大頭腦乃能為善去惡。熊氏反對蕺山把「良知」解釋為好善惡惡、為善去惡的「意」，更反對以「意」為良知之主宰，亦反對蕺山之「誠意」的工夫論。

# 三、由工夫以識本體：唐對蕺山學的詮釋

　　熊十力對唐君毅的批評，如前所說，主要針對唐文〈泛論陽明學之分流〉，尤其是其首段。唐先生此文，特別是首段，對王門後學作了一個概觀或定位。《明儒學案》以地域分王門為六派，然在唐氏看來，王學分流主要在兩路：以浙東之龍溪、泰州之心齋、近溪為一路，大體皆直指本體即是工夫；以江右之雙江、念菴為另一路，大體以歸寂主靜之工夫以識本體。前一學派「透關直截，縱橫自在，專提向上一機，直是霹靂手段」。這一批人自得之深，未必在陽明之下，王學普被之功，亦當歸於他們。「然聞者或承擔太易，忽略修特，故傳至於趙大洲以至管東溟、何心隱、李卓吾、周海門之倫，匪特融釋佛老，亦復時帶遊俠縱橫之習，而儒學亦漸失其本。龍溪、近溪可謂於良知爛熟，而其末流諸人之於良知，則可謂由熟而爛。至於江右之傳，則雙江、念菴、塘南之倫，皆求道甚苦，鞭辟近裏，不敢輕易承擔。歸寂以通感，主靜以凝照，以言高明渾化，誠遠非龍溪、近溪之比。龍溪謂彼等於良知本體，未能真信得及，蓋亦近是。然諸人沉潛淵靜之工夫，則或尤勝於陽明。且正由於彼等於良知未能真信得及，故反能下開一派『意』為心之所存、良知之本之說，為王學更進一解，而和會晦庵與陽明，為宋明之理學作最後之殿軍。心齋與近溪、龍溪近狂，而江右近狷。言自得功深，簡易直截，不可不推龍溪、近溪、心齋之流。若言精微細密，在王學理論上，更能加以推進，以融釋朱子，則當循江右以下至蕺山之一流也。」「江右與泰州龍溪皆特重如何透悟良知本體。二派之不同唯在泰州龍溪皆主直下承擔良知本體，而江右則欲由主靜歸寂以顯良知之本體。」[14]

---

[14] 唐君毅：〈泛論陽明學之分流〉，《哲學論集》，《唐君毅全集》第十八卷（臺北：

　　以上是唐氏關於王門的概觀或基本分析。唐氏正是把蕺山放在王門發展的脈絡上加以考察的。一般地說，龍溪、心齋、近溪屬於頓教系統，江右至王塘南、劉蕺山則屬於漸教系統。前者「皆重在使人超善惡之對待，不重在知善知惡、為善去惡上用功夫，而要在使人由超善惡念，以直透悟本體。然此本體畢竟如何悟入而自信得及，此則並無他妙巧，只在指點一人之當下一念現前之良知靈明，自證其良知靈明。此一自證，便是良知靈明之自信自肯，便透入良知本體。自證便自證了，自信便自信了，自肯便自肯了，便更無其他話可說。」[15]與這種以良知為當下呈露的看法不同，聶雙江、羅念菴以良知為未顯之先，純為未發，純為內在，以良知為寂體。後者下啟王塘南之說。「塘南不以『意』為心之所發，而為心之所存，而『意』為良知所以為良知之根據或良知之主宰。劉蕺山尤暢發此義，至喻『意』如良知之定盤針。以『意』為心之所存，為良知之主宰，而良知乃有一內在而又超越之根原。」[16]

　　唐氏認為，由江右至蕺山一脈，重新發現一良知之超越的根源，而近乎朱子之以理為心之根源，而又沒有朱子之理的外在之嫌，又可以矯泰州、浙東之現成良知、性無善惡、不學不慮之言所滋生之弊端。

　　「意」有兩種，分屬不同層次。第一種是自然發生的或善或惡的意念，習稱「念」。第二種是主宰此或善或惡的意念之好善惡惡而止於至善的「意」。後一種「意」根源於心體或良知，為一常存者。唐氏認為，這是良知之所以為良知的根據。「良知之所以為良，唯在其好善惡惡而不在知善知惡也。唯通過此意乃可言吾人道德生活之為善去惡，乃可言有主宰之者，亦乃真有所謂良知之流行。則此『意』為良知有主宰之作用之根據，以至可言為良知之主宰，此即王塘南、劉蕺山等之所以唯以此心之所存有定向而中涵存發只是一幾者為『意』，而以起伏無常憧憧往來者為『念』。『念』皆發而始有，未發即無，亦皆著於物者，與『意』之為心所存，而存發一幾獨立

---

　　臺灣學生書局，1990 年），頁 194。

[15] 同前注，頁 202。

[16] 同前注，頁 205。

不倚者異，由是而『意』為良知之主宰之說生。」[17]

　　依唐君毅的研究，劉蕺山的「知藏於意」、「意為良知之主宰」和「誠意、慎獨」之教，為救治王學末流空疏之弊，返虛為實，作出了極大貢獻。蕺山之「意」，發而為善善、惡惡，即所謂「一幾而二用」。唯其如此，此「意」才是良知之主宰，而不是一體平鋪的靈明。此「意」既以善善惡惡而得名，故只能說是至善，遂可杜無善無惡之說之流弊，使致良知的工夫不需在無善念惡念上用，而只在誠其好善惡惡之「意」上用。蕺山以「誠意、慎獨」代致良知之教，使陽明致知工夫正在誠意之說，乃可以得其正解。唐氏說：「唯徒以知與靈明為言，則良知之主宰義不顯，且可流為玩弄靈明流連光景之弊，並忽視良知之所以為良。而指出『意』為良知之主宰，則良知之所以為良知之根據見，而良知主宰義亦躍然於心目之中。而玩弄靈明流連光景之不足以言致良知，亦昭昭然矣。」[18]總之，蕺山承江右而發展，由良知之發為好善惡惡為善去惡之「意」為「知之主宰」，而歸宿於「誠意」，實屬由工夫以釋本體或識得工夫即見本體的路數。

　　唐君毅是現代學者中最早、最系統地研究劉蕺山的專家。他早年即對劉蕺山學極有興趣，認為蕺山學實與朱子學、陽明學鼎足而三。在寫於 1935 年的〈論中西哲學之本體觀念之一種變遷〉（收入《東西哲學思想之比較研究論集》）和寫於 1945 年的〈晚明理學論稿〉（收入《哲學論集》）兩篇論文中，唐先生寫成了蕺山學研究之「誠意說」、「慎獨教」、「意者心之所存」三部分。在 1956 年〈晚明理學論稿〉的改寫稿中，又進一步完成蕺山學研究之後兩部分「心之性情」與「心氣理融貫為一之說」，並進一步闡釋三足鼎立或三系說之意[19]。唐氏名著《中國哲學原論・原教篇》的第十三

---

[17] 唐君毅：〈泛論陽明學之分流〉，《哲學論集》，《唐君毅全集》第十八卷（臺北：臺灣學生書局，1990 年），頁 208。

[18] 同前注，頁 208-209。

[19] 關於唐君毅一部分著作的考證，特別是涉及宋明理學，包括劉蕺山學的部分，詳見賴賢宗：《體用與心性：當代新儒家哲學新論》（臺北：臺灣學生書局，2001 年），頁 69-70、99、105、109-110。參看賴賢宗論文集中〈唐君毅對宋明理學三系的內在

至第十九章關於王學論爭與流派、羅念菴、羅近溪、王學之弊及東林、「劉
蕺山之誠意、靜存，以立人極之道」（第十八章）及宋明心性論之發展等內
容，即源於 1945 年的〈晚明理學論稿〉及 1956 年的改寫稿，雖經重寫，但
唐氏 1973 年在自序中說他關於宋明儒學發展的基本看法，三十年無大變。
唐氏《中國哲學原論・原性篇》第十五章有關劉蕺山的心性論的內容，亦本
於他 30－40 年代的研究。不用說，君毅對蕺山之工夫論給予了極大的同
情。

# 四、評論

　　黃宗羲〈子劉子行狀〉謂劉蕺山於陽明之學，一生凡三變：「始而疑，
中而信，終而辯難不遺餘力，而新建之旨復顯。」[20]按黃宗羲的說法，蕺山
晚年對陽明學的批評、辯難，才真正光大了陽明學，顯豁了陽明學之本旨。
〈行狀〉曰：「先生以謂新建之流弊，亦新建之擇焉而不精，語焉而不詳有
以啟之也。其駁〈天泉正道記〉曰：『新建言：「無善無惡者心之體，有善
有惡者意之動，知善知惡是良知，為善去惡是格物。」如心體果是無善無
惡，則有善有惡之意又從何處來？知善知惡之知又從何處起？為善去惡之功
又從何處用？無乃語語絕流斷港乎？』其駁『良知』說曰：『知善知惡，從
有善有惡而言者也。因有善有惡而後知善知惡，是知為意奴也，良在何處？
又反無善無惡而言者也，本無善無惡，而又知善知惡，是知為心崇也，良在
何處？止因新建將意字認壞，固不得不進而求良於知，仍將知字認粗，故不
得不進而求精於心，非《大學》之本旨明矣』」[21]蓋君毅對蕺山的評價，沿
宗羲而來。宗羲在〈行狀〉中舉蕺山發先儒所未發之大端四項——「靜存之

---

發展的新解〉、〈唐君毅的中國哲學史稿之文獻學的考察〉諸文。
[20] 戴璉璋、吳光主編：《劉宗周全集》第 5 冊（臺北：中央研究院中國文哲研究所籌備
處，1996 年），頁 50。
[21] 戴璉璋、吳光主編：《劉宗周全集》第 5 冊（臺北：中央研究院中國文哲研究所籌備
處，1996 年），頁 49-50。

外無動察」、「意為心之所存，非所發」、「已發未發以表裏對待言，不以前後際言」、「太極為萬物之總名」等，俱為君毅所肯定。

君毅之發展，其所超過宗羲之論者，在於以現代哲學方法詮釋蕺山學，特別是「意」與「誠意」說。君毅以「絕對的善」的觀念，發揮蕺山之「獨」與「獨體」學說，指出蕺山改易陽明四句教為「有善有惡者心之動，好善惡惡者意之靜，知善知惡者是良知，有善無惡者是物則（一說為善去惡者是物則）」，內中含有層次性：一般所自覺的有善有惡之心之動，為最低一層次；知善知惡之「知」為較高一層次；此「知」又藏於更高一層次的好善惡惡的「意」之中。「至此『意』之好善惡惡，則本於『意』中自具有善無惡、而體物不遺之物則，以為其天理或性；故『意』能為心之主，而於此有善有惡之心之動，能知好其善，惡其不善，以定向乎善。」[22]那麼，這個「意」就是「獨體」，就是心之真體。在工夫論上，蕺山認為，在心有善惡念之動後，再加以省察，以知善知惡，為善去惡，這還是低層次的；更高一層工夫，是在諸意念未起時，以存養於善惡念未起之先。也就是「意」永恆自己戒慎恐懼，以自慎其獨，即表現此「意」自為主宰以流行。唐君毅認為，劉蕺山所謂靜存之工夫所呈之本體的善，是尚未有相對之善惡可統的絕對的或真正的「絕對善」。

唐君毅指出：「蕺山所言之誠意之工夫，固可說是居於陽明所言之知善念惡念，而好善惡惡之良知之上一層面，而本此工夫，以見得之本體之善以言性善，亦即為真正絕對之善，而更無一毫之可疑之性善。」[23]唐君毅認為，這與陽明所說良知於不睹不聞中，恒自戒慎恐懼之旨相通。君毅稱之為「超越的內在省察」。「此乃屬於良知之本體之自身，而為其善惡念未起之時，所自具之一戒慎其善惡念之發，而恐懼其發之陷於非是之一本體上的工夫。則蕺山之功，便唯在於此良知之戒慎恐懼中，更見此『意』之自誠而恒

---

22　唐君毅：《中國哲學原論‧原性篇》，《唐君毅全集》第十三卷（臺北：臺灣學生書局，1991 年），頁 497。

23　唐君毅：《中國哲學原論‧原性篇》，《唐君毅全集》第十三卷（臺北：臺灣學生書局，1991 年），頁 499。

定向乎善，以常存常發，以為此良知之體，而謂此『知』乃藏於『意』者而已。此即蕺山之所以於陽明之言良知，多有所疑，而亦謂『乃信陽明先生所謂戒懼是本體之說，非虛語也。』又自謂其言以誠意為本，乃『陽明本旨』之故也。」[24]

　　這種分析真正發掘了蕺山對陽明學的發展與貢獻。蕺山說：「獨是虛位，從性體看來，則曰莫見莫顯，是思慮未起，鬼神莫知時也。從心體看來，則曰十目十手，是思慮既起，吾心獨知時也。然性體即在心體中看出。」[25]在這裏，「意」是具有形上意義的性體與作為道德主體的心體的合一。

　　我們再回過頭去看熊十力先生對蕺山的批評。熊先生只承認「意」為心之所發，而不承認「意」為心之所存，沒有像唐先生那樣分疏「意」的兩個層面，認為「意」沒有本體層，亦不必過於剖判良知之心的所存與所發。即使要分別良知之心的所存與所發，熊先生堅持的是朱熹和陽明的立場。朱子訓「意」為「所發」，陽明曰「有善有惡者意之動」，熊氏承朱、王而以「心」為所存，「意」為所發。但蕺山認為，「如惡惡臭，如好好色」，正見此心之存主有善而無惡，這也就是唐君毅所說的「超越而內在」的「絕對善」。按蕺山說「意無所為善惡，但好善惡惡而已。」「《大學》之言心也，曰『忿懥、恐懼、好樂、憂患』而已。此四者，心之體也。其言『意』也，則曰『好好色，惡惡臭』。好惡者，此心最初之機，即四者之所自來，所謂『意』也。故『意』蘊於心，非心之所發也。又就『意』中指出最初之機，則僅有知好知惡之『知』而已，此即『意』之不可欺者也。故『知』藏於『意』，非『意』之所起也。又就『知』中指出最初之機，則僅有體物不遺之物而已，此所謂『獨』也。」[26]熊先生對這段文字最為不滿。實際上，

24　同前注，頁 499-500。

25　劉宗周：《學言》（上），《劉宗周全集》第 2 冊（臺北：中央研究院中國文哲研究所籌備處，1996 年），頁 448。

26　劉宗周：《學言》（上），《劉宗周全集》第 2 冊（臺北：中央研究院中國文哲研究所籌備處，1996 年），頁 457-459。

蕺山所指出的，此好惡只是微幾，而非發幾，「微機」便是獨體。在蕺山那裏，「意」即是「誠」，是所存的大本。所謂「意根」、「誠體」，即心即性，根源在天。其思路，正是唐君毅所提揭的，此「意」中有超越性，又是內在的，即超越與內在的統合，心體與性體的統合，亦是蕺山所謂本體與工夫的打合。

熊先生的哲學，亦是超越與內在、心體與性體、本體與工夫的統合。如前所述，熊先生統合的路數是直下地透悟本體，是由本體而工夫的。熊先生一再講自信自肯自證，即良知靈明的自信自肯自證。熊先生並沒有虛懷體察蕺山學對陽明學的改造與推進。

總而言之，「戊子己丑良知意念之辨」之先，唐君毅已形成了自己對宋明學術、明代思想史及蕺山學的一系列看法，牟宗三也形成了自己關於陽明學及其派屬的看法；在此次辯論中，熊以識本體即是工夫的路數批評蕺山有違陽明，因特顯豁良知本體，以為為善去惡之本，由透悟良知本體而識良知，致良知，而為善去惡；唐則認為蕺山學不違陽明、源於陽明又超過了陽明，特別欣賞識工夫即是本體的路數，對其意念之辯、獨體、誠意、慎獨之論作了哲學闡釋。這次討論並沒有什麼具體結果，熊、唐、牟各自持自己的觀念。但從討論的文獻中，我們亦可看出熊對蕺山原始材料的研讀不夠，所用哲學方法也不夠；唐的分析則充分從材料出發，亦有方法學的調整與支持，這亦是第二代新儒家的勝場。

我國大陸學者有關蕺山學的研究，在熊、唐、牟的基礎上又有了新的進境[27]。關於明代理學和蕺山學的討論，還在繼續之中。熊、唐、牟的討論仍能起到啟迪的作用。

---

[27] 我所見到的有，陳來：《宋明理學》（瀋陽：遼寧教育出版社，1991 年）；衷爾鉅：《蕺山學派哲學思想》（濟南：山東教育出版社，1993 年）；東方朔：《劉蕺山哲學研究》（上海：上海人民出版社，1997 年）；張學智：〈劉宗周的誠意慎獨之學〉，《明代哲學史》（北京：北京大學出版社，2000 年）；李振綱：《證人之境──劉宗周哲學的宗旨》（北京：人民出版社，2000 年）。

# 梁漱溟的文化比較模式析論

　　梁漱溟先生是我國文化哲學與比較文化研究的開拓者。我們可以對他的有關論著提出種種批評，但不能不肯定他的篳路藍縷之功。自 20 世紀 80 年代中國大陸學界重開文化大討論以來，時賢追溯、反思東西文化問題論戰的歷史，時常論及梁先生關於文化比較的若干結論，而鮮有進一步發掘、評估梁先生文化比較研究之方法論者。筆者的興趣，在於通過研讀梁先生早年成名作（《東西文化及其哲學》，1921）、中年圓熟作（《中國文化要義》，1949）和晚年定論（《人心與人生》，1984），釐清梁氏文化比較模式，剖判其得失，以為當今文化哲學和文化比較研究借鏡。

## 一、「身的文化」與「心的文化」

　　什麼是「文化」？廣義的「文化」，「就是吾人生活所依靠之一切」[1]。梁漱溟指出，包括如何進行生產，其所有器具、技術及相關之社會制度、宗教信仰、道德習慣、教育設施乃至語言、衣食、家庭生活等等，無不屬於「文化」的範疇。他認為所謂文化就是一個民族生活的樣法，是一個社會過日子的方式。「文化是極其實在底東西，文化之本義，應在經濟、政治乃至一切無所不包。」[2]「全部中國文化是個整底（至少其各部門各方面相聯貫）。它為中國人所享用，亦出於中國人之所創造，復轉而陶鑄了中國人」[3]。文化是由人類所創造，同時又反過來制約著人們的生活方式。要

---

[1]　梁漱溟：《梁漱溟全集》第三卷（濟南：山東人民出版社，1990 年），頁 9。

[2]　同前注，頁 91。

[3]　同前注，頁 32。

之，文化是一個相互關聯的複雜綜合體。

　　按照這樣一個認識，本來可以合邏輯地推出下述結論：每一具體社會的文化都是一定歷史條件下的人的物質的和精神的活動方式及其結果。它大體包括著人與物（自然）的關係和人與人（社會）的關係。而這兩重關係是共時態的，是同步發展、相互聯繫、不可分割、動態統一的。

　　但梁漱溟將人與自然的關係和人與人的關係看成是歷時態的、有先後次序的。在《東西文化及其哲學》中，他將古希臘人、古中國人、古印度人在人生態度上的不同，看作是文化路向的根本差異。在他看來，西方人持奮鬥的生活態度，西方文化以意欲向前要求為其根本精神；中國人持隨遇而安的生活態度，中國文化以意欲自為調和持中為其根本精神；印度人持出世的生活態度，印度文化以意欲反身向後要求為其根本精神。梁漱溟認為，「由於問題淺深之不等，其出現於人類文化上實應有先後之序。從而人類文化表現，依之應有三期次第不同」[4]。因此，現在是西方文化成為世界文化的時代，將來是中國文化翻身成為世界文化的時代，其後則是印度文化翻身成為世界文化的時代。上述思想，曾被胡適在〈讀梁漱溟先生的《東西文化及其哲學》〉一文中批評為籠統、武斷、把複雜的文化問題套入一個「整齊好玩」的簡單的公式的「主觀的文化輪迴說」。梁漱溟在〈答胡評《東西文化及其哲學》〉裏則批評胡氏更為籠統、武斷，企圖把世界各國文化放在一個類型的文化的歷史發展之中，泯滅了不同民族文化的不同類型和特異色彩。胡梁二氏對於文化的時代性有著完全不同的理解。胡氏認為西方近代文化的精神即是世界文化的時代精神，而梁氏則認為西方文化屬於人類第一期文化（在 20 年代尚未完成），而古中國人「文化早熟」，遽然超越之。他說：

　　　第一問題即人對物的問題；第一態度即向外用力底態度。現在總說
　　　作：從身體出發。第二問題即人對人的問題；第二態度即轉而向內用

---

4　梁漱溟：《梁漱溟全集》第三卷（濟南：山東人民出版社，1990 年），頁 560。

力底態度。現在總說作：從心（理性）出發[5]。

向外界爭生存當然是人類面臨的第一位問題。梁漱溟認為文化之發生以至開展，最先是環繞著生存問題這一中心，當然是正確的。但是，將改造客觀環境的種種活動籠統地說成是「從身體出發」，將與此相關的認識活動說成是「自然趨向」，則是不全面的。梁漱溟進而把人結成社會，將人與人的關係，看成是超越身體而有其心的相聯相通之道，將人的社會關係化約為心對心的關係，把宗教、禮俗、法律、道德等等都看作是人的心思的層面，則更加令人惶惑了。

　　梁漱溟認為：「所謂文化實包有以上這兩面；由於這兩面之逐漸開展而社會得以發育成長。通常應該是這兩面彼此輾轉增上，循環推進底。……今社會在經濟上實現其一體性，人與人不復有生存競爭，而合起來控馭自然界時，實為文化發展上一絕大轉折關鍵，而劃分了前後期。」[6]第一期的成就在發達身內身外種種工具（包括知識技能），第二期則在社會經濟高度發展的基礎上展開心的一面。「故第一期假如可稱為身的文化，第二期正可稱為心的文化。第一期文化不過給人打下生活基礎；第二期才真是人的生活。」[7]

　　梁先生對於人類文化史的分期有沒有什麼人類學和歷史學的依據呢？完全沒有。我們可以說，這完全是主觀的文化哲學。而這種主觀的文化哲學，正是梁先生進行中西文化比較的理論基礎。他說：「西洋文化是從身體出現，慢慢發展到心底；中國卻有些徑直從心發出來，而影響了全域。前者循序而進，後者便是早熟。」[8]

　　梁漱溟進一步用「理智」與「理性」、「有對」與「無對」等範疇，比較中西文化。「理智者人心之妙用；理性者人心之美德。後者為體，前者為

---

[5]　梁漱溟：《梁漱溟全集》第三卷（濟南：山東人民出版社，1990 年），頁 260。

[6]　同前注，頁 265。

[7]　同前注，頁 265-266。

[8]　同前注，頁 258。

用。雖體用不二,而為了認識人心,有必要分別指出之。」[9]梁氏認為,「理智」只是人之「知」,「理性」才包括人之「情」與「意」;「理智」是求生命的工具,「理性」才是生命的本身。人生的價值不僅僅在於「智慧向外用」,客觀地觀察分析,獲得自然科學知識;同時還在於向內直覺體悟,反求自身,以己度人,追求道德理想人格和豐富的情感、審美的意境。生活最重要的不是「理智」,而是包含情趣、情感的「理性」。

「只有理性是人類生命『無對』一面之表現;而其『有對』一面之活動,或運用理智,或不運用理智,卻莫非從身體出發。……何謂『有對』?何謂『無對』?輾轉不出乎利用與反抗,是曰『有對』。……只有超越這些,或發乎向上之心,或發乎同體之情,內有自覺而外無所為,斯乃所謂『無對』。」[10]「有對」即是與物為對,一切生物均局限於「有對」之中,只有人類才能從「有對」中超脫出來,進入渾然與物同體的理想境界。「人心」、「生命」與宇宙大生命契合無間,沒有彼此、主客的對立。「人身是有對性的,妙在其剔透玲瓏的頭腦通向乎無對……人心之用尋常可見,而體不可見;其體蓋即宇宙本體耳。人身雖有限,人心實無限際。」[11]

梁漱溟認為,從人類與一切生物所同的「有對性」出發是人生第一態度;嚮往人類所以異乎一切生物的「無對性」是人生第二態度。近代以來西方文明,大致是順著身體發展工具的。不超越身體之「有對」,而進致人心之「無對」,則不能超越功利,不能解決人生意義的苦惱和精神無著落的問題。這樣,梁漱溟以「身的文化」和「心的文化」為軸心,設計了一套中西文化比較的參照系。我把它整理成下表。

西方文化:身的文化——人對物(自然)的關係——人心之妙用(用)
　　　　　——理智——有對——向外——人類第一期文化;
中國文化:心的文化——人對人(社會)的關係——人心之美德(體)
　　　　　——理性——無對——向內——人類第二期文化。

---

[9] 梁漱溟:《梁漱溟全集》第三卷(濟南:山東人民出版社,1990年),頁603。

[10] 同前注,頁259。

[11] 同前注,頁655-656。

這就是梁漱溟進行中西文化比較的基本模式。這一模式顯然有失偏頗。但是，我們不能不看到，在「全盤西化」、「百事不如人」的民族虛無主義思潮和處處以西方近代文化作為參照系的文化背景下，這一模式的意義，在於它提出了區別於西方中心論的價值評價標準，在於它肯定了世界文化的多樣性和中國文化之不同於西方文化的特殊價值，批判了科學主義對於人的類本質的片面理解和對於生動豐富多層面的文化生命的肢解割裂。「在其圖式化的文化史裏，梁氏認為，由於古聖先賢的偉大洞見，中國文化在演化過程中有了早熟的躍進，回避了以理智計較來主宰環境的基本工作，成就了人類的倫理完美。……中國人早熟地發現了人類的本質，同時匯出比西方更為人文的存在，也因此而在物質上受苦。」[12]也就是說，東西文化的差異是生活路向、人生態度、「精神」「意欲」的差異。西方文化只發展出人的功能性的聰明才智，中國文化則發展了人性的道德本質。這在梁氏看來也是歷史文化發展階段的差異。他強調工業社會的異化給人們帶來的種種疏離和困惑，企圖以中國文化加以救治，因而突出人的生命存在、生活理想的多層意義與價值。

## 二、「個人本位」與「倫理本位」

中國為什麼沒有西方近代文化意義上的民主、自由與科學？梁先生是這樣看的：中國以非宗教的周孔教化為中心，西方以基督教為中心；中國文化的道路是由家族生活而演進為倫理生活的，而西方文化的道路是由集團生活而演進為個體生活的。

梁氏認為，從孟子到黃梨洲，中國傳統思想家有民有、民享的吶喊，卻缺乏民治的實踐。由於缺乏集團生活，「遇事召開會議取決多數之習慣制度未立，劃清群己權界，人己權界之習慣制度未立……特別是缺乏個人本位權

12　艾愷：〈梁漱溟——以聖賢自許的儒學殿軍〉，《近代中國思想人物論——保守主義》（臺北：時報文化出版企業公司，1980年），頁296。

利觀念」[13]。習慣於長幼尊卑、親疏遠近之家族生活，又「納人群於倫理」，「融國家於社會」，中國缺乏政治和法律。「家族生活偏勝，又演為倫理社會如中國者，卻天然缺乏政治其事，法律其物。」[14]「政治倫理化」、「政治無為化」、「權力一元化」，使中國產生不了西方的民主制度，相反，早於古代海國城邦見其端倪，又經破除家長家族間隔，人人在上帝面前平等的基督教文化的陶冶，沿著集團生活偏勝的路子，西方培養出了近代國家，發展了其政治和法律。

　　梁先生注意到這樣一個文化現象：近代西學大規模湧入中國後，人權自由之觀念，並不為中國人所重視——維新家之以為非急務，革命家如孫中山則嫌民眾自由太多。梁氏認為，這恰恰說明中國人生活在自由與不自由之間，未嘗自由，亦未嘗不自由。然而，「害就害在這未嘗不自由上」。他說：「這就中國社會之為倫理本位那一面來看，它沒有像西洋那樣底社會形勢，先叫人失去自由，再叫人確立其自由。」[15]西洋中古社會，出世禁欲之宗教籠罩一切，集團生活對個人干涉過強，宗教改革以降的種種運動，無非是對個人感情、要求、思想、意見被壓抑被抹殺之強烈反抗，肯定欲望，追求現世幸福，確立人己權界、群己權界。

　　梁氏認為，在中國，人權自由為溫情脈脈的倫理理念所掩蓋。「在以個人為本位之西洋社會，到處活躍著權利觀念。反之，到處彌漫著義務觀念之中國，其個人便幾乎沒有地位。此時個人失沒於倫理之中，殆將永不被發現。自由之主體且不立，自由其如何得立？在西洋近代初期，自由寶貴於生命；乃不料在中國竟同無主之棄物！中國文化最大之偏失，就在個人永不被發現這一點上。一個人簡直沒有站在自己立場上說話機會，多少感情要求被壓抑、被抹殺。五四運動以來，所以遭受『吃人禮教』等詛咒」[16]。在這裏，梁氏揭露了不待有我而去講無我，不待個性伸展而去講屈己讓人，把個

---

[13] 梁漱溟：《梁漱溟全集》第三卷（濟南：山東人民出版社，1990 年），頁 242。

[14] 同前注，頁 242。

[15] 同前注，頁 248。

[16] 梁漱溟：《梁漱溟全集》第三卷（濟南：山東人民出版社，1990 年），頁 251。

體的主體性消融於人倫關係的儒家倫理異化現象。西方有宗教，中國無宗
教。宗教異化最終把一切暴露得十分徹底，而倫理異化卻是「以理殺人」，
不見形跡[17]。但梁氏要說明的重心是中西分途。中國的倫理理念與西方之自
由理念，各有不同的文化背景。梁漱溟認為，其源蓋在於：一則是家族生
活，一則是集團生活；一則處於倫理關係中，一則處於宗教組織中；一則樂
觀向上，一則有原罪意識；一則以為人具有「理性」，至德要道不必外求於
神，一則崇拜上帝；一則服從家長，尚賢尊師，一則人人平等，直接對上帝
負責；一則政教合一，群己權界不分，一則反創出了政教分離和個人自由獨
立。兩者走著不同的道路。

　　關於中國何以沒有產生近代科學，梁漱溟的依據仍然是中西文化的分
途。他認為，作為精確而有系統的知識的科學是起自人對物的，科學從「理
智」來，而從「理性」來的，卻不屬於科學。中國人「詳於人事而忽於物
理」，其所謂「人事」也不是今日之社會科學，因為它不是順著自然科學的
路子作純客觀的研究，而是從道德觀點或實用眼光與藝術眼光，寓主觀評價
於其中的。他說，二千年來，倫理本位促成其修己安人之學問，職業分途則
劃出農工商，即把人對物的問題劃出了學問圈之外。「周孔以來，宗教缺
乏，理性早啟，人生態度遂以大異於他方。在人生第一問題尚未解決之下，
萌露了第二問題暨第二態度，由此而精神移用到人事上，於物則忽略。即遇
到物，亦失其所以對物者；科學之不得成就出來在此。既不是中國人拙笨，
亦不是文化進步遲慢，而是文化發展另走一路了。」[18]西洋人從身體出發，
而進達於其頂點之理智，中國人則由理性早啟，其理智轉被抑而不申，即便
有一些科學的萌芽，也半路夭折。

　　「中國幾千年來學術不分；其所謂學問大抵是術而非學，最為大病。」
[19]中國人不能離用而求知，「恒以渾淪代分明，以活動代確立，亦即是以思

---

17　「倫理異化」的概念，參見蕭萐父：〈傳統‧儒家‧倫理異化〉，氏著：《吹沙集》
　　（成都：巴蜀書社，1991 年），頁 129。
18　梁漱溟：《梁漱溟全集》第三卷（濟南：山東人民出版社，1990 年），頁 207。
19　同前注，頁 272。

想代知識。物生於知識，知識生於物。中國人不傾向知識，亦就失去了物。……當人類文化初期。爭求生存，對物問題居先；即遇到人，亦以對物者對之。一般說：人對物問題是掩蓋了人對人問題底；獨中國不同」[20]。再者，自然科學的前身是宗教，「若沒有宗教作文化中心以維繫其社會，則近世科學之發生發展又是不可想像底。對照中國，則由理性早啟而宗教缺乏，與其無科學，亦正是一貫底一回事情」[21]。由於中國文化的「早熟」，道德代替了宗教，禮俗代替了法律，長於理性短於理智，於是產生不出民主和科學，「文化盤旋不進，社會歷久鮮變」，「前進不能，後退不可」，中國歷史上一治一亂是盤旋，經濟、學術亦都在盤旋，而且「再不能回頭補走第一路（西洋之路），亦不能下去走第三路（印度之路）；假使沒有外力進門，環境不變，他會要長此終古！」[22]也就是說，西方文化基於向外在自然界的理智探求匯出了科學的發展，基於個人的利己態度和明晰的群己權界，開出了民主政治。而所有這些，在一個血緣家族生活濃重的倫理型的文化傳統中是不能產生的。比較的結果是：不可比！從模式上看：

西方文化：宗教氛圍──集團生活偏勝──個人本位──民主與科學；
中國文化：無宗教生活──家族生活偏勝──倫理本位──無民主與科學。

實際上是說，中國沒有西方近代意義的民主與科學，因為中國文化不是走的這個路子；中國文化有自己的道路，它的發展，不一定要循著西方的模式。另一方面，西洋人在人對自然的關係問題上進步如飛，在人類第一期文化上大有成就，而中國人卻陷入盤旋不進的狀態。在研究世界文化的共同道路、普遍規律與中國文化的特殊道路、特殊規律的關係上，梁先生雖然自己並不自覺，然實際上提出了一些有價值的問題。梁先生的思想矛盾，如忽而

---

[20]　同前注，頁 274-275。

[21]　同前注，頁 276。

[22]　梁漱溟：《梁漱溟全集》第三卷（濟南：山東人民出版社，1990 年），頁 293；梁漱溟：《梁漱溟全集》第一卷（濟南：山東人民出版社，1989 年），頁 529。

對中國文化充滿信心，忽而悲觀失望，和上述極不嚴謹的比較模型（以「倫理本位」和「個人本位」概括中國文化和西方文化準不準確是另一個問題），都反映了文化發展道路上殊共矛盾的複雜性。

# 三、「古今之別」與「中外之異」

陳獨秀、李大釗、胡適、常乃德等，從一元的單線的發展模式出發，認為西方文化是全世界文化唯一普遍的發展方向、道路和標準。他們充分重視文化的時代性，敏銳地指出東西文化問題乃是古今之異的問題。到了 20 世紀 40 年代，馮友蘭先生進一步以共相與殊相即普遍與特殊的關係，分析東西文化的問題或中國文化的近代化問題。他認為，一般人所說的東西之分，其實不過是古今之異；一般人所說的西洋文化，實際上是近代文化；所謂西化，應該說是近代化。馮氏強調了文化的時代性和世界歷史進程的普遍性，強調了產生革命是使「以家為本位的社會」（鄉下）邁進「以社會為本位的社會」（城裏）的唯一道路[23]。

梁氏的《中國文化要義》則批評了馮說，反過來強調文化的民族性、個性、特殊性。他說：「在文化比較上，西洋走宗教法律之路，中國走道德禮俗之路。」「西洋一路正是產生科學之路，中國之路恰是科學不得成就之路。……有人認為中西思想學術之不同，只不過是古今之別，並無中外之異，顯見其不然。……在學術上，在文化上，明明是東西流派之分甚早，豈得看作一古一今？」[24]「文化之形成，既非一元底，非機械底，因此所以各處文化便各有其個性。……中國人的家之特見重要，正是中國文化特強底個性之一種表現，而非為生產家庭化之結果，自亦非生產家庭化的社會之通

---

[23] 參見馮友蘭：《新事論》，《三松堂全集》第四卷（鄭州：河南人民出版社，2001年）。

[24] 梁漱溟：《梁漱溟全集》第三卷（濟南：山東人民出版社，1990 年），頁 291、271-272。

例，如馮先生所謂『共相』者。」[25]在梁先生看來，不應當以西方文化作為普遍的模式和唯一的參照標準；各個民族的文化有著不同的發展道路；近代化並不等於西化。說中西文化的差別是時代的差別（古今之別），對不對呢？在某種程度上當然是對的。不承認這一點，就無法判斷世界範圍內不同民族、不同類型的文化的文野高下之分、發展階段之別。不同地域、不同系統的物質與精神文化都是與時俱進的，但從橫向比較來看，當然有先進與落後的區別。衡量這一差別的一般指示器，只能是生產力的發展水準，商品經濟的發展水準。工業社會是不可能超越的。但是，時代性不是文化的唯一屬性，因此，說中西文化的差別僅僅是古今之別，則又是不完備的。這裏的確有梁先生提出的「民族個性」的問題。任何文化發生發展都有其歷史時間和社會空間，衡量不同源頭、不同發展的各文化系統，除了一般的、統一的時代性尺度之外，還有一個民族性尺度。這裏需要有一個時間軸與空間軸、時代性與民族性多維立體交叉的坐標系統。梁先生的貢獻，就在於他把文化發展的特殊性、民族性問題格外地凸顯出來，打破了西方中心主義的錮蔽。當然，他有時候不免走到另一個極端，把特殊性強調到不恰當的地步。這正是理解他所謂「身的文化」與「心的文化」、「個人本位」與「倫理本位」的比較模式的關鍵。

梁先生說：「從文化比較上來看，中國文化蓋具有極強度之個性。」這些個性包括：中國文化獨自創發，慢慢形成，非從他受；中國文化自成體系，與其他文化差異較大；歷史上與中國古文化相先後的巴比崙、印度、波斯、希臘等，或已夭折、或已轉易，或失其獨立自主之民族生命，唯中國能從其自創之文化綿永其獨立之民族生命，至於今日巋然獨存；其文化上同化他人之力量最為偉大，對於外來文化，亦能包容吸收；由其偉大之同化力而融成廣大的中華民族，說明中國文化非唯時間綿延最久，抑空間上之拓大亦不可及；中國文化自身內部具有高度調和性，對外則具有巨大影響力。「中國文化之相形見絀，中國文化因外來文化之影響而起變化，以致根本動搖，

---

[25] 同前注，頁41。

皆只是最近一百餘年的事而已。」[26]從中國文化發生、形成、發展、整合、轉化的歷程及其結構與功能來看，從世界幾大文化系統的比較來看，梁先生的以上概括應當說是準確的、有根據的，並值得認真思索的。另一方面，他又在分析中國文化的十四大特徵、五大毛病和中華民族品性的劣根性上，不遺餘力地批判了傳統文化的弊端，其激烈程度並不亞於西化派諸健將。

梁先生是反對經濟決定論的。他肯定社會經濟的變遷在全部文化中的巨大作用，但否認它在文化中片面具有決定力，認為風俗禮教對經濟基礎的作用不容忽視。他說：「我們不要以為文化就是應於人們生活所必要而來底；──這是第一。必要亦不是客觀底；──這是第二。更不可把必要局限在經濟這範圍；──這是第三。」[27]他認為這是一切機械觀犯錯誤的根源。筆者並不同意把文化問題化約為經濟問題，或者片面地強調物質文化、經濟發展的作用。但是，經濟發展水準無疑是人類文化發展史上若干階段的重要標誌和世界範圍內各文化系統的橫向比較的重要尺度。肯定這一標準，可以避免文化比較上的混亂，同時也不妨礙珍視各民族文化系統的個性。梁先生引用黃文山先生的論斷並加以發揮，認為中國的家族倫理決定了中國社會經濟和中國整個文化的命運[28]。其實，我們也可以反過來問，中國的家族制度、倫理情誼是不是由自給自足的自然經濟決定的呢？

梁先生吸取了 20 至 40 年代世界民族學和人類學的若干成果，批評了關於人類社會進化的「獨系演進論」和「階梯觀」，提出了「殊途同歸論」和「流派觀」。

人類學和民族學上的進化學派，揭示了人類文化由蒙昧、野蠻達到文明時代的進化歷程和普遍規律，功不可沒。他們的忽視史前複雜多樣的文化現象的單線進化觀，曾受到歷史學派、播化學派、反演化主義學派的批判。梁氏從這種批判中得到啟發，認為將一切人類不分種族不分地域都看成是相同的，或大同小異的，或持恒進步論或循序漸進論，看不到歷史中的退化或突

---

[26] 梁漱溟：《梁漱溟全集》第三卷（濟南：山東人民出版社，1990 年），頁 11。

[27] 梁漱溟：《梁漱溟全集》第三卷（濟南：山東人民出版社，1990 年），頁 41-41。

[28] 同前注，頁 43。

變，都大成問題。但他比較忽視人類文化發展中的共同的規律和一般發展階段，只承認形形色色的各文化系統為不同的流派，反對「誤以流派為階梯」。

值得指出的是梁先生文化比較參照上的矛盾。如為說明所謂「歷史久變的社會，停滯不進的文化」之特徵，他援引馮友蘭先生的（《中國哲學史》）關於中國歷史缺一近古時代之說，並認為「中國文化各方面卻還是中古那樣子，沒有走得出來，進一新階段」[29]。說中國文化停滯，說中國沒有科學、民主與法制，說中國只有中古史而無近古史、近代史之階段，這不都是以西方文化作為參照嗎？這與梁先生的不同文化只是流派之殊異而不是階段之區別的主張不是正相矛盾嗎？

通過林惠祥先生的介紹，梁先生瞭解了西方人類學界的「新進化論」。我們知道，「新進化論」解說了文化進化的「一般進化」和「特殊進化」，強調了在一般情況下的「單線進化」和在特殊情況下的「多線進化」，注意到文化進化的多維性和複雜性。梁先生說：「我們若把全人類歷史作一整體看，略去各地各時那些小情節不談，則前進之大勢自不可掩。那麼，演進論經修正後還是可以講底。」[30]這就承認了人類文化的發展趨勢，但他仍主張沒有不可免的定律。

梁氏又說：「其實，以我看人類文化前途，正應該把舊演進論之同途同歸觀念修改為殊途同歸就對了。如我判斷，人類文化史之全部歷程，恐怕是這樣底：最早一段，受自然（指身體生理心理與身外環境間）限制極大，在各處不期而有些類近，乃至有某些類同。後就個性漸顯，各走各路。其間又從接觸融合與銳進領導，而現出幾條幹路。到世界大交通而融會貫通之勢成，今後將漸漸有所謂世界文化出現。在世界文化內，各處自仍有其情調風格之不同。復次，此世界文化不是一成不變底；它倒可能次第演出幾個階段來。」[31]這就是說，在沒有形成統一的世界文化以前，人類文化只有多樣性

---

[29] 梁漱溟：《梁漱溟全集》第三卷（濟南：山東人民出版社，1990 年），頁 9。

[30] 同前注，頁 46。

[31] 梁漱溟：《梁漱溟全集》第三卷（濟南：山東人民出版社，1990 年），頁 47。

而沒有統一性，只有特殊性而沒有普遍性，沒有共同的規律，不能劃分其發展階段。

梁氏文化比較是一種差異法的比較。他的比較模式的重心在於確立各文化系統的區別。從文化哲學的方法論上說，是強調多樣、特殊，忽視統一、普遍；強調殊異，忽視異中之同。但他又不是完全沒有看到文化發展的普遍性，因而在文化比較上常常發生矛盾。

一方面，他堅持「中外之異」，反對「古今之別」，指陳中國不可能有科學、民主；另一方面，他又拿西方資本主義文化的民主、自由、科學等等來批評中國文化的弊病和國民性格的陰暗面。一方面，他認為科學與民主具有普遍的價值和世界的意義，「無論世界上哪一個地方人皆不能自外」，「只能為無批評無條件的承認，即我所謂對西方文化要『全盤承受』」[32]；另一方面，他又說中國文化早熟，中西文化各走各的路。「如依梁先生，中國文化是『另走一路』，這不等於說中西文化所走的路像是永不相交的平行線？又如依梁先生說，中國文化是『無論是走好久，也不會走到那西方人所達到的地點上去的』，那麼『中國文化比西方文化早熟』一評斷，豈不是全無意義？」[33]

梁先生刻意要深刻認識中國文化的民族個性，認識「中國偉大的出奇」，但離開了世界文化的大的發展趨勢、階段、規律等共相，離開了文化的時代性，如何可能？梁氏其實亦非完全沒有認識文化的時代性，如將人類文化分為三期、必須「全盤承受」西方文化等。問題的癥結在於梁氏不理解作為文化的兩個基本屬性的時代性與民族性是相互涵攝、互相包容的。民族性的內容中寓有世界性（共相）的要素。西方文化不是普遍的，但在具體的西方各民族文化形態中的民主、科學精神和工業文明則是普遍性的要素。同樣的，中國文化對於世界文化來說也不是普遍的，只是具有普遍性的要素。

---

[32] 梁漱溟：《梁漱溟全集》第一卷（濟南：山東人民出版社，1989 年），頁 338、532。

[33] 韋政通：〈梁漱溟思想綱要〉，《現代中國思想家》第八輯（臺北：巨人出版社，1978 年），頁 67。

梁先生認為特殊地體現於中國文化的生命、精神、道德理想對整個人類是普遍的，因而對復興中國文化使之成為世界文化充滿信心（這種充滿信心又與悲觀絕望成為二律背反）。在這又一層殊相與共相的矛盾面前，梁氏亦缺乏辯證的理解。

## 四、「主觀的文化輪回說」辯

在「五四」東西文化論戰時期，西化派主將胡適與保守主義主將梁漱溟的筆墨官司頗值得咀嚼、回味。在《東西文化及其哲學中》，梁氏將古希臘人、古中國人、古印度人在人生態度上的不同，看作是文化路向的根本差異——他是這樣比較中、西、印文化的。西方人持奮鬥的生活態度，西方文化以意欲向前要求為其根本精神；中國人持隨遇而安的生活態度，中國文化以意欲自為調和持中為其根本精神；印度人持出世的生活態度，印度文化以意欲反身向後要求為其根本精神。梁氏認為，現在是西方文化成為世界文化的時代，將來是中國文化翻身成為世界文化的時代，其後則是印度文化翻身成為世界文化的時代。上述思想，曾被胡適在〈讀梁漱溟先生的《東西文化及其哲學》〉一文中批評為籠統、武斷、把複雜的文化問題套入一個「整齊好玩」的簡單的公式的「主觀的文化輪回說」。

胡適之先生的批判是有一定意義的。但胡氏的批評，由於方法論上的缺失，卻又經不住梁先生的反批評。梁氏在〈答胡評《東西文化及其哲學》〉一文裏批評胡氏更為籠統、武斷，企圖把世界各國文化放在一個類型的文化的歷史發展之中，泯滅了不同民族文化的不同類型和特異色彩。他說：「原來胡先生說我籠統，說我不該拿三方很複雜的文化納入三個簡單公式裏去；他卻比我更籠統，他卻拿世界種種不同的文化納入一個簡單式子裏去！我正告胡先生，我實在不籠統，因我並不想什麼納入簡單公式，我只是從其特著的色彩指出它的根本所在——人生態度，便有例外也無干係。例如印度未嘗沒有『順世外道』之反出世派；西洋未嘗沒有禁欲主義的舊教。然從西洋文化的特著色彩看去，其根本自是出於向前要求現世生活的態度；從印度文

的特著色彩看去，其根本自是出於反身要求解脫的態度，必不容移易，如是而已。」[34]

胡、梁二氏的文化比較，都是以他們各自的文化哲學為前提的。梁氏強調民族性格，從不同生活態度上捕捉民族文化的個性。胡氏世界文化觀的出發點則是世界各民族文化的共性。他與梁氏一樣都認同文化是民族生活的樣法，但他認為各民族生活的樣法是根本大同小異的。按照實用主義的哲學，他認為生活只是生物應付環境、適應環境，而人類生理的構造又大致相同，因此各民族的物質生活、社會生活、精神生活，待環境問題同了，時間到了，自然就同一了。這樣，胡氏比較的結論是，中西印三方文化沒有各自特殊的氣象和色彩，更不承認文化的不同是出於主觀上人生態度的不同。

胡、梁二氏的論戰，看起來似乎是針尖對麥芒，其實，在一定層次上，他們文化比較的參照系是一致的。梁漱溟和胡適之都是以西方近代文化作為單元參照系來比較東西文化的差異，同時又都把中、西、印文化各看成一元整體。他把中國文化劃為特殊類型，並主張在現時代「連根拔起」；他又認為科學與民主具有普遍的價值和世界的意義，「無論世界上哪一個地方人皆不能自外」，只能「全盤承受」。面對東西文化衝突，中國人應取的態度：「第一，要排斥印度的態度，絲毫不能容留；第二，對於西方文化是全盤承受，而根本改過，就是對其態度要改一改；第三，批評的把中國原來態度重新拿出來。」[35]

梁氏文化比較理論架構的內在矛盾是：一方面承認科學與民主的普遍價值，並且分析了中國傳統文化不能開出科學與民主的原因；另一方面又樂觀地期待著，如果孔子的真精神得以發揚，「世界未來的文化就是中國文化的復興」。根據梁氏理論的內在邏輯，文化的發展是有階段的，西方文化的路向是人類生活本來的路向，是從身體出發，從人對自然的關係出發的，當這一路向發展到極致，產生了嚴重問題的時候，深思熟慮之士，自覺反省，遂

---

[34] 梁漱溟：《梁漱溟全集》第四卷（濟南：山東人民出版社，1991 年），頁 758。

[35] 梁漱溟：《梁漱溟全集》第一卷（濟南：山東人民出版社，1989 年），頁 528。

提倡走第二路向。按他對文化歷史發展規律的理解，西方文化將從第一路向走到第二路向，這個第二路向，理應是西方文化的第二路向，不是中國文化，不過是與中國文化發展路向相類似而已。誠如美籍華裔學者林毓生先生所說：「當梁氏把孔子的真精神──『剛』的精神界定成為本身具有整合第一與第二路向的資源時，他已離開了他的理論架構的前提。」梁氏說中國文化能否復興，要看孔子真精神是否可以復興，這與他的歷史哲學正相衝突，只能是一種形式主義的聲稱或一廂情願的宗教式的信仰，沒有任何論據上或實質上的保證。「當中國傳統的文化與政治秩序崩潰以後，進步的保守人士，一方面要接受西方的思想與價值，並設法使之在中國生根，另一方面又想保持他們所界定的傳統成分，在這樣的情況下，很難從界定傳統成分的純正性的論式中來保守傳統的成分，往往是用西方的範疇來界定傳統成分的相容性或未來可行性；而西方的範疇，如科學與民主，往往是被認為具有普遍性的，所以傳統的獨特性很難予以界定，無法保持傳統獨特性的保守主義當然是無力的。」[36]

也就是說，梁氏在比較中、西、印文化時，真正起作用的是西方近代文化的參照標準，但他同時又很矛盾。他的理論混亂，乃在於他認為需要有一個區別於西方中心論的價值評價標準，以肯定世界文化的多樣性和中國文化之不同於西方文化的特殊價值，尤其是儒家倫理的普遍價值。但這個二元價值（或多元價值）的參照系，他未能明確地建樹起來，這可能是因為他與胡適、陳獨秀、魯迅一樣，認為解決當時中國政治、經濟與文化等緊迫的問題，第一位的是使科學與民主生根。

胡適沒有這個矛盾，因為胡適關於世界歷史屬於同一軌跡的歷史主義看法，即單線進化論的看法，其一元論、整體觀的思想論式，及對於傳統文化的全盤性攻擊，比梁氏更單純、更簡化、更稚嫩。

胡、梁二氏籠統、圖式化的文化比較弊端，啟迪我們必須開創多元式的

---

**36** 林毓生：〈胡適與梁漱溟關於《東西文化及其哲學的論辯及其歷史涵義》〉，北京「梁漱溟思想國際會議」論文，1987 年 11 月。

思想模式來認識中國傳統並謀求傳統文化的創造性轉化，必須建立多維的價值系統觀照世界多樣的文化現象和文化系統。這恐怕是比較文化科學化的首要前提。擺脫籠統、浮泛的文化比較，進行具體、準確的比較，在今天仍然是一個很大的問題。

我們不妨再略為看看韋伯與梁漱溟文化比較的差異。韋伯詳細比較了儒教和清教對人和對上帝兩種不同的取向，以昭示不同宗教世界觀對人們現實生活的意義。韋伯認為，儒家倫理與基督教倫理都是理性主義的，都主張清醒節制和自我控制，自覺慎重地處理現世事務，都不反對財富的積累。但是，兩者價值取向恰恰相反，儒家的理性主義是對世界的理性的適應，而新教的理性主義是對世界的理性的主宰。

韋伯認為，儒家對自然沒有嚴肅的關懷，其對「天人之際」（自然與人事之間）以及人際之間的關係，持有強烈的今世的樂觀主義的態度。這種宇宙秩序的和諧平衡論，把人與世界間的緊張感降低到最小的程度，與新教倫理中人與世界間存在的巨大緊張感根本異趣。儒教倫理中沒有「原罪觀念」，並努力追求一種完美的境界。儒家的目的，是獲得和保持一個「有教養的等級地位」；清教的目的，是侍服上帝以達到對現實生活的主宰。儒家的禮樂法度、心性修養、道德自我的完善，講求孝道，排斥技藝，是為了達到上述目的而對現實世界的理性的適應；而作為上帝的工具的清教徒則有一種發自內在的力量，要控制自身，主宰世界。他們苦行禁欲的行為同強烈的信念和渴望行動的激情統一了起來。

韋伯以二者價值系統的比較，揭示了資本主義不能在中國自動發展的主觀精神的原因。韋伯的文化比較與梁漱溟的文化比較集中在基督教（特別是宗教改革以後的新教）倫理精神與儒家倫理精神的差異及這些差異對中西經濟發展道路的規約上。他們都一致地指陳，個人直接面對上帝（清教）與宗族關聯式結構體系（儒教），是不同的文化精神和國民性格的不同源泉。而家族關係網絡與儒家倫理本位，不能推動社會經濟秩序的變革以開出資本主義的格局。

梁漱溟的文化比較不同於韋伯的地方，就在於他朦朧地感覺到完全用西

方近代文化作唯一的參照，似乎有些不妥。梁漱溟游離於兩套參照系之間，當他瞭解當今社會文化的必然之勢時，從理智上認同西方近代文化的科學與民主的價值，並以此作為價值尺度衡量、批判中國傳統；當他瞭解到工業文明的弊端的時候，非常自然地在情感上認同儒家的所謂「人文主義」，因而企望儒家倫理在全世界獲得普遍的價值。不能認為他對於當今（西學）的認同，缺乏情感的強度；也不能認為他對於過去（中學）的認同，缺乏知性的理據。梁氏的文化比較中屢現抵牾，其原因在於他沒有將兩套參照系有機地整合為一體，即未以一個多維參照系來觀照中西文化。

梁氏的這種動搖和彷徨，反映了他在識見上比之陳獨秀、胡適、常乃德等略勝一籌。胡適、陳序經等從一元的單線的發展模式出發，認為西方文化是全世界文化唯一普遍的發展方向、道路、模式和標準，認為東西文化問題乃是古今文化的問題。梁先生沒有陷入這種簡單線性的思考模式。

韋伯的文化比較，通過考察東西方不同文明的主要價值系統與經濟行為方式之間的相互關係，來說明現代西方文明的主要特徵。他分析了新教倫理如何促進了、儒教倫理如何阻礙了經濟生活的合理化（即資本主義文明的興盛）。他發現了不同地區文化體系特別是其中心價值觀念的差異，又在一定程度上看到了不同文化的不同價值，並啟發了斯賓格勒、湯因比等人背離西歐中心論的觀念。但是，韋伯對於中國的研究，主要是以近代歐洲文化作為參照標準的，這就使得他不能發現中國文化之不同於西方的特殊價值和貢獻。他的宏觀、粗線條的、不分時限的比較又非常模糊籠統，不準確、不具體，有許多違背文化史實之處。人們在反思韋伯的文化比較時，對於他進行比較研究的主要概念工具——「理想類型」（ideal type）提出了正當的非難。

20 世紀以來，世界文化出現了「全球意識」與「尋根意識」兩大思潮。一方面強烈地走向世界，全球一體，要國際化；另一方面要尋根，尋找自己民族文化的源頭活水。既要是世界的，又要是民族的，幾乎一個世紀以來世界各國文化都在這兩極之間徘徊。非歐文化地區，如亞非拉美，都存在民族固有文化與外來文化之間、傳統文化與現代文化之間的衝突，一般都出

現了要麼傳統主義，要麼西方主義的二元對立。從印度的辨喜（維韋卡南達）、泰戈爾，到 60 年代的〈泛非主義文化宣言〉，都有類似「中體西用」的取向；從日本的福澤諭吉到中國的胡適，乃至 80 年代一些青年朋友，都有類似「全盤西化」的取向。雙方都有歷史的合理性和局限性。這就是 20 世紀宏觀文化比較的背景。

　　梁先生的文化比較，從哲學方法學上檢視，就是徘徊於西方中心主義與民族主義之間，而沒有把文化的時代性與民族性、文化的普遍與特殊、共性與個性的關係辯證地加以理解，因而時而以西方近代文化的標準衡量傳統文化，時而以傳統文化價值的標準衡量西方文化；時而認為中國文化無論走好久，也達不到西方的水準，顯得悲觀失望，時而對復興中國文化使之成為世界文化盲目樂觀，認為特殊地體現於中國文化的生命、精神、道德理想對整個人類具有普遍的意義。

　　梁氏文化比較中的抵牾之處，實際上是中西文化衝突、融合與中國文化新舊嬗替之際，中國知識分子理智與情感的矛盾心態的反應。梁先生的貢獻，即通過他敏銳的反思，把上述問題提了出來，把上述矛盾凸顯起來，尖銳化起來，給人們進一步反思提供了思想起點。這是十分了不起的功勞！中國文化的發展離不開人類文化發展的共同大道，受制於人類文化發展的一般規律，但同時，難道不正是有梁先生強調的中國文化發展的特殊性的問題嗎？不考慮中國文化淵源有自的特殊發展道路，無論是「全盤西化」抑或是「全盤蘇化」，不都是走不通的嗎？現在看得更清楚了，民族化即中國文化的特殊性問題不解決好，是不能求得健康發展的！尊重特殊性也即是尊重文化發展的規律。此外，中國傳統文化中有沒有一些具有普遍意義的、世界意義的東西呢？儘管梁先生只談到儒家道德價值，但給人們的啟示卻是多方面的。在世界文化的發展中，在生動豐富多層面的人文價值中，中國的文化（其本身是多元的）自有光輝的地位，則是顯然的。

　　文化發展的最一般規律是通過各民族的大量偶然的特殊形態間接地表現出來的。社會歷史經濟形態反映了社會文化發展的本質，揭示了一般必然性，卻並沒有包含其全部的豐富性。由於各民族文化傳統的不同，現代化的

途徑是多樣的。處在現時代的文化氛圍之中的人們，不能不以多維坐標系辯證地思考中國文化現代化發展道路中的一元與多元、普遍與特殊、時代性與民族性、現代化與傳統等諸種關係的問題，並作出理論與實踐統一的回答。從某種意義上來說，這也是改革開放的一個重大課題。

# 馬一浮的國學新創

　　馬一浮生於 1883 年，卒於 1967 年。他是浙江會稽人，原名福田，後名浮，字一浮，以字行，號湛翁、蠲叟、蠲戲老人。馬氏是我國現代著名的國學大師、詩哲、書聖。梁漱溟給馬一浮的挽詞為「千年國粹，一代儒宗」八字，這八個字可謂蓋棺定論，高度概括了馬氏的學術地位和人格風範。而早在 20 世紀 40 年代，賀麟即推崇馬氏「兼有中國正統儒者所應具備之詩教、禮教、理學三種學養，可謂為代表傳統中國文化的僅存的碩果」[1]。於此約略可見學界對馬一浮的道德、學問、文章的推崇。

　　現代中國最具有聖賢氣象的三大儒者——馬一浮、梁漱溟、熊十力，以及他們的弟子門生，構成了一個特殊的文化群落，支撐著吾華道統，賡續著往聖絕學，孕育了現代儒學思潮。他們所當擔的歷史使命、所弘揚的道義精神、所表現的氣節操守、所堅持的終極信念、所纏繞的思想情結、所遭逢的坎坷際遇和悲劇結局，確有共通的一面；然而他們又是個性十分突出的人物，他們對於歐風美雨、民族危亡、時政流弊的回應方式不同，各自的學養、興趣、愛好、性格、情調、致思趨向、思想表達、生存體驗、待人接物、涵泳程度、外王關懷，均迥然有異。其中，馬一浮的修養和學問尤顯精醇厚重，且更具有隱逸名士的風采。

　　馬氏是一個倏然獨往、自甘枯淡、絕意仕進、遠謝時緣的真正的「士」人，曾被豐子愷尊為「今世的顏回」，馬敘倫說他「自匿陋巷，日與古人為伍，不屑於世務」。

---

[1]　賀麟：《當代中國哲學》第一章（南京：勝利出版公司，1947 年）。又見《五十年來的中國哲學》，《賀麟全集》（上海：上海人民出版社，2012 年），頁 28。《當代中國哲學》於 1989 年新版時更名為《五十年來的中國哲學》。

　　有趣的是，現今我們知道的馬一浮最早的詩作和最晚的絕筆，似乎隱然有一種內在的呼應關係。請看他 11 歲時，奉母命詠庭前菊花的一首五言律詩：「我愛陶元亮，東籬采菊花。枝枝傲霜雪，瓣瓣生雲霞。本是仙人種，移來高士家。晨餐秋更潔，不必羨胡麻。」[2]再看他 85 歲時，在「文革」摧殘之下以求速去的訣別詩〈擬告別親友〉：「乘化吾安適？虛空任所之。形神隨聚散，視聽總希夷。漚滅全歸海，花開正滿枝。（原注：是日花朝。）臨崖揮手罷，落日下崦嵫。」[3]前詩稚嫩，孤傲高潔之情溢於言表；後詩圓融，冷峻飄逸之機深藏不露。然而，豈不正可以互作注腳麼？惟其獨立不苟、孤高超脫，即使身受其害、斯文掃地，亦能舉重若輕地嘲諷、蔑視那威威赫赫的所謂「全面專政」——當他被趕出家門，又聽說李叔同的學生潘天壽遭到非人待遇時，他的回應，只是以生死為平常事，以「漚滅全歸海」的隱喻，表明他回復到安身立命的精神故鄉的心跡，神態自若地面對崦嵫山。這是何等的氣概！

　　在我看來，馬一浮一生確實做到了如陶詩所說的「心遠地自偏」，與車馬喧騰的俗情世界，與功名利祿，保持了相當的距離。沒有距離就沒有審美，沒有距離就未可求真，沒有距離就談不到趨善，沒有距離當然也就不可能有獨立的人格和尊嚴。媚俗者當然沒有資格被稱為「士」人。

　　馬氏一生抱蟬蛻塵埃之志，垂老弗改。1940 年，他在給老友謝無量的一首長詩及其序言中表達了這一志趣。詩曰：「四十年前兩狂客，浮玉峰頭讀道書。雪埋酣臥焦處士，鶴塚篆銘陶隱居。今狂古狂日相遇，常追仙蹺執化袪。世事如雲旋變滅，老來回首江東墟。……」[4]而關於青年馬一浮於 20 世紀初在杭州的隱居生活，謝無量〈春日寄懷馬一浮〉曰：「若木仁容靜，兼山止足深。伯居長簡簡，朱坐但欽欽。四海干戈在，幽棲日月深。下簾疑

---

2　丁敬涵輯編：《蠲戲齋詩輯佚》，《馬一浮全集》第 3 冊（杭州：浙江古籍出版社，2013 年），頁 618。

3　馬一浮：《蠲戲齋詩編年集》，同前注，頁 617。

4　馬一浮：《避寇集》，同前注，頁 84。

罷卜，隱几即援琴。久羨窺顏樂，何繇息蹠吟。……」[5]這真是憂樂圓融、狂狷交至、儒道互補了！還有佛！馬一浮在近世居士佛學思潮之中的地位是有口皆碑的，蘇曼殊對他最為佩服，李叔同（弘一法師）正是在他的影響下棄道學佛，終而皈依佛門的[6]。

馬一浮之為馬一浮，第一，他始終與熱鬧非凡的政界或學界保持著空間距離；第二，他始終與科技發達的現代工商潮流保持著時間距離。因此，他總是顯得格外的冷靜從容，潛光含章，遠離榮利，保持己性，深心以傳統批判現代。健康的現代化非常需要這種批判。

以馬一浮的中西學養和聲望，特別是精通英、法、德、日、拉丁諸種文字，遊學歐美日本有年，並翻譯過不少西方社會科學與文學作品的資歷，蔡元培任民國教育總長時，曾請他出任教育部秘書長。馬供職不到半月，就以不善官場酬酢為由辭歸。他說：「我不會做官，只會讀書，不如讓我回西湖。」而深層骨子裏則是對「廢經」的抗議，他根本不能容忍民國和蔡氏「絀儒術、廢六經」的教育方針。蔡始任北京大學校長時，首先誠邀馬任文科學長，而再次遭到馬的謝絕。馬致蔡書曰：「承欲以浮備講太學，竊攬手書，申喻之篤，良不敢以虛詞遜謝。其所以不至者，蓋為平日所學，頗與時賢異撰。今學官所立，昭在令申，師儒之守，當務適時，不貴遺世之德，虛玄之辯。若浮者，固不宜取焉。」遂以「古聞來學，未聞往教」辭謝。[7]足見馬氏對新學制、新潮流的抵制，對廢止尊孔讀經的不滿。他的立異，決非與時下有的無聊文人，以立異邀寵，以立異博取浮名，而是從學問中，從心性中自然流出的。1930 年，陳百年欲聘馬一浮為北京大學研究院導師，馬

5 胡樸安選錄：《南社叢選》（北京：解放軍文藝出版社，2000 年），頁 679-680。

6 從當年馬一浮與李叔同往來書信看，民國 6-7 年間是馬與杭州定慧寺、地藏庵、海潮寺諸長老游處頻繁之時，對天臺、華嚴、禪宗都有興趣，又曾對尚未出家的李叔同說過：「他日得與仁者並成法侶，亦一段因緣爾……」詳見劉又銘：《馬浮研究》（臺灣政治大學碩士論文，1984 年 5 月），頁 11。

7 馬鏡泉：〈馬一浮傳略〉，《中國當代理學大師馬一浮》（上海：上海人民出版社，1992 年），頁 163。

氏舉熊十力代，熊亦堅辭。

　　馬一浮數十年如一日，窮居陋巷，埋首儒釋道典籍之中，自得其樂，除與極少數友朋弟子論學外，決不肯出山講學，屢辭邀聘。只是到了抗戰軍興，避寇江西泰和、廣西宜山，於顛沛流離之際，才應浙江大學校長竺可楨邀，公開講學，以復興民族精神、民族文化為抗敵復國之本。馬一浮獨標張載（橫渠）四句教「為天地立心，為生民立命，為往聖繼絕學，為萬世開太平」，希望諸生「豎起脊樑，猛著精采，為往聖繼絕學，為萬世開太平」，希望諸生「豎起脊樑，猛著精采，依此立志，方能堂堂的做一個人」。「中國今方遭夷狄侵陵，舉國之人動心忍性，乃是多難興邦之會。若曰圖存之道，期躋及於現代國家而止，則亦是自己菲薄。今舉橫渠此言，欲為青年更進一解，養成剛大之資，乃可以濟塞難。須信實有是理，非是姑為鼓舞之言也。」「……擇之精而守之篤，乃有以自足乎己而弗遷。故曰『若性命肌膚之不可易也』。如是則富貴貧賤不足以撓其志，推而至於夷狄患難，皆有以自處而不失其所守，由是而進於道術，以益臻乎美善之域不難矣。」「近來有一種流行語，名為現實主義，其實即是鄉原之典型。鄉原之人生哲學曰：『生斯世也，為斯世也，善斯可矣。』他只是人云亦云，於現在事實盲目的予以承認，更不加以辨別。此種人是無思想的，其唯一心理就是崇拜勢力。勢力高於一切，遂使正義公理無復存在，於是言正義公理者便成為理想主義。若人類良知未泯，正義公理終不可亡。不為何等勢力所屈服，則必自不承認現實主義，而努力於理想主義始。因現實主義即是勢力主義，而理想主義乃理性主義也。所以要『審其所由』，就是行為要從理性出發，判斷是非，不稍假借，不依違兩可，方有剛明氣分，不墮柔暗。寧可被人目為理想主義，不可一味承認現實，為勢力所屈。」[8]這裏所說的，不僅對當時反侵略有意義，而且具有永久的價值。在理與勢、理想與現實之間，知識分子的職分就是堅持理想、批評現實中一切負面，而決不與它們同流合污。正如馬

---

[8]　馬一浮：《泰和宜山會語》，《馬一浮全集》第 1 冊（杭州：浙江古籍出版社，2013年），頁 4、7、41、42-43。

一浮所說，鄉原，人云亦云，屈從迷失於一時、有盡的勢力、潮流和眼前利益，捨棄長遠的正義公理，捨棄理想與理性主義，流蕩失守，眩目移神，乃立己、立國的大敵。不能疏離、批判現實，即不能創造未來。對現代化，對洶湧澎湃之商潮，吾亦作如是觀。

1939 年至 1941 年間，馬一浮創設書院於樂山（嘉定）烏尤寺內，自任主講而不願為院長，重申：「天下之道，常變而已矣。唯知常而後能應變，語變乃所以顯常。……今中國遭夷狄侵陵，事之至變也；力戰不屈，理之至常也。當此蹇難之時，而有書院之設置，非今學制所攝，此亦是變；書院所講求者在經術義理，此乃是常。」「蓋人之習惑是其變，而德性是其常也。觀變而不知常，則以己徇物。往而不返，不能宰物而化於物，非人之恒性也。」「不自反而責人者必至喪己。騖廣者易荒，近名者亡實。揚己矜眾，並心役物，此皆今日學者通病，其害於心術者甚大。」[9] 足見民族復興的根本為造就剛大貞固之才，尋找並安立吾人與吾族的精神資源與終極根據。學者貴在持守自立之道，不為風會所誘、淫威所移。在變與常、物與己之間，馬一浮找到了守常應變、堅持自主性、反對被物欲宰制的正道。1941 年，因國民黨政府教育部要書院填報講學人員履歷及所用教材，以備查核。這在一般人看來並不是一件了不得的事，然而馬氏卻十分憤慨，認為這是士人的奇恥之辱，乃致書教育部，責以侵凌師道尊嚴，違背當年以賓禮相待的諾言，當即辭去講席，停止講學，遣散書院諸生，遂以刻書為業。為籌集經費，馬一浮決定「鬻字刻書」，不受官方一粟一幣[10]。在他親自主持下，先後精刻精校木版「群經統類」、「儒林典要」計 28 種 38 樣。

馬一浮風骨嶙峋，早在 20 年代曾斷然拒絕了盤踞江浙、竊取「東南五省統帥」之職的軍閥孫傳芳的登門造訪。抗戰初期，馬氏入川創辦復性書院

---

9　馬一浮：《復性書院講錄》，同前注，頁 84-85。

10　此時有〈蠲戲老人鬻字刻書啟〉，並有詩三首，其一為：「未能袖手說無為，縱使攢眉不斷悲。賣卜何心非棄世，學書有道在臨池。五升且置先生飯，三反猶勝十倍師。休怪老夫多謬誤，只因病廢始求醫。」馬一浮：《蠲戲齋詩編年集》，《馬一浮全集》第 3 冊（杭州：浙江古籍出版社，2013 年），頁 141。

前夕曾受到蔣介石接見（這是他一生唯一的一次見蔣，因蔣當時是「抗戰領袖」），會見中馬一浮拈出「誠」「虛」（一說為「恕」）二字勸蔣，希望蔣「虛（似為恕）以接人，誠以開務，以國家復興為懷，以萬民憂樂為念」，強調「誠即為內聖外王之始基」。據說蔣對這種勸誡甚為不快。事後，友人問及對蔣之印象，馬的評價甚有意趣，亦甚為確當：「英武過人，而器宇褊狹，乏博大氣象。舉止莊重，雜有矯糅。乃偏霸之才，偏安有餘，中興不足。方之古人，屬劉裕、陳霸先之流人物。」[11]

1950 年春，馬致雲頌天函指出：「僕智淺業深，無心住世。所欠者，坐化尚未有日耳……」[12]1953 年 9 月，梁漱溟與毛澤東之間為農民生活等問題頓起衝突，周恩來曾打電話到上海找沈尹默，托沈趕赴杭州邀馬一浮去京婉勸梁漱溟自我檢討，以緩和氣氛，避免僵局。馬一浮堅決拒絕去京勸梁，說：「我深知梁先生的為人，強毅不屈。如他認為理之所在，雖勸無效。」[13]周恩來和陳毅對馬一浮甚為敬重、關懷，陳毅尤能以後學態度尊重馬，馬陳之間有過書信往還和詩詞唱和。儘管如此，馬平日與友人言談中絕不提及這些事。馬贈毛的詩聯為：「使有菽粟如水火，能以天下為一家」；贈周的詩聯為：「選賢與能講信修睦，體國經野輔世長民」；贈陳的詩中亦有「能

[11] 烏以風編述：《馬一浮先生學贊》，1987 年 6 月自印本。又見任繼愈：〈馬一浮論蔣介石〉，《中國當代理學大師馬一浮》（上海：上海人民出版社，1992 年），頁 67。按，我在這裏還參考了朱淵明〈憶馬一浮先生〉（香港《中國學人》，1971 年 6 月）、關國煊〈馬浮〉（《民國人物小傳》第 5 冊，臺北傳記文學出版社，1982 年）和楊玉清〈關於熊十力〉（《玄圃論學集》，北京：三聯書店，1990 年）。朱、關斷定馬見蔣為 1936 年春夏間，似有誤。烏、任、楊將會見時間判為 1939 年春馬撤離宜山（一說桂林）路過重慶將去嘉定之時，與賀麟對筆者的回憶一致。楊文說：馬見蔣時以「誠恕」二字奉獻，蔣聽了很不悅，意思是說，這一套是我教訓別人的，你今天竟拿來教訓我。

[12] 馬一浮致雲頌天，庚寅驚蟄後二日，筆者所見為手稿影本。另參見馬一浮：〈與雲頌天〉，《馬一浮全集》第 2 冊（杭州：浙江古籍出版社，2013 年），頁 787。

[13] 見馬鏡泉：〈馬一浮傳略〉，《中國當代理學大師馬一浮》（上海：上海人民出版社，1992 年），頁 194-196。

成天下務」和「要使斯民安衽席」等句[14]。不難看出，其中仍隱含有士人對政治家的規勸之意。而使馬一浮晚年受到極大的精神創傷的一件事，是他的彌甥、供職於浙江省圖書館的丁慰長（大姐明璧與姐丈丁皓的孫子）因被錯劃為右派，不堪凌辱，1959 年偕妻攜子（不滿周歲）投太湖自沉。馬一浮21 歲遭喪妻之痛後，終身未續娶，無有子嗣，對丁慰長兄妹尤為鍾愛，長期生活在一起。關於慰長的隨屈原游，雖家人對一浮老人一再封鎖，告之因犯錯誤到西北勞動，但老人心中已明白一切，至死仍在呼喚慰長回杭。這個打擊是致命的，震盪是慘烈的[15]。反觀馬一浮之暮年，不能以偶然之熱鬧場面和表面文章為據，其深心是孤獨和寂寞的。他曾自比幽花：「三月心齋學坐忘，不知行路長春芳。綠蔭幾日深如許，尚有幽花冉冉香。」[16]他又曾發出「誰與問鴻蒙」之歎：「語小焉能破，詩窮或易工。百年駒過隙，萬事水流東。尚緩須臾死，因觀畢竟空。棟橈方欲折，誰與問鴻蒙？」[17]他早已達到不將不迎、不知「悅生」「惡死」的「攖寧」狀態，即「天地與我並生，萬物與我齊一」的本體境界，因而能如錢鍾書所說，終其身在荒江白屋之中與古人、與二三素心人為伍，遺世獨立，自成一格。「翛然成獨往」，「莫向他人行處行」[18]。朝市之顯學定是俗學，他是不屑一顧的。「回首望蒼

---

[14] 見馬鏡泉：〈馬一浮傳略〉，《中國當代理學大師馬一浮》（上海：上海人民出版社，1992 年），頁 194-196。

[15] 此事在馬一浮故舊中口耳相傳，筆者曾聽梁漱溟、王星賢（培德）、張立民遺孀丁磊華等多人說過，尤其是丁慰長的妹妹丁敬涵告之甚詳。

[16] 豐子愷之子華瞻回憶，馬一浮撰並書之此詩，約在 1955 年即掛在豐家（日月樓）。我在賀麟家亦看到馬以此詩書贈賀氏，另一首為「夜半雷驚宿鳥飛，巢居風暖客忘歸。深山五月黃梅雨，坐看行雲度翠微」。均書於庚子（1960 年）長夏。

[17] 這一佚詩被馬一浮研究所暫定為 1966 年所作，似尚待考。另參見馬一浮：《蠲戲齋詩編年集》，《馬一浮全集》第 3 冊（杭州：浙江古籍出版社，2013 年），頁 616。

[18] 見《避寇集》中的〈雜感〉、〈漁樵相和歌〉。後者仿宋人邵雍，嘲諷有近於俚，然志隱而音諧，庶幾滄浪之遺響。曰：「莫向他人行處行（漁唱），撈蝦漉艦當平生（樵答）；北山虎豹南山霧（漁唱），河水千年幾度清（樵答）。」馬一浮：《避寇集》，《馬一浮全集》第 3 冊（杭州：浙江古籍出版社，2013 年），頁 72、64。

梧，虞舜今難求。感此將誰語？吾欲追許由。」[19]

最能表達馬一浮心跡的，是他修改數次才定稿的〈自題碑文〉：「孰宴息此山陬兮？昔有人曰馬浮。老而安其惸獨兮，知分定以忘憂。學未足以名家兮，或儒墨之同流。道不可為苟悅兮，生不可以幸求。從吾好以遠俗兮，思窮玄以極幽。雖篤志而寡聞兮，固沒齒而無怨尤。惟適性以盡年兮，若久客之歸休。委形而去兮，乘化而遊。蟬蛻於茲壤兮，依先人之故丘。身與名其俱泯兮，曾何有夫去留？」[20]這就是掉背孤行、獨立不苟的馬浮人格。

# 一、以性德為中心的心性論

心性論可說是現代新儒學主流的思想立場，馬一浮的學問也是典型的心性論立場。如果說熊十力的心性論是以「乾元」為中心的本體－宇宙論，那麼馬一浮的心性論則是以「性德」為中心的本體－工夫論。無論是熊十力所強調的乾元、本體、本心，還是馬一浮的性德、性理、性分，都顯出心性論是熊、馬二人思想的根源、基石。不過，兩人的心性論各有側重，熊氏的心性論關注宇宙大化流行的證立，闡揚生生不已、創進不息的宇宙與人生哲學；馬氏的心性論則側重在窮理盡性、復歸性德，揭示心性、性德自身的豐富義涵，由此展示出人之成德所必需的工夫論、修養論。可見，熊、馬二人的新儒學思想可謂同根共源、和而不同、互動互補、適成雙璧。

馬一浮以本體言心。在他看來，此心即性、亦即天、亦即命、亦即理、亦即性德或德性。這是一系列等值等價的範疇，是中心範疇和最高範疇。馬氏從朱子注孟子「盡心－知性－知天」之說入手，綜合《大學》《中庸》《易傳》思想，指出：「天也，命也，心也，性也，皆一理也。就其普遍言之，謂之天；就其稟賦言之，謂之命；就其體用之全言之，謂之心；就其純乎理者言之，謂之性；就其自然而有分理言之，謂之理；就其發用言之，謂

---

[19]　馬一浮：《避寇集》，同前注，頁54。

[20]　馬一浮：《豫製自題墓辭》，《馬一浮全集》第2冊（杭州：浙江古籍出版社，2013年），頁279。

之事；就其變化流形言之，謂之物。故格物即是窮理，窮理即是知性，知性即是盡心，盡心即是致知，知天即是知命。」[21]整個這一套天命心性理事物相互貫通的看法，看似傳統，然實寓新意。因為這不僅統攝了程朱陸王兩派，而且尤其突出了超越性、宗教性、普遍性的存在本體，亦即是內在性、道德性、能動性的活動主體的思想。它既靜止、超時空、如不動，同時又運動、在時空、具體紛陳。它既是常，又是變；既是不易，又是變易；既是主宰，又是流行。而這即不易即變易的簡易之理，馬一浮將其總括為「性德」。

對於「性德」的義涵，馬一浮指出：「德是自性所具之實理，道即人倫日常所當行。德是人人本有之良知，道即人人共有之大路，人自不知不行耳。知德即是知道，由道即是率性，成德即是成性，行道即是由仁為仁。德即是性，故曰性德，亦曰德性。（原注：『即性之德』是依主釋，『即德是性』是持業釋。）」[22]事實上，馬一浮的「性德」之說較之「道德」一語更能展示出心性的豐富深入的義涵。他認為性德就是仁體，就是善。性德是天道與人道之共同根源，其就超越面而言是「天」、「帝」，但性外無天，人外無帝，是內在具足的心體和性體。

馬一浮對於性德本身的結構著豐富微妙的揭示。他指出，「性具萬德，統之以仁」[23]。性德本身潔淨精微，但卻絕不是完全的靜止不動。性德本身是由仁、義、禮、智、中、和……等等無量無盡的德相之相涵相攝所構成的，而這無盡之「萬德」則總攝歸為「仁」德。這種別不離總、總不離別、一即一切、一切即一的構造，揭示出性德蘊涵著豐富性與生成性。據此，馬氏融合了佛教特別是華嚴宗的法界流行義，以及先秦乃至宋明理學的心性論，展示出性德的生成與流行。其云：「從來說性德者，舉一全該則曰仁，

---

21 馬一浮：《復性書院講錄》，《馬一浮全集》第 1 冊（杭州：浙江古籍出版社，2013年），頁 92。

22 同前注，頁 185-186。

23 馬一浮：《童蒙箴》，《馬一浮全集》第 4 冊（杭州：浙江古籍出版社，2013年），頁 14。

開而為二則為仁知、為仁義，開而為三則為知、仁、勇，開而為四則為仁、義、禮、知，開而為五則加信而為五常，開而為六則並知、仁、聖、義、中、和而為六德。」[24]這是「性德」本體對道德活動（六德以至萬德）的創造和統攝。性德流出六德、萬德的過程，就是真善美的生發過程，從而貞定生活，創造文化。

　　而「性德」本體對文化活動的創造和統攝，即開出六藝。六藝不僅指《詩》、《書》、《禮》、《樂》、《易》、《春秋》六部經典，同時涵蓋了今天的自然科學、社會科學、人文學、社會組織與社會文化活動、政治、經濟、法律、宗教、哲學、文學、藝術等等。所有這些，都統攝於「性德」即心性本體，它們只是這一本體的展開和表現形態。重要的是，性德主體既存有又活動，既是超驗的根源又具有理論理性與實踐理性相統一的品格。這樣，形上世界與形下世界並不是隔絕的。性德之體主宰、保證了文化活動、道德活動既具有理想，又具有理性。據此，馬一浮在 30、40 年代提出和闡發了他以心性、性德為基礎的六藝論思想。六藝論集中體現出他的文化哲學觀。對於六藝論，我們將在下節具體闡發。

　　如果通過體用關係來探析馬一浮的心性論，那麼可以說，性德是寂然不動之全體，性德所流出的六藝世界、文化世界、生活世界則是感而遂通之大用。而我們雖然可以以體用分說性德與六藝，但實際上性德與六藝乃一體兩面，兩者乃即體即用、全體大用、體用一源的關係。對此，馬一浮借用《大乘起信論》的「一心開二門」（心真如門與心生滅門）來詮釋張載「心統性情」之說，從而以即用即體、即體即用的方式，揚棄了朱子理學之末流所造成的理氣二元和心性情三分；同時又以心、性、理的層次分疏，批評了王陽明的直接等同論。他說：「心統性情，即該理氣。理行乎氣中，性行乎情中。但氣有差忒，則理有時而不行；情有流失，則性隱而不現耳。故言心即

---

24　馬一浮：《泰和宜山會語》，《馬一浮全集》第 1 冊（杭州：浙江古籍出版社，2013年），頁 15。

理則情字沒安放處。」[25]「性即心之體，情乃心之用。離體無用，故離性無情。情之有不善者，乃是用上差忒也。若用處不差，當體即是性，何處更覓一性？凡言說思辨皆用也，若無心，安有是？若無差忒，安用學？」[26]性理是體，情氣是用；性是心真如門，情是心生滅門。心統性情，兼該體用。正因為心有兩面（例如既有道德理性，又有才智愛羅之性；既是道德實踐的主體，又是認識、才情氣性的主體），因而能夠能動地開出兩面，因而也需要修養踐形，使得全氣是理，全理是氣。

上述這個思路是馬一浮的一大創舉。它既是傳統的，又為儒釋道的現代轉型提供了一個新的範型。它實際上回應了當代科技商業社會的發展所造成的道德價值失落和人的自我喪失的問題，以根極於天地、來源於本心本性的道德主體統攝包括科技商業在內的文化各層面，而又以修為的工夫論來克服個體自身及現代生活的流弊，使之更合乎理想和理性。尤其是，馬一浮將儒家易學中的「三易說」（不易、變易、簡易）和佛家哲學中的「一心二門」「一體二相」「體大、用大、相大」等等框架融會統一起來，以不易為性德、本體、心真如，以變易為六藝、大用、心生滅，以簡易則表示體用圓融、攝歸一心，據此他架構出其本體論，從而奠定了現代新儒學的本體－宇宙論、本體－道德論、本體－文化論、本體－知識論的範例。這是馬一浮的一大創造，一大功績！

凡是熟悉熊十力的境論與量論、牟宗三兩層存有論（本體界的存有論和現象界的存有論）的道德形而上學、唐君毅以道德自我統攝一切文化活動的文化哲學體系的人，都不難知道馬一浮的理論間架對他們的啟迪[27]。這當然還需要專文論述。

---

[25] 馬一浮：《爾雅臺答問續編》，《馬一浮全集》第 1 冊（杭州：浙江古籍出版社，2013 年），頁 540。

[26] 同前注，頁 460。

[27] 參見郭齊勇：《熊十力哲學研究》（北京：人民出版社，2011 年）。又請見郭齊勇：〈唐君毅、牟宗三、徐復觀合論〉，氏著：《中國哲學智慧的探索》（北京：中華書局，2008 年），頁 300-327。

　　由於馬一浮「心統性情」的心性論以「性德」為中心、根源、關鍵，並重視反求諸己，回歸性德，使得人人性分內所本具之德性不受習氣之遮蔽扭曲，因此他特別重視會通儒佛二宗特別是宋明理學的修養工夫論，並形成他的以「復性」為方向的本體－工夫論。他指出，人的氣質之偏、習氣之蔽很容易遮蔽自心本具之性德，其云：「性即體也，本來湛然虛明，只有氣質之偏、習染之蔽障礙此性體，故不能發用流行。有時陷於不善，此非性有不善，私欲蔽之，然後有不善也。故學者用力，要在克己。克己便是去蔽工夫，蔽去自能復其初矣。」[28]據此，克己的修養工夫就是刊落習氣、回歸性德的過程。「刊落習氣」之說，既是對宋明理學「變化氣質」工夫的繼承和豐富，又是深化和擴展。因為在馬一浮看來，氣質之偏源於習氣，但習氣不但造成人在氣質上的偏曲，兼且讓人在氣質之偏的基礎上進而形成不如實的知見、知解，從而更深重地固蔽性德。因此，馬氏工夫論的主要課題就是要刊落習氣。據此，他辯證融合了儒佛的修養工夫，會通佛家《大乘起信論》較為具體系統的「熏習」說，以及理學特別是程朱的「主敬」論，揭示出對各種層面的習氣的刊落，皆須以「主敬」為本，「主敬」可謂致知之由、息妄之要、去矜之本。主敬能夠涵養正知正覺，以化除知見知解，因此是致知之由；主敬能夠止滅妄心妄念，以退藏於密，復歸本心，因此是息妄之要；主敬能夠超化驕吝，完養氣質，透顯性德，因此是去矜之本。綜之，主敬工夫至簡至易，但其效用則至深至廣，關係到人們是否穩固地回歸性德，也關係到性德之全體大用能否通透出來。

　　以主敬復性的工夫論為基礎，馬一浮援引了佛教特別是天臺宗之說，進而提出其「性修不二」之說。他指出：「全提云者，乃明性修不二，全性起修，全修在性，方是簡易之教。（原注：『性修不二』是佛氏言，以其與『理氣合一』之旨可以相發，故引之。）性以理言，修以氣言。知本乎性，能主乎修。性唯是理，修即行事，故知行合一，即性修不二，亦即理事雙

---

28　烏以風：《問學私記》，《馬一浮全集》第 1 冊（杭州：浙江古籍出版社，2013年），頁 727。

融，亦即『全理是氣，全氣是理』也。」[29]「學者當知有性德，有修德，性德雖是本具，不因修證則不能顯。故因修顯性，即是篤行為進德之要。全性起修，即本體即功夫；全修在性，即功夫即本體。修此本體之功夫，證此功夫之本體，乃是篤行進德也。」[30]只有性與修相統一，本體與工夫相統一，天與人相統一，全提而不偏廢，兼攝而不走作，思修交養，知行並進，性德所本具的光明寶藏才得以全體開啟，人生生命與宇宙大化才真是契合圓融。以性修不二為基礎，他在《復性書院學規》中楷定為學、修養之指南為四條：（一）主敬為涵養之要；（二）窮理為致知之要；（三）博文為立事之要；（四）篤行為進德之要[31]。

　　以性修不二為出發點，馬一浮對整個宋明理學工夫論的某些取向作了簡略但十分深刻的批評。他指出主張頓修路線的陸王學派有「執性廢修」偏向，近於「單提直指」，因而相對地同情和主張小程、朱子的主敬涵養和格物致知，但對漸修一路也仍有批評。性修不二的立場認為，修養本身並不是目的，因此工夫論以本體論為依歸。但不通過修養，則不能顯示道德本性。因此，馬一浮強調孔子之教，是即工夫即本性（全修在性）、即本體即工夫（全性起修）的。馬一浮重視切身體驗、從胸襟中流出的實踐工夫，認為只有如此，才能進入本體境界。他的性修不二工夫論曾經對梁漱溟、熊十力有所啟發，熊氏《新唯識論》文言本的相關部分也採用了馬氏的性修不二說。但兩人在工夫修養方面都沒有馬氏這樣強調，據此，他曾批評梁漱溟注重事功而忽略心性根源，又批評熊十力鶩於辯說而忽於躬行，其意也在於此[32]。

---

29　馬一浮：《泰和宜山會語》，《馬一浮全集》第一冊（杭州：浙江古籍出版社，2013年），頁34。

30　馬一浮：《復性書院講錄》，同前注，頁99。

31　詳見馬一浮：《復性書院講錄》，同前注，頁86-102。

32　參見梁培寬：〈先父梁漱溟與馬一浮先生〉，畢養賽主編：《中國當代理學大師馬一浮》（上海：上海人民出版社，1992年），頁108-112。另參見郭齊勇：《熊十力哲學研究》（北京：人民出版社，2011年），頁100-102。

# 二、六藝論的國學觀

前文提到，馬一浮的本體－工夫論，是以性德為中心、根源而展開的。以性德為出發，他融會了儒佛「全體大用」、「一心二門」、「心統性情」、「不易」、「變易」、「簡易」之論，以繼承和超化宋明理學，並多少奠定了現代新儒學的整體方向；同時為保證性德展開為全體大用，他特別強調主敬復性的修養工夫，指出落實主敬工夫，達致性修不二，才是自我培養和提升的不二法門。不過，上述的本體－工夫論雖然是馬氏本體－心性論的一個重要的向度，這個面相多側重在道德實踐的層面。事實上，正如前文提到，性德流出真善美的意義世界、生活世界、文化世界、生命世界、價值世界，馬一浮將這視為「六藝」的世界，他並通過傳統《詩》、《書》、《禮》、《樂》、《易》、《春秋》諸教作出闡發，形成其「六藝論」。這個向度則體現出他的文化哲學。

因此，儘管馬一浮生前並未刻意建構龐大的思想體系，但其學術思想的脈絡中仍有一個系統。我試用下圖加以表示，以期醒目。

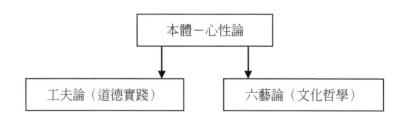

由此可見，這是以「一心開二門」的架構方式建構的思想系統。在這兩層結構中，核心是本體－心性論，這是根源和根據，是形而上的基礎；工夫論和六藝論是本體之用（展示、表現、功用），是形而下的層面。下層顯成兩用，即開出以下兩支（一支是道德活動，包括修養、實踐、行為；一支是文化活動，包括文化現象、系統或文化建制）。上層（體）是下層（用）的既內在又超越的根據，是本體；同時又是創生出道德活動和文化系統的主體。道德活動和文化活動之所以可能，其超驗的終極根據和現世的動力源

泉，俱在於斯。

六藝論的文化哲學也是從「性德」而申發出來的。以仁為總德的性德流出智、仁、聖、義、中、和……等等德相，諸多德相自在無礙，交織相涵，流動活潑，是六藝的源泉。其云：「以一德言之，皆歸於仁；以二德言之，《詩》《樂》為陽是仁，《書》《禮》為陰是知，亦是義；以三德言之，則《易》是聖人之大仁，《詩》《書》《禮》《樂》並是聖人之大智，而《春秋》則是聖人之大勇；以四德言之，《詩》《書》《禮》《樂》即是仁、義、禮、智；（原注：此以《書》配義，以《樂》配智也。）以五德言之，《易》明天道，《春秋》明人事，皆信也，皆實理也；以六德言之，《詩》主仁，《書》主知，《樂》主聖，《禮》主義，《易》明大本是中，《春秋》明達道是和。」[33]據此，性德流出諸德，諸德呈現出真善美的價值世界的過程，就是六藝的流出過程。這裏的「六藝」已不限於經學和學術意義上的「六經」了，他要發掘六藝、六經的內在融通性，透顯六藝、六經最終歸於吾人本具之性德，最終安頓身心，賡續文化。因此他的六藝論不僅僅是「經典詮釋」，而且還是「本體詮釋」。就其作為「本體詮釋」而言，他要通過六藝論融合儒佛，展示出本真豐富的本體世界、價值世界、生活世界，以推進甚至超化宋明理學的本體論、心性論。就其作為「經典詮釋」而言，他要通過六藝論，楷定國學為六藝之學，為經典、經學、經術的研究提供指引，使之枯木逢春，煥發生機。

現先闡發六藝論文化哲學中的「本體詮釋」的向度。馬一浮指出，六藝的興發流行，實即性德的通透、醞釀、流行、彰顯、發用。為落實這個道理，他在《復性書院講錄》中吸收了《禮記・孔子閒居》篇中的「五至」（志至、詩至、禮至、樂至、哀至）與「三無」（無聲之樂、無體之禮、無服之喪）等思想，展示出性德流出六藝的動態過程[34]。這個六藝的興發過程

---

33 馬一浮：《泰和宜山會語》，《馬一浮全集》第 1 冊（杭州：浙江古籍出版社，2013 年），頁 17。

34 詳見馬一浮：《復性書院講錄》，《馬一浮全集》第 1 冊（杭州：浙江古籍出版社，2013 年），頁 223-248。

最終成就出生活大用，實現人的豐富、全面、系統的發展。他指出：
「《詩》以道志而主言，在心為志，發言為詩。凡達哀樂之感，類萬物之
情，而出以至誠惻怛，不為膚泛偽飾之辭，皆《詩》之事也。《書》以道
事。事之大者，經綸一國之政，推之天下。凡施於有政，本諸身、加諸庶民
者，皆《書》之事也。《禮》以道行。凡人倫日用之間，履之不失其序、不
違其節者，皆《禮》之事也。《樂》以道和。凡聲音相感，心志相通，足以
盡歡忻鼓舞之用而不流於過者，皆《樂》之事也。《易》以道陰陽。凡萬象
森羅，觀其消息盈虛變化流行之跡，皆《易》之事也。《春秋》以道名分。
凡人群之倫紀、大經、大法，至於一名一器，皆有分際，無相陵越，無相紊
亂，各就其列，各嚴其序，各止其所，各得其正，皆《春秋》之事也。」[35]
經過他的詮釋，六藝已經成為真善美的生活世界內在相通的方方面面內容。
事實上，馬一浮已經將六藝普遍化了。「六藝」不僅僅是儒家經典、經學形
態、學術研究；它更是中西人類性德中所本具的生命義涵、文化脈絡，只是
在他看來，西方思想因為缺乏「性德」的向度，故其對於普遍的六藝之道，
尚不能識得廬山真面，因此需要國人自尊自重，對自身傳統所孕育出來的六
藝之教有深切理解，然後向全人類講明。據此，他指出闡揚六藝非僅「保存
國粹」，而是要「使此種文化普遍的及於全人類，革新全人類習氣上之流
失，而復其本然之善，全其性德之真」[36]，從而為國人乃至全人類的意義危
機貢獻解決之途。

當然，除「本體詮釋」外，馬一浮對於六藝還進行「經典詮釋」。前者
體現出六藝是見性復性、生命安頓、自身成就、個體陶養之學；後者則體現
出六藝是經典解釋、經學研究、學術史觀、疏通國學之學。馬氏六藝論的文
化哲學，應包含「本體詮釋」與「經典詮釋」兩者。在經典詮釋上，馬一浮
對「國學」給予相當重視。他指出，近現代學界對「國學」缺乏脈絡清晰、
義理融貫的界說，致使國人對自身文化傳統隔閡彌甚。據此，在抗戰軍興之

---

[35] 馬一浮：《復性書院講錄》，《馬一浮全集》第1冊（杭州：浙江古籍出版社，2013
年），頁95。
[36] 馬一浮：《泰和宜山會語》，同前注，頁19。

時，馬氏出山講學，在其講學記錄《泰和會語》的〈引端〉中，他直接指出他想在國學上「為諸生指示一個途徑，使諸生知所趨向，不致錯了路頭，將來方好致力」[37]。針對近代以來的「科學保存國故」之說，他首先提示出國學是「有體系」、「活潑潑」、「自然流出」、「自心本具」的性命之學、成德之教[38]。其後他在這基礎上講「橫渠四句教」，指出「為天地立心」、「為生民立命」、「為往聖繼絕學」、「為萬世開太平」是學者立志、弘揚國學的大方向。這是馬氏對國學宗旨的把握。

那麼，如何理解國學是有體系、有生命的學問？據此，馬氏要楷定國學的範圍。他指出世人要麼以國學為傳統一切學術，此則難免廣泛籠統之嫌；要麼依四部立名，此又缺乏義理導向，因為四部只是圖書分類法。因此他要重新「楷定」國學。所謂「楷定」，是說自楷一義，自劃一界，但並不強人同己，於此可見馬一浮學術思想胸襟博大而又自足自信。同時，通過馬一浮自己的研探、體會、理解，他楷定國學本為六藝之學，六藝之學是國學的源頭，後世的一切國學形態都是六藝之支流，因此都可以為六藝所統攝。他根據《莊子‧天下篇》、《禮記‧經解》、《漢書‧藝文志》的相關觀點，指出：「六藝者，即是《詩》《書》《禮》《樂》《易》《春秋》也。此是孔子之教，吾國二千餘年來普遍承認一切學術之原皆出於此，其餘都是六藝之支流。故六藝可以該攝諸學，諸學不能該攝六藝。今楷定國學者，即是六藝之學，用此代表一切固有學術，廣大精微，無所不備。」[39]

既然馬一浮將國學楷定為六藝之學，那麼他必須解釋清楚六藝與先秦諸子之學、後世四部之學等的關係，闡述這些學問都是六藝的支流餘裔。他據此申發出六藝判教的思想。他認為，《詩》《書》《禮》《樂》本來就是周代的教學科目，後來孔子繼承周文，其晚年又特別闡發《易》《春秋》二教，最終形成六藝之學。而先秦諸子特別是儒、墨、道、名、法五家，其於

---

[37] 同前注，頁 2-3。

[38] 詳見前注，頁 3-4。

[39] 馬一浮：《泰和宜山會語》，《馬一浮全集》第 1 冊（杭州：浙江古籍出版社，2013年），頁 8。

六藝之道，或得其一端，如老子有得於《易》，莊子有得於《樂》，名家出
於《禮》，墨家出於《禮》《樂》，法家則出於《禮》《易》；或有得有
失，如老子之於《易》是得多失多，莊子之於《樂》也是得多失多，墨家、
法家則是得少失多，名家則是得少失少。因此在義理上諸子之學無疑是六藝
之支流餘裔。另外馬氏指出，四部分類體現出古人對典籍的分類與界定缺乏
義理。就經部而言，後世的十三經之分就是一例。因此他主張通過六藝之
「宗經論」與六藝之「釋經論」二門以疏通經部典籍，使之歸於義理，攝於
六藝。史部之學則可通過《詩》《禮》《春秋》三門統攝之，他指出：「編
年記事出於《春秋》，多存議論出於《尚書》，記典制者出於《禮》。判其
失亦有三：曰誣，曰煩，曰亂。」[40]集部之學主要集中在詩詞文章，這當然
屬於詩教；同時，《詩》與《書》有其內在相通性，古人通過音聲可知政
事，故集部統為《詩》《書》所攝。綜上，通過對諸子、四部之學的疏通，
馬一浮論證了他以國學為六藝之學的觀點，彰顯出國學或六藝之學的脈絡性
與系統性。

　　馬一浮將國學楷定為六藝之學，以此重新詮釋六藝、六經，可以說是經
學與經典詮釋在現代的新發展。我們知道，漢人經學多以《論語》《孝經》
為總攝，宋明理學的經學則以四書為總攝；馬氏則以心性論為基礎，進至對
六藝、六經進行系統詮釋。同時，馬一浮雖以六藝為本，但他特別重視對
《論語》、《孝經》、四書的繼承，並通過六藝對之進行疏解。他指出《論
語》體現出六藝的「微言大義」，而《孝經》則是六藝的「根本總會」[41]。
這裏需要注意的是，馬一浮對於《孝經》的深度重視，與熊十力對《孝經》
的極度批判，適成相反，值得研究。現在看來，馬氏的理解更符合實際。

　　另外，馬一浮不僅通過六藝楷定國學，他還進而通過六藝對西方和現代
一切學術思想作出判攝。他的主要觀點是，六藝不僅統攝中土一切固有學
術，而且完全可以統攝西來一切學術。他指出：「舉其大概言之，如自然科

---

[40]　馬一浮：《泰和宜山會語》，《馬一浮全集》第 1 冊（杭州：浙江古籍出版社，2013
　　年），頁 13。
[41]　參見馬一浮：《復性書院講錄》，同前注，頁 134、220。

學可統於《易》，社會科學（原注：或人文科學。）可統於《春秋》。因《易》明天道，凡研究自然界一切現象者皆屬之；《春秋》明人事，凡研究人類社會一切組織形態者皆屬之。」「文學、藝術統於《詩》《樂》，政治、法律、經濟統於《書》《禮》，此最易知。宗教雖信仰不同，亦統於禮，所謂『亡於禮者之禮』也。」[42]而哲學則較為複雜一些，因其內部派別萬殊，但大體皆為《易》《禮》《樂》《春秋》之遺意而各有所偏者。據此，馬一浮通過六藝判教將西方、現代的一切學術判攝無遺，後者之於前者可謂各有得失，因此得以為前者所統攝。對此，我們應該如何看待馬一浮這種觀點呢？在我看來，說六藝統諸子、四部，還說得過去；但說西來學術亦統於六藝，則我們實未必能認同。今天西方的自然、社會、人文科學，其實完全是從另外一個路數中發展出來的，僅僅通過預設傳統的六藝之教為原教，並以此對西學做出統攝、引導、規範，顯然有點牽強。當然，我們也可以體察到馬氏的用心，他是要針對五四以來的全盤西化思潮，而提出六藝統攝西方一切學術的思想的，但這無疑略有矯枉過正之嫌。

　　綜上所述，馬氏六藝論特別是其經典詮釋部分，以六經統攝一切傳統之學以至一切西學，當然有迂闊之處。但不管怎麼說，他的六藝論與道德理想主義的文化哲學觀不僅從中國出發，而且從整個人類出發，從真善美的價值追求出發，從人的精神世界的安立和多維發展出發，仍然是有十分重要的意義的。他把六藝之教的重點落實在六藝之人的培育上，這對現代人素質的提升和宇宙倫理的關懷都有借鑒意義。

## 三、哲理詩與詩性人生

　　馬一浮是在學術思想上繼承宋明，溯源先秦，海納百川，氣象博大。不過事實上，從前文的部分內容中我們可以直觀感受到，馬氏的最高成就是

---

[42] 馬一浮：《泰和宜山會語》，《馬一浮全集》第 1 冊（杭州：浙江古籍出版社，2013年），頁 17-18。

詩,尤其是他的哲理詩。他是 20 世紀中國最大的詩人哲學家。他的詩被方東美、徐復觀稱讚為「醇而雅」、「意味深純」[43]。程千帆說他的詩:「冥闢群界,牢籠萬有,玄致勝語,胥出胸中神智澄澈之造。早歲諸什,高華典雅,大類謝公;晚遭播越,親覯亂離,吐言沉鬱頓挫,又與老杜自無意為同而自同者。文質彬彬,理味交融,較之晦庵,殆有過之而無不及。其我國為數極少之哲人而兼詩人歟?」[44]

馬一浮一生讀書刻書,嗜書如命。蘇曼殊說他「無書不讀」,豐子愷說他「把《四庫全書》都看完了」,朱惠清說他是「近代中國的讀書種子」。然而,他卻有他獨特的書觀:「吾生非我有,更何有於書。收之似留惑,此惑與生俱。書亡惑亦盡,今乃入無餘。」[45]書籍、文字、語言乃至思辨,不僅不能代替而且很可能肢解、拘束生命與生活。聖人語默,不在言語文字上糾纏。因此,他常說要走出哲學家的理論窠臼。「乾坤不終毀,斯文恒在茲。聾俗昧希聲,賤之固其宜。有生豈免厄,或以昌吾詩。干戈羈旅中,舍是將焉之。憂端盡來際,時人安得知。寥寥弦外音,眇眇無言思。真心寄玄默,欲語難為辭。吾言直土梗,何以宣靈奇。目擊道已存,遇雨亡群疑。達者忽有會,且暮當與期。」[46]真心玄想,難以為辭。弦外之音,無言之思,只有寄之以詩。然而,「本來無一字,何處是吾詩?」「忘言但默成,玄解安可索?」[47]「暮年詩賦各蕭瑟,恣意《思玄》作解嘲。」[48]

---

[43] 方東美「尤愛馬浮詩之醇而雅」;徐復觀說:「馬一浮先生的詩,意味深純;方先生的詩,規模闊大。哲學性的詩能寫得這樣成功,在詩史中可謂另開格局。」轉引自劉又銘:《馬浮研究》頁 41。又,當代著名美學家宗白華、朱光潛受馬一浮影響很深,時相過從。

[44] 程千帆:〈讀蠲戲齋詩雜記〉,畢養賽主編:《中國當代理學大師馬一浮》(上海:上海人民出版社 1992 年),頁 69-70。

[45] 馬一浮:〈書厄〉,《避寇集》,《馬一浮全集》第 3 冊(杭州:浙江古籍出版社,2013 年),頁 69 頁。

[46] 馬一浮:〈希聲〉,同前注,頁 70。

[47] 馬一浮:〈寫懷〉,同前注,頁 69。

[48] 馬一浮:〈喜無量見枉烏尤〉,同前注,頁 85。

　　無限的宇宙情調，人生的本真狀態，無法用有限的知性和言辭加以表達。詩何以表達生命的真諦，宇宙的奧境？葉燮說：「可言之理，人人能言之，又安在詩人之言之！可徵之事，人人能述之，又安在詩人之述之！必有不可言之理，不可述之事，遇之於默會意象之表，而理與事無不燦然於前者也。」[49]詩能空、能舍，而後能深、能實，把宇宙生命中的一切理、一切事的最深意義、最高境界，呈露出來。

　　「海漚電拂倏無鄰，乘化觀緣得暫親。豈有風輪持世界，但憑願力向斯人。黍離麥秀終飄泊，谷響泉聲孰主賓。留取瓣香酬古佛，衰殘何意惜餘春。」「密行大化中，巧曆焉能算？緬想采薇節，仰止川上歎。」「靜樹深如海，晴天碧四垂。一江流浩瀚，千聖接孤危。聚沫觀無始，因風閱眾吹。蟲魚知已細，何物有成虧。」「平懷煩滄溟，寂觀盡寥廓……定亂由人興，森然具沖漠。」「不住孤峰頂，將尋下澤遊。有生皆念亂，無地可埋憂。春草忘言綠，滄江盡日流。殘年知物理，任運更何求。」「臨江倚閣動高吟，懷舊哀時獨賞音。濁世觀生同久逝，虛舟遇物本無心。群鷗易狎難馴虎，野老相將更入林。河曳山公俱不見，漢陽空憶伯牙琴。」[50]

　　宇宙、社會、人生，滄海桑田，變幻無窮。這都是無常。馬一浮曾對畫師說過：「無常就是常，無常容易畫，常不容易畫。」[51]那麼詩人之於無常和常呢？「境是無常心是一」[52]「能緣所緣本一體。」[53]誠然，不變中有變易，沖漠中具萬象，然而馬一浮尤能以無礙之心觀物（「老夫觀物心無

---

[49] 葉燮：《原詩》（北京：人民文學出版社，1979 年），頁 30。

[50] 〈寒食謝諸友饋問兼答講舍諸生〉、〈舊曆丁丑臘月避兵開化除夕書懷呈葉君左文〉、〈爾雅臺〉、〈郊居述懷兼答諸友見問〉、〈雜感〉、〈邵潭秋寄示黃鶴樓…〉，俱見《避寇集》，《馬一浮全集》第 3 冊（杭州：浙江古籍出版社，2013 年），頁 73、48、64、48、72、51。

[51] 豐子愷：《陋巷》，參見《馬一浮全集》第 6 冊（杭州：浙江古籍出版社，2013 年），頁 351。

[52] 馬一浮：〈過大庾嶺〉，《避寇集》，《馬一浮全集》第 3 冊（杭州：浙江古籍出版社，2013 年），頁 52。

[53] 馬浮為豐子愷緣緣堂題偈。

礙」），從「寂處觀群動」，「顯微在一心」，以靜觀默察面對流動不息的
外境，以無常為常，在萬象森然之中發現沖漠無朕之境。由此能沉靜避俗，
保持距離，看破無常，能在無常世間永葆人性之貞常。

「即物能忘我」。天容水色，世態物情，都應與身心修養、窮理盡性聯
繫起來。體悟宇宙天地大生廣生之德，「豁然悟生理」，「觸目是菩提」。
有生生之仁德，「民吾同胞，物吾與也」，與萬民同憂患，潤物及物，「平
懷憂樂覺天寬」。「成漚元自海，噫氣強名風。見有天人隔，心知晝夜同。
文如蟲蝕木，行是鳥飛空。西嶺千春雪，何年始欲融。」「齊物終忘我，觀
生未有涯」。「天人在何許，或有龍場苗。……陽明乃古佛，豈與萬象凋。
於何證良知，冥冥亦昭昭。……廓彼垢染心，默成意已消。」「生存豈無
道，奚乃矜戰克。嗟哉一切智，不救天下惑。」[54]自私用智，都是貪嗔癡，
哪能體貼天地萬物一體？而沒有對根源性的天的敬畏，泯失天地之道貫注於
人心中的良知，哪裏會懂得人之貞常。人真正的生存處境，應該是也只能是
詩境。在詩境之中，人才成其為人——真善美統一的、大寫的人，自由自律
的真正主體，又始終與天地萬物冥合一體。

關於詩論，他說庾子山詩「索索無真氣，昏昏有俗心」，正好道出今人
通病。「嘗謂嚴滄浪以『香象渡河』、『羚羊掛角』二語說詩，深得唐人三
昧。香象渡河，步步踏實，所謂徹法源底也；羚羊掛角，無跡可尋，所謂於
法自在也。作詩到此境界，方是到家。」[55]一是空靈，一是充實，既活潑無
礙，又言之有物。這本是詩論，但馬一浮筆鋒一轉，轉到做人上來，反對浮
淺，主張沉著。空靈與充實，未嘗不是人生的二元？一方面，空諸一切，閑
和嚴靜，淡泊超脫，心無掛礙，與俗世暫時絕緣，生命在靜默中升華，灑脫
任誕，自由自得；另一方面，壯碩充實，真力彌滿，豐滿自足，參透萬象，

---

[54] 〈自桂經黔入蜀道中述懷〉、〈江村遣病〉、〈寄題王心湛陽明學〉、〈將避兵桐廬
留別杭州諸友〉，收入《避寇集》，《馬一浮全集》第 3 冊（杭州：浙江古籍出版
社，2013 年），頁 59、88、85、47。

[55] 馬一浮：《爾雅臺答問續編》，《馬一浮全集》第 1 冊（杭州：浙江古籍出版社，
2013 年），頁 457。

浸沉到世界人生最底處，即生命本質的偉大意義中，使人生得到最完美、最深刻的展示。

他又說：「作詩以說理為最難。禪門偈頌說理非不深妙，然不可以為詩。詩中理境最高者，古則淵明、靈運，唐則摩詰、少陵，俱以氣韻勝。陶似樸而實華，謝似雕而彌素，後莫能及。王如羚羊掛角，杜則獅子嚬呻，然王是佛氏家風，杜有儒者氣象。……」[56]馬一浮說他自己作詩，觸緣而興，真俗並舉，初非有意安排，拈來便用，自然合轍。但作詩如果只以知解、言語玩弄，不與身心相應，毫無受用。不僅作詩者是創造性思維，誦詩者亦是。「樓子和尚聞山歌而發悟，歌乃與彼無干，即滄浪孺子之歌亦自稱口而出，本無寓意，聖人聞之便教弟子作道理會。詩無達詁，本自活潑潑地，不必求其事以實之，過則失之鑿矣。」[57]

由上可見，馬氏之詩論並不限於就詩論詩，而是透豁出詩歌這種微言妙語，乃是植根於性德之感通、存在之覺悟、生命之暢發，因此他特別注重融會儒佛之學以說詩作詩。例如他繼承孔子詩教「溫柔敦厚」之風，提出「詩以感為體」、「詩教主仁」的觀點[58]，性德、心體之感通，自在無礙，豐富微妙，直可謂「詩如風雨至，感是海潮生」[59]。同時，他又融會了中土佛教思想，如通過華嚴宗「一真法界」之說，顯出「一切法界皆入於詩」[60]、詩與法界互出互入之理，故有詩謂「安詩惟法界，觀象見天心」[61]；他還消化了天臺宗「開權顯實」之論，指出言是筌蹄，得意則忘言；詩是權法，見性則權泯，故有詩謂「自古言皆寄，從心法始生」[62]；另外，當然還少不得禪

---

56　馬一浮：《爾雅臺答問續編》，《馬一浮全集》第 1 冊（杭州：浙江古籍出版社，2013 年），頁 454。

57　馬一浮：《爾雅臺答問續編》，同前注，頁 504。

58　馬一浮：《復性書院講錄》，同前注，頁 136。

59　馬一浮：〈得齒庵見和人日詩再答一首〉，《馬一浮全集》第 3 冊（杭州：浙江古籍出版社，2013 年），頁 157。

60　王培德、劉錫嘏編：《語錄類編》，同注 1，頁 647。

61　馬一浮：〈花朝〉，《避寇集》，同注 4，頁 92。

62　馬一浮：〈齒庵以蕪湖暑月郊居雜詠見示〉，同前注，頁 21。

宗！他特別欣賞禪宗「截斷眾流」（表性德、本體、不易）、「隨波逐流」（表法界、現象、變易）、「涵蓋乾坤」（表即不易即變易、即本體即現象的簡易之旨）三句之說，認為詩句之興發，或表性理，或顯法界，或理事雙融、境智俱泯，相出相入，豐富微妙，玄通自在，故有詩謂「夜長猶選夢，詩至乃通禪」[63]。綜言之，馬一浮已然參透、融通儒佛之思理境界，故其說詩作句，博大深純，精微暢朗，非一般世俗詩人可比；同時又因為他也照顧到詩詞本身之律則、脈絡、肌理，故亦能超化禪門偈頌、理學家詩因強調說理而略遠於詩之傾向，洵為一代詩哲！

　　總之，人們嚮往一種詩意的境界。本真的生存乃是詩意的。馬一浮的詩，不僅儒雅、豪邁、悲壯，以崇高的「仁」德為向度，同時又有道禪的逍遙、機趣、空靈、澄明。「毗耶座客難酬對，函谷逢人強著書。」[64]這是馬一浮為熊十力題署的堂聯，30 年代曾掛在北平沙灘銀閘胡同熊氏寓所。維摩詰經和道德經之後，佛典道藏不是浩如煙海麼？哲學的不可言說的境界，不是仍然要借助於言說而達成麼？詩的哲學與思的哲學之間的挑戰和應戰，還將永遠繼續下去。馬一浮懷抱以理想之美改正現實之惡的志向，希望眾生轉煩惱為菩提，飄逸之中又有人世關懷。不可言說與言說、出世與入世、理想與現實、煩惱與菩提，人生及其哲學總是處在無窮的矛盾之中……

　　關於馬一浮之學術定位，佛耶，道耶，儒耶，程朱耶，陸王耶？學界眾說紛紜，各執一端。我意馬氏非佛非道，亦佛亦道；非程朱非陸王，亦程朱亦陸王。馬一浮是大師級的人物，弘通百家，豈偏得一術，滯其所執？然而馬氏思想宗主在儒，他是一真正的博大的儒者。但他決不排斥諸子百家，力圖綜會融通。他推崇儒家六藝，而通過他的詮譯，六藝論已絕非原本。馬一浮於儒墨楊道法名各家及佛家各宗，均有所取有所破，一方面批評誇大各家之異者，未能觀其同；另一方面超拔於諸家之上，既不取於白象（佛），又不取於青牛（道），反對支離褊狹、局而不通，深悟各家精義，會通默識，

---

[63] 馬一浮：〈有人傳示弘一法師吉祥相因題其後〉，《馬一浮全集》第 3 冊（杭州：浙江古籍出版社，2013 年），頁 135。

[64] 馬一浮：〈聯對〉，同前注，頁 787。

在破除宗派門戶的基礎上，成一家之言[65]。力破門戶與學有宗主是不矛盾的兩件事，馬氏學有宗主，宗主在儒。馬一浮以寬容博大之心，援中西印各家於儒，創造性地推進了儒家。

由上可見，馬氏學問不名一家，兼涵眾妙，卻因隱逸恬退，神明內腴，而頗與時賢異撰。因此學界對馬氏儒學思想之研探尚不充分系統。不過，如果通觀馬一浮的所有著作，就可以看到他有著較為一貫的思想取向、現世關懷、生命境界，發掘、疏通、整理出這些內容，有助於理清馬氏新儒學思想的內在脈絡，定位他的思想對於現代新儒學乃至中國現代哲學、思想、學術史上的意義所在。

---

[65] 關於馬一浮破除門戶（不僅主張破除程朱陸王的門戶之見，而且主張破除儒釋道及其內部種種門戶之爭），樓宇烈論證甚詳。請見樓宇烈〈理學大師馬一浮〉一文，收入《中國當代理學大師馬一浮》一書。臺灣學者劉又銘的碩士論文《馬浮研究》判定馬一浮以陸王為歸，林安梧〈馬一浮心性論初探〉（載林著《現代儒學論衡》，臺北：業強出版社，1987 年）又判定馬一浮以朱子為歸。賀麟《當代中國哲學》對馬一浮評價最為地道：「其格物窮理，解釋經典，講學立教，一本程朱，而其返本心性，袪習復性則接近陸王之守約。他尤其能卓有識度，灼見大義，圓融會通，了無滯礙，隨意拈取老莊釋典以闡揚儒家宗旨，不惟不陷於牽強附會，且能嚴格判別實理玄盲，不致流蕩而無歸宿。」要之，馬一浮力辟門戶，又學有宗主，且自成一格。

# 錢穆學述

　　錢穆先生是我國現代著名的史學家、思想家、教育家。錢氏家世貧苦，幼時喪父，中學畢業即無力求學，以自學名家。1930 年，他由顧頡剛先生推介，入北平燕京大學執教，從此躋身學術界。抗戰以前，先生任燕京大學、北京大學、清華大學、北平師範大學教授，講授先秦及近三百年學術史。抗戰軍興，他隨北大南遷，先後在西南聯合大學、成都齊魯大學、嘉定武漢大學、遵義浙江大學、華西大學、四川大學等校主講文史課程。抗戰勝利後，他曾執教於昆明五華書院、雲南大學、無錫江南大學、廣州私立華僑大學。錢穆於 1949 年移居香港，並與唐君毅、張丕介等創建新亞書院，任院長。50 年代，他曾獲香港大學名譽法學博士稱號。60 年代，他曾應邀講學於美國耶魯大學，獲耶魯大學名譽人文學博士稱號，也曾講學於馬來西亞大學。錢穆於 1967 年離開香港，定居臺北，當選臺灣「中央研究院」院士，臺北中國歷史學會理監事，任臺北中國文化大學教授及臺北故宮博物院特聘研究員。1990 年 8 月 30 日卒於臺北。

　　錢先生博通經史文學，擅長考據，一生勤勉，著述不倦。錢氏畢生著書七十餘種，共約一千四百萬字。他在中國文化和中國歷史的通論方面，多有創獲，尤其在先秦學術史、秦漢史、兩漢經學、宋明理學、近世思想史等領域，造詣甚深。錢穆先生在現代中國學術史上佔有重要的一席。他的煌煌大著《先秦諸子繫年》、《中國近三百年學術史》、《國史大綱》、《朱子新學案》及關於中國學術思想史的其它研究成果，為中國傳統文化的創新作出了不可磨滅的貢獻，而且自身已成為寶貴的歷史遺產，對後世學者已經並必將繼續產生著重大的影響。

# 一、錢穆的子學與經學研究

　　錢先生治學從子學開始，其獨到之處是以史學通貫諸子，從整體上把握諸子學的精神，對諸子的淵源與流變，以及諸子學的會通與統一進行研究，建立了動態的子學研究系統。

　　從歷史大流出發揭示諸子學的精神。錢先生認為，孔子以前的書籍，後世稱之為經書。由於那時的學術掌握在貴族手裏，所以那個時代是貴族時代。在孔子以後的書籍，後世稱為子書，那時的學術已經轉移到平民階級手中，稱為平民學時代。平民學者中最先興起的是儒墨兩家，尤其孔子是將古代的貴族學傳播到平民社會的第一人。他自己是一個古代沒落貴族子弟，因此，能習得當時存在的貴族的一切禮和藝，同時又能把它們重新組織，提供一個新的理論依據。古代典籍與思想流傳到孔子手裏，都發揮出一番新精神，即「平民階級之覺醒」。這種精神就是子學精神，也是孔子及儒家的精神。這是錢穆把諸子作為一個整體並置於春秋歷史巨變中加以考察所得出的結論。

　　關於諸子師友學術流變，錢先生認為，談諸子學淵源與流變不應局限於劉歆所說的「九流之目」。他指出：「今考諸子師授淵源，以及諸家所稱引，則其間多有出入，可以相通，固不能拘泥於九流六家之別」[1]。這是從總體上把握諸子師授淵源。經過深入研究，旁徵博引，錢穆指出：儒墨相通；法家與兵家均源於儒家，彼此相通；法家、兵家與農家相通；農家與墨家相通；墨家與名家、小說家相通；墨家、小說家又與道家相通；道家與法家相通；農家、墨家與儒家相通；陰陽家與儒家相通；法家、儒家、道家也相通。錢先生批評了《漢書‧藝文志》的「諸子出於王官論」，指出：「遑論所謂『某家者流，出於某官』之說哉？故謂王官之學衰而諸子興可也，謂

---

[1]　錢穆：《國學概論》上編，《錢賓四先生全集》第 1 冊（臺北：聯經出版事業公司，1998 年），頁 36。

諸子之學——出於王官則不可也。」²錢先生在考證諸子師授淵源時，不是平鋪開來簡單論述，而是以儒墨兩家為軸心疏理諸子。他認為諸子百家大體說來不歸於儒就歸於墨。屬於儒家系統的有法家，屬於墨家系統的有農家、道家等。他們之間的淵源與流變形成了一個對立統一的動態過程。如第一期諸子是孔子與墨子對立統一，其焦點是「禮」，即究竟怎樣使貴族生活趨於合理，反映春秋後期貴族還沒有被全部消滅的社會狀況。第二期諸子是孟子與陳仲、許行、莊子、惠施的對立統一，其焦點是「仕」，即士自身對貴族究竟應抱什麼態度和「何以自處」的問題。此時是戰國中期貴族逐漸滅亡的社會狀況。第三期諸子是荀子、韓非與老子的對立統一，其焦點是「治」，即如何使士階層的氣焰消沉下來，使社會動盪平靜下來，這是戰國後期統治者在思想上統一天下的一種反映。在這裏，錢先生與胡適（主張老子長於孔子）和梁啟超、馮友蘭（主張老子在孔子之後、莊子之前）不同，他把《老子》看作是戰國中晚期的作品。總之，儒墨兩大系統所表現的三期諸子對立統一的主題變化，是與當時社會政治生活發展同步進行的。

關於先秦諸子之統一。與有的學者從靜態出發探討諸子統一，並認為這種統一完成於先秦不同，錢先生以史家眼光從動態把握諸子統一，認為諸子統一雖開始於先秦，但完成在秦漢之際，表現為一個曲折的過程。先秦法家曾試圖統一諸子，但秦朝的滅亡證明法家不能擔當此任。秦漢之際為了適應政治趨向於大一統的需要，思想上必然走向統一。錢先生考察了當時試圖從思想上統一諸子的三種模式：以《呂氏春秋》為代表的雜家統一，由於雜家沒有吸收融和諸家的力量，而是在諸家中搞折衷，因此是不成功的。以《淮南子》為代表的道家統一，由於道家往往追隨儒家之後加以指摘與糾正，多半屬批評性而不是建設性，也是不成功的。以《易傳》、《中庸》等為代表的新儒家統一，由於能吸取道墨諸家，並把它們融化在儒家中，成為一個新系統，因此是成功的。總之，在錢先生看來，儒家既是結束先秦王官學開啟

---

**2**　錢穆：《國學概論》上篇，《錢賓四先生全集》第 1 冊（臺北：聯經出版事業公司，1998 年），頁 38。

諸子平民學的宗主，又是終結平民學開啟兩漢經學的學派。

眾所周知，諸子學在清代經學家看來不過是經學的附庸。到了清末民初，經學走向絕路，諸子學才脫穎而出。王先謙、孫詒讓、章太炎、梁啟超對子學的提倡，已盡了最大的努力，但未能溝通諸子。繼此之後，能通貫諸子，並以史學觀點研治諸子學的，當首推錢先生。也就是說，錢先生開啟了通貫諸子學研究之先河。這正是他研究諸子學諸成果的價值之所在。

錢先生治經學同治諸子學一樣，從史學立場出發，貫通經學，破除門戶之見。關於經學的淵源與發展，錢先生指出：「中國經學應自儒家興起後才開始。」[3]但經學的淵源則在儒家產生以前，大概要追溯到春秋以前的幾部儒家經書上，這幾部經書不僅是中國文化的源頭，也是經學思想產生的理論淵源。他不同意今文家所說的孔子作「六經」的觀點，認為「孔子以前未嘗有《六經》，孔子亦未嘗造《六經》。」[4]錢氏用大量史實證明孔子與「六經」無涉，明稱「六經」見於《莊子》，後成於王莽。總之，「六經」稱謂均漢代經學家所為。這裏把後世稱為經的儒家典籍與經的稱呼區分開來，還孔子與「六經」的真實面貌。錢先生還考察了經學的發展歷程，認為兩漢經學，其精神偏重在政治。魏晉南北朝和隋唐時期的經學為義疏之學，十三經注疏完成在這一時期。宋元明時期的經學，主要是四書代替五經，開啟經學新時代。清代經學為考據之學，是經學的終結。

錢先生揭示了經學的精神及其方法，他把經學的基本精神歸結為：（一）以人文主義精神為中心，肯定人的價值及其意義；（二）注重歷史精神，「六經皆史」說明經書本身都是史書，經學與史學一致；（三）天人合一精神，此人文精神不反對自然和宗教，相反總是融攝宗教，並使人文措施與自然規律相融和；（四）融合精神，經學本身將文學、史學、宗教、哲學融合在一起；（五）通經致用及重視教育的精神。他把經學精神與中國文化

---

3  錢穆：《中國學術通義》，《錢賓四先生全集》第 25 冊（臺北：聯經出版事業公司，1998 年），頁 7。

4  錢穆：《國學概論》上篇，《錢賓四先生全集》第 1 冊（臺北：聯經出版事業公司，1998 年），頁 22。

精神結合起來。他還提出一套考據、義理、辭章三者相結合的治經方法，強調治經應把這三者結合起來。

錢穆先生治經學最大的貢獻在於打破今文經學和古文經學的門戶之見。清末康有為《新學偽經考》主張一切古經為西漢劉歆偽造，只有今文經學才算是經書，今文經均是孔子托古改制的。康氏的目的是想托古改制，在政治上有積極意義，使清代經學轉移到經世致用上來。擔民國初年，懷疑古文經之風醞成一股疑古辨偽思潮，這不僅造成爭門戶，而且對經書乃至先秦古籍產生懷疑，有損於中國文化的正常發展。錢穆先生正是這種條件下闢古文經和今文經門戶之見的。他的〈劉向歆父子年譜〉大體根據《漢書‧儒林傳》的史實，考察西漢宣帝石渠閣奏議至東漢章帝白虎觀議五經異同 120 年間的諸博士意見分歧，考證當時經師論學的焦點所在，駁斥康有為所謂劉歆偽造經書的諸多不通之處，認定絕對不存在劉歆以五個月時間編造諸經以欺騙其父，並能一手掩盡天下耳目之理，也沒有造經是為王莽篡權服務之說。這樣不僅洗刷了劉歆造偽經的不白之冤，同時也平息了經學上的今古文之爭。

錢穆先生所以在經學研究上有建樹，「則端在撤藩籬而破壁壘，凡諸門戶，通為一家。經學上之問題，同時即為史學上之問題。自春秋以下，歷戰國，經秦迄漢，全據歷史記載，就於史學立場，而為經學顯真是。」[5]錢氏以史學打通經學，把人們從已經僵化的經學中解放出來，開啟了經學研究的新風氣。

## 二、錢穆的宋學與清學研究

清代漢學家們尊漢反宋，主要理由是漢代與宋代相比，更接近古代，體現孔孟儒家大傳統。與此相反，錢先生非常推崇宋明理學，認為與漢儒相比，宋明儒更接近於先秦儒。因為董仲舒「獨尊儒術」，使先秦平民儒變為

---

[5]　錢穆：《兩漢經學今古文平議‧自序》，《錢賓四先生全集》第 8 冊（臺北：聯經出版事業公司，1998 年），頁 6。

王官儒，把儒學經學化、神秘化，失去了儒家真精神，而宋明儒是平民儒，無論在師道、學術，還是在政事方面大有返回先秦儒的風格。他指出宋明儒的最大貢獻：「乃由佛轉回儒，此乃宋明儒真血脈。」[6]也就是說，正如先秦儒最後融合諸子百家，擴大儒學一樣，宋明儒的最大貢獻在於以儒家為主幹融合佛老，形成一代新儒學。

貫通理學，揭示理學發展軌跡。談及宋學，便會使人想起理學，但在錢先生看來，理學則屬宋儒中的後起。在理學之前，已經有一批宋儒，如胡瑗、孫復、徐積、石介、范仲淹、王安石、司馬光、歐陽修、劉恕、蘇軾等等。這批宋儒的學術被稱為宋初儒學，而後來的理學都是從宋初儒學中發展出來的。因此，「不瞭解宋學的初期，也將不瞭解他們（即理學）。」[7]因為韓愈開啟的辟佛衛道運動之所以對理學產生影響，成為理學的思想源頭，主要是通過初期宋學完成的。就是說，他們重師道、辦書院，以及在教育與修養、政事治平、經史博古之學、文章子集之學等多方面的活動和研究，發展了韓愈復興儒學的努力，成為理學產生的直接原因。如果說初期宋學的涵蓋面很廣泛，那麼北宋理學就不同了，他們的精力只集中於宇宙論和人生論。也就是說，宋初儒學復興了先秦儒學博大的精神，北宋理學則往內收、往內轉了。但錢穆先生並沒有否定理學出現的意義。他認為，要真正達到辟佛衛道的目的，必須建立儒家的宇宙論和人生論，以與佛學的宇宙論和人生論相抗衡。北宋五子周、邵、張、程等及其弟子的貢獻，正在於彌補初期宋學內核方面的不足。南渡宋學是理學發展的第二期，主要人物是朱熹和陸象山。朱熹把初期宋學的多方面活動與北宋理學宇宙論、人生論方面的貢獻結合起來，達到宋學發展的頂峰。陸象山則另闢蹊徑，建立心學系統。至於明代學術，錢先生認為沒有超出宋學範圍，只沿襲朱陸異同。值得一提的是王陽明，可以說是集理學之大成。至於王門末流，流弊愈深，路向愈窄，則導

---

6  錢穆：《中國學術思想史論叢》（7），《錢賓四先生全集》第 21 冊（臺北：聯經出版事業公司，1998 年），頁 368。

7  錢穆：《宋明理學概述》，《錢賓四先生全集》第 9 冊（臺北：聯經出版事業公司，1998 年），頁 30。

致理學一蹶不振。

　　錢先生治理學尤其重視朱熹，建立了龐大的朱子學。他指出：「孔子集前古學術思想之大成，開創儒學，成為中國文化傳統中一主要骨幹。……朱子崛起南宋，不僅能集北宋以來理學之大成，並亦可謂其乃集孔子以下學術思想之大成。」[8]這表明，錢先生的研究把朱子放在整個思想史中考察，突出了朱熹在中國思想史後半期的歷史地位，同時連帶地解決了朱子卒後七百多年來學術思想史上爭論不休、疑而不決的一些重要問題。如在思想上，理氣論與心性論是一個大問題，錢先生用理氣一體渾成的道理解決了學者對理氣二元或一元的爭論，也用心性一體兩分的道理，打破了思想界關於程朱與陸王的門戶之見。在學術上，他對朱子的經學、四書學、史學、文學、雜學等全方位的研究，再現了朱子作為百科全書式人物的形象。在治學方法上，義理與考據孰重孰輕，也是學者爭論的一個焦點，他用「考據正所以發現義理，而義理亦必證之考據」的方法解決了學者治學方法上出現的偏頗。

　　錢先生對理學研究的另一個重點是王陽明。他把王陽明置於理學發展史中加以考察。他認為，陽明思想的價值在於他以一種全新的方式解決了宋儒留下的「萬物一體」和「變化氣質」的問題。具體地說，朱熹主張「萬物一體」之理是外在本體固有的，不是我心的意會，因此主張「變化氣質」在格物、博覽。相反，陸象山認為「萬物一體」之理不是外物本身固有的，只有吾心認為如此才是真，因此要先發明本心而後再格物、博覽。二者實質是道問學與尊德性之爭。王陽明的貢獻，「只為要在朱子格物和象山立心的兩邊，為他們開一通渠。」[9]王陽明所開的「通渠」就是「良知」。因為良知既是人心又是天理，能把心與物、知與行統一起來，泯合朱子偏於外、陸子偏於內的片面性，解決宋儒遺留下來的問題。

　　錢先生對清代學術思想的研究集中在清代學術與宋明學術之間的關係，

---

8　錢穆：《朱子新學案》，《錢賓四先生全集》第 11 冊（臺北：聯經出版事業公司，1998 年），頁 1-2。

9　錢穆：《陽明學述要》，《錢賓四先生全集》第 1 冊（臺北：聯經出版事業公司，1998 年），頁 79。

以及清代學術的發展與流變上。

　　關於清代學術與宋明學術的關係，近世學者有兩種截然不同的觀點。第一種觀點認為，清代學術是對宋明學術的全面反動。代表人物是梁啟超和胡適。他們主張17世紀，最遲18世紀以後，中國學術思想史走上了一條與宋明以來相反的道路。這條道路，從積極方面說發展為經學考據學，從消極方面看表現為一種「反玄學」的運動或革命[10]。第二種觀點比較溫和，它並不否定清代學術的創新一面，但強調宋明學術在清代，至少前期仍有自己的生命。持這種觀點的有馮友蘭和錢穆等。尤其是錢穆，詳細論述了宋明學術與清代學術的關係。他指出：「治近代學術者當何自始？曰，必始於宋。何以當始於宋？曰，近世揭櫫漢學之名，以與宋學敵，不知宋學，則無以平漢宋之是非。且言漢學淵源者，必溯諸晚明諸遺老。然其時如夏峰、梨洲、二曲、船山、桴亭、亭林、嵩庵、習齋，一世魁儒耆碩，靡不寢饋於宋學。繼此而降，如恕谷、望溪、穆堂、謝山乃至慎修諸人，皆於宋學有甚深契詣，而於時已及乾隆。漢學之名，始稍稍起。而漢學諸家之高下淺深，亦往往視其所得於宋學之高下淺深以為判。道咸以下，則漢學兼采之說漸盛，抑且多尊宋貶漢，對乾嘉為平反者。故不識宋學，即無以識近代也。」[11]這種觀點揭示了清代學術與宋明學術之間的淵源關係。不僅生活在清初的明末遺老，就是乾嘉時期的漢學也多少與宋明學術相關。從思想發展演變的一般規律看，錢先生主張宋明學術在清代仍有延續性的觀點是合理的。因為不但前一時期的思想不可能在後一時期突然消失無蹤，而且後一時期的新思想也必然在前一時期中孕育，並能從中找到它的萌芽。經錢先生考證即使是清儒的博雅考訂之學，也能在宋明學術中找到其思想和方法論之淵源。

　　錢先生考察了清代學術思想發展的過程，以及在不同階段所呈現的不同特點。清初，明末遺老雖然身處亂世之秋，上承宋明遺緒，在經史子集、政

---

[10] 參見梁啟超：《中國近三百年學術史》（北京：中國書店，1985 年），頁 10；《胡適學術文集・中國哲學史》下冊（北京：中華書局，1991 年），頁 975。

[11] 錢穆：《中國近三百年學術史》，《錢賓四先生全集》第 16 冊（臺北：聯經出版事業公司，1998 年），頁 1-2。

事治平等方面都做出一定貢獻，開闢清初學術思想上的一片新天地。但是由於清代統治者的高壓，尤其是康熙、雍正、乾隆時期的文字獄愈演愈烈，使得一輩學人不願涉足於政治領域，轉頭躲向故紙堆中，去從事一些經學上的考據、訓詁、校勘工夫。他們雖然自稱漢學，在錢先生看來，其實他們並不瞭解漢學，漢學家們雖然在整理和編纂古籍方面有所貢獻，但沒有體現漢代經學的通經致用精神，同時造成經學內部的門戶之爭。這種門戶之爭到了晚清越來越激烈，先是今文經與古文經之爭，後是今文經內部之爭，使經學走上末路。正在這個時期，一直作為經學附庸的諸子學興起，才開始了清末民初學術思想上的新氣象。

　　眾所周知，通儒是一種理想的境界，不是人人都能達到的，但一個時代總有少數人被推尊為通儒。凡是稱得上通儒的都是能破門戶之見的學人。錢先生本人就是 20 世紀國學界的一位通儒，經史子集無不涉獵，而且各有深入。他最初從文學入手，然後治集部，後轉入理學，再從理學反溯至經學、子學，然後順理成章進入清代考據學。清代經學專尚考據，所謂從訓詁明義理，以孔孟還之孔孟，其實是經學的史學化。所以錢先生的最後歸屬在史學。在解決經學上的今古文之爭，先秦諸子師友淵源與流變統一，宋明理學與清代學術關係等一些學術問題時，他都依於史學立場，而為經學、子學、理學、清學顯真是。就是說，他無論研究經學、子學、理學，還是清學，均站在史學立場。史學立場為他提供了一個超越觀點，使他貫通諸學，博採眾長，以平等心觀照中國學術史，作出許多創造性的貢獻。

## 三、錢穆的文化思想

　　錢先生所有研究都環繞著一個中心而展開，這個中心就是中國文化問題。他對中國文化問題的研究主要有下面幾個方面。

　　錢先生從歷史出發揭示中國民族文化的風貌、特殊性格和人文精神。在他看來，歷史、民族、文化有三個名詞，實質為一。民族並不是自然存在，自然只是生育人類，而不能生育民族。他指出：「民族精神，乃是自然與文

化意識融合而始有的一種精神，這始是文化精神，也即是歷史精神。只有中國歷史文化的精神，才能孕育出世界上最悠久最偉大的中國民族來。若這一個民族的文化消滅了，這個民族便不可能再存在。」[12]足見一國家的基礎建立在其民族與其傳統文化上。文化是人類群體生活之總稱，文化的主體即民族。民族的生命不是自然物質生命而是文化的生命，歷史的生命，精神的生命。民族精神是族類生活的靈魂和核心。沒有這一靈魂，就沒有族類的存在，而民族的精神乃是通過歷史、文化展開出來。中國歷史文化的精神就是使中華民族五千年一以貫之、長久不衰的精神，是民族生活和民族意識的中心，並貫穿、滲透、表現在不同的文化領域中。就是說，中華民族精神是建立在民族文化的各領域之上，是在民族文化長期薰陶、教化、培育中形成的，具有深刻內在特點的心理素質、思維方式、價值取向，是民族的性格與風貌，是民族文化的本質體現，是民族意識的精華，是整個民族的向心力、凝聚力，是民族共同體的共同信仰與靈魂，是我們民族自強不息的動力與源頭活水。錢先生把中國民族精神的內涵歸結為：（一）人文精神，包括：人文化成、天下一家，人為本位、道德中心，天人合一、性道一體，心與理一、用由體來。（二）融和精神，包括：民族融和，文化融和，國民性格——和合性。（三）歷史精神，包括：歷史是各別自我的，以人為中心的歷史意識，溫情與敬意的心態等等[13]。總之，民族精神、歷史精神、文化精神是一致的。

「五四」以來，我國學者圍繞著中國文化的新舊遞嬗展開了論戰，涉及文化學領域。錢先生建構了自己獨特的文化學系統。他指出：「文化學是研究人生意義的一種學問。自然界有事物，而可以無意義。進入人文界，則一切事物，必有意義之存在。每一事物之意義，即在其與另一事物之內在的交互相聯處，即在其互相關係處。……因此我們也可說，文化學是研究人生價

---

[12]　錢穆：《中國歷史精神》，《錢賓四先生全集》第 29 冊（臺北：聯經出版事業公司，1998 年），頁 12。

[13]　參見郭齊勇、汪學群合著：《錢穆評傳》第二章（南昌：百花洲文藝出版社，1995年）。

值的一種學問。價值便決定在其意義上。愈富於可大可久的意義者，則其價值愈高。反之則愈低。於是我們暫可得一結論，文化學是就人類生活之具有傳統性、綜合性的整一全體，而研究其內在的意義與價值的一種學問。」[14] 這是從文化與大群人生的密切聯繫出發界定文化學的。由此可知，錢先生的文化學是人文主義的文化學，這種文化學強調研究的重心是文化系統的價值與意義，尤其是大群人生與歷史文化傳統的多方面開拓與長期發展的價值與意義。本此，他對文化定義、結構進行界定，指出：「文化只是人生，只是人類的生活。」[15]他根據三類人生，即物質的人生、社會的人生、精神的人生，把文化劃分為物質文化、社會文化和精神文化，這三種文化也反映了人文演進的三個時期。他指出，經濟、政治、科學、宗教、道德、文學、藝術是組成文化結構的七要素。錢氏特別突出道德與藝術在中國傳統文化中的重要地位。可以說，他的文化學始終貫穿著以人為中心的意圖，是人文化成的文化學。他還提出了一套研究文化問題應具有的健康心態、觀點與方法，包括：從歷史與哲學相結合的角度研究文化；研究文化必須善於辨別異同；討論文化必須從大處著眼，不可單看其細節；討論文化要自其匯通處看，不應專就其分別處看；討論文化也應懂得從遠處看，不可專自近處看；討論文化也應自其優點與長處看，不當只從其劣點與短處看等等。這是錢先生針對數十年來文化研究的偏頗而提出的。

　　中西文化比較是錢先生文化思想的重要組成部分。他從地理環境、生活方式的不同出發，把世界文化分為遊牧文化、商業文化和農耕文化，又指出實質上只有遊牧與商業文化和農耕文化兩種類型。在他看來，西方文化屬於商業文化，中國文化屬於農耕文化。商業文化與農耕文化的不同，實質上就是西方文化與中國文化之間的不同。具體表現為：（一）安足靜定與富強動進的不同。中國農耕文化是自給自足，而西方商業文化需要向外推拓，要吸收外來營養維持自己。農耕文化是安穩的、保守的，商業文化是變動的、進

---

14 錢穆：《文化學大義》，《錢賓四先生全集》第 37 冊（臺北：聯經出版事業公司，1998 年），頁 8-9。

15 同前注，頁 6。

取的。前者是趨向於安足性的文化，是足而不富，安而不強。後者是趨向於富強性的文化，是富而不足，強而不安。（二）內傾型和外傾型的不同。農業文化起於內在的自足，故常內傾，商業文化起於內不足，故常外傾。內傾型文化「常看世界是內外協一，因其內自足，而誤認為外亦自足」；外傾型文化「常看世界成為內外兩敵對。因其向外依存，故必向外征服。」[16]（三）和合性與分別性的不同。中國文化重視「和合性」，和內外，和物我；西方人則強調「分別性」，分內外，別物我。

在文化比較中，錢先生只強調兩種文化的不同，並沒有簡單判定優劣高下。他指出：「我們講文化沒有一個純理論的是非。東方人的性格與生活，和西方人的有不同。……沒有一個純理論的是非，來判定他們誰對誰不對。只能說我們東方人比較喜歡這樣，西方人比較喜歡那樣。」「我們今天以後的世界是要走上民族解放，各從所好的路。你從你所好，我從我所好，並不主張文化一元論，並不主張在西方、東方、印度、阿拉伯各種文化內任擇其一，奉為全世界人類做為唯一標準的共同文化。我想今天不是這個世界了，而是要各從所好。」「在理論上，我很難講中國文化高過了西方文化。也可以說，西方文化未必高過了中國文化。因為兩種文化在本質上不同……將來的世界要成一個大的世界，有中國人，有印度人，有阿拉伯人，有歐洲人，有非洲人……各從所好。各個文化發展，而能不相衝突，又能調和凝結。我想我們最先應該做到這一步。我不反對西方，但亦不主張一切追隨西方。我對文化的觀點是如此。」[17]上引錢先生反對西方文化一元論和中國文化一元論的觀點，並不意味著錢先生主張文化相對主義。他針對「西方中心論」提出相容互尊、多元共處，反對絕對主義的價值評價。錢先生不是為比較而比較，他的文化比較，是著眼於世界文化和人類文明的前景的。

錢先生通過中西文化比較，展望未來世界文化的格局是多元共處、各從

---

[16] 錢穆：《文化學大義》，《錢賓四先生全集》第 37 冊（臺北：聯經出版事業公司，1998 年），頁 35。

[17] 錢穆：《從中國歷史來看中國民族性及中國文化》，《錢賓四先生全集》第 40 冊（臺北：聯經出版事業公司，1998 年），頁 30-31。

所好、不相衝突、調和凝結。他特別提出了「集異建同」的觀點。他說：
「世界文化之創興，首在現有各地各體系之各別文化，能相互承認各自之地
位。先把此人類歷史上多采多姿各別創造的文化傳統，平等地各自尊重其存
在。然後能異中求同，同中見異，又能集異建同，採納現世界各民族相異文
化優點，來會通混合建造出一理想的世界文化。此該是一條正路。若定要標
舉某一文化體系，奉為共同圭臬，硬說惟此是最優秀者，而強人必從。竊恐
此路難通。文化自大，固是一種病。文化自卑，亦非正常心理。我們能發揚
自己文化傳統，正可對將來世界文化貢獻。我能堂堂地做一個中國人，才有
資格參加做世界人。毀滅了各民族，何來有世界人？毀滅了各民族文化，又
何來有世界文化？」[18]錢先生在這裏提出的「集異建同」的思想，較一般所
謂「察異觀同」更為深刻。世界文化的前景，絕不抹煞、消融各民族文化之
異（個性）；相反，世界文化的發展，只可能建立在保留各民族文化的優
長，發揚其差異的基礎上。

　　總之，錢先生提出的「農耕文明」與「商業文明」、「安足靜定」與
「富強動進」、「內傾型」與「外傾型」、「和合性」與「分別性」的區分
模型，以認識各自的特殊性，然後再以世界性的視域，集其異，建其同，多
元共處，相互尊重，相互吸收，相互融和。這些看法都是值得我們深思的。
今天，我們體味錢先生的文化學與文化比較觀，獲益良多。

---

[18]　錢穆：《中國歷史研究法》，《錢賓四先生全集》第 31 冊（臺北：聯經出版事業公
　　司，1998 年），頁 152。

# 論錢穆的儒學思想

　　錢賓四先生是國學大師級的人物，博通經史子集，著作等身，堪稱當代大儒、通儒。錢先生學問宗主在儒，畢生對儒家傳統的精神價值抱著深厚的感情，作為他自己終身尊奉的人生信仰和行為準則[1]。錢穆儒學觀的要點是：(1)肯定儒學在中國文化中的主幹地位，發揮周公孔子以來的人文主義精神；(2)肯定儒學的最高信仰和終極理想，闡釋儒家中心思想——「天人合一」「性道合一」的精義；(3)以開放的心態，破除門戶，打破今古文經學、漢學宋學、程朱理學與陸王心學的界限，對儒學史作出了別開生面的建構，提出了儒學史與社會文化史相輔相成、相交相融的儒學發展階段論，以及由子學而經學而史學而文學的轉進論；(4)回應 20 世紀諸思潮對儒學的批評，指出儒學是一個不斷與時俱進的活傳統，是中國現代化的重要精神資源和現代人安身立命的根據。

## 一、地位：領導精神與思想主幹

　　中國文化精神與民族性格主要是由儒家奠定和陶養的。這一點在錢穆的著作中是毫不含糊的。就整部中國歷史來說，錢穆強調，中國社會是四民（士農工商）社會，士為四民之首。士的變動可以影響到整個社會的變動。錢穆把中國社會的發展史劃分為游士、郎吏、門第、科舉等若干階段。士是人群中能夠志道、明道、行道、善道的人。士代表、弘揚、實踐、堅守了中

---

[1]　參見余英時：《猶記風吹水上鱗——錢穆與中國現代學術》（臺北：三民書局，1991年）。

國人的人文理想，擔當著中國社會教育與政治之雙重責任。「此士之一流品，惟中國社會獨有之，其它民族，其它社會，皆不見有所謂士。士流品之興起，當始於孔子儒家，而大盛於戰國，諸子百家皆士也。漢以後，遂有士人政府之建立，以直迄於近代。」[2]錢穆指出，中國古代社會有一個很特殊的地方，不需要教堂牧師和法堂律師，沒有發達的法律和宗教，而形成一種綿延長久、擴展廣大的社會。這靠什麼呢？主要靠中國人的人與人之道，靠「人」、「人心」、「人道」等等觀念，靠士在四民社會中的作用及士之一流品的精神影響。「孔子之偉大，就因他是中國此下四民社會中堅的一流品之創始人。」[3]中國古代社會，從鄉村到城市乃至政府都有士。這個士的形成，總有一套精神，這套精神維持下來，即是「歷史的領導精神」。「中國的歷史指導精神寄在士的一流品。而中國的士則由周公、孔、孟而形成。我們即由他們對於歷史的影響，可知中國歷史文化的傳統精神之所在。」[4]指導中國不斷向前的精神被錢穆稱為「歷史的領導精神」。他通過詳考歷史、對比中外，肯定地指出，士是中國社會的領導中心，一部中國歷史的指導精神寄託在士的一流品，一部中國歷史主要是由儒家精神——由周公、孔子、孟子培育的傳統維繫下來的。在錢穆看來，中國歷史的「領導精神」即是人文精神，重視歷史的精神，重視教育的精神和融和合一的精神。

　　錢穆認為，中國傳統人文精神源於五經。周公把遠古宗教轉移到人生實務上來，主要是政治運用上；孔子進而完成了一種重人文的學術思想體系，並把周公的那一套政治和教育思想顛倒過來，根據理想的教育來建立理想的政治。經周、孔的改造，五經成為中國政（政治）教（教育）之本。經學精神偏重在人文實務，同時保留了古代相傳的宗教信仰之最高一層，即關於天和上帝的信仰。中國人文精神是人與人、族與族、文與文相接相處的精神，

2　錢穆：《民族與文化》，《錢賓四先生全集》第 37 冊（臺北：聯經出版事業公司，1998 年），頁 12。

3　同前注，頁 101。

4　同前注，頁 121。

是「天下一家」的崇高文化理想。中國文化是「一本相生」的，其全部體系中有一個主要的中心，即以人為本位，以人文為中心。傳統禮樂教化代替了宗教的功能，但不與宗教相敵對，因此不妨稱之為「人文教」。中國文化精神，要言之，只是一種人文主義的道德精神。

中國傳統注重歷史的精神源於五經。周孔重視人文社會的實際措施，重視歷史經驗的指導作用。尤其孔子具有一種開放史觀，並在新歷史中寄寓褒貶，這就是他的歷史哲學與人生批評。孔子促使了史學從宗廟特設的史官專司轉為平民學者的一門自由學問，宣導了經學與史學的溝通。錢穆指出，中國歷史意識的中心是人。中國人歷史意識的自覺與中國先民，特別是周公、孔子以來的人文自覺密切聯繫在一起。在中國，特別在儒家，歷史、民族與文化是統一的。民族是文化的民族，文化是民族的文化，而歷史也是民族和文化的歷史。民族與文化只有從歷史的角度才能獲得全面的認識。中國人對歷史的重視，對史學的興趣及史學之發達，特別是「經世明道」，「鑒古知今」，「究往窮來」，求其「變」又求其「常」與「久」的精神，來源於儒學。

中國傳統注重教育的精神源於五經。錢穆認為，中國古人看重由學來造成人，更看重由人來造成學。中國人研究經學，最高的嚮往在於學做周公與孔子的為人，成就人格，達到最高的修養境界。中國古代文化及其精神是靠教育薪火相傳、繼往開來的。中華民族尊師重道的傳統由來已久，而儒家則把教育推廣到民間，扎根於民間，開創了私家自由講學的事業，奠定了人文教育的規模和以教立國的基礎。中國人教育意識的自覺不能不歸功於儒家。

中國傳統注重融和合一的精神源於五經。中國古人的文化觀，以人文為體，以化成天下為用。五經中的「天下」觀，是民族與文化不斷融凝、擴大、更新的觀念。中國文化的包容性、同化力，表明中國人的文化觀念終究是極為宏闊而適於世界性的。這源於儒家的一種取向，即文化觀念深於民族觀念，文化界限深於民族界限。中國文化與中國人的性格中的「和合性」大於「分別性」，主張寬容、平和、兼收並蓄、吸納眾流，主張會通、綜合、

整體、融攝，這些基本上都是儒者所提倡和堅持的價值[5]。

錢穆得出中國歷史文化的指導精神即為儒家精神的結論，是有其可靠的根據的。他極其深入地考察了中國歷史思想史，十分肯定地說：「中國思想以儒學為主流。」「儒學為中國文化主要骨幹。」[6]在先秦思想史上，開諸子之先河的是孔子。孔子的歷史貢獻，不僅在於具體思想方面的建樹，更重要的在於他總體上的建樹。他既是王官之學的繼承者，又是諸子平民之學的創立者，是承前啟後開一代風氣的人物。正是這一特殊歷史地位，決定了他在先秦諸子學說中的重要作用。整個說來，諸子學標誌春秋以來平民階級意識的覺醒，是學術下移民間的產物。錢穆認為，中國古代，是將宗教政治化，又要將政治倫理化的。換言之，就是要將王權代替神權，又要以師權來規範君權的。平民學者的趨勢只是順應這一古代文化大潮流而演進，尤其是以儒家思想為主。因為他們最看重學校與教育，並將其置於政治與宗教之上。他們已不再講君主與上帝的合一，而只講師道與君道的合一。他們只講一種天下太平、世界大同的人生人道，這就是人道或平民道。在孔孟仁學體系的浸潤下，儒家完成了政治與宗教的人道化，使宗教性與神道性的禮變成了教育性與人道性的禮。

錢穆比較了儒墨道三家的異同，指出，墨道兩家的目光與理論，皆能超出人的本位之外而從更廣大的立場上尋找根據。墨家根據天，即上帝鬼神，而道家則根據物，即自然。墨道兩家都有很多思想精品和偉大貢獻。但無論從思想淵源還是從思想自身的特點來看，儒家都在墨、道兩家之上。這是因

---

**5** 以上詳見錢穆：《中國學術通義》，《錢賓四先生全集》第 25 冊（臺北：聯經出版事業公司，1998 年），頁 2-6；《民族與文化》，《錢賓四先生全集》第 37 冊（臺北：聯經出版事業公司，1998 年），頁 3、41、59；《中國歷史精神》，《錢賓四先生全集》第 29 冊（臺北：聯經出版事業公司，1998 年），頁 200；《中國文化史導論》，《錢賓四先生全集》第 29 冊（臺北：聯經出版事業公司，1998 年），頁 19、120。

**6** 錢穆：《中國思想史》，《錢賓四先生全集》第 24 冊（臺北：聯經出版事業公司，1998 年），頁 163；《新亞遺鐸》，《錢賓四先生全集》第 50 冊（臺北：聯經出版事業公司，1998 年），頁 417。

為，儒家思想直接產生於中國社會歷史，最能反映和體現中國社會歷史的實際和中國人的生活方式、行為方式與思維方式。先秦以後，歷代思想家大體上都是以儒家為軸心來建立自己的思想體系並融匯其它諸家的。如果說儒家是正，那麼，墨、道兩家是反，他們兩家是以批評、補充儒家的面貌出現的。如果說儒家思想多為建設性的進取，那麼墨道兩家則主要是社會批判性的。

關於先秦學術思想的總結，錢穆認為，這一總結是在秦始皇到漢武帝這一段歷史時期內完成的。學術思想的統一伴隨著政治上的統一。在政治上，李斯為代表的以法家為軸心的統一，歷史已證明是失敗的，其標誌是秦王朝的滅亡；而董仲舒為代表的以儒家為軸心的統一，則是適應並促進當時社會發展的，是成功的，其標誌是漢唐大業。當時在學術上的調和統一有三條路，一是超越於儒墨道法諸家之上，二是以道家為宗主，三是以儒家為宗主。第一條路的代表是呂不韋及其賓客，但他們沒有超越諸家之上更高明的理論，沒有吸收融和諸家的力量，因此《呂氏春秋》只是在諸家左右採獲，彼此折衷，不能算是成功的。第二條路的代表是劉安及其賓客。由於道家思想本身的限制，不可能促進當時歷史大流向積極方向前進，因此《淮南子》也不是成功的。第三條路的代表是儒家，即是這一時期出現的《易傳》及收入《禮記》中的《大學》、《中庸》、〈禮運〉、〈王制〉、〈樂記〉、〈儒行〉諸篇的作者們。他們以儒家思想為主，吸收墨、道、名、法、陰陽諸家的重要思想，並把這些思想融化在儒家思想裏，成為一個新的系統。例如《易傳》、《中庸》，彌補了儒家對宇宙自然重視不夠的毛病，吸納了道家，建構了天道與人道、宇宙界與人生界、自然與文化相合一的思想體系。《易》、《庸》吸取老莊的自然觀來闡發孔孟的人文觀，其宇宙觀是一種德性的宇宙觀。《大學》、〈禮運〉仍是德性為本論，把孔孟傳統以簡明而系統的方式表達了出來，提高了道的地位，融合了道家觀念及墨家重視物質經濟生活的思想。這不僅表明了儒家的涵攝性，而且表明了儒家在中國思想史上的主幹地位，並不是自封的，並不是靠政治力量支撐得來的，而是中國歷史與中國社會選擇的結果，是自然形成的。其原因在於儒學的性質與中國社

會歷史實際相適應[7]。

錢穆指出:「儒家可分先秦儒、漢唐儒、宋元明儒、清儒四期。漢唐儒清儒都重經典,漢唐儒功在傳經,清儒功在釋經。宋元明儒則重聖賢更勝於重經典,重義理更勝於重考據訓詁。先秦以來,思想上是儒道對抗。宋以下則成為儒佛對抗。道家所重在天地自然,因此儒道對抗的一切問題,是天地界與人生界的問題。佛學所重在心性意識,因此儒佛對抗的一切問題,是心性界與事物界的問題。禪宗沖淡了佛學的宗教精神,回到日常人生方面來,但到底是佛學,到底在求清靜,求涅盤。宋明儒沿接禪宗,向人生界更進一步,回復到先秦儒身家國天下的實際大群人生上來,但仍須吸納融化佛學上對心性研析的一切意見與成就。宋明儒會通佛學來擴大儒家,正如《易傳》、《中庸》會通老莊來擴大儒家一般。宋明儒對中國思想史上的貢獻,正在這一點,在其能把佛學全部融化了。因此,有了宋明儒,佛學才真走了衰運,而儒家則另有一番新生命與新氣象。」[8]

錢穆指出:初期宋學十分博大,在教育修養、政治治平、經史之學和文章子集之學上全面發展,頗有回復先秦儒之氣象。中期宋學如北宋五子及其門人,博大不足而精深有餘。他們面對佛教的挑戰,必須致力於建構宇宙論與心性論,此客觀情勢使然。他們把儒學的基本精神凸顯出來,在北宋初期儒家畫的龍上點上睛,使北宋學術有了重心。唐以前「周孔」並稱,宋以後「孔孟」並稱;唐以前是「五經」的傳統,宋以後是「四書」的傳統。以「四書」義理代替「五經」注疏,以「孔孟」代替「周孔」,這是中國儒學傳統及整個學術思想史上的一大轉變。這一社會文化現象的內涵是十分豐富的。它表明,儒家文化一方面下移,溝通實際社會大群人生,接近民眾,且以自由講學的民間書院為依託,不失為一再生之道;另一方面又是理論的升華,是從根本上消化釋道,進一步把道之宇宙觀和釋之心性論融攝進來,壯

---

[7] 以上詳見錢穆《中國思想史》,《錢賓四先生全集》第 24 冊(臺北:聯經出版事業公司,1998 年),頁 81-112。

[8] 同前注,頁 163。

大自己、發展自己。整個宋明學術的趨向和目標「即為重振中國舊傳統，再建人文社會政治教育之理論中心，把私人生活與群眾生活再紐合上一條線。換言之，即是重興儒學來代替佛教，作為人生之指導。這可說是遠從南北朝隋唐以來學術思想史上一大變動。」[9]

錢穆指出，朱子不僅集理學之大成，不僅集宋學之大成，而且集漢唐儒之大成。他把經史與理學有機結合起來，又在理氣論（宇宙論及形上學）與心性論（由宇宙論形上學落實到人生哲學）方面建構了精深的體系。「在中國歷史上，前古有孔子、近古有朱子。此兩人，皆在中國學術思想史及中國文化史上發出莫大聲光，留下莫大影響。曠觀全史，恐無第三人堪與倫比。孔子集前古學術思想之大成，開創儒學，成為中國文化傳統中一主要骨幹。北宋理學興起，乃儒學之重光。朱子崛起南宋，不僅能集北宋以來理學之大成，並亦可謂其乃集孔子以下學術思想之大成。此兩人先後矗立，皆能匯納群流，歸之一趨。自有朱子，而後孔子以下之儒學，乃重獲新生機，發揮新精神，直迄於今。」[10]以後陸王之學，乃至清儒之學都與朱子有關，承朱子而獲新發展。

錢穆以他獨特的視角和厚博的史學功夫，平實地又言之鑿鑿、持之有故地肯定了儒學在中國古代社會生活與思想文化史中的「主流」、「主幹」和核心地位，肯定了儒家精神是中國古代社會的「指導精神」或「領導精神」。由上可見，他的看法並不是只憑主觀情感而沒有客觀依據的。

## 二、精核：最高信仰與終極理想

錢穆指出：「中國傳統文化，徹頭徹尾，乃是一種人道精神、道德精

---

[9] 錢穆：《宋明理學概述》，《錢賓四先生全集》第 9 冊（臺北：聯經出版事業公司，1998 年），頁 30。

[10] 錢穆：《朱子新學案》，《錢賓四先生全集》第 11 冊（臺北：聯經出版事業公司，1998 年），頁 1-2。

神。」[11]「中國傳統人文精神所以能代替宗教功用者,以其特別重視道德觀念故。中國人之道德觀念,內本於心性,而外歸極之於天。」[12]他認為,孟子「盡其心者,知其性也,知其性,則知天矣」之教,實得孔學真傳,而荀子戡天之說,則終不為後世學者所遵守。他強調說:「孟子主張人性善,此乃中國傳統文化人文精神中,惟一至要之信仰。只有信仰人性有善,人性可向善,人性必向善,始有人道可言。中國人所講人相處之道,其惟一基礎,即建築在人性善之信仰上。」[13]

錢穆指出,整個人生社會惟一理想之境界,只是一個「善」字。如果遠離了善,接近了惡,一切人生社會中將沒有理想可言。因此,自盡己性以止於至善,是中國人的最高道德信仰;與人為善,為善最樂,眾善奉行,是中國人的普遍宗教。由於人生至善,而達至於宇宙至善,而天人合一,亦只合一在這個「善」字上。中國人把一切人道中心建立在一「善」字上,又把天道建立在人道上。「修身齊家治國平天下,全只是在人圈子裏盡人道。人道則只是一善字,最高道德也便是至善。因此說,中國的文化精神,要言之,則只是一種人文主義的道德精神。」[14]道德在每個人身上,在每個人心中。儒家文化希望由道德精神來創造環境,而不是由環境來排布生命,決定人格。道德是每個人的生命,每個人的人格,是真生命、真性情的流露。「這一種道德精神,永遠會在人生界發揚光彩。而中國人則明白提倡此一道德精神而確然成為中國的歷史精神了,這是中國歷史精神之最可寶貴處。」[15]總之,錢穆認為,道德精神是中國人內心所追求的一種做人的理想標準,是中國人向前積極爭取漸向到達的一種理想人格。

---

[11] 錢穆:《民族與文化》,《錢賓四先生全集》第 37 冊(臺北:聯經出版事業公司,1998 年),頁 50。

[12] 同前注,頁 40。

[13] 同前注。

[14] 錢穆:《民族與文化》,《錢賓四先生全集》第 37 冊(臺北:聯經出版事業公司,1998 年),頁 41。

[15] 錢穆:《中國歷史精神》,《錢賓四先生全集》第 29 冊(臺北:聯經出版事業公司,1998 年),頁 154。

　　正是在這一前提下，錢穆肯認「中國文化是個人中心的文化，是道德中心的文化，這並不是說中國人不看重物質表現，但一切物質表現都得推本歸趨於道德。此所謂人本位，以個人為中心，以天下即世界人群為極量。」[16]所謂以個人為中心，以人為本位，則是以個體修身為基元，達到齊家治國平天下的一貫理想。錢穆強調中國傳統文化中之人文修養，是中國文化一最要支撐點，所謂人文中心與道德精神，都得由此做起。錢先生引用《大學》所說的「為人君，止於仁；為人臣，止於敬；為人子，止於孝；為人父，止於慈；與國人交，止於信」，作為人文修養的主要綱目。他指出：「所謂人文，則須兼知有家庭社會國家與天下。要做人，得在人群中做，得在家庭社會國家乃至天下人中做。要做人，必得單獨個人各自去做，但此與個人主義不同。此每一單獨的個人，要做人，均得在人群集體中做，但此亦與集體主義不同。要做人，又必須做一有德人，又須一身具諸德。……人處家庭中，便可教慈教孝，處國家及人群任何一機構中，便可教仁教敬。人與人相交接，便可以教信。故中國傳統文化精神，乃一切寄託在人生實務上，一切寄託在人生實務之道德修養上，一切寄託在教育意義上。」[17]

　　在這裏，我們可知儒家人文精神本質上是人的道德精神，而道德精神落腳在每一個體的人，並推廣至家、國、天下。也就是說，通過教化和修養，不同個體在家、國、天下等群體中盡自己的義務，彼此相處以德，終而能達到「天下一家」的道德理想境界。錢穆認為，中國文化之終極理想是使全人生、全社會，乃至全天下、全宇宙都變為一孝慈仁敬信的人生、社會、天下、宇宙，這即是人文中心道德精神的貫徹。錢穆認為，知識和權力都是生命所使用的工具，不是生命本身，只有人的道德精神才是人的真生命，也才是歷史文化的真生命。因此我們要瞭解歷史文化，也必須透過道德精神去瞭解。他把道德精神作為推動歷史文化的動力和安頓人生的根據。

　　錢穆用兩大命題來概括儒家哲學精義，其一為「天人合一」，其二為

---

16 同前注，頁 200。

17 錢穆：《民族與文化》，《錢賓四先生全集》第 37 冊（臺北：聯經出版事業公司，1998 年），頁 50-51。

「性道合一」。

　　關於「天人合一」。他說：「人心與生俱來，其大原出自天，故人文修養之終極造詣，則達於天人之合一。」又說：「中國傳統文化，雖是以人文精神為中心，但其終極理想，則尚有一天人合一之境界。此一境界，乃可於個人之道德修養中達成之，乃可解脫於家國天下之種種牽制束縛而達成之。個人能達此境界，則此個人已超脫於人群之固有境界，而上升到宇宙境界，或神的境界，或天的境界中。但此個人則仍為不脫離人的境界而超越於人的境界者，亦惟不脫離人的境界，乃始能超越於人的境界者。」[18]

　　錢穆在綜合中國經學的主要精神時指出：「一是天人合一的觀念，對於宇宙真理與人生真理兩方面一種最高合一的崇高信仰，在五經中最顯著、最重視，而經學成為此一信仰之主要淵源。二是以歷史為基礎的人文精神，使學者深切認識人類歷史演進有其內在一貫的真理，就於歷史過程之繁變中，舉出可資代表此項真理之人物與事業及其教訓，使人有一種尊信與嚮往之心情，此亦在經學中得其淵源。」[19]

　　也就是說，人們可以不脫離現實界而達到超越界，現實的人可以變為超越的人，可以擺脫世俗牽累，達到精神的超脫解放。中國傳統認為聖人可以達到這一境界，但聖人也是人，所謂「人人可以為聖人」，是人人都可以通過道德修養而上達於天人合一之境界。要做一個理想的人，一個聖人，就應在人生社會實際中去做。要接受這種人文精神，就必須通曉歷史，又應兼有一種近似宗教的精神，即所謂「天人合一」的信仰。中國傳統文化的終極理想，是使人人通過修養之道，具備諸德，成就理想人格，那麼人類社會也達到大同太平，現實社會亦可以變為超越的理想社會，即所謂天國、神世、理想宇宙。在錢穆那裏，「天人合一」不僅指自然與人文的統一，而且指現世與超世的統一，實然與應然的統一，現實與理想的統一，尤其是超越與內在的統一，對天道天命的虔敬信仰與對現世倫常的積極負責的統一，終極關懷

---

[18] 同前注，頁 48-49。

[19] 錢穆：《中國學術通義》，《錢賓四先生全集》第 37 冊（臺北：聯經出版事業公司，1998 年），頁 14。

與現實關懷的統一。

　　關於「性道合一」。「性道合一」其實也是「天人合一」，因為性由天生，道由人成。中國人講道德，都要由性分上求根源。換句話說，道德價值的源泉，不僅在人心之中，尤其在天心之中。《中庸》講「天命之謂性，率性之謂道」。「道」指人道、人生或文化，是對人生、人類文化一切殊相的一種更高的綜合。那麼「修道之謂教」的教育，也是一種道。中國人講的「道」不僅僅指外在的文化現象，而且指人生本體，指人生的內在的意義與價值。中國文化最可寶貴的，在其知重道。道由何來呢？道是人本位的，人文的，但道之大原出於天。「性」的含義，似有動力、嚮往、必然要如此的意向。「中國傳統文化，則從人性來指示出人道。西方科學家只說自然，中國人則認為物有物性，才始有物理可求。西方宗教家只說上帝，中國人則說天生萬物而各賦以性。性是天賦，又可以說是從大自然產生，故曰『天命之謂性』。」[20]中國人最看重人性。中國古人講「性」，超乎物理、生理之上，與西方觀念不同。人生一切活動都根於人性，而人性源於天。由天性發展而來的、人心深處的性，是性善之性、至誠之性、盡己之性的「性」。這既有人先起的性，又有人後起的性，是人性及其繼續發現和發展。一切由性發出的行為叫做道，既然人性相同，則人道也可相同。「中國人說率性之謂道，要把人類天性發展到人人圓滿無缺才是道。這樣便叫做盡性。盡己之性要可以盡人之性，盡人之性要可以盡物之性，這是中國人的一番理論。」[21]

　　錢穆強調人性不是專偏在理智的，中國人看性情在理智之上。有性情才發生出行為，那行為又再回到自己心上，那就叫做「德」。人的一切行為本都是向外的，如孝敬父母，向父母盡孝道。但他的孝行也影響到自己心上，這就是「德」。「一切行為發源於己之性，歸宿到自己心上，便完成為己之德。故中國人又常稱德性。……中國人認為行為不但向外表現，還存在自己心裏，這就成為此人之品德或稱德性。性是先天的，德是後天的，德性合

---

[20] 錢穆：《中華文化十二講》，《錢賓四先生全集》第 11 冊（臺北：聯經出版事業公司，1998 年），頁 12。

[21] 同前注，頁 16。

一，也正如性道合一，所以中國人又常稱道德。」[22]

　　綜合以上「天人合一」「性道合一」之論，可知儒家人文的道德精神是有其深厚的根源與根據的。其特點有三。第一，這種人文主義是內在的人文主義，由此可以說「中國文化是人本位的，以人文為中心的，主要在求完成一個一個的人。此理想的一個一個的人，配合起來，就成一個理想的社會。所謂人文是外在的，但卻是內發的」[23]。中國文化是性情的，是道德的，道德發於性情，這還是性道合一。第二，中國的人文主義又不是一種寡頭的人文主義，「人文求能與自然合一。……中國人看法，性即是一自然，一切道從性而生，那就自然人文合一。換句話說，即是天人合一」[24]。中國人文主義要求盡己之性、盡人之性、盡物之性，使天、地、人、物各安其位，因此能容納天地萬物，使之雍容洽化、各遂其性。第三，這種人文主義深深地植根於中國原始宗教對於天與上帝的信仰，對於天命、天道、天性的虔敬至誠之中，說人不離天，說道不離性；因而這種人文主義的道德精神又是具有宗教性的。綜上所述，內在與外在的和合、自然與人文的和合、道德與宗教的和合，是中國人精神不同於西方人文主義的特點。不瞭解這些特點，亦無從界定中國民族精神。

　　錢穆說，中國人的最高信仰，乃是天、地、人三者之合一。借用西方基督教的話來說，就是天、地、人三位一體。天地有一項工作，就是化育萬物，人類便是萬物中之一。但中國人認為，人不只是被化育，也該能幫助天地來化育。這一信念也是其它各大宗教所沒有的。世界上任何一個民族或宗教的信仰，總是認為有兩個世界存在，一個是人的、地上的或物質、肉體的世界，一個是神的、天上的或靈魂的世界。中國人則只信仰一個世界。他們認為，天地是一自然，有物性，同時也有神性。天地是一神，但同時也具物性。天地生萬物，此世界中之萬物雖各具物性，但也有神性，而人類尤然。

---

22　同前注，頁 17。

23　錢穆：《中華文化十二講》，《錢賓四先生全集》第 11 冊（臺北：聯經出版事業公司，1998 年），頁 17。

24　同前注，頁 18。

此世界是物而神、神而物的。人與萬物都有性，此性稟賦自天，則天即在人與萬物中。人與物率性而行便是道。中國人的觀念中，人神合一，人即是神，也可以說人即是天。人之善是天賦之性，人能盡此性之善，即是聖是神。這就是性道合一、人天合一、人的文化與宇宙大自然的合一、神的世界與人的世界的合一。人的一切代表著天，整個人生代表著天道。因此，天人合一是中國文化的最高信仰，文化與自然合一則是中國文化的終極理想[25]。

按錢穆的理解，中國思想史裏所缺乏的是宗教；但中國卻有一種入世的人文的宗教。儒家思想的最高發展必然常有此種宗教精神作源泉。人人皆可以為堯舜就是這種人文教的最高信仰，最高教義。這種人文教的天堂就是理想的社會，這種人文教的教堂就是現實的家庭與社會。要造成一理想的社會，必先造成人們理想的內心世界，人人共有的心靈生活。這種內在的心地，孔子曰仁，孟子曰善，陽明曰良知。只要我們到達這種心地，這個人就已先生活在理想的社會中。這是這種理想社會的起點。必須等到人人到達這種心地與生活，才是這種社會的圓滿實現。這是人類文化理想的最高可能。達到這種心地與生活的人生就是不朽的人生。儒家的這種人生實踐又必然帶著中國傳統的宗教精神，即入世的人文教精神。

儒家思想的重心與價值，只是為人類提出一個解決自身問題的共同原則。這些原則本之於人類之心性，本之於社會，本之於歷史經驗，最為近人而務實。另一方面，儒家的終極關懷又具有天命根據與冥悟體認的宗教性格。「天」「天命」「天道」是宇宙萬物、人類生命的本原，是生命意義的價值源頭，亦是一切價值之源。儒者徹悟生死和在精神上超越俗世、超越死亡的根據是天、天道、天命及其對人之所以為人的規定。儒者確實有極其濃厚的世間關懷，然而在其世間肯定之中仍有其超越的形而上的要求，即終極的最後的關懷。儒者為捍衛人格尊嚴而不惜「殺身成仁」、「捨生取義」，儒者「以天下為己任」、「救民於水火」的信念目標和救世獻身的熱誠，尤

---

[25] 詳見錢穆：《中華文化十二講》，《錢賓四先生全集》第 11 冊（臺北：聯經出版事業公司，1998 年），頁 108-111。

其是至誠至信、虔敬無欺的神聖感，盡心知性、存心養性、「夭壽不貳，修身以俟之」的安身立命之道，都表明了他們具有宗教的品格。儒者的使命感、責任感、當擔精神、憂患意識和力行實踐的行為方式，特別是信念信仰上的終極承擔，都有其超越的理據。總之，我們需要重新發掘、體認和詮解儒家「天命論」與「心性論」的精神價值。

像錢穆這樣的知識分子，終其生不忘「吃緊做人」。「數十年孤陋窮餓，於古今學術略有所窺，其得力最深者莫如宋明儒。雖居鄉僻，未嘗敢一日廢學，雖經亂離困厄，未嘗敢一日頹其志，雖或名利當前，未嘗敢動其心，雖或毀譽橫生，未嘗敢餒其氣。雖學不足以自成立，未嘗或忘先儒之榘矱，時切其向慕。雖垂老無以自靖獻，未嘗不於國家民族世道人心，自任以匹夫之有其責。」[26]他終生堅持儒家的最高信仰和終極理想，直到九六高齡，在臨終前三個月還對「天人合一」這一儒家哲學最高命題「專一玩味」，因自己最終「澈悟」而感到「快慰」。從錢穆的人生，我們亦可看出儒家人文教的宗教情意結對中國士人知識分子的精神安立的作用。

## 三、發展：活的傳統與新的走向

錢穆重視儒學在中國古代社會文化生活方式中的客觀基礎，特別是在水汌地域、農耕文明、統一天下、四民社會、文治政府、廊吏或科舉制度背景下的儒家文化絕對不是可有可無的，儒學的產生、發展及其成為中國幾千年文明維繫的軸心，都是有其客觀基礎的。

另一方面，與此相應，儒家價值系統是潛存、浸潤於廣大中國人的日常生活之中的，不過由聖人整理成系統而已。正如余英時先生所強調的，錢先生把章學誠「聖人學於眾人」的觀念具體化、歷史化了，因此著力研究二千年來隨著社會生活客觀現實的變化發展而不斷更新的儒家文化及其價值系

---

[26] 錢穆：《宋明理學概述・自序》，《錢賓四先生全集》第 9 冊（臺北：聯經出版事業公司，1998 年），頁 8。

統。

　　錢穆認為中國儒學經過了六期發展：第一，先秦是創始期。第二，兩漢是奠定期，以經學為主，而落實在一切政治制度、社會風尚、教育宗旨以及私人修養之中。第三，魏晉南北朝是擴大期，不但有義疏之學的創立，而且擴大到史學，從此經、史並稱。第四，隋唐是轉進期，儒學在經、史之外又向文學轉進。第五，宋元明是儒家之綜匯期與別出期。所謂綜匯，指上承經、史、詩文的傳統而加以融匯；所謂別出，則是理學。第六，清代儒學仍沿綜匯與別出兩路發展，但內容已大不相同，清儒的別出在考據而不在理學。晚清公羊學的興起則更是別出之別出[27]。

　　第一個時期是儒學的創始期，指先秦儒學。從孔子以後到孟子、荀子，以及其它同時的儒家，都屬於儒學創始時期的代表人物。這一時期百家爭鳴，儒家不僅最先興起，而且也最盛行。它是中國文化的正宗。孔子以前學在官府。儒學是春秋時代學術下移的產物，是由貴族學向平民學轉化的產物。他們最看重學校與教育，講師道與君道的合一，即道與治的合一。君師合一則為道行而在上，即是治世，君師分離則為道隱而在下，即為亂世。儒家所講的道，不是神道，也不是君道，而是人道。他們不講宗教出世，因此不重神道，也不講國家無上與君權至尊，因此也不重君道。他們只講一種天下太平、世界大同的人生之道，即平民道。錢穆一方面肯定儒家是古代文化思想的繼承者，另一方面也肯定儒家是新價值系統的創造者。

　　第二個時期是儒學的奠定時期，指兩漢儒學。儒學從先秦創立起，到兩漢時代確立，奠定了以後發展的基礎。錢穆不同意所謂先秦學術到了漢代就中斷了的說法。他認為，儒家在晚周及漢初一段時間內，已將先秦各家學說吸收融合，冶於一爐。在《易傳》、《中庸》、《大學》、〈禮運〉中，儒家吸收融化了道、墨諸家的思想，把宇宙觀與人生觀、文化與自然、人道與天道、個體與群體、內在道德自我與外在事功活動等等統一起來，形成了新

---

27　詳見錢穆：〈中國儒學與中國文化傳統〉，見錢著：《中國學術通義》，《錢賓四先生全集》第 25 冊（臺北：聯經出版事業公司，1998 年）或《新亞遺鐸》，《錢賓四先生全集》第 50 冊（臺北：聯經出版事業公司，1998 年）。

的價值系統。

　　兩漢儒學為經學。這是因為，就先秦儒家而言，如孔孟所師承的是古代經書傳統，所講的也是經書。兩漢以下承孔孟傳統而來，自然經學即成儒學。兩漢儒學的貢獻在於，當時的一切政治制度、經濟制度、社會風尚、教育宗旨以及人生修養種種大綱細節，均根據經學而來，同時也對以後的中國文化傳統產生了重要的影響。

　　第三個時期是儒學的擴大時期，指魏晉南北朝時期的儒學。學術界一般認為，魏晉南北朝時期是儒學衰敗時期。因為這一時期崇尚清談，老莊玄學盛行，同時又有印度佛教傳入。錢穆的觀點與眾不同，認為儒學發展到這一時期非但不歧出、不衰敗，反而呈擴大趨勢。當然，他也承認這一時期儒學的地位不如兩漢，但其研究視野、範圍比兩漢要擴大。「擴大」的意義主要表現在經學本身的注疏。對中國古代經學最大貢獻的是十三經的注疏與整理。而十三經的注疏與詮釋多出於這一時代人之手。南北朝時期的經學有南北之區別。北朝人主要側重《周官》的研究，南朝人重視禮的研究。唐代的義疏之學承接魏晉而來。如果真如一般人所說，魏晉南北朝四百年來只談老莊玄學，只談佛學出世，試問如何能繼續中國文化遺緒以開啟隋唐之盛世呢？另一方面，儒學擴及到史學方面。史學原本是經學的一部分，如鄭玄、王肅、杜預偏重於史學。《宋書》、《南齊書》、《魏書》等均出於此時。受其影響，隋代史學尤盛，無論在數量上還是在品質上，對後世均有很大影響。

　　第四個時期是儒學的轉進時期，指唐代儒學。唐代的經史之學，均盛在唐代初期，係承接魏晉南北朝人的遺產而來。也就是說，隋唐出現的儒學盛運，早在南北朝晚期已培育好了，只不過此時是結下的果實。唐代經學最著名的有陸德明的《經典釋文》，孔穎達等的《五經正義》。尤其是《五經正義》乃經學上的一大結集，後來在此基礎上陸續增為《十三經注疏》。至於史學方面的著述，如《晉書》、《梁書》、《陳書》、《北齊書》、《周書》、《南史》、《北史》、《隋書》等均為唐初所撰，但主要也多是承襲南北朝人的遺緒。

　　錢穆強調，在唐代，儒學除經史之學以外，卻另有一番轉進。他所理解的轉進，與前時期所謂的擴大稍有不同。就是說，唐代儒學的新貢獻，在於能把儒學與文學匯合，從此在經史之學以外，儒學範圍內又包進了文學一門。儒學發展到唐代，先後包容了經、史、子、集之學，為宋代以後儒學進入綜匯期打下了基礎。

　　第五個時期是儒學的綜匯期與別出期，指宋、元、明儒學。所謂綜匯，是指這個時期儒學綜通兩漢、魏晉南北朝下迄隋唐經史文學，或以儒統攝經史子集之學，經史子集之學包容在儒學範圍內。北宋諸儒，如胡瑗、孫復、石介、徐積、范仲淹等具有綜匯的特點。他們都能在教育師道、經史文學諸方面兼通匯合，創造出儒學發展史上的一番新氣象。他們學問的路向雖有差別，但不超過經史文學範圍，只是側重點不同而已。如王安石偏重經學，司馬光偏重史學，歐陽修偏重文學等等。其中不少人在政治上頗有作為。

　　所謂別出，指另有一種新儒出現，即別出儒，以區別於上述所說的綜匯儒。如周敦頤、張載、程顥和程頤兄弟諸儒。他們與綜匯儒不同，他們都不大喜歡作詩文，似乎對文學頗為輕視，也不太注意史學。在經學方面，對兩漢以後諸儒治經的功績，他們都不重視，只看重心性、修養工夫。他們所學所創，後人又稱理學。就兩漢以後的儒學大傳統而言，宋代理學諸儒可以說是儒學中的別出派。到了南宋朱子後起，儒學發生了又一次轉變。朱熹是中國學術史上傑出的通儒，在這方面可以說是承續北宋歐陽修一派綜匯之儒一脈而來。朱子之學，可以說是欲以綜匯之功而完成其別出之大業者，即想使理學的別出回歸於北宋綜匯諸儒。朱熹有兩個反對者，一是呂東萊的史學，另一是陸象山的心學。在錢穆看來，陸象山的心學可以說是別出中的別出者。如果說周敦頤、張載、二程兄弟是別出之儒，那麼陸象山則是別出儒之別出儒了。但以後儒學朱子一派得勢，他們兼通經史文學，繼續北宋綜匯諸儒的思想。

　　近代學人講儒學史時，往往忽略了兩個時代，一為魏晉南北朝，另一為元代。錢穆則不同，不僅強調了魏晉南北朝時期的儒學特色（如上所述），而且也突出了元代儒學的貢獻之處。元代講經史之學主要繼承朱熹的思想，

成就可觀。朱子的《四書章句集注》自元代起成為科舉必讀之書。明代開國的政治、經濟、文化等都淵源於元代，好像隋唐的盛運淵源於南北朝一樣。中國儒學在衰亂之世仍然能夠守先待後，開啟新的一代，顯現出它的重要作用，這是中國文化與中國儒學的特殊偉大精神的作用。

　　錢穆把明代初期與唐代初期進行比較，認為兩者有相似之處。明儒有五經四書大全，正如唐初有《五經正義》。這是根據元代朱子學說傳衍而來，此後也成為明代科舉的教科書。明初過後，儒學不能急速進行新創造，經學不見蓬勃發展，史學方面對於新史的撰述也很少見。明代與唐代的興趣多著眼於事功上。明代文學所宣導的是秦漢的文學，在詩的方面擬古主義盛行，他們沒有把握到唐代杜甫、韓愈以後的儒學納入了詩文之一趨勢。論及理學，自然以王陽明為主。陸象山之學是理學中之別出，而王陽明則可以說是別出儒中最登峰造極的人物。在錢穆看來，從宋代理學，尤其是二程、陸象山到王陽明，使儒學別出又別出，別出得不能再別出了。工夫論上則易簡再易簡，易簡得不能再易簡了。最後發展到王學末流，明代的儒學與明代的政治一樣終結了。

　　第六個時期是清代儒學的綜匯期與別出期。錢穆儘管也把這一時期的儒學發展稱為綜匯與別出，從名稱上與第五期儒學相同，但其內容不同。最先如晚明三大儒顧亭林、黃梨洲、王船山，都又走上經史文學兼通並重即北宋綜匯諸儒之路，成為一代博通大儒。這三個人中，顧亭林大體本程朱，主要是朱熹路向；王船山在理學方面雖然有不同程朱而尊張載之處，但為學路向還是朱子遺統；黃宗羲宗王陽明，但他的學術與王船山、顧亭林一樣，主張多讀書，博通經史，注重文學。他們三人大同小異，與北宋綜匯儒屬一路。當時儒學貢獻是多方面的。如史學方面：其一，學術史與人物，清儒的碑傳集，是一種創造新文體；其二，章學誠所提倡的方志學，這是歷史中的地方史或社會史。在經學上，從顧亭林到乾嘉盛世的戴東原，此時經學之盛如日中天。但最先是由儒學治經學，其後則漸漸離開儒學而經學成為別出，又其後則漸漸離開經學而考據成為別出，這是清儒經學三大轉變。宋代別出儒只尊孟子，此下即直接伊洛。清代別出之儒只尊六經，從許慎、鄭玄以下直接

清儒。到了晚清今文學公羊派，可謂登峰造極，在五經中只尊《春秋》，在三傳中只尊《公羊》，可以說是別出中的別出了。

　　錢穆關於儒學的分期及其所持的標準頗具特色。他顯然認為儒學一直在不斷發展和擴大之中，並不僅僅限於心性之學或者考據之學的範圍之內，而是在社會政事、經史博古、文章子集的各方面沿著先秦儒的博大範圍擴張。他把貫通與綜匯作為正潮，而所謂「別出」，是在某一方面突破性的發展。「別出」也很重要，無論是向「心性」還是向「考據」方面「別出」，實際上都豐富了儒學的內容，最終也融入擴大與綜匯的大潮。因此，錢穆所謂儒學史上的別出與綜匯是相互聯繫的，別出的是綜匯基礎上的別出，又以一定的綜匯為歸宿。錢穆沒有把儒學狹隘化，簡單化。儒學所以成為中國文化的主潮，是由儒學的基本精神、廣博範圍、歷史發展客觀地確立的，而不是什麼人的一廂情願。因此，某些儒家文化的攻之者與辨之者，其實都把儒學簡單化了，都把儒學的範圍縮小了，都把中國社會與中國歷史的發展抽象化了。儒學是幾千年中國人的生活方式、行為方式、思維方式、情感方式和價值取向的結晶，不是某人、某派的主觀意向或情感所確定的。錢穆堅持的儒學的大傳統或中國歷史文化的大傳統，不是孤立狹窄、單線、片面的，因此他沒有門戶之見。

　　錢穆既肯定了儒學的博大範圍，又肯定了其心性內核。錢穆認為，儒學是開放的，它吸取、融匯了諸子百家（尤其是道家）和外來的佛學，宋明學術即是顯例。錢穆關於宋明學術及宋學漢學關係的多層面、多維度的探討，取得了令人矚目的多種成果。他關於「不知宋學，則無以平漢宋之是非」；「漢學諸家之高下淺深，亦往往視其所得於宋學之高下淺深以為判」[28]等等結論，都是精彩絕倫的不易之論。這裏我們要特別說一說他對宋明理學的研究。誠然，錢穆區分了宋學與理學，然而理學始終是錢穆治學的重心，也是他的精神歸鄉與故園。錢穆對朱子《四書章句集注》給予了極高的評價，認

---

[28] 錢穆：《中國近三百年學術史》，《錢賓四先生全集》第 16 冊（臺北：聯經出版事業公司，1998 年），頁 1-2。

為是書在以後七百年間成為必讀書，地位越出五經之上，不應僅以科舉取士來解釋。朱子論四書，猶如孔子修六經。孔子修六經未必有其事，而朱子論四書不僅實有其事，而且影響之大，無與倫比。以四書代替五經，實際上是以理學來代替漢唐經學。理學使儒學達於理想的新巔峰，其貢獻決非漢唐及宋初諸儒可以比肩。錢穆充分肯定了理學在理氣論與心性論，即人生界與宇宙界的建樹。錢穆對朱子「心」範疇的研究，尤多創見。他說：「理學家中善言心者莫過於朱子。」「朱子論宇宙界，似說理之重要性更過於氣。但論人生界，則似心之重要性尤過於性。因論宇宙界，只在說明此實體，而落到人生界，要由人返天，仍使人生界與宇宙界合一，則更重在工夫，工夫則全在心上用，故說心字尤更重要。」[29] 朱子正是通過對心的論述，把宇宙與人生、理氣與心性結合起來的。

錢穆對陸王，特別是陽明格外看重。他把陽明學放到整個宋明理學本體論與工夫論的走向與爭論的背景上加以考察。陽明以致知來代替北宋相傳的集義和窮理，又以知行合一和誠意來代替北宋相傳的一個敬字。北宋以來所謂敬義夾持，明誠兩進，講工夫上的爭端，在陽明則打並歸一，圓滿解決。至於對本體方面心與物的爭端，「據普通一般見解，陽明自是偏向象山，歸入心即理的一面；其實陽明雖講心理合一，教人從心上下工夫，但他的議論，到底還是折衷心物兩極，別開生面，並不和象山走著同一的路子」[30]。錢穆認為，陽明把天地萬物說成只是一個靈明，又講離卻天地萬物，亦沒有我們的靈明，是其獨特精神之處；陽明晚年特別提出事上磨練，只為要在朱子格物和象山立心的兩邊，為他們開一通渠。錢穆指出，陽明的良知論和「知行合一」論是分不開的，是心體的實踐論，只是本著他自己內心真實經驗講，重行重事。只要知與行達到真實合一處，便就是天理。必須要等到人人作了聖人的人生，才是理想的人生。這樣的社會才是理想的社會。陽明的

---

[29] 錢穆：《朱子新學案》，《錢賓四先生全集》第 11 冊（臺北：聯經出版事業公司，1998 年），頁 50。

[30] 錢穆：《陽明學述要》，《錢賓四先生全集》第 10 冊（臺北：聯經出版事業公司，1998 年），頁 73。

簡單教法，意在建立一個具有聖人品格的理想人生和理想社會。

　　錢穆肯定心性學說是中國學術的「大宗綱」，治平事業是中國學術的「大厚本」。他說，中國歷史的傳統理想是由政治領導社會，由學術領導政治，而學術起於社會下層，不受政府控制。如前所述，這種以人為主，重視人在社會中的地位的人本主義精神，蘊含有宗教精神並代替了宗教的功能。中國學術可分為兩大綱。「一是心性之學，一是治平之學。心性之學亦可說是德性之學，即正心、誠意之學，此屬人生修養性情、陶冶人格方面」；「治平之學，亦可稱為史學，這與心性之學同樣是一種實踐之學。但我們也可說心性學是屬於修養的，史學與治平之學則是屬於實踐的。具備了某項心理修養，便得投入人群中求實踐。亦貴能投入人群中去實踐，來作心性修養工夫。此兩大綱，交相為用，可分而不可分」[31]。

　　錢穆認為，儒學的真生命，真精神，是推動我們民族及其歷史文化發展壯大，克服黑暗，走上光明的原動力，即「生力」。「五四」以來，很多人把「生力」視為「阻力」，視為「包袱」。他批評了誣謗傳統儒學精神的思潮是「過激主義」或「過激思想」，認為此一思潮「失其正趨」，「愈易傳播流行，愈易趨向極端」[32]。他屢屢駁斥這一思潮對本國歷史的無知和歪曲。例如，籠統地以所謂「封建」概括中國傳統社會，以「專制」概括古代政治體制，說「中國比西方落後一個歷史階段」云云，基本上是「襲取他人之格套，強我以必就其範圍」，「蔑視文化之個性」。他又說：「漢武帝表彰六經，罷黜百家，從此學術定於一尊。此說若經細論，殊屬非是。」「常有人以為，中國歷代帝王利用儒家思想，作為其對人民專制統治的工具。此說更屬荒謬。」[33]錢穆以歷史事實駁斥了諸如此類似是而非之論。

---

[31]　錢穆：《中國歷史研究法》，《錢賓四先生全集》第 38 冊（臺北：聯經出版事業公司，1998 年），頁 87。

[32]　參見羅義俊：〈錢穆對新文化運動的省察疏要〉，《現代新儒學研究論集》（二）（北京：中國社會科學出版社，1991 年）。

[33]　錢穆：《中國歷史研究法》，《錢賓四先生全集》第 38 冊（臺北：聯經出版事業公司，1998 年），頁 92。

　　儒家學說，不僅是天、地、人、物、我協調發展的理論，不僅有助於保護人類生存的生態環境，而且在人文沉淪的今天，有助於解決人的精神安頓與終極關懷的問題。現代人的心靈缺乏滋養，人們的生命缺乏寄託。而現代化的科技文明並不能代替現代人思考生命與死亡等等的意義和價值的問題。儒學，特別是仁與誠的形上本體論與宇宙論、心性論、人倫關係論、理想人格論、身心修養論、人生價值論等，可以擴大我們的精神空間，避免價值的單元化和平面化，避免西方「現代性」所預設的價值目標的片面性，批判工具理性的惡性膨脹。儒學的安身立命之道可以豐富我們的人生，提升我們的人格，活化性靈，解脫煩惱，緩衝內心的緊張，超越物欲的執著，復活人文理想的追求，使人真正過著人的生活。儒家精神對 21 世紀社會和人生，肯定會起著愈來愈大的作用。

　　儒學的生命力仍在民間。儒學本來就具有平民性格，是民間學術。幾千年來，它代表著社會的良知，擔當著社會的道義，以道統，即以其「領導精神」，制約、指導著政統與治統。其依託或掛搭處則是民間自由講學。隨著我國工商現代化的發展，民間書院、民間研究所、民間同人刊物的興盛已是必然的趨勢。儒學一定能適應現代生活的發展，返回於民間，扎根於民間。今天，我們亦需要作類似於由五經傳統向四書傳統轉移那樣的努力。儒學精神的現代轉化一定會取得成功。

　　錢穆不僅在先秦、漢唐、宋明、近世儒學的各領域中，造詣甚深，創見迭出，是 20 世紀中國對儒學思想發展史研究作出了重大貢獻的大師，而且也是在 20 世紀堅持、捍衛儒學基本價值、基本精神，推動儒學創造性發展的不可多得的健將。就廣義的現代新儒學陣營而言，錢穆無疑是其中的巨擘。他一再以自己的思想和實踐，呼喚一種新的儒學，來為現代中國社會重塑人生理想和人格境界。在他晚年出版的《新亞遺鐸》中，尤其是在他的晚年定論和臨終遺言中，對「天人合一」最終澈悟[34]。這種信念和訴求，可以

---

[34]　〈錢穆先生最後的心聲——中國文化對人類未來可有的貢獻〉，《中國文化》第 4 期（1991 年 8 月）。

說充盈於內外，化成了他的身心性命。

　　儒學是我們民族精神的主幹。儒學在現代社會的創造性轉化有助於促進自然、社會、人生協調和諧地發展，克服民族及人類素質的貧弱化和族類本己性的消解。一個人，一個族類，必然有自己的精神根源與根據，必然有自己終極的信念信仰。儒學資源是 21 世紀中國與世界重要的精神食糧。

# 形式抽象的哲學與人生意境的哲學
## ──論馮友蘭哲學及其方法論的內在張力

　　馮友蘭先生的哲學代表作《新理學》等「貞元六書」的傑出貢獻、價值及其在 20 世紀中國哲學史上的重要地位，自不待言[1]。本文試圖從另一個側面，探討馮先生重建中國傳統哲學過程中的內在矛盾和方法論疏失。

## 一、新理學的「形上」──抽繹的共相

　　首先我們要指出的是，在《新理學》中，乃至在整個貞元六書之中，「形上」、「形上者」、「形而上」，是指的哲學抽象後的共相觀念，是形式化與邏輯化的產物。馮先生說：「我們所謂形上、形下，相當於西洋哲學中所謂抽象、具體。上文所說之理是形而上者，是抽象底；其實際底例是形而下者，是具體底。」「照我們的系統，我們說它是形下底，但這不是說它價值低。我們此所說形上、形下之分，純是邏輯底，並不是價值底。」[2]他認為：抽象者是思的對象，具體者是感的對象；哲學中的觀念、命題及其推論，多是形式的、邏輯的，而不是事實的、經驗的；哲學只對於真際有所肯定，而不特別對於實際有所肯定。有時，他區別了「形上學底」與「形上底」，指出，如宇宙的精神、上帝等，雖是「形上學底」，然而並不是形上

---

[1]　拙作〈熊馮金賀合論〉（《哲學研究》1991 年第 2 期）對馮先生哲學作了充分的肯定，請參閱。

[2]　馮友蘭：《新理學》，《三松堂全集》第四卷（鄭州：河南人民出版社，2001 年），頁 33。

底，而是形下底。在他的系統中，形上的，是抽繹出的共相，是不含有具體內容的。如果包含有實際所指或價值導向等等內容，馮先生則認為是形下的。因此他把含有根源性、終極性、無限性、唯一至上性、有創造作為等意思的宇宙的精神、上帝等，亦視為形下的。在他的系統中，形上形下之分不是價值上的高低之分，只是抽象與具體之分，或真際與實際之分、哲學與科學之分。他指出：「真際與實際不同，真際是指凡可稱為有者，亦可名為本然；實際是指有事實底存在者，亦可名為自然。……實際又與實際底事物不同。實際底事物是指事實底存在底事事物物，例如這個桌子，那個椅子等。實際是指所有底有事實底存在者。」[3]他認為哲學對於真際，只形式地有所肯定，而不事實地有所肯定。對真際有所肯定而不特別對於實際有所肯定的，是哲學中之最哲學者。凡對實際有所肯定的哲學派別，即近於科學；對實際肯定得愈多，即愈近於科學。

　　馮友蘭又說：「形上學的工作，是對於經驗作邏輯底釋義。科學的工作是對於經驗作積極底釋義。所以，形上學及科學，都從實際底事物說起。所謂實際底事物，就是經驗中底事物。這是形上學與邏輯學、算學不同之處。在對於實際事物底釋義中，形上學只作形式底肯定，科學則作積極底肯定，這是形上學與科學不同之處。」[4]他把人的知識分為四種，第一種是邏輯學、算學，這種知識是對於命題套子或對於概念分析的知識。第二種是形上學，這種知識是對於經驗作形式的釋義的知識。知識論及倫理學的一部分（例如康德的道德形上學），即屬於此種。第三種是科學，這種知識是對於經驗作積極的釋義的知識。第四種是歷史，是對於經驗作記述的知識[5]。他說形上學命題除肯定主辭的存在外，對實際事物不作積極肯定。他把倫理學、道德形上學看作是對於經驗作形式的釋義的知識，是值得商榷的，這很

---

[3]　馮友蘭：《新理學》，《三松堂全集》第四卷（鄭州：河南人民出版社，2001年），頁 9-10。

[4]　馮友蘭：《新知言》，《三松堂全集》第五卷（鄭州：河南人民出版社，2001年），頁 153。

[5]　同前注，頁 154。

難對人的道德行為作本體論的論證，又不融攝道德實踐與生命體驗，影響了馮氏對中國哲學形上學的探討。

熊十力批評馮友蘭、金岳霖，說「金馮二人把本體當作他思維中所追求的一種境界來想，所以於無極而太極，胡講一頓。」又說：「本體不可作共相觀。作共相觀，便是心上所現似的一種相。此相便已物化，而不是真體顯露。所以說，本體是無可措思的。」[6]熊馮分歧是十分明白的，馮認為本體是共相，是有層次的，人之所共由的做人之理、之道，但是一個空套子。熊十力則強調「本體非共相」，意即本體即性即心即理，亦主亦客，即存在即活動，而不是客觀、靜態自立的，只存在不活動的。按熊十力的理解，本體不是理智或知識的對象，不是抽象一般，不可用理智相求，而只能契悟、冥會、親證、實踐、體驗。

## 二、範疇疏解：形式的邏輯的，還是價值的意義的？

運用邏輯分析方法析解、重釋中國傳統哲學範疇，無疑是 20 世紀中國哲學現代化和世界化的前提。馮先生是這一方面的開山人之一。馮先生哲學體系，亦建立在對傳統範疇作分析的基礎之上。但是，馮先生對某些中國範疇的邏輯化與形式化，割裂了生活背景，將其中寓含的真意或價值與信念加以排除，不利於傳統範疇的解讀。好在他並沒有把這一方法貫徹到底。否則，根本不可能承擔起為道德人生境界作形上學論證的任務。

正是在本文第一節所交待的理論前提下，馮先生開始了他對傳統範疇的抽繹及新理學體系的建構。馮先生用他所學到的西方哲學中的柏拉圖、亞里斯多德、新實在論的觀點與方法對中國哲學範疇所作的解析，既有成功之處，也有不成功之處。不成功則表現在容易肢解甚或曲解傳統範疇原有的意蘊。

---

6　熊十力 1938 年 3 月 19 日致居浩然信箚，轉引自居浩然：〈熊十力先生剪影〉，臺灣《傳記文學》第三卷第 1 期。

　　李約瑟曾批評過馮氏把宋代理學家的「理」和「氣」與亞里斯多德的「形式」和「質料」相對等的錯誤。李氏指出：「因為氣概括了物質的細小精微狀態，其含義比我們使用的物質——能量要豐富得多。」「中國人的永恆哲學從來不是機械論和神學，而是有機論和辯證法。」[7]李氏認為，這是中國儒、墨、道、佛諸家共同的宇宙觀念，17 世紀以後西方的有機自然主義曾得到中國宋明新儒家的直接滋潤。李氏認為，儒道有機自然主義極具現代氣息，其與現代科學宇宙觀的合拍之處，比馮友蘭認識到的要多得多[8]。「氣」是無形無象，瀰淪無涯，能質混一的。「氣」在中國哲學中所表達的是自然生命、文化生命、精神生命之流，是機體變化的連續性和不可分割的整體性。「氣」依不同存在層次而表現出不同的性狀，如形質、動能、生命力、意識、精神、心靈等都是氣。氣的運動（聚散、屈伸、升降、動靜）展現出事物的變化。氣論的方式與原子論不類，而更接近於場論[9]。由於中西傳統哲學家對宇宙觀照的方式不同，宇宙論框架不同，因此，套用亞里斯多德的個別實體和形式實體、形式——質料學說來理解與之路數不同的中國理氣學說，不能不產生誤解。《新理學》把所謂「真元之氣」理解為「絕對的料」，認為「料只是料，若無所依照之理，料根本不能為實際底物」；「氣之依照理者，即成為實際底事物，依照某理，即成為某種實際底事物」；它不僅依理而存在，而且依照動之理而動，依照靜之理而靜[10]。這就消解了有機性、連續性、生命論背景下，「氣」的能動性和多樣性，而視之為機械論背景下靜止、被動的「料」。

　　朱熹的理氣觀，視理為「形而上之道也，生物之本也」，氣為「形而下

---

7　李約瑟：〈評馮友蘭《中國哲學史》〉，郭之譯自 Science and Society, Vol. XIX, No. 3, P. 268-272，《中州學刊》1992 年第 4 期。

8　同前注。

9　詳見拙作〈中國哲學史上的非實體思想〉，《場與有：中外哲學的比較與融通》（四）（武漢：武漢大學出版社，1997 年），頁 40-41。

10　馮友蘭：《新理學》，《三松堂全集》第四卷（鄭州：河南人民出版社，2001年），頁 44、55-56。

之器也，生物之具也」[11]。但在這裏，氣是產生萬物的憑藉，且必有氣才能產生萬物。朱子認為理氣不雜不離，不可分開各在一處。「蓋氣則能凝結造作……若理則只是個淨潔空闊底世界，無形跡，他卻不會造作，氣則能醞釀凝聚生物也。」[12]這就肯定了兩氣交感化生萬物的作用。程伊川和朱子主張的「動靜無端，陰陽無始」之說[13]，《易·繫辭傳》的「易有太極，是生兩儀」和周濂溪《通書》的「二氣五行，化生萬物」等中國哲學通行的觀點，被馮先生認為是事實層面的說法，而不是邏輯層面的說法，加以拒斥。又，朱子並非認為在氣之外別有一使氣如此之理，在他看來，理、太極不是別為一物，即陰陽而在陰陽，即五行而在五行，即萬物而在萬物[14]。

關於「理」與「太極」，馮先生強調邏輯概念的抽象性，把理視為一類物、一種事、某種關係之所以然之故及其當然之則，把太極視為眾理之全。他在解釋「義理之性」時指出：「義理之性即是理，是形上底，某一類事物必依照某理，方可成為某一類事物，即必依照某義理之性，方可成為某一類事物。」[15]他舉例說，飛機必依照飛機之理，即其義理之性，方可成為飛機。他認為，義理之性是最完全的，因為它就是理。如方的物的義理之性就是方的理，是絕對的「方」。就道德之理而言，某社會之一分子的行為合乎其所屬的社會之理所規定之規律，即是道德的[16]。他對中國道德哲學範疇作出抽象，指出：「所謂仁，如作一德看，是『愛之理』。愛是事，其所依照之理是仁。」[17]又說：「人在某種社會中，如有一某種事，須予處置，在某種情形下，依照某種社會之理所規定之規律，必有一種本然底，最合乎道

[11]　《朱子文集·答黃道夫》（北京：中華書局，1985 年），頁 216。

[12]　黎靖德編：《朱子語類》第 1 冊，第一卷（北京：中華書局，1994 年），頁 3·

[13]　《近思錄》第一卷（北京：中華書局，1985 年），頁 10。黎靖德編：《朱子語類》第 1 冊，第一卷（北京：中華書局，1994 年），頁 1。

[14]　參見呂思勉：《理學綱要》（上海：上海書店影印本，1988 年），頁 95-96。

[15]　馮友蘭：《新理學》，《三松堂全集》第四卷（鄭州：河南人民出版社，2001 年），頁 82。

[16]　同前注，頁 83、110。

[17]　同前注，頁 115。

德底、至當底，處置之辦法。此辦法我們稱之曰道德底本然辦法。此辦法即是義。」[18]這種概括無疑是說得過去的，然而又是可以討論的。上述中國範疇的涵義遠比這種概括豐富得多，生動得多。

例如關於「理」、「天理」、「太極」範疇，除了所以然之故與當然之則等客觀普遍規律之外，更是德性的根源與根據。理的世界同時也是價值世界。程顥指出：「仁者，天下之正理，失正理則無序而不和」；程頤指出：「性即理也，天下之理，原其所自來，未有不善。」[19]朱熹繼承此說，指出：「性即理也。當然之理，無有不善者。故孟子之言性，指性之本而言。」[20]又說：「理，只是一個理。理舉著，全無欠闕。且如言著仁，則都在仁上；言著誠，則都在誠上；言著忠恕，則都在忠恕上；言著忠信，則都在忠信上。只為只是這個道理，自然血脈貫通。」「問：『既是一理，又謂五常，何也？』曰：『謂之一理亦可，五理亦可。以一包之則一，分之則五。』問分為五之序。曰：『渾然不可分。』」[21]

由此可見，理範疇涵括了仁、義、禮、智、信、忠、恕等核心價值觀念，涵括了道德生活的體驗，而且就在生活實踐的當下，不僅僅是客觀認知的結果。成中英說：「理兼為宇宙論及價值論的解釋及根據範疇。」「道德價值如仁、義、禮、智客觀化了宇宙及本體論的原則，而理的客觀認識內涵也就合客觀的認知經驗與主觀的價值體驗為一了。」[22]但馮先生《新理學》的原則，如我在前面所詳細交待的，必須排除實際內容，包括價值義涵和本體源頭，不能對經驗作積極的肯定或釋義，而只能作抽象的邏輯的釋義，因而就消解了「理」、「太極」等所具有的宇宙論、本體論和價值論的豐富性。馮友蘭明確說過，《易·繫辭傳》的「易有太極，是生兩儀」，周敦頤

---

18　同前注。

19　《近思錄》第一卷（北京：中華書局，1985 年），頁 10、22。

20　黎靖德編：《朱子語類》第 1 冊，第四卷（北京：中華書局，1994 年），頁 67。

21　黎靖德編：《朱子語類》第 1 冊，第六卷（北京：中華書局，1994 年），頁 100。

22　成中英：〈中國哲學範疇問題初探〉，《中國哲學範疇集》（北京：人民出版社，1985 年），頁 81。

「分陰分陽，兩儀立焉」等所謂的「太極」，「並不是我們所謂太極，我們所謂太極是不能生者」[23]。「生生之謂易」的創生性、能動性，被馮氏視為「拖泥帶水」或「披枷帶鎖」。

　　朱子嚴守程頤之說，強調仁的創造性。朱子訓「仁」為「心之德，愛之理」，亦與馮友蘭不同。陳榮捷先生說：「朱子深知此理即天地之心以生萬物之理。易言之，朱子復將程頤以生生釋仁之義，置於理之基礎上。惟有由於天地以生物為心之理，始能生愛。此一結論為儒家倫理予以形而上學之根據。此為最重要之一步，使儒學成為新儒學，同時此亦為最重要之一步，使新儒學得以完成。」[24]這就不是什麼「拖泥帶水」。相反，如果剔除了生生之德，不承認仁或愛具有生生不已的創生與造化之性，為宇宙之德的源泉，那麼朱子之「理」真成了一個空殼子。劉述先說：「朱子的理誠然是一個淨潔空闊的世界。但格物窮理，把握到了理，也就是把握到了價值與存在的根源。這樣的理決不是新實在論者由認識論的觀點推想出來，『現存』背後的『潛存』。」[25]

　　在前引關於「義理之性」的疏釋中，馮先生所說的「形上底」，只是形式的、抽象的、邏輯的，因而把道德價值範疇的義理之性與科學原理的飛機之理等量齊觀。這不僅妨礙了從價值合理性上理解「理」、「太極」範疇的內容的豐富性和條理性，尤其忽略了這些道德價值的形而上的根據、形上學的源頭。我們這裏所說的形而上是指的超越理據、終極信念，不是馮先生的「形而上」的涵義。《新理學》的最哲學的哲學將此作為具體內容予以洗汰。

　　關於存在論本身有無價值，道德的形上根據本身有無價值，是否中立，那是另一個問題。《詩經·烝民篇》的「天生烝民，有物有則，民之秉彝，

---

[23] 馮友蘭：《新理學》，《三松堂全集》第四卷（鄭州：河南人民出版社，2001年），頁60。

[24] 陳榮捷：《朱學論集》（臺北：臺灣學生書局，1982年），頁12。

[25] 劉述先：《當代中國哲學論·人物篇》（美國新澤西：八方文化企業公司，1996年），頁113。

好是懿德」，包含了人性及其根據均有善的價值的觀念。「天」、「道」、「仁」、「誠」、「理」、「太極」範疇的終極性、價值性及其與道德體驗、道德直覺的關係，用《新理學》的分析方法是分析不出來的，即使分析出來了也會被拋棄掉。

《新理學》在討論心性問題時，試圖用兩種方法來解決人性及孟荀性論的問題，指出，一是形式的、邏輯底，一是實際底、科學的。馮先生認為中國哲學家自孟荀以下，討論此問題多是實際底、科學的，即根據實際事實，證明人之本來是善或是惡。在馮先生看來，先秦哲學家除公孫龍之外，都沒有作形上形下之分別，孟子所說的性與天、道等，都是形下的（非形式化、邏輯化的）。誠然，馮先生說得對，孟子的天、道、性、仁、誠等觀念都不是形式的、邏輯的，具有經驗性，然而卻不能謂之為實際的、科學的。孟子性善論本身又包含了終極依據，具有先驗性、超越性、理想性。孟子之天與《尚書》、《詩經》、孔子之天一樣，蘊含有神性意義，是終極性的概念。否則，我們何以理解孟子的「盡心─知性─知天」、「存心─養性─事天」、「知人必先知天」、「上下與天地同流」、「浩然之氣」、「塞於天地之間」和「萬物皆備於我」諸說呢？

馮先生後來在《新原道》中說，孟子的境界可以說是「同天」的境界，儘管用了「可以說是」，然至少糾正了《新理學》對孟子的一些看法，對孟子的理解有所加深。但應注意的是，馮先生在《新原道》中仍說沒有法子斷定孟子所謂「天地」的抽象程度，仍以抽象程度來判定其形上性。馮先生在《新原道》中又說孔子和宋明理學家未能分清道德境界與天地境界，尚未能「經虛涉曠」，在「極高明」方面，尚未達到最高的標準，這種說法也是有商討餘地的。究其實質，是馮先生深受柏拉圖類型說和新實在論觀念的影響，沒有把中國範疇最富有實質內容、最富於實存意義的智慧把握好。經馮先生邏輯洗汰之後的「理」、「道體」、「大全」等已成為形式的空套子，失去了中國範疇本身所寓含的價值及根源。

## 三、空靈虛曠：
## 生存體驗的智慧，還是科學抽象的概念？

　　馮友蘭先生貞元六書中所說的玄虛、空靈，尚不是中國哲學儒釋道三教所說的玄虛、空靈的智慧。馮先生在《新知言》首章〈論形上學的方法〉的末尾說：「真正形上學底命題，可以說是『一片空靈』。空是空虛，靈是靈活。與空相對者是實，與靈相對者是死。」[26]他認為，歷史的命題是實而且死的，科學的命題是靈而不空的，邏輯學與算學中的命題是空而不靈的，形上學的命題是空而且靈的。「形上學底命題，對於實際，無所肯定，至少是甚少肯定，所以是空底。其命題對於一切事實，無不適用，所以是靈底。」[27]他以空靈的程度來判斷哲學家的形上學是否是真正的形上學，其不空靈者，即是壞的形上學。馮先生在《新原道》末章〈新統〉中說，他的「新理學」中的四個觀念：理、氣、道體、大全，是從四組形式的命題推出來的，即是說，「都是用形式主義底方法得來底。所以完全是形式底觀念，其中並沒有積極底成分。」[28]它對於實際，無所肯定。

　　馮先生自詡貞元六書「於『極高明』方面，超過先秦儒家及宋明道學。它是接著中國哲學的各方面的最好底傳統，而又經過現代的新邏輯學對於形上學的批評，以成立底形上學。它不著實際，可以說是『空』底。但其空只是其形上學的內容空，並不是其形上學以為人生或世界是空底。所以其空又與道家，玄學，禪宗的『空』不同。它雖是『接著』宋明道學中底理學講底，但它是一個全新底形上學。至少說，它為講形上學底人，開了一個全新底路。」[29]馮先生這裏的自我肯定是否太過頭了，是另一個問題。我們所注意的是，第一，馮先生新理學的形上學系統與道家、玄學、禪宗之「空」觀

---

[26]　馮友蘭：《新知言》，《三松堂全集》第五卷（鄭州：河南人民出版社，2001年），頁154。

[27]　同前注。

[28]　同前注，頁133。

[29]　同前注，頁126。

是不同的；第二，馮先生的空靈，其實只是抽象的形式的邏輯套子；第三，馮先生對道家、玄學、禪宗之「空」觀的理解是有問題的。

馮先生批評宋明道學或理學尚有禪宗所謂「拖泥帶水」的毛病。「因此，由他們的哲學所得到底人生，尚不能完全地『經虛涉曠』。」[30]他又說，清代漢學家批評宋明道學過於玄虛，而他自己則批評道學還不夠玄虛。這是指宋明道學還是「著於形象」的。如朱子以秩序為理還不夠抽象，抽象之理並不是具體事物間的秩序，而是秩序之所以為秩序者，或某種秩序之所以為某種秩序者。從這裏我們進一步看出，馮先生把「經虛涉曠」之「虛曠」理解為抽象思維、科學思維，這當然不能與釋、道、宋明理學的「虛曠」同日而語。

道玄佛禪的空靈虛曠，是空掉外在的執著與攀援，是心靈的淨化超升。這是東方人生存體驗的智慧和生命的意境。中國人生哲學和審美情趣，是空靈與充實的統一。而空靈、靜照、心無掛礙，與世務暫時絕緣，呈現著充實的、內在的、自由自得的生命。空靈、虛曠表達的是精神的淡泊寧靜，是道德人格與藝術人格的心襟氣象。它與精力彌滿的生命充實相輔相成，相得益彰[31]。按佛教的看法，真正的本體境界是不能用分別智（後得智），即理智、名相、言語加以表詮的，只有在「言忘慮絕」的境地，所謂言語道斷、心行路絕的時候，以無分別智（根本智）的遮詮方式體悟最高的本體，達到最高的境界。

馮友蘭先生在《新原人》中有關於「天地境界」的獨到闡發，非常精采，但這與他所謂的「經虛涉曠」、「空靈」，並無直接聯繫。如前所述，馮氏所指的空靈、虛曠，只是邏輯的分析與科學的抽象，而不是生命的體驗。馮先生《新知言》首章關於科學與形上學關係的說明，關於人類進步三階段：宗教──先科學的科學──科學的說明，仍是孔德的模式。以進步

---

30 馮友蘭：《新原道》，《三松堂全集》第四卷（鄭州：河南人民出版社，2001年），頁 127。

31 參見宗白華：《美學與意境》（北京：人民出版社，1987 年），頁 228-229。又見《宗白華全集》第二卷（合肥：安徽教育出版社，1994 年），頁 345-347。

——落後的二分法和近代科學為尺度、標準來衡估前現代宗教、藝術、道德、哲學等資源，仍是有局限的。這是他受到唯科學主義影響的結果。他在本章引用《世說新語》中鍾會與嵇康、《宋元學案》中邵雍與程頤的妙不可言的對話，把言外之意的意會，說成是「形式的答案」，似未搔到癢處。

## 四、六書體系：一以貫之，還是暗渡陳倉？

馮友蘭先生的「貞元六書」看似渾成一體，一以貫之，然而仔細品味，仍能發現其內在的矛盾與張力。《新理學》嘗試著重建中國傳統形上學，這種嘗試是有意義的，然而卻是不成功的。其原因乃在於形式的空套子無法寓含價值與信念，無法傳達中國哲學的特殊智慧。馮先生在《新理學》中即已開始為東方體驗的方法保留地位，在《新原人》與《新原道》中，表面上繼續貫徹《新理學》的構設，實際上已有所變易。在闡釋人生意境時，更加體認中國哲學儒釋道的神髓與價值。由於整個「貞元六書」的創制經過了1937 年至 1946 年的歷史跨度，其間作者的哲學思想日臻成熟，因而不斷疏離原預設架構，不斷防止共相觀的局限性。

《新理學》首章指出，「大全」（或宇宙、大一、天）是不可言說、不可思議的，又指出，「以物為一類而思之，與以一切物為整個而思之，其所思不同。……此所以大全、大一或宇宙，不是經驗底觀念，而只是邏輯底觀念。」[32]《新理學》末章〈聖人章〉指出，作者全書所說的「天」（大全）與宋儒不同，不過是一邏輯的觀念而已，但此章似相對認同宋儒以宇宙是道德的，以「天」為道德的根源、根據的看法，承認宋儒所說的「知天事天」可回復到「天地萬物一體之境界」。作者以下一段話洩漏了天機：「如本章所說之天，亦是宋儒所說之天，則與本書所說之系統不合。如本章所說之天，即本書第一章所說之天，則此所謂天者，不過是一邏輯底觀念而已，知

---

[32] 馮友蘭：《新理學》，《三松堂全集》第四卷（鄭州：河南人民出版社，2001年），頁 28。

天事天，如何能使人入所謂聖域？」[33]從這裏我們就可以看出新理學作者的內在矛盾與緊張。如承認宋儒之「天」，則與作者的體系不合，不承認宋儒之天，堅持自己的邏輯的「大全」觀，則無法透悟終極的境界。作者說他仍堅持自己的看法，以知天為知大全，以事天為托於大全，以大全的觀點觀物，並自托於大全，則可得到對於經驗之超脫和對自己的超脫，達到大智大仁的境界。但他又說，這種說法頗有似於道家，「不過道家是以反知入手，而得大全，其對於大全之關係是渾沌底；我們是以致知入手，而得大全，我們對於大全之關係是清楚底。」[34]從這裏我們就看到了「負的方法」的端倪，雖然作者當時尚未正式提出負的方法。作者實際上對自己單以正的方法（邏輯分析的方法）來論證道德與超道德之境發生了懷疑。在《新理學》末章的最後，我們不難看出作者對窮理盡性、達到超乎經驗、超乎自己的境界，進入聖域，覺解天地萬物與其超乎自己之自己，均為一體的理解，作者對「我心即天心」與「為天地立心」的認同，均回復到傳統哲學，而不復再有自己的邏輯的、形式的抽象。因為那種抽象與達到聖域，相距何止千萬里之遙？！作者要究「天人之際」、闡述「內聖外王之道」，然而以邏輯分析、形式抽象的方式，如何能辦到？

在《新世訓》第九篇〈存、誠、教〉中，作者依據宋儒將「敬」作為立身處世的方法，又作為超凡入聖的途徑，強調萬物一體的境界與宋明道學家的聖域。作者又依中國精神與方法把「誠」釋為內外合一的境界。這是潛於馮氏心中的中國方法的自然流露。

《新原人》與《新原道》無疑是「貞元六書」中最有價值的兩部著作。這兩部書雖不免仍有《新理學》的套路和印痕，然而真正體悟人生意境、抉發中國哲學精神的精采絕倫之論，都是從《新理學》原架構與方法脫離的結果。例如《新原人》第七章〈天地〉，對超越的宗教的肯定，對孟子之「天民」、「天職」、「天位」、「天爵」的理解，對天地境界中知天、事天、

---

[33] 馮友蘭：《新理學》，《三松堂全集》第四卷（鄭州：河南人民出版社，2001年），頁192。

[34] 同前注。

樂天、同天四種境界的闡釋，對張載《西銘》和明道仁說的發揮，對孔顏樂處及宋儒體驗的再體驗，都是以「原湯化原食」的結果，即以中國人自己的思想解釋中國精神，沒有附加外在框架。在關於「與天地參」、「與天地一」、「渾然與物同體」、「與物無對」、「合內外之道」等不可思議的儒釋道最高境界的體驗中，馮先生自身的中國素養克服了西化的釋義所造成的隔障。對中國哲學，不分析不行，但分析所造成的「隔」也不行。

　　熊十力先生對《新原人》雖也有批評，但對四重境界之說，在總體上給予了肯定。熊先生讀到《新原人》後，曾有一信給馮先生。此信雖已無存，然從馮先生的復書中不難窺見熊先生的評價。熊先生批評馮先生不承認有本體，尤其不承認心為宇宙本體，認為馮先生對「道心」的理解不是其本義。熊先生批評馮先生的四重境界說未能包括佛教的「無相之境」。馮先生辯解說，「無相之境」即《新原人》中的「同天之境」。熊先生講「孔顏之樂不與苦對」，馮先生讚歎「此言極精」。熊先生批評《新原人》第四章對孟子的「由仁義行，非行仁義也」的解釋錯了，馮先生承認「當時引用，未憶及上下文，致與原意不合。若照原意，由仁義行，是天地境界。此是一時疏忽錯誤，非有意侮聖言也。」在信中，熊先生仍批評《新理學》對理氣的討論「似欠圓融」，仍說新理學用現代的邏輯分析方法是「西洋為骨子」。馮先生承認這一點。馮先生申說：「弟近有取於道家及禪宗者亦以此……弟所得於道家禪宗之啟發耳。」[35]可見馮先生當時重視道家、禪宗，可視為馮先生「負的方法」正式出臺的背景。

　　所謂「負的方法」是體驗人生意境的正道，也是東方哲學的神髓。思與覺解不是不能分析，但到最高境界時必須掃除階梯，止息思慮。人生的化境，是不能形式化、邏輯化的，也不是能靠形式化、邏輯化達成的。形式

---

[35] 詳見馮友蘭：〈與熊十力論《新原人》書〉，《東方》雜誌 1993 年創刊號，後收入《三松堂全集》第十四卷（鄭州：河南人民出版社，2001 年），頁 622-626。蔡仲德整理。陳來在跋語中考訂此信寫作時間當在 1943 年 7 月至 1945 年 4 月之間，因信中提及作者正在寫作《新原道》。由此也可證明作者在《新原道》寫作時更進一步浸潤於中國儒釋道之中，更多地離開了新實在論和《新理學》原架構。

化、邏輯化不能承擔「貞元六書」為人生境界作形上學論證的任務。此任務
實是由中國自身的體驗方法完成的。

　　筆者在〈熊馮金賀合論〉一文中指出：馮友蘭哲學最有生命力的地方並
不是枯燥的、略嫌呆板的理、氣、道體、大全的推衍，而是他的人生哲學；
不是他的正的（分析）方法，而是他的負的（體認）方法。本文進一步指
出：馮氏哲學及其方法不是一個，至少是兩個，一個是新實在論的方法學，
一個是中國自身的體道的方法學，其間發生的衝突正是中西文化與哲學之衝
突的折射。馮氏成熟的思想，不是新實在論與宋明道學的融會、綜合，恰恰
相反，是對西學的揚棄，將其放在「技」的層次，而最終皈依中國的正統哲
學，提升到「道」的層面，信奉儒釋道融會一體的境界說與體驗、體悟的方
法學。

　　馮友蘭《新理學》的嘗試是有意義的，然而是不成功的。因此，「貞元
六書」自身就無法一以貫之，而作者不能不中途易轍轉向。經過馮氏抽象之
後的「理」、「道體」等等，已成為形式的空套子，失去了宋明理學乃至中
國哲學範疇本身所寓含的價值性與根源性及其生機。馮氏形式、質料二分的
邏輯推衍，並沒有為其人生境界說作出本體論的論證或提供形上學的基礎。
中國哲學之空靈智慧，是把握了價值與存在根源的智慧，與邏輯命題的空套
子不可同日而語。這也反映了運用邏輯分析方法於中國思想、命題、範疇的
局限。

　　《新原人》與《新原道》體認到中國哲學的精髓和真正的價值，悄悄疏
離了《新理學》的預設架構，以原湯化原食，因而取得了成功。馮氏兩卷本
《中國哲學史》到《新原人》、《新原道》，到隨心所欲、得心應手的晚年
定論，是同情理解中國精神資源並創造發揮的具有原創性的成果，是人生意
境哲學及其體道方法的成功範例，也是中國原方法的勝利。這些成果將繼續
影響後人。至若以西方思想傅會的新實在論的理學，和抗拒日丹諾夫教條不
成而不得已以蘇聯教條主義傅會的諸論，及在政治高壓下的違心之論等，很
快就會被人遺忘。

# 賀麟前期的中西文化觀與
# 理想唯心論初探

　　賀麟先生一生致力於學術研究。如果從他的處女作〈戴東原研究指南〉（此文在梁任公指導下寫成）在《晨報附刊》發表的 1923 年算起，他從事科研和教學迄今已達 64 個寒暑。他的主要著作有：《德國三大哲人處國難時之態度》（1934）、《近代唯心論簡釋》（1942）、《當代中國哲學》（1947）、《文化與人生》（1947）、《現代西方哲學講演集》（1984）、《黑格爾哲學講演集》（1986）等；主要譯著有：魯一士的《黑格爾學述》，斯賓諾莎的《倫理學》、《致知篇》，黑格爾的《小邏輯》、《哲學史講演錄》、《精神現象學》等。

　　賀麟早年留學期間，為斯賓諾莎的哲學和人品所傾倒，繼則在新黑格爾主義的影響下，傾心於從康德到黑格爾的德國古典哲學。為了向國人介紹西方哲學的正宗，他放棄了唾手可得的哈佛博士學位，在留學的最後一年毅然親赴德國學習。30 至 40 年代，他融合從柏拉圖、亞里斯多德到康德、黑格爾的理性派哲學及辯證方法，以及新黑格爾主義、唯意志主義和我國宋明理學中的程朱、陸王兩派，試圖建立一個理想主義和理性主義相結合的哲學體系。

## 一、「華化西洋文化」的中西文化觀

　　作為後「五四」時期的中國哲學代表之一，賀麟反思了中國文化走向近代的坎坷曲折歷程，批評了張之洞的「中體西用」論、胡適、陳序經的「全

盤西化」論和陶希聖等十教授的「本位文化」宣言，明確提出了「化西」的主張，即以民族文化之精華為主體，「自動地自覺地吸收融化、超越揚棄西洋現在已有的文化。」[1]

　　究竟什麼是文化的體和用呢？賀麟認為，如果從柏拉圖式的絕對的體用觀說來，作為宇宙人生真理、萬事萬物準則的道或價值理念是體，而精神生活、文化、自然，都是道的顯現，即是道之用。如果從亞里斯多德式的相對的體用觀說來，則精神生活、文化與自然都是道的不同層次的表現。低級者為較高級者之用或材料，較高級者為較低級者之體或範型。如此，則「自然為文化之用，文化為自然之體；文化為精神之用，精神為文化之體，精神為道之用，道為精神之體」[2]。也就是說，道－精神－文化－自然的四層結構中，低層為高層之用，高層為低層之體。文化為自然之體，同時又是道與精神之用。作為意識活動的精神，一方面以道為體，另一方面以自然和文化為用。

　　賀麟認為，「精神在文化哲學中，便取得主要、主動、主宰的地位。自然也不過是精神活動或實現的材料。所謂文化就是經過人類精神陶鑄過的自然，所謂理或道也不過是蘊藏在人類內心深處的法則」。[3]他把自然作為精神活動的對象和材料，把文化作為人化的自然，把道或理作為非用的純體或純範型。只有精神才是體用合一，亦體亦用的真實。因此，道只是本體，而精神乃是主體。

　　文化的本質是什麼呢？賀麟說：「嚴格講來，文化只能說是精神的顯現，也可以說，文化是道憑藉人類的精神活動而顯現出來的價值物，而非自然物。換言之，文化之體不僅是道，亦不僅是心，而乃是心與道的契合，意

---

1　賀麟：《近代唯心論簡釋》，《賀麟全集》（上海：上海人民出版社，2009 年），頁 200。

2　賀麟：《近代唯心論簡釋》，《賀麟全集》（上海：上海人民出版社，2009 年），頁 195。

3　同前注，頁 196。

識與真理打成一片的精神。」[4]質言之，文化是對象（自然）的人化（客體主體化），其邏輯的對應面則是人的精神力量的對象化（主體客體化）。文化的本質要由人類精神的本質加以理解。文化以精神為體，以自然為用。而精神是主體與客體之冥然合一。根據黑格爾的精神哲學，加上賀麟自己的「心物合一」哲學的校釋，他認為，個人一切的言行和學術文化的創造，是個人精神的顯現，一個時代的文化是時代精神的顯現，一個民族的文化是民族精神的顯現，整個世界的文化是絕對精神（按賀麟的理解是主觀精神與客觀精神的合一）逐漸實現或顯現其自身的歷程。

文化的體與用之間有著什麼樣的關係呢？賀麟提出了如下三條原則：第一，體用不可分離。無用即無體，無體即無用，沒有無用之體，也沒有無體之用。他發揮嚴復的思想，指出近代西方物質文明有其深厚的精神基礎，不能謂之有用而無體；宋明理學對於中國社會政治和民族生活具有重大深長的正面和負面、積極和消極的影響，不能謂之有體而無用。第二，體用不可顛倒。體是精神，是本質、規範；用是物質，是表現、材料。不能以用為體，以體為用。第三，各部門文化皆有其有機統一性。

對待西方文化的撞擊應取什麼樣的態度？首先，賀麟針對「全盤西化」論和「中體西用」論共同的錯誤——偏於求用而不求體，注重表面忽視本質的弊端，提出深刻理解整全的西洋文化的主張。「研究、介紹、採取任何部門的西洋文化，須得其體用之全，須見其集大成之處。」[5]他認為，學習西方，既要知情於形下的事物，又要寄意於形上的理則，得其整體，才算得對西方文化有深刻徹底的瞭解，才「不致被動地受西化影響，奴隸式的模仿」，而能夠「自覺地吸收、採用、融化、批評、創造」；「基於西洋文化的透徹把握，民族精神的創進發揚，似不能謂為西化，更不能謂為全盤西化。」[6]他說，正如宋明理學不是「佛化」的中國哲學，而是「化佛」的中

---

[4]　同前注。

[5]　賀麟：《近代唯心論簡釋》，《賀麟全集》（上海：上海人民出版社，2009 年），頁 198。

[6]　同前注，頁 199。

國哲學;現今的中國文化,也不能是「西化」的中國文化,而只能是「化西」的中國文化。與「洋務派」、「西化派」不同,賀麟提出了民族主體性的原則,相信中華民族的選擇和創造能力,並把這一「化西」的工作「建築在深刻徹底瞭解西洋各部門文化的整套的體用之全上面」。[7]用我們現在的話來說,就是要對西方器物、技藝、制度、思想、心理、習俗,特別是其價值系統和思維方式,來一個全面把握,咀嚼消化,不要引進一點,不及其餘,偏於求用而不求體,舍其本,求其末。

其次,針對體用割裂的「中體西用」論,賀麟強調中學西學各有自己的體系,各有其體用,不可生吞活剝,割裂零售。我們認為,文化系統是有機的統一體,異質文化的融合,是整體的、各層面的、長時間的相互滲透的過程。賀麟批評舊瓶新酒的機械湊合,和所謂「中國精神文明」「西方物質文明」的體用隔礙,當然是正確的。他說:「中國的舊道德、舊思想、舊哲學,決不能為西洋近代科學及物質文明之體,亦不能以近代科學及物質文明為用……中國的新物質文明須中國人自力去建設創造,而作這新物質文明之體的新精神文明,亦須中國人自力去平行地建設創造。」[8]這實際上提出了打破舊的體和用,在中西文化融通之中,建設新的體和用。

再次,針對 1935 年 1 月上海十教授所提出的「中國本位文化建設的宣言」,賀麟指出,我們既不需要狹義的西洋文化,也不需要狹義的中國文化,而應當努力創造有體有用的活文化、真文化。他批評「入主出奴的東西文化優劣論」和「附會比擬的中西文化異同論」,明確主張「以自由自主的精神或理性為主體,去吸收融化,超越揚棄那外來的文化和以往的文化。儘量取精用宏,含英咀華,不僅要承受中國文化的遺產,且須承受西洋文化的遺產,使之內在化,變成自己的活動的產業。特別對於西洋文化,不要視之為外來的異族的文化,而須視之為發揮自己的精神,擴充自己的理性的材

---

7 賀麟:《近代唯心論簡釋》,《賀麟全集》(上海:上海人民出版社,2009 年),頁 200。

8 同前注。

料。」[9]在這樣的基礎上，重建中國的活文化。在 80 年代重開文化大討論的時代，重讀賀麟的這些論述，仍然覺得非常深刻。

綜上所述，賀麟當年以精神為文化之體，自然為文化之用；以精神文明為體，物質文明為用。在我們看來，這是體用之顛倒。如果把這種顛倒再顛倒過來，那麼，上述關於體用關係的一些分析和對於西方文化挑戰所出現的不健康心態的批評，則是十分正確的。

在傳統文化與現代化的關係問題上，有鑒於「五四」新文化運動中出現的「絕對不相容」論和「好就是絕對的好」，「壞就是絕對的壞」的二元價值觀，賀麟提出了頗為迂闊，然對海外現代新儒家影響深長的「儒家思想的新開展」的課題。

賀麟前期文化觀的致命弱點是只承認精英文化，不承認世俗文化，過於看重了精英文化中的正統文化，相對輕視了多元的、豐富的非正統文化在中國文化結構和運動中的價值和功能。儘管他也論述過老莊楊墨，然仍有把傳統中國文化化約為儒家文化，又把儒家文化僅僅等同於孔、孟、程、朱、陸、王的傾向。因此，他當時對中國文化的前景作出了這樣的估價：「根據對於中國現代的文化動向和思想趨勢的觀察，我敢斷言，廣義的新儒家思想的發展或儒家思想的新開展，就是中國現代思潮的主潮。……自覺地正式地發揮新儒家思想，蔚成新儒學運動，只是時間早遲，學力充分不充分的問題。」[10]這是繼梁漱溟、張君勱、熊十力之後，對於復興儒學的最系統的論述。賀麟認為：「民族復興，不僅是爭抗戰勝利，不僅是爭中華民族在國際政治上的自由獨立平等，民族復興本質上應該是民族文化的復興，儒家文化的復興。假如儒家思想沒有新的前途，新的開展，則中華民族，與夫民族文化也就會沒有新的前途，新的開展。」[11]這樣，他就把中華民族與中國文化

---

9　賀麟：《近代唯心論簡釋》，《賀麟全集》（上海：上海人民出版社，2009 年），頁 201。

10　賀麟：《文化與人生》，同前注，頁 11-12。

11　賀麟：《文化與人生》，《賀麟全集》（上海：上海人民出版社，2009 年），頁 12。

的前途和命運,寄託在儒家思想能否獲得新開展上。這是他對於民族危機和
文化危機所作出的回應。

　　他說:「儒家思想之能否復興問題,亦即儒化西洋文化是否可能,以儒
家精神為體以西洋文化為用是否可能的問題。中國文化能否復興的問題,亦
即華化、中國化西洋文化是否可能,以民族精神為體以西洋文化為用是否可
能的問題。……如果中華民族不能以儒家思想或民族精神為主體去儒化或華
化西洋文化,則中國將失掉文化上的自主權,而陷於文化上的殖民地。」[12]
在這裏,賀麟強調了民族主體性的原則,但同時又暴露了其文化觀上的邏輯
矛盾。前面引述的《文化的體與用》認為中西文化的融合是體用全相的互
流,堅決否定了中學為體西學為用,但在《儒家思想的新開展》裏卻又主張
以儒家精神為體以西洋文化為用。將「華化」與「儒化」打上等號,是不是
把民族傳統狹隘化了呢?傳統與現代的結合點僅僅在儒家精神嗎?儒家的價
值系統能夠作為現代中國文化的主體嗎?依《文化的體與用》的邏輯,我們
可以推出在時代性和民族性的座標體系中,發展著的中西文化互為體用,交
融互補的結論;然在這裏,由於沒有解決好什麼是民族文化的主體精神的問
題,又回復到儒家傳統之「體」,因而又有了體用隔礙、機械嫁接之嫌。

　　當然,賀麟認為他所說的儒家精神並不是死的、負面的儒學,而是經過
了高舉科學與民主大旗的「五四」新文化運動「淨化」了的活的、正面的儒
學。他認為,儒家思想之消沉、僵化、無生氣、失掉孔孟的真精神和應付新
文化需要的無能,早已腐蝕在五四運動以前,曾國藩、張之洞等的提倡和實
行,不過只是舊儒家思想之回光反照和最後掙扎。「五四時代的新文化運
動,可以說是促進儒家思想新發展的一個大轉機。」[13]這是因為,第一,
「新文化運動之最大貢獻,在破壞掃除儒家的僵化部分的軀殼形式末節和束
縛個性的傳統腐化部分。他們並沒有打倒孔孟的真精神、真意思、真學術,

---

[12]　同前注,頁 13。

[13]　賀麟:《文化與人生》,《賀麟全集》(上海:上海人民出版社,2009 年),頁
　　　12。

反而因他們的洗刷掃除的工夫，使得孔孟程朱的真面目更是顯露出來」[14]。第二，「西洋文化學術之大規模的無選擇的輸入，又是使儒家思想得到新發展的一大動力」[15]。賀麟肯定了胡適等人的功績，認為他們解除傳統道德的束縛，實為建設新儒家的新道德作了預備工夫；提倡非儒家思想，正是改造儒家哲學的先行。

賀麟主張以西方正宗哲學補正、發揮中國的正統哲學，認為今後「新儒家思想發展所必循之途徑」，即是使「蘇格拉底、柏拉圖、亞里斯多德、康德、黑格爾之哲學，與中國孔、孟、程、朱、陸、王之哲學會合融貫」起來[16]。他自己身體力行，而海外現代新儒家如唐君毅、牟宗三等踵事增華，頗有建樹。

此外，賀麟反對資本主義的流弊，刻意闡揚傳統文化之不同於西學的價值，發揮道德主體人格，主張培養品學兼優的「儒工」、「儒商」，進而造成現代化工業化的新文明社會。他認為，離開社會政治法律、精神道德、思維方式的現代化而單談物質工具的現代化，便是捨本逐末。

近代以來，文化認同出現了由「離異」到「回歸」的發展過程。中西雙方都有一部分人背離自己的傳統而向對方接近，緊接著，雙方又以重建民族文化為目標，重新發掘、估價並肯定自己的傳統。這就是賀麟新儒學思想的文化背景。

賀麟文化觀儘管有不少毛病，然而其中最可貴的即是對西方文化和中國文化進行了雙重反省，既反對「西化派」膚淺蕪雜地轉手販賣，又反對「國粹派」盲目自大、抱殘守闕。他的這個思想可以說一以貫之，直到 1957 年 1 月在著名的北京大學「中國哲學史座談會」上，他與馮友蘭、鄭昕、陳修齋等先生就「開放唯心主義」和「哲學遺產繼承」問題提出了與教條主義、

---

[14] 同前注。

[15] 同前注，頁 13。

[16] 同前注，頁 15。

民族虛無主義和「全盤蘇化」思想不同的看法，並因此而遭到「批判」[17]。
他全身心地介紹西方哲學之經典、主幹，以為改造中國哲學和提高國民的理
論思維水準選擇一些最基本的思想資料。他以融會中西哲學為己任，並認為
如果對於雙方有深切瞭解的話，不能說它們之間有無法溝通的隔閡，有天壤
的差別。他在翻譯上力求中國化，認為因襲日本譯名「遂使中國舊哲學與西
洋的哲學中無連續貫通性，令人感到西洋哲學與中國哲學好像完全是兩回
事，無可融匯之點一樣。……我們要使西洋哲學中國化，要謀中國新哲學之
建立，不能不採取嚴格批評態度，徐圖從東洋名詞裏解放出來」[18]。他不僅
希望「西洋哲學中國化」，而且希望「中國哲學世界化」。他說「今後中國
哲學的新發展，有賴於對於西洋哲學的吸收與融會，同時中國哲學家也有復
興中國文化、發揚中國哲學，以貢獻於全世界人類的責任」[19]。

　　賀麟關於復興儒學的主張是迂闊的，不現實的，然而他在融貫中西、發
揚民族精神、打開中國哲學新格局等方面作出的嘗試和探討卻是有價值的。
尤其是在當前文化討論的熱潮中，重溫賀先生關於文化討論應當上升到文化
哲學的教誨，很有啟發新思的作用。他曾說：「我們現在對於文化問題的要
求已由文化跡象之異同的觀察辨別，進而要求一深澈系統的文化哲學。無文
化哲學作指標，而漫作無窮的異同之辨，殊屬勞而無功……我們不能老滯留
在文化批評的階段，應力求浸潤鑽研、神游冥想於中西文化某部門的寶藏
裏，並進而達到文化哲學的堂奧。」[20]超越比較中西文化異同優劣的階段，
進入深層次的理論探討，目下在我國正當其時。

---

17　關於此問題，詳見拙文〈我國當代哲學史上的一樁公案〉，《哲學戰線》1994 年 1
　　月第 1 期。

18　賀麟：《黑格爾‧黑格爾學述》譯序，《賀麟全集》（上海：上海人民出版社，2009
　　年），頁 173-174。

19　賀麟：《近代唯心論簡釋》，《賀麟全集》（上海：上海人民出版社，2009 年），
　　頁 264。

20　賀麟：《近代唯心論簡釋》，《賀麟全集》（上海：上海人民出版社，2009 年），
　　頁 297-298。

# 二、中學西學、心學理學兩面之調解的理想唯心論

賀麟試圖從康德出發，建構一種凌駕於唯物論與唯心論、主觀唯心論與客觀唯心論、心學與理學、機械主義與生機主義、科學哲學與人文哲學之上，涵蓋宇宙論、認識論、人生論、倫理觀的大哲學。這種哲學體系最終能否建樹是另一個問題，我們這裏首先討論的是賀麟哲學的出發點——邏輯主體的問題。

## （一）邏輯主體，溝通主客

賀麟認為，包括印度和中國哲學在內的東方哲學，「非不玄妙而形而上，但卻疏於溝通有無、主客的邏輯橋樑，缺少一個從本體打入現象界的邏輯主體。」[21]這就是說，中國傳統哲學儘管也講主客冥合，天人不二，卻難免籠統模糊，原因蓋在於缺乏作為主體甚至本體的活動根基、萬事萬識的前提和基礎的「邏輯」。這一「邏輯」的精神何在呢？可以借用斯賓諾莎的「據界說以思想」和康德的「依原則而認知」兩語概括。前者要求根據一物的本性（真觀念、共相）來思想，後者要求答覆理性所提出的問題。賀麟認為，中國缺乏具有重大影響的科學和社會思潮，「就是因為那些知識並非理性自立法度而去追問自然所得到的一發動全身的普遍規律和知識系統。」[22]這就是賀麟對於中國哲學的深刻反省。

由此出發，並根據他對於程朱、陸王的理解和綜合，他提出了「邏輯之心」的主體說。陸王有「心即理」之命題。賀麟認為程朱之「太極」或「理」也即是「心」，即是「主乎身，一而不二，為主而不為客，命物而不命於物的心，又是天地快然生物，聖人溫然愛物的仁心，又是知性知天，養性事天的有存養的心」[23]。值得重視的是，賀麟區別了作為科學對象的「心

---

[21] 轉引自張祥龍：〈賀麟傳略〉，《晉陽學刊》1985年第6期。

[22] 同前注。

[23] 賀麟：《黑格爾哲學講演集》，《賀麟全集》（上海：上海人民出版社，2009年），頁601。

理之心」，與作為哲學對象的、本質上即是自由的、「無待」的「邏輯之心」。後者即是「理性之心」，「乃一理想的超經驗的精神原則，但為經驗、行為、知識以及評價之主體。此心乃經驗的統攝者，行為的主宰者、知識的組織者，價值的評價者。自然與人生之可以理解，之所以有意義、條理與價值，皆出於此『心即理也』之心。」[24]不難看出，賀麟希望用西方哲學表現得較為充分的邏輯理念法度、普遍規律和知識系統之「心」（主體）加強中國哲學表現得較為充分的道德行為、價值評價之「心」（主體）。這一「理念之心」是認識和評價的主體，萬事萬物的本性精華。萬物之色相、意義、條理、價值之所以有客觀性，即由於此認識的或評價的主體有其客觀的必然的普遍的認識範疇或評價準則。萬物的意義、價值由主體所賦予。由此出發的唯心論，即是「心」與「理」統一（心負荷真理，理自覺於心）的精神哲學。這正是賀麟試圖建樹的。

　　賀麟考察了「心即理」的精神哲學在中西哲學史上的流變轍跡。他說，關於「物者理也、性者理也、天者理也、心者理也」的思想，隱約渾樸地居於先秦和古希臘的哲學典籍中了。宋代諸儒與歐洲唯理主義和經驗主義諸位大師重新提出了這些問題，從朱熹到陸象山，從笛卡兒、斯賓諾莎、洛克、休謨到康德，不斷地探討，辯難，最終在陸象山和康德那裏得到基本解決，開闢了哲學的新方向，即「由內以知外」的途徑。在陸象山，「心既是理，理既是在內，而非在外，則無論認識物理也好，性理也好，天理也好，皆須從體認本心之理著手。不從反省心著手，一切都是支離騖外。」[25]而在康德呢？「一方面把握住理性派的有普遍性必然性的理，一方面又採取了經驗派向內考察認識能力的方法，借先天邏輯的方法代替了心理學的方法，對於人類心靈的最高能力，純理性，鄭重地加以批評的考察，因而成立了他的即心即理亦心學亦理學的批導哲學或先天哲學。」[26]陸象山和康德哲學在方法論

---

24　賀麟：《近代唯心論簡釋》，同前注，頁3-4。

25　賀麟：《近代唯心論簡釋》，《賀麟全集》（上海：上海人民出版社，2009年），頁23。

26　同前注，頁24。

上的巨大貢獻，在於指明了認識吾心與認識宇宙的關係，要瞭解宇宙，必須從批評地瞭解自我的本性、認識的能力著手。

賀麟在這裏採取了陸王與康德互釋的方法，從比較哲學角度我們可以挑出很多毛病。賀麟本意在為他的心物不二、心理不二、體用一源、知行合一的哲學尋找哲學史的根據。不過，既然中國哲學缺少一個邏輯主體，需要從康德哲學中引入，那麼，陸王新學的「本心」怎麼能夠與具有先驗必然性和普遍性的邏輯主體等量齊觀呢？根本沒有經過近代哲學洗禮的陸王心學以吾心之明去格物窮理的方法和明心見性的禪觀，與康德批判地透過人類意識去建立有普遍必然性的知識、反對獨斷地離開主觀去肯定客觀之間，橫亙著整個近代哲學。在尋找本體界的先驗邏輯規律方面，宋明理學在何種意義上可以與康德哲學匯通、合觀，似還需要理論論證。

賀麟認為，他的唯心論不離開生活、文化或文化科學而空談抽象的心，即既注重神遊冥想乎價值的寶藏，又求精神的高潔與生活之切實受用，不落於戲論的詭辯、支離的分析、騖外的功利、蹈空的玄談。因此，他這種唯心論，「就知識之起源與限度言，為唯心論；就認識之對象與自我發展的本則言，為唯性論；就行為之指針與歸宿言，為理想主義。」[27]

所謂「心」，已如前述。所謂「性」，一方面是一物所已具之本質，另一方面又是一物須得實現的理想或範型。「本性」是自整個的豐富的客觀材料抽象出來的共相或精蘊。因此，本性是普遍的、具體的。這種具體的共相即是「理」。「唯心論即唯性論，而性即理，心學即理學，亦即性理之學。」[28]在這裏，賀麟把心學與理學等同起來。在道德論上，這種唯心論持盡性主義或自我實現主義，而在政治方面則注重研究決定整個民族命運的命脈與精神。所謂「理想」，是超越現實與改造現實的關鍵，是分別人與禽獸的關鍵。在人生論上，這種唯心論持理想主義。他認為，「欲求真正之自由，不能不懸一理想於前，以作自由之標準，而理想主義足以代表近代爭自

---

[27] 賀麟：《近代唯心論簡釋》，《賀麟全集》（上海：上海人民出版社，2009 年），頁 6。

[28] 同前注。

由運動的根本精神。」[29]

　　總之，賀麟認為他的唯心論在關於宇宙與人生的認識上揚棄了機械觀和生機觀、科學哲學與人文哲學、唯物史觀與唯心史觀，調解了自然與精神的對立，使之得到有機的統一。他對自己的理想唯心論確實抱一種理想的態度。然而這個體系終究沒有建樹起來。以涵蓋面更大、包羅至廣的「大心」統攝心學與理學，調解二者的對立，似乎沒有多大的意義。真正有價值的倒是他提出的認知主體、道德主體和審美主體合一的「邏輯主體」問題。這本是中國哲學的一大特點。運用西方哲學認識論與邏輯學的特長改造中國哲學，發掘其合理的、有價值的內容，確是一件有意義的工作。

## （二）心物平行與心體物用

　　賀麟哲學視心與物為不可分割的整體，心與物之關係，亦相當於體與用之關係。他說：「嚴格說來，心與物是不可分的整體。為方便計，分開來說，則靈明能思者為心，延擴有形者為物。據此界說，則心物永遠平行，而為實體之兩面：心是主宰部分，物是工具部分；心為物之體，物為心之用；心為物的體質，物為心的表現。故所謂物者非他，即此心之用具，精神之表現也。」[30]

　　心物平行、一體兩面的思想顯然來自斯賓諾莎。不過，賀麟揉進了陸王心學，改造了斯氏心物互不相涉論，以心為體、為主宰，物為用、為工具。他把物分為兩個層次——作為精神之外化的自然之物和作為精神自覺的活動之直接產物的文化之物。他把心看作是統率性情全體的心（而理不過只是心之性，非心之情）。心統性情說是融合了佛學的宋明理學的一個重要思想。賀麟繼承了這一思想。賀麟的心物關係說，從表層看是指的心物平行、不離不即，然從深層看則是指的心主物從、心體物用、心為決定者，物為被決定者。從此「調解自然和精神的對立，而得到有機的統一，使物不離心而獨

---

[29] 同前注，頁 6-7。

[30] 賀麟：《近代唯心論簡釋》，《賀麟全集》（上海：上海人民出版社，2009 年），頁 4。

立，致無體；心不離物而空寂，致無用」[31]。

　　心物平行論與心物主從論在邏輯上有相悖之處，昔者謝幼偉先生已曾指出[32]。賀麟答辯說：心物平行說是科學研究的前提，在科學上沒有主從體用之分，以物釋物，以心釋心，各自成為純科學研究的系統。然而，「心物一體說，或說『心物兩面一體論』（two aspects of one thing），心體物用，心主物從說，乃唯心哲學之真正看法……哲學上不能不揭出心為體物為用之旨。」[33]也就是說，心物平行說屬科學層面，心體物用說屬哲學層面，二者有所區別。從哲學上說，心在邏輯上先於物。物的意義、價值及理則均為心所決定。心構成物之所以為物的本質。賀麟並不否定科學意義上的物的存在。如黑格爾一樣，他把自然之物和文化之物都看成是精神的表現，把物質存在的時空形式看成是自然知識和自然行為所以可能的心中之理則或標準。

## （三）知行之間，動態整合

　　在探討了心物關係之後，賀麟還從理論上和歷史上考察了知行關係問題。他認為，宋儒所持的是價值的知行合一觀，其中朱熹為理想的價值的知行合一觀，王陽明為直覺的率真的價值的知行合一觀。價值的知行合一論實即是知行二元論，即先根據常識或為方便起見，將知行分為兩件事，然後再用種種努力勉強使知行合一，求兩事兼有。從途徑上說，一種是由行以求與知合一，一種是由知以求與行合一。

　　賀麟提出了普遍的自然的知行合一論，統攝價值的知行合一論，為之奠定理論基礎。賀麟發揮斯賓諾莎和格林的思想，指出：「任何一種行為皆含有意識作用，任何一種知識皆含有生理作用。知行永遠合一，永遠平行，永遠同時發動，永遠是一個心理生理活動的兩面。……只要人有意識活動

---

[31] 同前注，頁8。

[32] 參見謝幼偉：《現代哲學名著述評》（上海：正中書局，1947 年）。又見《近代唯心論簡釋》，《賀麟全集》（上海：上海人民出版社，2009 年），頁293

[33] 賀麟：《近代唯心論簡釋》，《賀麟全集》（上海：上海人民出版社，2009 年），頁296。

（知），身體的跟隨無論如何也是無法取消的。此種知行合一觀，我們稱為『普遍的知行合一論』，亦可稱為『自然的知行合一論』。一以表示凡有意識之倫，舉莫下有知行合一的事實，一以表示不假人為，自然而然即是知行合一的事實。」[34]

　　價值的知行合一說認知行合一為「應如此」的價值或理想，而自然的知行合一說則認知行合一乃是「是如此」的自然事實。這首先是因為它們關於知行的界說不同。前者以顯行隱知為行，顯知隱行為知；而後者以純意識活動為知，純生理物理動作為行。

　　賀麟認為，孫中山先生的「知難行易」之說不惟是一定的真理，而且與知主行從之說相互發明。但難易是價值問題，主從是邏輯問題。只要在邏輯上將知行主從的問題解決了，則價值上知難行易問題就會迎刃而解。所謂主從關係即是體用關係、目的與手段關係。價值的知行合一說認為知是行的本質，行是知的表現；知是目的，行是工具；知永遠決定行，行永遠被知所決定。而從自然的知行合一觀來看，知行同時發動，兩相平行，本不能互相決定，但賀麟強調，知為行之內在的動因，知較行有邏輯的先在性。肯定知的邏輯的先在性和內在推動力，更圓滿地包容了價值的知行合一說。

　　賀麟的知行合一說，既肯定了身心統一、生理與心理統一，又肯定了知的邏輯的先在性，和知主行從的關係。當然，賀麟當然還不懂得在實踐基礎上的知行辯證統一關係。然而，把知行關係從理論上強調、發揮，並建立縝密學說，從而形成具有近代意義的體系，這是賀先生的功勞。他認為，認識了知行真關係，使道德生活可以得到正確理解。他還指出了用行為心理學、現象學或意識現象學的方法更深入探討知行問題的道路。這都是值得深思的。

---

[34] 賀麟：《近代唯心論簡釋》，《賀麟全集》（上海：上海人民出版社，2009 年），頁 49。

## （四）直覺理智，兩端互補

感性的直觀以具體的事物為對象，知性的直觀以抽象的共相為對象，理性的直觀以具體的共相為對象。這是康德的思想。賀麟據此打破了直覺與理智的對立，並且在胡塞爾現象學的啟發下，提出了直覺理智二者辯證統一的原理。相當於康德之感性階段的認識，賀麟認為是一種前理智的直覺，得到的是混沌的經驗而非知識；相當於康德之知性階段的認識，賀麟認為是理智的分析，得到的是科學的知識；相當於康德之理性階段的認識，賀麟認為是一種後理智的直覺，得到的是哲學知識。我們不妨製表如下：

前理智的直覺→理智的分析→後理智的直覺
感性直觀→知性直觀→理性直觀
混沌的經驗→科學知識→哲學知識

賀麟說：「據此足見直覺與理智乃代表同一思想歷程之不同的階段或不同的方面，並無根本的衝突，而且近代哲學以及現代哲學的趨勢，乃在於直覺方法與理智方法之綜貫。」[35]賀麟當時的這一估價，為日後世界哲學發展潮流所證實。

他提出直覺有先理智與後理智之分，又認為直覺、理智、形式邏輯、矛盾思辨各有其用而不相背。他說：「直覺方法一方面是先理智的，一方面又是後理智的。先用直覺方法洞見其全，深入其微，然後以理智分析此全體，以闡明此隱微，此先理智之直覺也。先從事於局部的研究，瑣屑的剖析，積久而漸能憑直覺的能力，以窺其全體，洞見其內蘊之意義，此後理智之直覺也。直覺與理智各有其用而不相背。無一用直覺方法的哲學家而不兼采形式邏輯及矛盾思辨的；同時，亦無一理智的哲學家而不兼用直覺方法及矛盾思辨的。」[36]這裏所說的矛盾思辨，即分析矛盾、從矛盾對立之中求得統一的

---

[35] 賀麟：《近代唯心論簡釋》，《賀麟全集》（上海：上海人民出版社，2009 年），頁 77。

[36] 同前注，頁 74-75。

辯證思維方法；這裏所說的形式邏輯的方法，即「據界說以思想，依原則而求知」的幾何方法；這裏所說的直覺方法根據未經或經過形式邏輯的洗禮，劃分為前後兩種。形式邏輯、矛盾思辨與兩種直覺的動態統一，為賀麟哲學的方法學。值得注意的是，20 世紀世界第一流的自然科學家、科學史家和科學哲學家，沒有不肯定直覺在科學發現中的巨大作用的，沒有不承認直覺與理智互補的。與賀麟同時代的我國哲學家，講直覺的頗有不少，然明確地從認識階段和過程上講前理智直覺→形式邏輯→辯證思維→後理智直覺，從認識方法上講這四種方式之相互滲透與補充的，似不多見。

　　賀麟很強調歸納與演繹、分析與綜合等邏輯分析和矛盾思辨方法，但同時又認為，單靠理論分析、範疇推演而無藝術家似的直覺，則不可能真正掌握辯證法。他以超群的透視力，認識到辯證法與文化歷史發展的關係，指出黑格爾的消極理性和積極理性的辯證觀，是一種洞觀或神契。他說：「黑格爾的辯證法本身就是一個對立的統一：是形式與內容的統一，是天才的直觀與嚴謹的系統的統一，是生活體驗與邏輯法則的統一，是理性方法與經驗方法的統一。」[37] 這裏雖不免有新黑格爾主義的痕跡，但仍包含著部分的真理。辯證法是活生生、多方面的。辯證思維在人類認識史上是揚棄了機械主義的思維方式的積極成果。沒有感性體驗與理性思辨的結合，沒有認知與體知的統一，沒有整體的、當下的、暫態的直接把握，也就談不上認識辯證法。總之，形式邏輯的方法，矛盾思辨的方法，前或後理智直覺的方法，都是人類對於客觀世界的認識方法，儘管隨著認識對象或認識階段的不同，使用起來各有主從，但從整個認識來看，上述數種方法缺一不可。而且在使用此種方法時，同時含蘊著其他方法的運用，可謂你中有我，我中有你。

　　賀麟對於中國哲學的生命層面、價值層面、文化層面的體悟能力很強。他關於宋儒的直覺思維方法的討論，頗能抓住特點。一般人都認為陸王「切己自反」「回復本心」為直覺方法，賀麟獨到之處，即見得朱陸都是直覺，

---

[37] 賀麟：《近代唯心論簡釋》，《賀麟全集》（上海：上海人民出版社，2009 年），頁 118。

不過朱偏重向外透視體認，陸偏重向內反省本心。朱子的直覺法即是以「虛心涵泳、切己體察」的工夫，達到「豁然貫通焉，則眾物之表裏精粗無不到，而吾心之全體大用無不明」的直覺境界。賀麟認為，如果說狄爾泰的直觀法以價值為對象，以文化生活之充實豐富為目的；柏格森的直觀法以生命為對象，以生命之自由活潑健進為目的，斯賓諾莎的直觀法以形而上的真理為對象，以生活之超脫高潔、心靈之與理一、與道俱為目的；那麼，朱子則兼具這三個方面。

　　當然，直覺不僅僅是思維方法，同時是一種生活的態度，是精神修養達到的最高境界；直覺也不僅僅是道德的敏感，而且同時又是超道德的，藝術的、科學的或宗教的、哲學的洞觀與神契。這個問題非常複雜。賀麟把中西各家關於直覺的討論綜合起來；通過體悟和分析，形成自己的看法，頗有啟發作用。

　　在貞下起元、民族復興的抗戰前後出現的賀麟前期的中西文化觀和理想唯心論反映了我們民族邁向近代的要求，有其歷史的合理性。賀麟通過雙重的文化反省，既闡揚了中西文化的精華，又抓住了中西文化的弊端，在一定程度上提出了改造民族文化的任務，並在融會中西哲學主脈的基礎上，試圖以細密的思辨創造我們民族的哲學體系。其邏輯主體論、心體物用論、知行合一論、理性的直觀論都包含了部分的真理。

# 牟宗三的形上學體系及其意義

　　在中西哲學交流、互動的背景下產生的牟宗三哲學是 20 世紀中國哲學的一個典範。在牟宗三的許多著作中，貫串著他對於中西文化觀照的基本思想脈胳。從一定意義上說，牟氏關於中國文化和中國哲學的抉發，牟氏的新儒學思想，是建立在他對於中西文化比較研究的基礎之上的。

　　牟先生對古希臘柏拉圖、亞里斯多德等直至萊布尼茲、羅素、懷特海、維特根斯坦、海德格爾等哲學家均有深度的理解，尤其對康德、黑格爾哲學下了很大的功夫。我們甚至可以說，他幾乎是以畢生的精力會通中西哲學，特別是透過康德來重建儒學。牟先生以康德哲學作為中西互釋與會通的橋樑或比較的參考系，是非常明智的，其中蘊含了不少天才的洞見。這不僅僅是他個人的哲學愛好使然，更重要的是康德哲學與儒學具有可通約性，而且現代哲學即包含了對康德的啟蒙理性的檢討與反思。下面我們來討論道德自律、智的直覺、現象與物自身、圓善等觀念或思想架構，這是牟先生有取於康德，用來闡發儒學，並進而批評康德的基本思想內容。

## 一、借取西方哲學智慧，創構傳統中國哲學的現代型態

　　我們先來看自律道德的問題。康德的「自律」原則的提出，在西方倫理學史上產生了重大的影響。在《道德底形上學之基礎》中，康德指出，「自律原則是唯一的道德原則」，「道德底原則必然是一項定言令式」[1]。在

---

[1] 康德著、李明輝譯：《道德底形上學之基礎》（臺北：聯經出版事業公司，1991年），頁 67。

《實踐理性批判》中，康德指出：「意志自律是一切道德律和與之相符合的義務的唯一原則；反之，任意的一切他律不僅根本不建立任何責任，而且反倒與責任的原則和意志的德性相對立。……道德律僅僅表達了純粹實踐理性的自律，亦即自由的自律，而這種自律本身是一切準則的形式條件，只有在這條件之下一切準則才能與最高的實踐法則相一致。」²所謂意志自律，是指意志自己給自己以法則。自由意志和服從道德規律的意志，完全是一個東西。在康德那裏，通過「定言令式」，把他在《純粹理性批判》中邏輯可能性的「自由」概念與「自律」聯繫了起來，從而在實踐的意義上賦予了「自由」概念以客觀實在性。

牟宗三先生在《心體與性體》第一冊〈綜論〉的第三章專門討論康德的自律道德與道德的形上學，並與儒家哲學相比較。牟先生在《圓善論》中，繼續以「自律」學說詮釋孟子的「仁義內在」說。

牟氏以「自律」這個道德的最高原則，即道德主體的自我立法，來詮釋孔子「仁」說、先秦儒家「踐仁盡性」之教、孟子「仁義內在」，乃至宋明理學家的一些流派的道德哲學。我們當然可以不用「道德理性」、「道德主體」、「自律」這樣一些概念來談儒家哲學。但我們很清楚，牟先生考慮的是中西哲學的互通性、對話性。在現當代中國，哲學界的師生與研究者主要接受的是西方哲學的訓練的背景下，使用這些範疇、名相也未嘗不可，關鍵是要有相應性。

牟先生特別強調孔子的「仁」不是個經驗的概念，仁說「是依其具體清澈精誠惻怛的襟懷，在具體生活上，作具體渾淪的指點與啟發的。我們不能說在這具體渾淪中不藏有仁道之為道德理性、之為道德的普遍法則之意，因而亦不能說這混融隱含於其中的普遍法則不是先驗的，不是對任何『理性的存在』（rational being）皆有效的。不過孔子沒有經過超越分解的方式去抽象地反顯它，而只是在具體清澈精誠惻怛的真實生命中去表現它，因而仁之

---

² 康德著、鄧曉芒譯、楊祖陶校：《實踐理性批判》（北京：人民出版社，2003年），頁 43-44。

為普遍的法則不是抽象地懸起來的普遍法則，而是混融於精誠惻怛之真實生命中而為具體的普遍……」[3]

牟先生認為，孟子的仁義內在於超越的（非經驗的、非心理學的）道德心，是先天固有的，非由外鑠我的，這是先天的道德理性，而且是必須具體呈現出來的。在康德，自由意志經由其自律性所先驗提供的普遍法則，是道德行為的準繩。然而在儒家傳統，性體所展現的道德法則，其先驗性與普遍性，是隨著天命之性而當然定然如此的。孔子說：「有殺身以成仁，無求生以害仁。」孟子說：「所欲有甚於生，所惡有甚於死」；「君子所性，雖大行不加焉，雖窮居不損焉，分定故也」；「禮義之悅我心，猶芻豢之悅我口」；「由仁義行，非行仁義也。」這當然是無上命令、意志自律。這些都表示道德人格的尊嚴。在實現自然生命以上，種種外在的利害關係之外，有一超越的道德理性的標準，表示了「人的道德行為、道德人格只有毫無雜念毫無歧出地直立於這超越的標準上始能是純粹的，始能是真正地站立起。這超越的標準，如展為道德法則，其命於人而為人所必須依之以行，不是先驗的、普遍的，是什麼？」[4]確如牟先生所說，儒家的道德哲學，是從嚴整而徹底的道德意識（義）出發，是直下立根於道德理性之當身，不能有任何歧出與旁貸的。

在有關康德自律學說與儒家仁義學說的比較中，牟先生特別注重辨析道德情感的問題。康德將道德感與私人幸福原則都視為經驗原則，後天原則，是有待於外，依據純主觀的人性的特殊構造的，認為依此而建立的道德法則沒有普遍性與必然性，亦不是嚴格意義上的道德法則。康德並不是完全排斥道德感，只是不以同情心的感情等建立道德律（因為道德律是建立於實踐理性的），而是將其視為推動德性實踐的原動力。[5]

牟先生特別指出，儒家所說的道德感不是落在實然層面上，而是上提至

---

[3]　牟宗三：《心體與性體（一）》，《牟宗三先生全集》第 5 冊（臺北：聯經出版事業公司，2003 年），頁 121-122。

[4]　同前注，頁 124。

[5]　參見鄺芷人：《康德倫理學原理》（臺北：文津出版社，1992 年），頁 185-186。

超越層面而轉為具體的而又是普遍的道德之情與道德之心，這是宋明儒繼先秦儒家大講性體與心體並使二者合一的原因。他指出，惻隱、羞惡、辭讓、是非等，是心，是情，也是理。這個理固是超越的、普遍的、先天的，但不只是抽象的普遍的，而且即在具體的心與情中展現，所以是具體的普遍。王陽明的「良知」既是認識本心的訣竅，也是本心直接與具體生活發生指導、主宰關係的指南針，是「良知之天理」。

牟先生在《圓善論》中指出，孟子的主要目的在表現道德意義的仁與義皆是內發，皆是道德理性的事，即使含有情在內，此情也是以理言，不以感性之情言。他指出，孟子「性善」之「性」，其為本有或固有亦不是以「生而有」來規定，乃是就人之為人之實而純義理地或超越地來規定。「性善之性字既如此，故落實了就是仁義禮智之心，這是超越的、普遍的道德意義之心，以此意義之心說性，故性是純義理之性，決不是『生之謂性』之自然之質之實然層上的性，故此性之善是定然的善。」[6]

牟先生批評康德把「意志自由」視為一假定、「設準」，至於它本身如何可能，它的「絕對必然性如何可能，這不是人類理性所能解答的，也不是我們的理性知識所能及的，因而意志的自律只成了空說，只是理當如此，至於事實上是否真實如此，則不是我們所能知的。這樣的意志是否是一真實，是一『呈現』，康德根本不能答復這問題。但道德是真實，道德生活也是真實，不是虛構的空理論。」[7]

牟先生說：「照儒家的義理說，這樣的意志自始就必須被肯定是真實，是呈現。……他們是把這樣的意志視為我們的性體心體之一德、一作用。這性體心體是必須被肯定為定然地真實的，是就成德成聖而言人人俱有的。人固以道德而決定其價值，但反之，道德亦必須就人之能成德而向成聖之理想人格趨，始能得其決定性之真實。……人在其道德的實踐以完成其德性人格

---

6　牟宗三：《圓善論》，《牟宗三先生全集》第 22 冊（臺北：聯經出版事業公司，2003 年），頁 22-23。

7　牟宗三：《心體與性體（一）》，《牟宗三先生全集》第 5 冊（臺北：聯經出版事業公司，2003 年），頁 137-138。

底發展上是必然要肯定這性體心體之為定然地真實的，而且即在其實踐的過程中步步證實其為真實為呈現。」[8]在他看來，正宗儒家（小程、朱子學派不在其內）肯定這性體心體為定然的真實的，肯定康德所講的自由自律的意志即為此性體心體之一德，所以其所透顯所自律的道德法則自然有普遍性與必然性，自然斬斷一切外在的牽連而為定然的、無條件的。這才能顯出意志的自律，即儒家性體心體的主宰性。這道德性的性體心體不只是顯為定然命令的純形式義，只顯為道德法則之普遍性與必然性，而且還要在具體生活上通過實踐的體現工夫，作具體而真實的表現。

按牟先生的理解與詮釋，康德由道德法則的普遍性與必然性逼至意志的自律，由意志的自律進而肯定「意志之自由」，以自由為說明自律的鑰匙，然而吾人於自由卻不能證明其實在性，只能視之為主觀的假定或設準。雖然這一假定有實踐的必然性，但不能視之為一客觀的肯定。康德區別作為實踐理性的意志和感受性的良心。在康德那裏，良心不是道德的客觀基礎，只是感受道德法則、感受義務的影響的主觀條件。牟先生認為，康德雖然說到實踐理性的動力，但「動力亦虛」。儒家從孟子到宋明心學家則不然，說自律即從「心」說，意志即是心之本質的作用。心之自律即是心之自由。心有活動義，心之明覺活動即自證其實際上、客觀上是自由的。這相當於把康德所說的「良心」提上來而與理性融於一[9]。牟先生認為，道德的根本的動力，即在此超越的義理之心之自己。

牟先生指出：孟子「仁義內在」說的基本意涵即是道德主體之「自律」；康德把理性的自律意志（自由意志）看成是個必然的預設、設準，而無「智的直覺」以朗現之；孟子學中，意志自律即是本心，則其為朗現不是預設，乃是必然[10]。

---

8　同前注，頁 141-142。

9　牟宗三：《圓善論》，《牟宗三先生全集》第 22 冊（臺北：聯經出版事業公司，2003 年），頁 30。

10　參見牟宗三：《康德的道德哲學》，《牟宗三先生全集》第 15 冊（臺北：聯經出版事業公司，2003 年），頁 284-285。

　　李明輝教授進一步論證了牟先生的論說，比較全面地詮釋了孟子與康德的自律倫理學。李氏區分了康德的「自律」概念與依此概念所建立的倫理學系統。李氏指出，任何人只要具有純粹而真切的道德洞識，便會接受在其「自律」概念中所包括的一切內涵。但康德倫理學不止包括這些內涵，它還包括一套獨特的系統。「康德倫理學預設理性與情感二分的架構，其道德主體（嚴格意義的『意志』）只是實踐理性，一切情感（包括道德情感）均被歸諸感性，而排除於道德主體性之外。」[11]

　　李氏指出，孟子雖未使用「善的意志」、「定言令式」等概念，但其肯定道德的絕對性、無條件性上，與康德並無二致。從《孟子・公孫丑上》「孺子將入於井」章可見，「不忍人之心」、「怵惕惻隱之心」所發出的道德要求只能用定言令式來表達，因為它是一種無條件的要求。他分析〈離婁下〉篇「由仁義行，非行仁義也」；「君子以仁存心，以禮存心」，即涵有為義務而義務，為道德而道德的意義。李明輝對〈告子上〉篇的「口之於味」章的「心之所同然者何也？謂理也，義也。聖人先得我心之所同然耳」加以分析，指出其中涵有道德的普遍性的意涵。同篇中的「天爵」、「良貴」思想，表明孟子對人格之尊嚴的肯定，與康德把人格稱為「目的本身」，如出一轍。李氏認為，孟子亦承認這樣一種能立法的道德主體，即所謂的「本心」；而仁、義、禮、智均是本心所制定的法則，非由外面所強加。其性善義必須由道德主體之自我立法去理解。其「大體」即道德主體。「操則存，舍則亡」；「求則得之，舍則失之，是求有益於得也，求在我者也」，包涵了康德的「自由」的因果性的內容[12]。李明輝教授發揮、推進了牟先生的詮釋。

　　牟先生有關孟子與康德自律道德的比較，是非常有意義的。儘管康德的道德哲學離不開西方哲學的傳統，有自身的理論架構，但由「定言令式」出發，從意志之自我立法的意義，從實踐理性的優先性，自由與自律相互涵蘊

---

[11] 李明輝：《儒家與康德》（臺北：聯經出版事業公司，1990年），頁48。

[12] 參見李明輝：《儒家與康德》（臺北：聯經出版事業公司，1990年），頁50-71。

去理解孟子，這種詮釋並沒有傷害孟子學，相反有助於中西學術的溝通。但牟先生將朱子的道德哲學判為他律道德，並以之為「別子為宗」的說法卻存在值得商榷的地方[13]。

　　牟先生認為，伊川、朱子一系以《中庸》、《易傳》與《大學》合，而以《大學》為主。「於《中庸》、《易傳》所講之道德性體只收縮提練而為一本體論的存有，即『只存有而不活動』之理，於孔子之仁亦只視為理，於孟子之本心則轉為實然的心氣之心，因此，於工夫特重後天之涵養（『涵養須用敬』）以及格物致知之認知的橫攝（『進學則在致知』），總之是『心靜理明』，工夫的落實處全在格物致知……。」伊川、朱子「一、將知識問題與成德問題混雜在一起講，既於道德為不洽，不能顯道德之本性，復於知識不得解放，不能顯知識之本性；二、因其將超越之理與後天之心對列對驗，心認知地攝具理，理超越地律導心，則其成德之教固應是他律道德，亦是漸磨漸習之漸教，而在格物過程中無論是在把握『超越之理』方面或是在經驗知識之取得方面，一是皆成『成德之教』之本質的工夫，皆成他律道德之漸教之決定的因素，而實則經驗知識本是助緣者。」[14]

　　關於朱子為意志他律，李明輝教授對牟先生的發揮是：朱子把四端之心視為「情」，把仁、義、禮、智說為「性」。按朱子「性即理」的框架，仁、義、禮、智是理，用康德的術語來說，即是道德法則。朱子以此說性，以此為性之本然，而四端之情如性之端緒，顯露於外。在心、性、情、理四者之關係中，心與情在一邊，性與理在另一邊。以朱子的理、氣二元來說，前者屬氣，後者屬理。心是活動原則，心之活動即是情。心與情的關係是一種心理學的關係，心與性（即理）的關係是一種知識論的關係。朱子所謂

[13] 李瑞全先生在重新釐定康德自律、他律等概念的基礎上也有相關的討論，可參見李瑞全：〈朱子道德學形態之重檢〉，《鵝湖學志》1988 年第 2 期（1988 年 12 月），頁 47-62，及李瑞全：〈敬答李明輝先生對「朱子道德學形態之重檢」之批評〉，《鵝湖學志》1990 年第 4 期（1990 年 6 月），頁 137-142。

[14] 牟宗三：《心體與性體（一）》，《牟宗三先生全集》第 5 冊（臺北：聯經出版事業公司，2003 年），頁 53-54。

「心包萬理，萬理具於一心」，「此『包』或『具』並非如康德所謂『意志底立法』之意，因為『心』在朱子屬於氣，根本不能制定道德法則。因此，這只能表示一種認知上的賅攝，而非道德主體底立法。故在朱子，並無一個獨立意義的道德主體，亦即無一個能立法的道德主體。其倫理學必屬他律倫理學，故其對孟子的理解必有問題。但朱子所預設的心、理二分或性、情二分的架構與康德的架構有相合之處，此即：兩者均將道德情感（四端之心）與道德法則（仁、義、禮、智）打成兩橛，而將前者歸諸感性（氣）。」[15]

李氏認為，似乎朱子與康德的倫理學屬於同一形態，其實不然。如果根據朱子心、性、情三分的義理間架來理解孟子的「四端之心」，則其系統上的地位類乎康德的「道德情感」概念，因為康德在其二元的主體性架構中將道德情感完全歸諸感性。就這點而言，康德近於朱子，而遠於陸、王。但康德的「意志」是能立法的道德主體，而朱子的「心」卻不能立法。「反之，依陸、王『心即理』底義理間架所理解的『四端之心』與本心同屬一個層面，而本心是立法者。就肯定一個能立法的道德主體而言，康德底立場近於陸、王，而遠於朱子。然而，康德底『意志』只是實踐理性，僅含判斷原則，而不具踐履原則，因此欠缺自我實現的力量。反之，陸、王所理解的『本心』自身即能發而為四端之心，故不但含判斷原則，亦含踐履原則。……康德若要貫徹其自律倫理學底立場，在理論上必須向此而趨。」[16]

牟先生與李明輝教授都認為，只有「心即理」的義理間架，才能堅持「仁義內在」說及由「盡心、知性、知天」的內在歷程所開展的道德形上學。

按康德的《道德形上學的基本原理》，自由的重點在意志自律（自立法則）的層面，自律是德性的最高原則，而意志的他律是德性的假原則的根源。自律的原則可以表示為「除了選擇那些同時可以視作普遍律的格準之外，就不要選其他」。自律的原則或自律的具體意義是表現於無條件（至尊

---

[15] 李明輝：《儒家與康德》（臺北：聯經出版事業公司，1990 年），頁 74-75。

[16] 李明輝：《儒家與康德》（臺北：聯經出版事業公司，1990 年），頁 14-145。

無上）的令式中。任何德性令式（無條件的令式）都是意志的自律原則，這在《道德形上學的基本原理》中是積極意義的自由。在這裏，「在道德律下的意志」與「自由意志」同為一事[17]。

　　牟先生也指出，康德將屬於他律性的一切道德原則，或是屬於經驗的，由幸福原則而引出者，或是屬於理性的，由圓滿原則而引出者，儘管剔除，而唯自「意志之自律」以觀道德法則。這是「截斷眾流」句。牟先生說：「凡是涉及任何對象，由對象之特性以決定意志，所成之道德原則，這原則便是歧出不真的原則，就意志言，便是意志之他律。意志而他律，則意志之決意要做某事便是有條件的，是為的要得到什麼別的事而作的，此時意志便不直不純，這是曲的意志，因而亦是被外來的東西所決定所支配的意志，被動的意志，便不是自主自律而直立得起的意志，因而亦不是道德地、絕對地善的意志，而它的法則亦不能成為普遍的與必然的。」[18]無論是屬於經驗的私人幸福原則，還是屬於理性的圓滿原則，都不能使我們建立起有普遍性與必然性的道德法則，因而亦不能直立起我們的道德意志。因為，那或者使我們的意志潛伏於客觀而外在的本質的秩序中，或者使我們的意志蜷伏於那可怕的權威與報復中或榮耀與統治中。

　　李明輝教授也準確地分析了康德關於純粹實踐理性的一種可能的綜合運用，定言令式在形式面和實質面的意涵，及其綜合起來的意義，以及其中所包含的「自律」原則。一項可普遍化的道德原則必定是理性的原則，是以理性為依據、連帶地以理性主體（道德主體）為依據的原則。道德法則既是絕對的，作為其依據的道德主體自然也是絕對的，具有不可替代的價值或尊嚴。自律的程式最完整地顯示出定言令式的意涵，因而充分地說明了道德的本質。故而康德將意志（道德主體）的自律稱為「道德的最高原則」[19]。李

---

[17] 參見鄺芷人：《康德倫理學原理》（臺北：文津出版社，1992 年），頁 115-116。

[18] 牟宗三：《心體與性體（一）》，《牟宗三先生全集》第 5 冊（臺北：聯經出版事業公司，2003 年），頁 136。

[19] 參見李明輝：《康德倫理學與孟子道德思考之重建》（臺北：中央研究院中國文哲研究所，1994 年），頁 54-55、62-64。

氏進而指出：「康德肯定道德的本質在於道德主體的『自律』，這包含『自我立法』與『自我服從』二義。換言之，作為道德主體的『意志』一方面能為自己制定道德法則，另一方面也有能力履行道德法則之要求；這兩方面共同構成『道德責任』的概念，因為人只能為他自己所制定、同時有能力履行的法則負道德責任。」[20]

如果我們緊緊扣住康德「自律」道德學說，包括以上牟先生及李明輝教授對「自律」義的理解，用以詮釋朱子的道德學說，我們同樣可以發現朱子道德論中的「自律」的意涵。

我們先看朱子《孟子集注》中對〈盡心上篇〉告子之「生之謂性」章的評論。朱子以性氣統一論解釋人性，但堅持性氣的分辨，批評告子的混淆。朱子堅持的仍是孟子性善論的立場，肯定人禽之別，指出「告子不知性之為理，而以所謂氣者當之，是以杞柳湍水之喻，食色無善無不善之說，縱橫繆戾，紛紜舛錯，而此章之誤乃其本根。所以然者，蓋徒知知覺運動之蠢然者，人與物同；而不知仁義禮智之粹然者，人與物異也。孟子以是折之，其義精矣。」[21]朱子對〈離婁下篇〉「人之所以異於禽獸」章中的「舜明於庶物，察於人倫，由仁義行，非行仁義也」的解讀，亦很精準，指出：「在舜則皆生而知之也。由仁義行，非行仁義，則仁義已根於心，而所行皆從此出。非以仁義為美，而後勉強行之，所謂安而行之也。」[22]由朱子對孟子的詮釋可知，朱子對天賦人性的理解既與孟子相通，亦可以與康德《實踐理性批判》中的人的第二而較高的本性說相通。朱子亦肯定人能不受因果法則所支配，而自由地依道德法則而行的能力為人之本性。依康德，只有在道德法則直接決定意志，無絲毫感性夾雜其中而發生的行為才真正具有道德價值。朱子學說亦暗合道德法則的無條件性、道德義務論。楊祖漢先生對牟先生有關康德對人的「第二而又較高的本性」及孟子與康德的同與不同的解釋非常

[20] 李明輝：《孟子重探》（臺北：聯經出版事業公司，2001 年），頁 119。
[21] 朱熹：《四書章句集注》（北京：中華書局，1986 年），頁 326。
[22] 同前注，頁 294。

精到[23]。而我們認為，從這一解釋維度上看，朱子的道德哲學即含有道德的自我立法與意志自由之原則。

我們再看朱子的《仁說》：「蓋仁之為道，乃天地生物之心即物而在；情之未發而此體已具，情之既發而其用不窮，誠能體而存之，則眾善之源，百行之本，莫不在是。此孔門之教所以必使學者汲汲於求仁也。其言有曰『克己復禮為仁』，言能克去己私，復乎天理，則此心之體無不在，而此心之用無不行也。又曰：『居處恭，執事敬，與人忠』，則亦所以存此心也。又曰：『事親孝』，『事兄弟』，及物恕，則亦所以行此心也。又曰：『求仁得仁』，則以讓國而逃，諫伐而餓，為能不失乎此心也。又曰：『殺身成仁』，則以欲甚於生，惡甚於死，為能不害乎此心也。此心何心也？在天地則塊然生物之心，在人則溫然愛人利物之心，包四德而貫四端者也。」[24]

在這裏，「情」作為道德情感的實踐力量絲毫未損，而心體（仁體）的無處不在，其用之無處不行，及存心，行心，不失本心，不害本心的論說，表達了道德主體、道德法則的絕對性、普遍性、不可替代性，亦是無條件的、意志自律的。朱子並非只講知識或用知識代替了道德。他批評「萬物與我為一」的渾淪之說，可能會「認物為己」，走向他律，屈從他力，批評專言知覺者認欲為理：「抑泛言同體者，使人含糊昏緩而無警切之功，其弊或至於認物為己者有之矣；專言知覺者，使人張惶迫躁而無沉潛之味，其弊或至於認欲為理者有之矣。一忘一助，二者蓋胥失之。而知覺之云者，於聖門所示樂山能守之氣象尤不相似，子尚安得復以此而論仁哉！」[25]

我們再看朱子的〈觀心說〉：「心者，人之所以主乎身者也，一而不二者也，為主而不為客者也，命物而不命於物者也。故以心觀物，則物之理得。今復有物以反觀乎心，則是此心之外復有一心而能管乎此心也。然則所謂心者，為一耶，為二耶？為主耶，為客耶？為命物者耶，為命於物者耶？

---

[23] 詳見楊祖漢：《儒家的心學傳統》（臺北：文津出版社，1992 年），頁 39-43。

[24] 朱熹：〈仁說〉，《朱熹集》第 6 冊，第六十七卷（成都：四川教育出版社，1996 年），頁 3543。

[25] 同前注，頁 3544。

此亦不待教而審其言之謬矣。」[26]在這裏，道德理性之心體的普遍性、主宰性、當身性，躍然紙上，其為百行之源，萬善之本，明矣。

朱子又說：「夫謂人心之危者，人欲之萌也；道心之微者，天理之奧也；心則一也，以正不正而異其名耳。惟精惟一，則居其正而審其差者也，絀其異而反其同者也。能如是，則信執其中而無過不及之偏矣；非以道為一心，人為一心，而又有一心以精一之也。夫謂操而存者，非以彼操此而存之也；舍而亡者，非以彼舍此而亡之也；心而自操，則亡者存；舍而不操，則存者亡耳。然其操之也，亦曰不使旦晝之所為得以梏亡其仁義之良心云爾，非塊然兀坐以守其炯然不用之知覺，而謂之操存也。若盡心云者，則格物窮理，廓然貫通，而有以極夫心之所具之理也；存心云者，則『敬以直內，義以方外』，若前所謂精一操存之道。故盡其心而可以知性知天，以其體之不蔽而有以究夫理之自然也；存心而可以養性事天，以其體之不失而有以順夫理之自然也。是豈以心盡心，以心存心，如兩物之相持而不相舍哉！若參前倚衡之云者，則為忠信篤敬而發也；蓋曰忠信篤敬不忘乎心，則無所適而不見其在是云爾，亦非有以見夫心之謂也。且身在此而心參於前，身在輿而心倚於衡，是果何理也耶？」

「大抵聖人之學，本心以窮理，而順理以應物，如身使臂，如臂使指；其道夷而通，其居廣而安，其理實而行自然。釋氏之學，以心求心，以心使心，如口齕口，如目視目；其機危而迫，其途險而塞，其理虛而其勢逆。蓋其言雖有若相似者，而其實之不同蓋如此也，然非夫審思明辨之君子，其亦孰能無惑於斯耶！」[27]

我們從朱子對佛家「四觀」，特別是天臺宗「一心三觀」的批評中，可見朱子對孔子「操存舍亡」、孟子「仁義內在」、「盡心知性」、「存心養性」的持守與弘大。從人心、道心之辨中，即可體驗到朱子之意志自立法則、無條件令式的意涵。這裏並沒有經驗的、感性的、知性的、物欲的、功

---

[26]　同前注，頁 3540。

[27]　朱熹：〈觀心說〉，《朱熹集》第 6 冊，第六十七卷（成都：四川教育出版社，1996年），頁 3541。

利的、私人幸福原則或客觀外在權威的干擾或屈從，純然是絕對的善的意志。在這裏，「格物窮理」、「究夫理之自然」，並不會影響自律原則的貫徹。〈觀心說〉正是對超越的道德本心的闡發，是對自律原則的肯定。這裏也表現了道德本體與主體合一之「心體」的活動性，即實踐的力量[28]。朱子的「格物致知」主要功能是存理滅欲，復其本心全德之明。朱子所彰顯的恰是內在本具的道德理性。朱子之「一旦豁然貫通焉」，當然是後理智的直覺體證。朱子固然重視後天的道德教育、道德修養工夫的積累，但這並不妨礙他的超越性，以及他的道德哲學中道德意志自由的意涵。

朱子說：「『行仁自孝弟始。』蓋仁自事親、從兄，以至親親、仁民，仁民、愛物，無非仁。然初自事親、從兄行起，非是便能以仁遍天下。只見孺子入井，這裏便有惻隱欲救之心，只恁地做將去。故曰『安土敦乎仁，故能愛』，只是就這裏當愛者便愛。」「仁是理之在心者，孝弟是此心之發見者。孝弟即仁之屬，但方其未發，則此心所存，只是有愛之理而已，未有所謂孝弟各件，故程子曰：『何曾有孝弟來！』」「自古聖賢相傳，只是理會一個心，心只是一個性。性只是有個仁義理智，都無許多般樣，見於事，自有許多般樣。」[29]我們在這裏看不到牟宗三先生和李明輝先生所說的朱子把「心」僅僅視為「氣」的層面。「心」在朱子這裏就是仁體，就是能立法的道德主體。而且「心只是一個性」，「心」中就有「愛之理」等仁、義、禮、智之類的道德法則。「心」與性（理）之間並不只是知識論的關係，心體中有道德情感，在親親、仁民、愛物的實踐過程中，主體只恁地做將去。

---

28 金春峰先生的《朱熹哲學思想》（臺北：東大圖書公司，1998 年）一書在討論朱子「中和新舊說」、〈仁說〉時，肯定朱子的心性、道德學說類如康德的思想，是道德自律系統。本文參考了金著頁 60-61、97-100。

29 黎靖德編：《朱子語類》第 2 冊，第二十卷（北京：中華書局，1994 年），頁 473-475。

## 二、批評反省西方哲學，重建中國哲學的本體論

　　牟先生哲學以「智的直覺如何可能」作為突破口。依康德的思路，道德以及道德的形上學之可能與否，關鍵在於智的直覺是否可能。在西方哲學傳統中，智的直覺沒有彰顯出來，而在中國哲學中卻有充分的顯現。中國儒釋道三家都肯定智的直覺。儒家孟子所謂「本心」、張載所謂「德性之知」、「心知廓之」、「心知之誠明」，都是講的道德創生之心，其知也非概念思考知性之知，乃是遍、常、一而無限的道德本心之誠明所發的圓照之知。創生是重其實體義，圓照是重其虛明（直覺）義。這裏沒有內外、能所的區別。在圓照與遍潤之中，萬物不以認識對象的姿態出現，乃是以自在物的姿態出現。所以，圓照之知無所不知而實無一知，萬物在其圓照之明澈中恰如其為一「自在物」而明澈之，既不多也不少。這裏不是通過範疇的靜態思考，亦超越了主客對待關係，朗現的就是物之在其自己，並無普遍所謂的認知意義。這是「無限的道德本心之誠明所發之圓照之知，則此知是從體而發（本心之誠明即是體），不是從見聞而發，此即康德所謂『只是心之自我活動』的智的直覺（如果主體底直覺只是自我活動的，即只是智的，則此主體必只判斷它自己）。它的直覺只是此主體之自我活動，即表示說它不是被動的，接受的，此顯然是從體而發，不從見聞而發之意，也就是說，它不是感觸的直覺。因不是感觸的，所以是純智的，在中國即名曰『德性之知』，言其純然是發於誠明之德性，而不是發於見聞之感性也。」[30]這種純然的天德誠明的自我活動，「純出於天，不繫於人」，是中國儒家共許之義，然在康德處於西方學術之背景下，卻反復說人不可能有這種知。此足見中西兩傳統之異。

　　按儒學傳統，講道德，必須講本心、性體、仁體，而主觀地講的本心、性體、仁體，又必須與客觀地講的道體、性體相合一而為一同一的絕對無限

---

[30]　牟宗三：《智的直覺與中國哲學》，《牟宗三先生全集》第 20 冊（臺北：聯經出版事業公司，2003 年），頁 242。

的實體。為什麼要這樣呢？因為所謂道德是依無條件的定然命令而行的。發出無條件的定然命令者，康德名曰自由意志，即自發自律的意志，而在中國的儒者則名曰本心、仁體或良知，而此即吾人之性體。如此說性，是康德乃至整個西方哲學中所沒有的。

　　牟先生指出：「性是道德行為底超越根據……性體既是絕對而無限地普遍的，所以它雖特顯於人類，而卻不為人類所限，不只限於人類而為一類概念，它雖特彰顯於成吾人之道德行為，而卻不為道德界所限，只封於道德界而無涉於存在界。它是涵蓋乾坤，為一切存在之源的。不但是吾人之道德行為由它而來，即一草一木，一切存在，亦皆繫屬於它而為它所統攝，因而有其存在。所以它不但創造吾人的道德行為，使吾人的道德行為純亦不已，它亦創生一切而為一切存在之源，所以它是一個『創造原則』，即表象『創造性本身』的那個創造原則，因此它是一個『體』，即形而上的絕對而無限的體，吾人以此為性，故亦曰性體。」[31]

　　儒者所講的本心或良知是根據孔子所點醒的「仁」而來的。仁與天地萬物一體，仁心體物而不遺，所以仁即是體，即是創造原則。但是，我們如無法妙悟本心，則本心受限制而忘失本性，乃轉為習心或成心而受制於感性，梏於見聞，即喪失其自律性。然本心、仁體的本質是無限的，具有絕對普遍性，當我們就無條件的定然命令而說意志為自由自律時，此自由意志必是絕對而無限的，此處不需另外立上帝，只是一體流行，孟子所謂惻隱之心即本心之呈現，所以不能只是一個假設，而是一個事實。

　　牟先生說：「智的直覺既可能，則康德說法中的自由意志必須看成是本心仁體底心能，如是，自由意志不但是理論上的設準而且是實踐上的呈現。智的直覺不過是本心仁體底誠明之自照照他（自覺覺他）之活動。自覺覺他之覺是直覺之覺。自覺是自知自證其自己，即如本心仁體之為一自體而覺之。覺他是覺之即生之，即如其繫於其自己之實德或自在物而覺之。智的直

---

[31] 牟宗三：《智的直覺與中國哲學》，《牟宗三先生全集》第 20 冊（臺北：聯經出版事業公司，2003 年），頁 246。

覺既本於本心仁體之絕對普遍性、無限性以及創生性而言，則獨立的另兩個設準（上帝存在及靈魂不滅）即不必要。」[32]

也就是說，本心仁體不但特顯於道德行為之成就，亦遍潤一切存在而為其體，因此不僅具有道德實踐的意義，而且具有存有論的意義。在道德的形上學中，成就個人道德創造的本心仁體總是連帶著其宇宙生化而為一的，因為這本是由仁心感通之無外而說的。就此感通之無外說，一切存在皆在此感潤中而生化，而有其存在。道德界與自然界之懸隔不待通而自通。那麼認為牟先生以混淆存有與價值（境界）的做法來溝通內在與超越之間之關係的說法[33]，顯然是對牟先生形上學思想的嚴重誤解。牟先生指出，我們不能只依智的直覺只如萬物之為一自體（在其自己）而直覺地知之，因為這實際上是「以無知知」，即對於存在之曲折之相實一無所知。如是，則本心仁體不能不一曲而轉成邏輯的我，與感觸直覺相配合，以便對於存在之曲折之相有知識，此即成功現象之知識。邏輯的我、形式結構的我是本心仁體「曲致」或「自我坎陷」而成者。兩者有一辯證的貫通關係。主體方面有此因曲折而成之兩層，則存在方面亦因而有現象與物自體之分別。相對於邏輯的我而言，為現象或對象；相對於本心仁體之真我言，為物自體或自在相。

牟先生又論證了道家與佛家的「智的直覺」。在道家的方式下，智的直覺是在泯除外取前逐之知而歸於自己時之無所住無所得之「無」上出現的。這不是不可能的，只是康德也不能夠瞭解這樣的智的直覺。但道家的智的直覺側重在虛寂方面說，其所謂「生之畜之」是消極的「自化」之義，不似儒家由正面凸現本心仁體之創生性。道家所開啟的是藝術的觀照境界，而不是道德的實踐境界。道家所成就的智的直覺的型態，是虛寂圓照的境界，此之謂「無知而無不知」。佛家的智的直覺寄託在圓教之般若智中。般若智的圓智恰與識知相反。識之認知是取相的，有固定的對象和能所的對待。但在圓照下呈現的實相卻非對象，不在能所對待的架構之中。佛家緣起性空的智心

[32]　牟宗三：《智的直覺與中國哲學》，《牟宗三先生全集》第 20 冊（臺北：聯經出版事業公司，2003 年），頁 258。

[33]　鄭家棟：《牟宗三》（臺北：東大圖書公司，2000 年），頁 155。

圓照是滅度的智的直覺。若於此說物自身，則實相、如，即是物自身，即是「無自己」的諸法之在其自己。至於識之勢而有定相則當即是所謂現象。牟先生認為真正的圓教在天臺宗，在天臺，智的直覺始能充分朗現。

牟先生指出，人現實上當然是有限的存在，但可以因此無限性的超越者以為體而顯其創造性，因而得有一無限性。這正是理想主義之本質，也正是中國儒釋道三教之本質。由於有了智的直覺這一主體機能，有限的人生取得了無限的價值和意義。儒家講「義命分立」、「盡性知命」。「儒家說『命』，說人的有限性，是偏於消極的限制意義上說，因儒家不以為世界之意義不可知，知之並不妨礙人之盡性盡義，且可是一道德創造之動力。人之有限性雖是道德之必要條件，但人的無限性是道德實踐之充足條件。」[34]

牟先生說：「智的直覺所以可能之根據，其直接而恰當的答復是在道德。如果道德不是一個空觀念，而是一真實的呈現，是實有其事，則必須肯認一個能發布定然命令的道德本心。這道德本心底肯認不只是一設準的肯認，而且其本身就是一種呈現，而且在人類處真能呈現這本心。本心呈現，智的直覺即出現，因而道德的形上學亦可能。」[35]

儒家從道德上說智的直覺是正面說，佛家道家從對於不自然與無常的痛苦感受而向上翻求「止」求「寂」，是從負面說。牟先生認為這都是從人的實踐以建立或顯示智的直覺。儒家是從道德的實踐入手，佛道兩家是從求止求寂的實踐入手。其所成的形上學叫做實踐的形上學，儒家是道德的形上學，佛道兩家是解脫的形上學。形上學，經過西方傳統的紆曲探索以及康德的批判檢定，就只剩下這實踐的形上學，而此卻一直為中國的哲學傳統所表現。如果只有實踐的形上學，則形上學中所表現的最高的實有，無限而絕對普遍的實有，必須是由實踐（道德的或解脫的）所體證的道德的本心（天心）、道心（玄照的心）或如來藏自性清淨心。除此以外，不能再有別的。

---

34　吳明：〈「徹底的唯心論」與中西哲學會通〉，蔡仁厚等著、李明輝主編：《牟宗三先生與中國哲學之重建》（臺北：文津出版社，1996 年），頁 104。

35　牟宗三：《智的直覺與中國哲學》，《牟宗三先生全集》第 20 冊（臺北：聯經出版事業公司，2003 年），頁 447。

人的真實性乃至萬物的真實性只有靠人之體證證現這本心、道心或自性清淨心而可能。「基本存有論」就只能從本心、道心或真常心處建立。

康德所意想的真正形上學是他所謂「超絕形上學」，其內容是集中於自由意志、靈魂不滅、上帝存在這三者之處理。康德認為對於這三者，理論理性是不能有所知的，要想接近它們，只有靠實踐理性。通過實踐理性的要求，乃不能不設擬這三者，但設擬不是具體真實的呈現，因此康德只能成就一「道德的神學」，而不能充分實現「道德的形上學」。康德受西方文化宗教之傳統的限制，沒有充分完成道德的形上學。因為意志之自由自律，是道德所以可能的先天根據（本體），這並不錯，但這個本體是否能達到「無外」的絕對的普遍性，康德並沒有明確的態度。「物自身」這個概念是就一切存在而言，並不專限人類或有理性的存在，但自由自律之意志是否能普遍地相應「物自身」這個概念，康德亦沒有明確的態度[36]。而以美學判斷來溝通道德界與存在界，並不能從根本上充分地解決兩界合一的問題。

康德將「現象」與「物自身」（或譯為「智思物」、「物自體」）的區分稱為「超越的區分」（李明輝認為應稱為「先驗的區分」），其基本預設在於人的有限性。牟先生認為，「物自身」不僅是個事實的概念，而且是個有價值意味的概念。「在康德處，人類是決定的有限存在，因此，是不能有『無限心』的。我們不能就人類既可說有限心，同時亦可說無限心。可是如

---

36 關於牟先生對「物自身」概念的詮釋，李明輝認為接近於費希特，並認為牟取消理性與直覺的對立，將智的直覺視為實踐理性的表現方式，均與費希特相類似。見李明輝：〈牟宗三哲學中的「物自身」概念〉，氏著《當代儒學之自我轉化》（臺北：中央研究院中國文哲研究所，1994 年），頁 50-51。賴賢宗認為，牟先生的道德形上學更像是一種費希特式的和謝林哲學式的觀念論詮釋，在反思的主體主義，強調智的直覺與主體的能動性方面類似費希特；而在知體明覺直契絕對境界方面類似謝林，總體上更接近歸趨於絕對的同一性之神秘的智的直觀的謝林。見賴賢宗：〈牟宗三的道德形上學與康德哲學、德意志觀念論〉，氏著：《體用與心性：當代新儒家哲學新論》（臺北：臺灣學生書局，2001 年），頁 129、162-163。

果我們把無限心只移置於上帝處，則我們不能穩住價值意味的物自身。」[37]因為依康德的說法，「物自身」是對於上帝的「智的直覺」而呈顯，而「智的直覺」是創造的，上帝的直覺即是創造，所以上帝的創造是創造物自身而不是創造具有時空的現象。康德不肯將神聖性許給人類，其有關道德的真知灼見轉變為虛幻。牟先生揭示了中國哲學由實踐而朗現的「無限心」亦即「智的直覺」，這就意味著「吾人通過吾人之道德意識呈露自由無限心，對無限心所發的智的直覺而言，吾人的存在是『物自身』之存在，從吾人『物自身』的身分即可說吾人具有無限與永恆的意義。依儒家義理，人的『物自身』身分（即智思界身分）『實而不虛』，這『物自身』是吾人的道德主體，同時是吾人的真實存有。於此，『本體界的存有論』，亦曰『無執的存有論』，亦曰『道德的形上學』得以穩固建立。」[38]牟先生穩住「物自身」的意義，開出真實的道德界，又進而開存在界，是真正的創慧。

牟先生認為，順著中國哲學的傳統講出智的直覺之可能，是康德哲學之自然的發展，亦可以說是「調適上遂」的發展，這才可以真正建立康德所嚮往的超絕的形上學。

「道德的形上學」在牟宗三看來並不同於「道德底形上學」。前者指的是由道德的進路來接近形上學，或者說形上學是由道德的進路來證成；後者的重點在說明道德之先驗本性。前者必須兼顧本體與工夫兩面，甚至首先注意工夫問題，然後在自覺的道德實踐中反省澈至本心性體；後者並不涉及工夫論，而只是把這套學問當作純哲學問題，不知它同時亦是實踐問題。

因此，牟先生指出：「宋、明儒者依據先秦儒家『成德之教』之弘規所弘揚之『心性之學』實超過康德而比康德為圓熟。但吾人亦同樣可依康德之意志自由、物自身、以及道德界與自然界之合一，而規定出一個『道德的形

---

[37] 牟宗三：《現象與物自身》，《牟宗三先生全集》第 21 冊（臺北：聯經出版事業公司，2003 年），頁 15。

[38] 盧雪崑：〈康德意志理論中的「兩個觀點」說——兼述牟宗三先生「智的直覺」說對康德洞識之極成〉，載蔡仁厚等著，江日新主編：《牟宗三哲學與唐君毅哲學論》（臺北：文津出版社，1997 年），頁 195。

上學』，而說宋明儒之『心性之學』，若用今語言之，其為『道德哲學』正函一『道德的形上學』之充分完成，使宋明儒六百年所講者有一今語學術上更為清楚而確定之定位。」[39]

　　牟先生尤其推崇心學系統心性合一的理路，視其為正宗，認為其心性合一之體，「即存有即活動」，不似心性離析的理學系統將後天與先天、經驗與超越、能知與所知、存有與活動打成兩橛，減殺了道德力量，容易喪失其自主自律、自定方向的「純亦不已」的必然性。

　　牟宗三依據儒家孟學一系的理路來融攝康德哲學，指出我們的道德意識所呈露的道德本心，就是一自由無限心，而本心的明覺發用，所謂德性之知，就是智的直覺。通過道德的進路，在我們人這有限的存在裏，智的直覺不但在理論上必須肯定，而且在實際上必然呈現。就道德主體之為一呈現而不是一假設而言，道德本心就是道德的實體，是創發純亦不已的道德行為的超越根據，也是智的直覺的根源。就道德主體的絕對普遍性而言，道德本心不但是開道德界的道德實體，同時還是開存在界的形而上的實體。它既創發了道德行為，就在純亦不已的道德實踐中，遍體萬物而不遺，引發「於穆不已」的宇宙秩序。仁心感通天外，與萬物為一體；而萬物在仁心的明覺感通中，亦即在純智的直覺中，成其「物之在其自己的存在」。這「物之在其自己」，是一個價值概念而不是一事實概念。萬物在我們見聞之知、感性、知性的認知活動中，是有一定樣相的有限存在，而在無限心無執著的純智的直覺中，卻是「物自身」（即「物之在其自己」），它無時空性，無流變相。

　　據此，牟先生建構了兩層存有論：本體界的存有論（無執的存有論）和現象界的存有論（執的存有論）。牟先生認為，康德所說的超越的區分，應當是一存有上的區分，但它不是一般形而上學所說的本體與現象之區分，而是現象界的存有論與本體界的存有論上的區分。在現象界的存有論中，現象也是識心之執所執成的。「識心之執就是認知心之執性。執性由其自執與著

---

相兩義而見。識心由知體明覺之自我坎陷而成。由坎陷而停住，執持此停住而為一自己以與物為對，這便是執心。……由知體明覺到識心之執是一個辯證的曲折。」[40]識心之執是相對於知體明覺之無執而言的。識心之執既是由知體明覺之自覺地自我坎陷而成，則一成識心之執即與物成對，即把明覺應之物推出去而為其所面對之對象，而其本身即偏處一邊而成為認知的主體。因此，其本身遂與外物成為主客之對偶，這就是認識論的對偶性，是識心之執的一個基本結構。在這一基本結構中，客體為現象世界，主體為知性、想像、感性等等。就現象界的存有論和知性的分解而言，西方傳統，特別是康德，做出了偉大的貢獻，而中國儒釋道三家則相形見絀。

在牟先生哲學系統中，本體界的存有論與現象界的存有論相配合，完成一圓實的「道德的形上學」。這兩層存有論，是在成聖成賢的實踐中所開展出來的。牟先生通過道德實踐對有限存在的無限價值作出了本體論的論證，其樞紐是把道德本心（或自由無限心或知體明覺）不僅視為開道德界的道德實體，而且視為開存在界的形而上的實體。無執的無限心，通過自我坎陷（自我否定）轉出、曲致成為有執的有限心，開出現象界。同一對象，對無限心及其發用（德性之知或智的直覺）而言，是物自身；對有限心及其發用（見聞之知或感觸直覺）而言，是現象。在認知之心之外無現象，在智的直覺之外無物自身。由此不難見出，與現代西方哲學對主體性哲學的猛烈批評相反，當代中國哲學卻出現一明顯的「主體性的轉向」[41]，當然這首先是中國哲學現代化自身的要求，但這同時也要求中國哲學必須積極回應可能由之導致價值的相對化等問題，這樣一種緊張在牟宗三的思想體系中體現得極為突出。

---

[40] 牟宗三：《現象與物自身》，《牟宗三先生全集》第 21 冊（臺北：聯經出版事業公司，2003 年），頁 171。

[41] 但必須注意的是，20 世紀中國哲學中的「主體性」概念與西方近代哲學中的「主體性」概念有著明顯的不同，關子尹先生有十分精彩的分析，參見氏著：〈康德與現象學傳統──有關主體性哲學的一點思考〉，《中國現象學與哲學評論》第四輯（上海：上海譯文出版社，2001 年），頁 141-184。

　　牟宗三的兩層存有論大體是依於中國哲學傳統而來的，在理論框架上則是中國佛教「一心開二門」的模式，認為真如門相當於康德的智思界，生滅門相當於康德的感觸界，又會通康德的兩層立法來完成自己的哲學體系。「依康德，哲學系統之完成是靠兩層立法而完成。在兩層立法中，實踐理性（理性之實踐的使用）優越於思辨理性（理性之思辨的使用）。實踐理性必指向於圓滿的善。因此，圓滿的善是哲學系統之究極完成之標識」[42]。康德的兩層立法，一是「知性為自然立法」，一是「實踐理性（意志自由）為行為立法」。關於前一層立法，牟先生晚年的《現象與物自身》修正了他早年的《認識心之批判》，將知性作了兩層超越的分解。一層是分解其邏輯的性格，一層是分解其存有論的性格。如是，瞭解康德所說的「知性之存在論的性格」和「知性為自然立法」，把握和消化從知性自身發出的十二範疇的超越的決定作用，進而瞭解康德區分現象與物自身的特別意義，並以中國哲學的智慧，特別是佛教智慧加以觀照。

　　第二步，以孟子－陸、王的「仁義內在」、「性由心顯」、「心即理」的道德哲學疏解康德的「自律道德」、「自由意志為行為立法」，並進而對比儒釋道和宋明理學為代表的中國智慧與以康德為代表的西方智慧的異同，加以消化和會通，從而肯定人類心靈可以開出兩層存有論。

　　第三步，牟先生晚年詮釋圓教與圓善，譯注康德的第三批判，論證「真善美的分別說與合一說」。牟先生通過對《孟子》的詮釋，發揮了儒家關於道德的自由無限心的思想，疏導「命」的觀念，討論德福一致的問題，使儒家圓教與康德圓善相會通。所謂德福一致的問題，康德是通過「上帝存在」的設準加以解決的，牟先生取消了三設準，以無限智心取而代之，由無限智心的證成肯定人有智的直覺，進而開出兩層存有論。儒、道、天臺圓教就在實踐之學中。儒家能在其「仁」的創生活動中兼備無為、無執與解心無染之作用。牟先生認為，康德三大批判分別講「真」「善」「美」，但對於「即

---

[42] 牟宗三：《圓善論・序》，《牟宗三先生全集》第 22 冊（臺北：聯經出版事業公司，2003 年），頁 4。

真、即美、即善」的合一境界卻沒有透悟，而在這一方面，中國智慧卻能達到相當高的境界。「知體明覺」所開顯的是絕對的認知、直契道體的直覺。牟先生以「知體明覺」所直契的絕對境界來論述真善美的合一[43]。

## 三、會通中西，建構形上學系統的意義與啓示

第一，中西哲學的互釋與會通是中國哲學轉型的重要途徑之一。

哲學，不分東方西方的哲學，所講的概念或道理，或哲學中的真理都是普遍的，因而可以溝通、會通，而具有可比性，可以通約。牟先生獨立地從英譯本翻譯了康德的三大批判，對康德的乃至西方的哲學特別是西方理想主義的大傳統有透徹的把握。百年來，康德、費希特、謝林、黑格爾的德國觀念論哲學為中國幾個流派、思潮的哲學家們所借取、發揮，揚棄的方面各不相同。康德的批判哲學表達了人的有限性，其中有關認知的有限性，「我可知道什麼」，幾乎是儒、釋、道的老課題，而有關「我應當做什麼」、「我可希望什麼」，乃至最終「人是什麼」的發問，與儒、釋、道三家討論的中心，極為相應，只是討論的進路、方式與結論有所不同。在道德形上學、實踐理性方面，可比性更強。故在方法論上，牟先生指出：「對於西方哲學的全部，知道得愈多，愈通透，則對於中國哲學的層面、特性、意義與價值，也益容易照察得出，而瞭解其分際。這不是附會。」[44]百年來，在中國哲學學科建立、發展的過程中，不可能不以西方哲學為參照，但選擇仍是多樣的，即便都選擇康德等，詮釋者先見決定了詮釋路子的差異。

現在我國有的學者反對以任何西方哲學為參照，要講純而又純的中國古代哲學，從解釋學的立場看，這當然是不可能的。亦有海外漢學家，例如郝大維與安樂哲，特別強調中西範疇、概念的不可通約，尤其不承認孔子到漢

---

[43] 牟宗三：〈真善美的分別說與合一說〉，《康德判斷力之批判》，《牟宗三先生全集》第 16 冊（臺北：聯經出版事業公司，2003 年），頁 76-88。

[44] 牟宗三：《中國哲學的特質》，《牟宗三先生全集》第 28 冊（臺北：聯經出版事業公司，2003 年），頁 8。

代儒家有超越的層面，對牟先生的「內在超越」說予以強烈批評。正如劉述先先生所說，「他們拒絕把西方觀念強加在中國傳統之上，但仍不免因噎廢食，恰好掉進了中西隔絕的陷阱裏。」[45]然而中西相互比照、相互發明，不失為很好的方式。牟先生說：「我能真切地疏解原義，因這種疏解，可使我們與中國哲學相接頭，使中國哲學能哲學地建立起來，並客觀地使康德所不能真實建立者而真實地建立起來，這也許就是我此書的一點貢獻。」[46]所謂「中國哲學能哲學地建立起來」，即以現代話語與現代哲學型態，使中國哲學現代化與世界化，這當然會有損傷，但卻是不能不通過的途徑。

如西方哲學範疇、術語的問題，在借取中有發展，不能不借取，也不能不增加、滲入本土義與新義。牟先生說：「中國傳統中的三家以前雖無此詞，然而通過康德的洞見與詞語，可依理而撿出此義。……此之謂『依義不依語』，『依法不依人』（亦函依理不依宗派）。」[47]所謂「依義不依語」「依法不依人」，即有很大的創造詮釋的空間。

牟先生說：「你以為中國這一套未必是康德之所喜，是因為你不瞭解中國這一套之本義，實義，與深遠義故。假若中國這一套之本義，實義，與深遠義能呈現出來，則我以為，真能懂中國之儒學者還是康德。」[48]他又說：「以哲學系統講，我們最好用康德哲學作橋樑。吸收西方文化以重鑄中國哲學，把中國的義理撐起來，康德是最好的媒介。……我們根據中國的智慧方向消化康德。」[49]牟先生把康德的義理吸收到中國來，予以消化而充實自

---

45 劉述先：〈作為世界哲學的儒學：對於波士頓儒家的回應〉，氏著：《現代新儒學之省察論集》（臺北：中央研究院中國文哲研究所，2004 年），頁 19。

46 牟宗三：《智的直覺與中國哲學・序》，《牟宗三先生全集》第 20 冊（臺北：聯經出版事業公司，2003 年），頁 5。

47 牟宗三：《現象與物自身・序》，《牟宗三先生全集》第 21 冊（臺北：聯經出版事業公司，2003 年），頁 19。

48 牟宗三：《智的直覺與中國哲學・序》，《牟宗三先生全集》第 20 冊（臺北：聯經出版事業公司，2003 年），頁 7。

49 〈牟宗三先生在第二屆當代新儒學國際會議的開幕演講〉，見楊祖漢編：《儒學與當今世界》（臺北：文津出版社，1994 年），頁 12。關於儒家與康德的關係，李明輝

己,他的體系把西方哲學的知解與東方哲學的智慧冶於一爐,相互消融,堪稱典型。牟先生以康德作為中西互釋的橋樑,這個參考系選擇得非常好,除了前述的內在性的互通外,還因為康德哲學恰好是現代哲學的出發點。牟先生的哲學生涯,可以說是力圖消化康德,疏解中國傳統的智慧方向。當然,康德哲學本身十分複雜,包含了不同詮釋的可能,如果根據康德更晚的著作,其實康德並非完全否定意志自由是一事實,而《判斷力批判》所提出的自由與自然統一的思想架構,可以說已經是一種一心開二門的思想模型[50]。

第二,中國哲學的自主性的彰顯。

牟先生說,普遍的哲學觀念、概念、道理,是要通過不同的、特殊的民族或個體的生命來表現的,「這就是普遍性在特殊性的限制中體現或表現出來,這種真理是哲學的真理。……由此才能瞭解哲學雖然是普遍的真理,但有其特殊性,故有中國的哲學也有西方的哲學……雖然可以溝通會通,也不能只成為一個哲學。這是很微妙的,可以會通,但可各保持其本來的特性,中國的保持其本有的特色,西方也同樣保持其本有的特色,而不是互相變成一樣。」[51]與基督教不同,中國的儒釋道都重視主體,同時照樣有客體,問題是如何去考慮其關係。「中國文化、東方文化都從主體這裏起點,開主體並不是不要天,你不能把天割掉。主體和天可以通在一起,這是東方文化的一個最特殊、最特別的地方,東方文化和西方文化不同最重要的關鍵就是在這個地方。」[52]牟先生以過人的哲學智慧,從義理上批判康德,批判海德格

---

在〈牟宗三思想中的儒家與康德〉一文中說,康德的「善的意志」與儒家的「怵惕惻隱之心」均是道德心之表現,均肯定道德心之真實性;康德肯定實踐理性優先於理論理性(思辨理性),正可保住儒家的道德理想,成就其「道德的理想主義」。李明輝此說把握了儒學與康德的本質聯繫。見氏著:《當代儒學之自我轉化》(臺北:中央研究院中國文哲研究所,1994 年),頁 66。

[50] 詳見賴賢宗:〈牟宗三的道德形上學與康德哲學、德意志觀念論〉,氏著:《體用與心性:當代新儒家哲學新論》(臺北:臺灣學生書局,2001 年),頁 135-136。

[51] 牟宗三:《中西哲學會通之十四講》,《牟宗三先生全集》第 30 冊(臺北:聯經出版事業公司,2003 年),頁 8-9。

[52] 牟宗三:《中國哲學十九講》,《牟宗三先生全集》第 29 冊(臺北:聯經出版事業

爾對康德的批判，開出建立「基本存有論之門」，重建了中國哲學的主體性。中國儒釋道三家均是生命的學問，意在人生的、道德的、乃至超越的境界追求。牟先生對三教的境界形上學有獨到的見解。更為重要的是，他的兩層存有論，是對三教之成聖、成佛、成真人的境界及其入手方法的論證。三教都肯定「智的直覺」，證立「自由無限心」既是成德的根據，又是存在的根據，肯定成就人格境界過程中的實踐工夫，把境界實踐過程中的人的主體性加以提揚，從中覺悟到人的有限性與無限性的關係，肯定人雖有限而可無限，最終上達圓善之境。牟先生的兩層存有論其實就是實踐的形上學。

　　第三，提出了諸多有價值的論域與思路，啟迪後學融會中西，創造出新的哲學系統。

　　例如關於所謂「智的直覺」、道德形上學作為超越的形上學、「內在超越」與「外在超越」的討論，恰好是關係到中西哲學根本問題的討論。其實古希臘、希伯萊、印度、伊斯蘭與中國，都有「聖智」的傳統，孟子以降中國哲學講的「良知」，宋儒的「德性之知」，近世熊十力先生講「體認」、馮友蘭先生講「負的方法」、賀麟先生講「理智的直覺」、牟先生講「智的直覺」至到杜維明先生講「體知」，都是肯定超越於經驗、知性、邏輯、理智的，涉及到體悟本體的智慧和生命的終極性關懷。關於「超越」問題，劉述先先生說：「把中國傳統思想瞭解成為內在超越的型態，決不只是當代新儒家的一家之言談，它已差不多成為多數學者的共識。……儒家式的內在超越型態的確有其嚴重的局限性而令超越的資訊不容易透顯出來。但這並不表示，基督教式的外在超越型態就沒有嚴重的問題。……事實上，外在超越說與內在超越說並不是可以一刀切開來的兩種學說」[53]諸如此類的問題討論，在現代中國哲學的本體論、形上學的重建與東西方哲學的比較研究方面，都

---

公司，2003 年），頁 7-8。

[53] 劉述先：〈論宗教的超越與內在〉，見氏著：《儒家思想意涵之現代闡釋論集》（臺北：中央研究院中國文哲研究所籌備處，2000 年），頁 173-175。關於「超越」與「內在超越」，鄭家棟在《斷裂中的傳統》一書（北京：中國社會科學出版社，2001年）的第四章有較好的論述，見該書第 202-233 頁。

產生了積極意義。牟先生的哲學也啟發我們回應經濟全球化挑戰，回答現實問題，並提升到哲學的層面。

　　牟先生是具有原創性的哲學家，他的哲學智慧與哲學偉構是 20 世紀中國的重要的哲學遺產，大大深化了中國哲學的內涵，值得我們認真地加以研究。牟先生哲學最大的意義是，有意識地吸收西方智慧，促進中西哲學的交流互動，在互動中逐漸體現了中國文化的自覺，彰顯了中國哲學的自主性、主體性。

# 牟宗三諸書簡體字版之總序

　　廣西師範大學出版社新出版牟宗三先生的《歷史哲學》、《政道與治道》、《才性與玄理》等著作的簡體字版，希望我寫一篇序言，為讀者諸君評介牟先生其人其書。我也樂意與諸位朋友討論牟學。以下所言，不一定確當，敬請諸君批評指教。

一

　　首先，我從總體上略述牟宗三的思想背景與學術成就。

　　在中西文化、思想與哲學交流、互動的背景下產生的牟宗三其人其書是20 世紀中國文化、思想與哲學的一個縮影。首先，牟的論著是現代性的哲學論述，是對中西雙方傳統中主流哲學思潮的批判與重建；所反映的仍然是中西古今的文化、思想與哲學之調適上遂的時代課題，是現代化挑戰下的人與人性及中國人、中國文化、思想與哲學的自覺性與自主性的重建。其次，牟先生其人其書有著鮮明的個性色彩，他本其特有的睿智與敏感提出了很多令人深思的問題，創造性地重釋了一些哲學概念，他的獨特的思考與他所建構的系統最有思想的張力，最能引起批評、爭議與詬病。唯其如此，其哲學智慧的影響力超邁前賢。

　　牟先生 30 年代撰寫的《邏輯典範》於 40 年代初出版，40 年代思考、撰寫的是 50 年代出版的《理則學》與《認識心之批判》。以上是通過對康德、羅素與懷特海的研究，突顯了「超越的邏輯我」，進而重視「知性主體」，而展開「架構思辨」的工作，而貞定「認識主體」。他在 40 年代末至 50 年代初撰寫，於 50 年代出版的著作《道德的理想主義》、《歷史哲

學》和《政道與治道》等「新外王三書」，則主要是對中國文化的反省、批導，著重「開新」的問題，論證如何吸取西方文化在科學知識系統、民主政治、人文主義、哲學思維框架等方面的成就和價值。他於 60-70 年代出版的中國哲學的主要著作《才性與玄理》、《佛性與般若》、《心體與性體》、《從陸象山到劉蕺山》等，則對魏晉至明末的哲學史，對傳統儒、釋、道等思想資源作了相當縝密的、功力深厚的梳理和發揮，同時對心體與性體作了本體論的論證。牟先生道德的形上學的證成，是與他闡發中國哲學、重建新的內聖之學相一致的。他的「兩層存有論」發端於 60 年代的著作，特別是《心體與性體》，完成於 70 年代的著作《智的直覺與中國哲學》和《現象與物自身》。他在中年已提出「智的直覺」說與「良知坎陷」說，晚年以此作為中西文化或者儒學與康德哲學的重要分界；並且依中國哲學的智慧方向，建立起「執的存有論」與「無執的存有論」。至 80 年代，他又有《圓善論》，以實踐理性作開端，把中國先哲實踐的智慧學、最高的圓滿的善，與無執的存有論聯繫起來，從圓教來看圓善，詮釋德福一致，使兩層存有論系統的圓成更為真切。《智的直覺與中國哲學》、《現象與物自身》、《圓善論》三書，代表了牟先生的哲學系統。

　　牟先生借助康德、黑格爾哲學等西方哲學的思想架構、觀念或概念，以改造、闡發儒、釋、道諸家思想，又運用中學智慧，反省、批評西學。他用「自律」道德詮釋儒家仁義學說，他有關儒、釋、道中的「知體明覺」即「智的直覺」的闡發，他從康德「現象與物自身」的架構開發出的「兩層存有論」，以及有關「良知坎陷」說與「三統」說，都是非常有創意的理論。我們完全可以不同意其中的某些論斷與論證方式，但我們不能不細心體察牟先生對古今中西哲學反省批判的能力、睿智與獨特的視角，從中獲得方法學與問題意識的啟迪。他對於西方哲學架構、觀念、範疇、術語有自己的理解，從不拘泥字句，而是以所謂「依義不依語」「依法不依人」的方式加以借取，借題發揮，為我所用，在用中發展，增益、滲入本土義與新義，有很大的創造詮釋的空間。這本身就是解釋學的範例。

# 二

其次，我重點評介牟氏新外王三書。

談到《歷史哲學》和《政道與治道》這兩部專著，不能不涉及作者同時先後撰寫、發表並集結的論文集《道德的理想主義》一書。我們一般把這三部書視為作者互相補充、滲透的一個歷史階段的成果。作者的新外王三書，意在分析中國文化的特殊價值及其局限與缺失。這一時期，牟氏主要趨向是以西學價值批評、改造中學，尤其是在引進西學，宣導啟蒙意識、知識理性與現代制度建構方面，不遺餘力。當然，他的中西文化與哲學之比較觀在彼時已經形成。例如關於「理性」，作者在《歷史哲學》一書中有特殊的看法，認為西方長於「分解的盡理之精神」，中國長於「綜合的盡理之精神」。

所謂「綜合的盡理之精神」，按牟先生的解釋，「綜合」指「上下通徹，內外貫通」；「盡理」即孟子、《中庸》的盡心盡性（仁義內在之心性）和荀子的盡倫盡制（社會體制）的統一。「盡心盡性就要在禮樂的禮制中盡，而盡倫、盡制亦就算盡了仁義內在之心性。而無論心、性、倫、制，皆是理性生命、道德生命之所發，故皆可曰『理』。」[1]個人內在的實踐工夫和外王禮制的統一，即是「綜合的盡理」。「其所盡之理是道德政治的，不是自然外物的；是實踐的，不是認識的或『觀解的』。這完全屬於價值世界事，不屬於『實然世界』事。中國的文化生命完全是順這一條線而發展。」[2]由此可見，牟先生所說的中國文化的「理性」不是生物生命的衝動，也不是「理論理性」、「邏輯理性」，而是「實踐理性」或「道德理性」，是孔孟之「仁」或「怵惕惻隱之心」。由此而表現出使人成為「道德的（或宗教的）存在」的「道德的主體自由」[3]。

---

[1]　牟宗三：《歷史哲學》，《牟宗三先生全集》第 9 冊（臺北：聯經出版事業公司，2003 年），頁 192。

[2]　同前注，頁 192-193。

[3]　牟先生說，中國文化還有一種「綜合的盡氣之精神」，能超越物氣之僵固，表現一往

　　所謂「分解的盡理之精神」，按牟先生的解釋，「分解」即是由「智的觀解」所規定的，涵有抽象義、偏至義和順著概念推進義，即與前述「綜合」之「圓而神」的精神相對立的「方以智」的精神；至若「分解的盡理」之「盡理」，大體上是邏輯數學之理，是「認識的心」、「知性主體」或「理論理性」，與中國的盡心盡性盡倫盡制所盡之「理」大異其趣。

　　在中西文化的根源性和內在本質上，牟宗三先生將二者區分為「綜合的盡理之精神」和「分解的盡理之精神」。這裏的「綜合」和「分解」不是具體層面的，而是最高的抽象。「這是反省中西文化系統，而從其文化系統之形成之背後的精神處說。所以這裏所謂綜合與分解是就最頂尖的一層次上而說的。」[4]

　　牟先生進行這種比較，似乎意在說明「中國所以不出現邏輯數學科學之故」和「中國過去所以不出現民主政治之故，所以未出現近代化的國家政治法律之故」。這是五四以來直至今日大多數知識精英，包括梁漱溟以降的現代新儒家的提問方式與反省趨向。我們現在可知，這種提問方式與反省趨向是有毛病的。五四以來，人們苛求前現代文明，苛求儒家，為什麼沒有為我們現代人現成地開出科學、民主、市場經濟。這個思路本身就有問題。中國傳統、儒家文化本來就沒有那個功能。何況中國古代的邏輯數學科學與制度文明有自身的路數與特性，以西方主流文化來衡估，容易抹殺中華文明自成一格的發展道路的諸多至今未被人認識的方面及其特殊價值。當然，牟先生等批評中國歷史文化傳統，反思這些問題，不能說完全沒有意義。

　　牟先生說：「在中國文化生命裏，惟在顯德性之仁學，固一方從未單提出智而考論之，而一方亦無這些形式條件諸概念，同時一方既未出現邏輯、數學與科學，一方亦無西方哲學中的知識論。此一環之缺少，實是中國文化

---

揮灑的生命風姿，如英雄豪傑、才士隱逸之流，盡才盡情盡氣，表現出使人成為「藝術的存在」（廣義的藝術）的「藝術性的主體自由」。詳見氏著《歷史哲學》第三部第三章。

[4]　牟宗三：《歷史哲學》，《牟宗三先生全集》第 9 冊（臺北：聯經出版事業公司，2003 年），頁 200。

生命發展中一大憾事。……一個文化生命裏，如果轉不出智之知性形態，則邏輯、數學、科學無由出現，分解的盡理之精神無由出現，而除德性之學之道統外，各種學問之獨立的多頭的發展無由可能，而學統亦無由成。此中國之所以只有道統而無學統也。」[5]這就是說，中國文化向上透而徹悟生命的本原──「仁」，亦將認識（「智」）收攝歸「仁」，成為「神智」，即不經過邏輯數學、不與外物為對為二的道德生命的體悟，因而不能開出科學知識。按牟先生的思路，中國文化只是在本源上大開大合，而沒有在向下方面撐開，因而帶來許多毛病和苦難。

他認為中國古代只有治權的民主，而無政權的民主。「中國文化精神在政治方面就只有治道，而無政道。……中國以往知識分子（文化生命所由以寄託者）只向治道用心，而始終不向政道處用心。」[6]如儒家講「德化的治道」、道家講「道化的治道」、法家講「物化的治道」，三個自上而下的系統交替使用，君卻總是一個無限體，等同天地和神。這種達於神境的治道總是主觀的，繫於君相一心，不能通過政道而客觀化，人民永遠處在被動的睡眠狀態中。他主張改造中國傳統政治，變成現代的政治，即是人人自覺地是「政治的存在」，或「政治的主體之存在」，以掌握其行使政權之自由。

通過比較，牟先生分析了「中國文化生命的特質及其發展的限度」，認為「它實在是缺少了一環。在全幅人性的表現上，從知識方面說，它缺少了『知性』這一環，因而也不出現邏輯數學與科學；從客觀實踐方面說，它缺少了『政道』之建立這一環，因而也不出現民主政治，不出現近代化的國家政治與法律。」[7]

牟先生認為，中國文化生命的境界雖高，但在人間實現聖賢人格的道德理性卻是不足的。這就是上面所說的，一方面（心覺方面），知性轉不出，

---

[5] 牟宗三：《歷史哲學》，《牟宗三先生全集》第 9 冊（臺北：聯經出版事業公司，2003 年），頁 206-207。

[6] 同前注，頁 214。

[7] 牟宗三：《歷史哲學》，《牟宗三先生全集》第 9 冊（臺北：聯經出版事業公司，2003 年），頁 218。

道德理性封閉在個人道德實踐中通不出來，有窒息之虞；另一方面（客觀實踐方面），政道轉不出，近代化的國家政治法律轉不出，道德理性也不能廣泛地積極地實現出來。按牟先生的設想，中國文化的第三期發揚的內容和形態，即是開出新外王，彌補上面所說的中間環節。

牟先生在《政道與治道》中以理性的「運用表現」與「內容表現」說明「綜合的盡理精神」，以理性的「架構表現」與「外延表現」說明「分解的盡理精神」，批評中國文化在理性之架構表現的缺弱，認為這是科學知識系統與民主政治制度不能出現的原因。他有所謂「活轉」的說法，即內聖之運用表現直接推不出架構表現，必須有一些中間環節。這裏的「轉」或「通」，只能是「曲通」，是「轉折的突變」，其中包含了一系列的自我否定與自我矛盾。他提出了道德理性之「自我坎陷」說。這裏有很深的黑格爾哲學的痕跡。「自我坎陷」即「自我否定」，「經此坎陷，從動態轉為靜態，從無對轉為有對，從踐履上的直貫轉為理解上的橫列。在此一轉中，觀解理性之自性是與道德不相干的，它的架構表現以及其成果（即知識）亦是與道德不相干的。」[8]在這裏，道德走向非道德，走向「道德中立」，從無所不包的狀況中「讓開一步」，以便讓科學、政治從中分化出來，出現牟先生強調的「科學的獨立性」與「政治的獨立性」。讓科學與心性之學相脫離，政治與道德相脫離，是很重要的一步。

牟先生指出：「道德理性不能不自其作用表現之形態中自我坎陷，讓開一步，而轉為觀解理性之架構表現。當人們內在於此架構表現中，遂見出政治有其獨特的意義，自成一個獨立的境域，而暫時脫離了道德，似與道德不相干。在架構表現中，此政體之內各成分，如權力之安排，權利義務之訂定，皆是對等平列的。因此遂有獨立的政治科學。而人們之討論此中的各成分遂可以純政治學地討論之……」[9]這是牟先生在 50 年代的政治哲學訴求，其中涉及到人權、公正與正義問題。

---

[8]　牟宗三：《政道與治道》，同前注，頁64。

[9]　牟宗三：《政道與治道》，《牟宗三先生全集》第 9 冊（臺北：聯經出版事業公司，2003 年），頁65。

　　牟先生認為，西方政治文化史有兩個關節必須重視：一是「在上帝面前人人平等」——先解放人為一「靈的存在」、「精神的存在」，這是宗教的作用；二是自然法和天賦人權——再解放人為一「實際權利的存在」，「政治的存在」，每一個人是一權利之主體。前者肯定的是「超越的平等性」，是人類解放自己、衝破階級的限制，實現其世俗地位權利之平等，以及創造其文化、抒發其理想之最根源的精神動力。後者實現的是「內在的平等性」，西方歷代思想家關於「原始的自然的平等性」的理論，通過人權運動與近代民主政體的建立，人始由超越的平等性進而獲得其「內在的平等性」，由精神的存在進而為一「權利主體」的存在。個人權利之爭取與獲得，即是個人內在精神發展的客觀化。牟先生認為，西方政治文化發展的途徑是「外延表現」的途徑，在權利之爭取與實現中，依階級集團方式爭取，靠條約簽訂而得到權利、自由、主權，及政府組織中權利之分配與限制，一是皆為形式概念。

　　牟先生指出，「理性之內容表現」缺乏西方那些形式概念、法律契約，在建立民主政體上是不夠的，但它是有價值的，因為它把握了社會世界的理性律則、政治世界的堅實可靠基礎，注意個人主觀生命如何順適調暢，故理性常在自覺提升中；「理性之外延表現」在出現科學與建立民主政體上，是當行的，然而又是不夠的。因為人的「生活之全」並不只是科學與民主政體所能盡。在民主政體已成、形式的自由與權利上的平等已取得之後，個人如何安身立命呢？

　　牟先生主張雙方互為補充，以「內容的表現」提升並護住「外延的表現」，令其理性真實而不蹈空，常在而不走失；以「外延的表現」充實開擴並確定「內容的表現」，令其豐富而不枯窘，光暢而不萎縮。

　　在牟先生看來，只有康德才克服並完成了啟蒙思想，建立了「知性主體」，並由此往內推進，建立了「道德主體」和「審美主體」，發掘了生命、心靈之最內在的各種本質，使西方哲學發生了轉向。但人文主義的轉進，僅僅吸收康德派的道德主體還是不夠的，因為康德派限於西方傳統的方式，其道德主體只由思辨所及，而沒有在實踐中印證，只能滿足知識條件而

不能滿足實踐條件。因此，牟先生認為，人文主義要求得廣泛的發展，必須接上中國儒家文化「怵惕惻隱之仁」的道德實踐主體。儒家的實踐型的人文主義，也必須接上西方傳統，「在道德理性之客觀實踐一面轉出並肯定民主政治，且須知道德理性之能通出去，必於精神主體中轉出『知性主體』以成立並肯定科學。」[10]

據此，他在《道德的理想主義》中提出了「三統」之說：道統必須繼續——肯定道德、宗教的價值，以內聖之學為立國之本；學統必須開出——融攝西方傳統，轉出知性主體，建立獨立的科學知識系統；政統必須認識——肯定民主政治發展的必然性。總之，牟先生認為，「道德的理想主義」必然包含「人文主義的完成」；充實中華文化生命，發展儒家內聖之學，是當代儒者的使命。牟先生認為，儒家思想在本質上代表一種「道德的理想主義」或「理性的理想主義」，這裏的「理性」是指「實踐理性」或稱「道德理性」。所謂「道德的理想主義」，意謂以「怵惕惻隱之仁」為價值的根源，亦即理想之根源[11]。

牟先生新外王三書的意義在於：第一，肯定人的主體性的多維性，強調借助西方充分發展了的思想的、政治的主體自由，並予以制度的建構。後來批評牟先生的傅偉勳教授也曾強調道德主體、知識主體、政治主體、藝術主體的分化，其實此說正來自牟先生。傅先生生前亦坦承這一點。第二，道德主體（實踐理性）「自我坎陷」說含有深刻的辯證智慧，這是講辯證發展的必然性而不是指邏輯的必然性，是黑格爾式的由逆而成的曲通、轉折、突變，不是直貫式的由所謂「老內聖」開出「新外王」。今日人們一提起當代新儒家或牟宗三，幾乎一言以蔽之曰：「試圖以老內聖開出新外王」。但實際上並非如此。只要認真讀一讀其書就清楚了。當然，現在的學者們與學生們都太忙，無暇讀書，習慣於人云亦云，或抓住隻言片語亂發揮一通，還自

---

10　牟宗三：《道德的理想主義》，《牟宗三先生全集》第 9 冊（臺北：聯經出版事業公司，2003 年），頁 238。

11　參見牟宗三：《道德的理想主義·序》，《牟宗三先生全集》第 9 冊（臺北：聯經出版事業公司，2003 年），頁 7-9。

訝為創新。時潮如此，也是無可奈何的事情。第三，批評中國傳統有治道而無政道，有道統而無學統，這是最嚴苛的批評，對這一批評我們容或還可以商討，例如我們對自己傳統的制度文明、政治架構，對豐富的法律文書與各類契約傳統的研究，及其與西方政治文化傳統之差異的研究其實還非常不夠。但是這至少表明當代新儒家對傳統所持的態度並非一味回護而無批評。第四，以中華歷史的實踐過程為背景，提出了新時代下中華民族「更生」的途徑。三統之說，意在強調學習西方重視「知性主體」開發出學術方面之科學與政治方面之民主體制，以中國政道與事功端在理性之架構表現與外延表現之轉出，肯定尊生命、重個體的內容表現的意涵轉出體制上對自由、人權確認的外延表現，可謂抓住了中國走上現代化的根本。這是當代新儒家與現代社會、生活世界相調適的重要成果。

今天有的論者對牟先生「新外王」與良知的或實踐理性的「自我坎陷」說的批評，或謂「泛道德主義」或謂「缺乏現實性、實踐性」云云，大體上是沒有讀牟先生這三部著作所致，尤其未能理解牟先生對科學與政治之獨立性的強調，對外王、事功、實學與科學的開拓，對南宋陳亮、葉適事功派的主張與明末黃宗羲、王夫之、顧炎武的政治批判的肯定，對朱子與陳亮論戰的評論（關於道德評價與歷史評價的關係）等。牟先生是哲學家，他只能提出一些哲學思考，不能要求他去具體務實。李明輝與羅義俊二先生對此都有很好的回應，我贊同他們的看法[12]。

## 三

再次，我簡略談談《才性與玄理》。

---

[12] 參見李明輝〈論所謂「儒家的泛道德主義」〉與〈當前儒家之實踐問題〉二文，見氏著《儒學與現代意識》（臺北：文津出版社，1991 年），頁 67-133、19-43。又請見羅義俊：〈中國文化問題解困的劃時代理論──略觀對牟先生良知自我坎陷說的批評與我之一回應〉，蔡仁厚等著，江日新主編：《牟宗三哲學與唐君毅哲學論》（臺北：文津出版社，1997 年），頁 93-139。

　　牟先生是智者型人物，他對魏晉風度情有獨鍾，其性情恰如魏晉人物。熟識他的學者稱他為「魏晉中人」。讀者需要瞭解的是，他的《歷史哲學》一書，縱貫地從夏商周討論到東漢，重點是政治。從 60 年代初開始，作者討論魏晉以下的思想史，重點則轉向學術。這之後才有《才性與玄理》（講魏晉玄學）、《佛性與般若》（講南北朝隋唐的佛學）、《心體與性體》與《從陸象山到劉蕺山》（講宋明理學）等著作。《心體與性體》為作者耗時最多、最有代表性的著作。一般人只說宋明儒有程朱與陸王兩派，而牟先生劃分出了宋明儒之三系，其對朱子哲學所謂「別子為宗」的解釋，受到不少的批評與詬病，但平心而論，牟先生的確發現了朱子的新的東西，雖偏但有創意。

　　《才性與玄理》的前兩章，作者通過對王充的性命論和劉劭《人物志》的討論，疏導中國人性論的「氣性」的傳統。雖然荀子、董仲舒亦屬於這個傳統，但正宗儒家如《中庸》、孟子至程朱陸王卻對其嚴格批評。牟先生對魏晉時期的人物品鑒頗有領悟，從美學的角度，欣賞風姿、神采各異的人物之才氣、性情、人格的美，對彼時才性四本論（同、異、合、離）的討論加以引申。

　　作者把魏晉的思想分為「才性名理」與「玄學名理」，這都是作者的特殊用法。「名理」，我們通常叫邏輯。以此講與名學有關的才性討論尚可，然以此講玄學，則比較勉強。

　　他認為順才性的品鑒可以開出人格上的「美學原理」與「藝術境界」，也可開出「心智領域」與「智悟的境界」。美趣與智悟足以解脫開放出人的性情，故而展開了自然與名教、自由與道德的大討論。他說：「魏晉人既能開出藝術境界與智悟境界，故一方於文學能有『純文學論』與『純美文之創造』，書畫亦成一獨立之藝術；一方又善名理，能持論，故能以老莊玄學迎接佛教，而佛教亦益滋長其玄思。從其能迎接佛教言，則魏晉人順中國固有之學術發展，而開出智悟境界，吾由此而悟出中國固有其哲學傳統。中國之道統在儒家，科學傳統在羲、和之官，而哲學傳統則當溯源於先秦名家，甚

至道家亦在內，而繼之以魏晉名理，則哲學傳統完全在此確立。」[13]

《才性與玄理》的重頭戲當然是所謂「玄學名理」。作者分別深入細緻地討論了魏晉名士及玄學主旨，王弼的《易》學與《老》學，向秀與郭象的《莊》學，阮籍的《莊》學與《樂論》，嵇康的諸論，魏晉名理，自然與名教等。

關於名士，牟宗三認為純粹、正宗的名士人格之本質是（天地之）逸氣，（人間之）棄才，是清言，是情調，而不是學問，如簡貴孤傲、一往之逸氣的荀粲，任放曠達的竹林七賢，宅心事外的王衍、樂廣等。說到學問，漢魏之際學風由質實轉至空靈，當時人向空靈清言方面開發其心靈，乃時代精神之主流。玄學是名士的玄學。王弼、嵇康、向秀、郭象，是玄通之大宗。風流玄遠的王弼夙慧早具，對道家的「無」、「自然」，確有相應的會悟，深具圓融之玄智。作者指出：「說到學問，無論知識的或德性的，皆須有一股真性情：有追求真理之真誠，有企慕德性之真誠。如此，學問方大，方切。」[14]

作者眼光犀利，透過對名士與玄遠之理的討論，暢論其有關中國文化與西方文化、儒家與道家（如二者的「體」「用」）、道家與佛教、老子與莊子、阮籍與嵇康、向秀與嵇康等等的區別，可謂深中肯綮，創見迭出。

牟先生指出，老子之「道」以沖虛為性，其為萬物之宗主，非以「實物」的或「有意主之」的方式，而是以「沖虛無物，不主之主」的方式。這沖虛玄德之為宗主不是「存有型」，而乃「境界型」，關鍵在主觀修證。道家之形上學為境界形上學。「此境界形態之先在性乃消化一切存有形態之先在性，只是一片沖虛無跡之妙用。此固是形上之實體，然是境界形態之形上的實體。此固定形上的先在，然是境界形態之形上的先在。此是中國重主體

---

[13] 牟宗三：《才性與玄理》，《牟宗三先生全集》第 2 冊（臺北：聯經出版事業公司，2003 年），頁 75。

[14] 牟宗三：《才性與玄理》，《牟宗三先生全集》第 2 冊（臺北：聯經出版事業公司，2003 年），頁 95。

之形上心靈之最殊特處也。」[15]「道」是一沖虛的玄德，一虛無通明的妙用。我們可以通過沖虛妙用的觀念，而不可以通過存有形態的實物觀念加以瞭解和把握。牟先生關於向、郭之「天籟」即「自然」義的「自然」的解釋，也不同流俗。

牟說阮籍論樂重元氣，嵇康論樂主純美，阮氏之論為形上學，嵇氏之論為純藝術，前者浩瀚元氣，後者精美恬淡。前者長嘯於山谷，暢通其生命，聲音與天地通和，故其論樂之和為天地之和；後者彈琴養生，靜談音律，辭致清辯，寄其高致於和聲之當身，故其論樂乃即樂體當身之和。「阮以氣勝，嵇以理勝。雖同歸老莊，而音制有異。氣勝，則以文人生命沖向原始之蒼茫，而只契接莊生之膚廓。寥闊洪荒，而不及其玄微。理勝，則持論多方，曲盡其致，故傳稱其『善談理』也。阮為文人之老莊，嵇則稍偏於哲人之老莊。然皆不及向、郭之『發明奇趣，振起玄風』也。」[16]每讀及此，不免擊節讚歎。

本書最後一章關於自由與道德的衝突，分析得入絲入扣，是本書最值得重視的部分。當然，無論是新外王三書還是本書，都有相當濃厚的黑格爾哲學的色彩。

牟先生是具有原創性的哲學家，他的哲學智慧與哲學建構是 20 世紀中國的重要的哲學遺產，大大深化了中國哲學的內涵，值得我們認真地加以研究。牟先生哲學最大的意義是，有意識地吸收西方智慧，促進中西哲學的交流互動，在互動中逐漸體現了中國文化的自覺，彰顯了中國哲學的自主性、主體性。

是為序。

---

[15] 同前注，頁 166。

[16] 牟宗三：《才性與玄理》，《牟宗三先生全集》第 2 冊（臺北：聯經出版事業公司，2003 年），頁 342-343。

# 唐君毅的哲學系統

　　唐君毅、牟宗三、徐復觀是第二代現代新儒學大師。三人同為熊十力的弟子，都不同程度地受到熊氏的接引、點醒。1949 年後，唐牟徐赴港臺從事教育與學術活動，以臺灣東海大學、香港新亞書院及《民主評論》雜誌為標誌，港臺地區由此成為現代新儒家的陣地。

　　唐氏是四川宜賓人，幼年從父母發蒙，深受傳統文化陶養。17 歲時考入北京大學，不久轉入南京中央大學哲學系，師從熊十力、梁漱溟、方東美、湯用彤、金岳霖等名家，出入於中西各派哲學文化思潮，後歷任南京中央大學、金陵大學、無錫江南大學教席。1949 年到港後，他與錢穆、張丕介等人創辦亞洲文商專科學校，旋於次年改組為新亞書院，後於 1963 年併入新成立的香港中文大學，唐氏即受聘為中大哲學系講座教授兼系務委員會主席，並任文學院院長。新亞書院脫離中文大學獨立成立新亞研究所後，他受聘為該所所長。1975 年，唐君毅任臺灣大學哲學系客座教授一年。

　　唐氏是著名哲學家，一生著述甚豐，主要哲學與文化著作有：《中西哲學思想之比較論文集》、《道德自我之建立》、《人生之體驗》、《中國文化之精神價值》、《心物與人生》、《人文精神之重建》、《文化意識與道德理性》、《中國人文精神之發展》、《人生之體驗續篇》、《哲學概論》、《中國哲學原論》（含《導論篇》、《原性篇》、《原道篇》、《原教篇》共六冊，其中《原道篇》三冊）、《中國文化之花果飄零》、《中華人文與當今世界》、《生命存在與心靈境界》。由張君勱、牟宗三、徐復觀、唐君毅聯名於 1958 年元旦同時發表在《民主評論》和《再生》雜誌上、具有世界性影響的〈中國文化與世界〉宣言，也是由唐君毅負責起草；該宣言收入《中華人文與當今世界》之中。現有霍韜晦主編、臺灣學生書局

出版的《唐君毅全集》。

# 一、道德自我的挺立與撐開

　　唐君毅是 20 世紀中國最著名的人文學者之一，牟宗三說他是「文化意識宇宙中的巨人」。唐氏特重文化哲學的重建。他的文化哲學的中心觀念是「道德自我」，即「道德理性」。他在抗戰末期出版《道德自我之建立》時即已確立這一中心觀念，在 20 世紀 50 年代末出版的文化哲學著作《文化意識與道德理性》中更進一步闡發了這一觀念。他將人類一切文化活動統屬於一道德自我（或精神自我、超越自我），視文化活動及其成果為道德自我分殊的表現。他指出：

> 一切文化活動之所以能存在，皆依於一道德自我，為之支持。一切文化活動，皆不自覺的，或超自覺的，表現一道德價值。道德自我是一，是本，是涵攝一切文化理想的。文化活動是多，是末，是成就文明之現實的。道德之實踐，內在於個人人格。文化之表現，則在超越個人之客觀社會[1]。

這顯然是繼承、發揮了我國傳統的（包括熊十力的）體用、本末、主輔、一多之論。一方面，道德自我的外在化、客觀化，即人文世界分殊的撐開，即是一顯為多、本貫於末、理想現實化，由此成就了客觀的社會文化之各層面。另一方面，人必須自覺各種文化活動和客觀社會文化的諸層面、諸領域，即整個人文世界，無不內在於個人之道德或精神自我，無不在道德或精神自我的統攝、主宰之下。

　　唐氏認為，中國文化的缺弱在「由本以成末」的方面，即人文世界沒有

---

[1] 唐君毅：《文化意識與道德理性》，《唐君毅全集》第二十卷（臺北：臺灣學生書局，1986 年），頁 5、6。

分殊的撐開，「用」或「外王」的多維展示甚不充分；西方文化的缺弱在「由末以返本」的方面，即人文世界過於膨脹，或淪於分裂，「體」或「內聖」反而黯而不彰。因此，唐氏之文化哲學試圖救治這兩種缺失，強調精神自我、道德價值與各種文化活動的貫通。

唐氏思想是中西道德理想主義的綜合和再創。他繼承了孟子的性善論和宋儒「本心性以論文化」的傳統，明體達用，立本持末，依性與天道立人極，即先立乎其大者，突出德性之本源，以統攝文化之大用。其論列方式或運思方式，則取西方傳統——先肯定社會文化之為一客觀存在的對象，而後反溯其所以形成之形上根據，由末返本，由用識體。他不僅發揮了孔孟至宋明儒的文化哲學思想，尤其援西學於儒，借助並發揮了德國觀念論——康德、費希特、謝林、叔本華、黑格爾的思想，擴充康德的道德為文化之中心論、道德生活自決論和黑格爾的精神展現為人類文化的意識。但唐氏不取黑格爾層層次第上升、先在原則上決定各種文化領域之高下的直線式歷史文化觀，而是肯定各種文化活動、文化領域的橫面發展和相對價值。唐氏對康德亦有所修正：「著重於指明人在自覺求實際文化理想，而有各種現實之文化活動時，人即已在超越其現實的自然心理性向，自然本能，而實際的表現吾人之道德理性。」[2]在這裏，道德理性所包涵的主宰義和超越義，特別是實踐義，都突顯了出來。

唐氏之文化觀亦可稱為「心化」的文化觀，與我們所主張的以社會人的物質生活資料的生產和再生產活動為基礎的文化觀不同，他把文化活動的本質視為精神活動，視為道德主體的客體化（現實化）與現實存在的主體化（理想化）的統一，外化與內化的統一。他論證了包括家庭、政治、經濟、文學、藝術、道德、哲學、宗教、科學、體育、軍事、法律、教育等等文化活動，各有獨立的領域，殊異的形式和內容，但認為這僅僅是人的各種精神要求與表現，是超越和改造現實的，超越主客和時空，超越已成自我的，超

---

[2]　唐君毅：《文化意識與道德理性》，《唐君毅全集》第二十卷（臺北：臺灣學生書局，1986 年），頁 15。

越物質世界和人的自然本能欲望的。唐氏文化哲學強調的是,文化活動在根本上是針對現實和個體人的缺弱而引發的,自覺或不自覺地依理性而形成的,涵蓋了文化理想,表現了一種道德的價值、人格自身的價值的。沒有超越意識,沒有價值理想,即沒有人類各文化活動和文化成果的產生。唐氏對人文世界的方方面面都有廣泛涉獵和深弘而肆的發揮,但出發點則是「道德自我」即道德主體。

　　唐君毅在建構這一文化哲學時是把文化主體的超越性、主宰性和文化理想的普遍性作為基礎的。然而,我們有理由對這一文化觀的基礎提出批評:文化主體的超越性、自主性和價值理想是如何產生的呢?人類創造文化的活動,特別是初始的解決吃喝穿住的活動,是如何可能的呢?一定時空的人類群體的文化活動的發生發展,難道不受一定的外在自然地理生態環境及社會文化環境的制約嗎?這種制約難道不是非常現實的根據嗎?誠然,道德理性貫注運行於各種社會文化活動之中,然而能夠因此而說道德理性是一切社會文化的基礎嗎?在我看來,任何人總是生活在既存的、不容選擇的、一定時代、一定人類群體的具體社會環境,首先是前代人所提供的生產力的基礎及其相應的文化氛圍之中的。從一定意義上說,廣義的「文化」,人類學家、民俗學家所說的「大文化」塑模了人,塑造或者規定了人們特定的生產方式、生活方式、行為方式、思維方式、情感方式、價值方式乃至個體的心智、性格。文化重要的產物即是人本身。文化對於人來說乃是一種外在客體,具有獨立存在的意義和不可抗拒的力量。人們的任何活動都是由文化環境,特別是累積、承傳下來的物質基礎、生產方式、風俗習慣的各種特點,大小傳統和大傳統中的價值系統所決定的。也可以說,都是在一定的文化框架、文化範式以內進行的。任何人都不能脫離他所處的客觀的文化背景、條件或環境,就像不能脫離他的皮膚一樣。面對無所不在的特定時空的文化系統與文化現象,人們往往有一種「無所逃於天地之間」的感覺。我們承認一種文化的內在精神使人們的生存模式化,並使這些文化中個人的思想和情感固定化。但是作為造成一定的文化模式的民族的潛意識,並非只是精英文化的積澱,毋寧說它主要是由與客觀面文化緊密相聯的小傳統所規定的。

　　然而，任何時代的人類群體或個體，在既定的文化面前果真完全是被決定的、無所作為的嗎？難道人們不正是依憑前代或同時代人為他們提供的社會文化舞臺，創造出光華燦爛的、威武雄壯的歷史場景嗎？平心而論，唐氏文化哲學的意義正在這後一方面。當然，唐氏仍然承認客觀現實存在是文化創生、發展的必要條件，承認理想價值的現實化有一個客觀過程，承認人類創造文化的活動受到外在諸條件的影響，儘管我認為他對這一客觀層面強調得還不夠。然而，唐氏文化哲學的中心和重心，並不在此。他對文化主體的超越、主宰和文化理想的普遍、指導諸義的肯定，雖不免說過了頭，但的確具有一定的意義和價值。

　　在唐氏看來，各種文化活動，包括人之生產、交換、分配、消費的經濟活動，如無人的精神活動或道德意識為之支撐，即自始不能存在；人們在社會文化活動中的各種衝突，各文化領域的衝突，個體人的不同參與與引起的內心衝突，如無超越意識、道德理想為之調適，只可能導致人性的分裂或異化。他指出，如果離開了道德意識、人格平等而言科學、民主政治、宗教等等，則可能導致反人文或視人如非人。也就是說，唐氏文化哲學的重心不是一般地肯定文化的主體性、創造性，而是特別肯定在文化活動中人的道德的主體性和道德的創造性。唐氏認定，各獨立的文化領域、各個體人的文化活動之殊相中都隱含有一共相，即普遍性的理想，也即是「公性」、「仁性」、道德性。在他看來，這不僅是各文化活動賴以發生、存在、發展的根源和動力，而且還是調節者、主宰者。因此，他指出：

　　　　人類社會中，各人之人格所肯定之當然理想，客觀價值意識，與歷史
　　　精神，若同向某一方向變，則此人類社會文化歷史之世界之存在狀
　　　態，即皆向某一方向變。而此種執持其當然理想、價值意識、歷史精
　　　神，並加以開闢，使之更廣大高遠；加以凝聚，使之更為真切篤實；
　　　以之直接主宰其內心之意志，以改進於其日常生活，再及於其社會之
　　　外表行為者；則為人之自己建立其理想人格之為如何如何之一真實存
　　　在之道德精神。此即為人類社會、人文歷史世界之核心中的核心，樞

紐中的樞紐[3]。

唐氏以道德理性和理想人格作為文化活動、人文世界的基礎之基礎、根源之根源、核心之核心、樞紐之樞紐，顯然是缺乏人類文化史的根據的，也是不符合文化的發生、承傳、發展的客觀現實的。不過，同情地理解唐氏的用意，不難發現這是針對著現代社會和現代人的通病的。意義的危機、形上的迷失、存在的惶惑和精神自我的失落，使得唐氏重建人文價值的努力，旨在解決人的終極關懷和安身立命之道的懸置問題。

## 二、生命存在的「三向九境」

道德自我的挺立與撐開，為唐君毅終身所持守，並無方向上的轉變，但卻有著深度與廣度上的開展。隨著他對中國傳統思想中有關人性問題瞭解，他認識到，「道德自我」，不過是關於人性的一個方面，當然是最主要、最根本的方面；而人尚有不是純屬於道德活動的人性的表現，如由人的「生命」和「心靈」所表現的人性，就不是「道德自我」所能涵括。毋寧說，「道德自我」並不是獨立存在，而是與人的生命存在的各方面相聯繫的；道德活動亦不是孤零零的，而是與人生其他活動相伴隨的。由此出發，在《生命存在與心靈境界》一書中，唐氏將「道德自我」推擴到整個生命存在與心靈活動，展示人生各個層面及其意義和價值，建構了「心通九境」的「生命心靈」體系，不僅對中西印各文化精神作了判教式的總結，而且對人生活動的各價值層面、各精神境界作了「弘大而辟」的發揮。

「心通九境」論的一對首要範疇，就是「心」與「境」。「境」與「心」相對，為「心」所現，既涵客觀景象，又涵主觀意象，故「境兼虛實」；「境」有種種，互有界限，故而「境界」又可連用。而「心」則自內

---

[3] 唐君毅：《中華人文與當今世界》上冊，《唐君毅全集》第七卷（臺北：臺灣學生書局，1986 年），頁 89。

說，「靈」則自通外說，合「心靈」為一名，「則要在言心靈有居內而通外以合內外之種種義說」。「心」與「境」構成一種感通關係，「境與心之感通相應者，即謂有何境，必有何心與之俱起，而有何以起，亦必有何境與之俱起」，故「心」、「境」是「俱存俱在」、「俱開俱辟」、「俱進俱退」、「俱存俱息」[4]。

　　「心」、「境」的感通方式，有種類、次序、層位的不同，由此形成所謂「橫觀」、「順觀」、「縱觀」。橫觀是生命心靈活動之往來於內外左右，在觀種類；順觀是生命心靈活動之往來於前後，在觀次序；縱觀是生命心靈活動之往來於上下，在觀層位。這便是「生命心靈活動的三道路或三方向」，或者說「心靈生命之三意向或三志向」。唐君毅說：

> 然人對外境而求通，則為當下橫通；反省今昔之所為，而悔其所不當，而更自信其所當，以續之於今後，則為前後之順通；而念此心靈之能通之能未顯，而存於隱，即以此念其存於隱，而顯之於此念，亦顯此能通之能，以下激而上升，則為上下之縱通；則亦有此三面之工夫之可說[5]。

　　由於「心」、「境」感通的方式不同，相應而起的境界也就不同。從大處看，可以分作「客觀境」、「主觀境」、「超主客觀境」。復因「心」對各「境」的反觀均有橫、順、縱三種形式，因此，「客觀境」、「主觀境」、「超主客觀境」又可細分為九種境界。

　　其一為「萬物散殊境」。唐君毅認為：「人之知，初乃外照而非內照，即覺他而非自覺。」因此，「生命心靈」最初的活動是由內向外的，所開闢的是客觀境界；而在客觀境界中，首先接觸的是個體事物，由此構成彼此分

---

[4]　唐君毅：《生命存在與心靈境界》上冊，《唐君毅全集》第二十三卷（臺北：臺灣學生書局，1986 年），頁 11-13。

[5]　唐君毅：《生命存在與心靈境界》下冊，《唐君毅全集》第二十四卷（臺北：臺灣學生書局，1986 年），頁 450。

散而殊異的個體界。一切關於個體事物的歷史地理知識，一切關於個人求生存的欲望，皆根於此境；對此境反觀的結果，便形成一切關於個體主義的知識論、形上學與人生哲學。

其二為「依類成化境」。「生命心靈」從個體界出發，進一步接觸的是事物的種類，由此進入類界。一切關於事物種類，諸如無生物類、生物類以及人類的知識，皆根於此境；對此境反觀的結果，便形成一切關於類的知識論、形上學與人生哲學。

其三為「功能序運境」。「生命心靈」通過對類的把握，進一步深入到萬物內在的因果關係，認識到客觀世界乃是一個按功能之次序運行的世界，由此進入因果界。一切以事物因果關係為中心的自然科學、社會科學知識，一切關於人類生存於自然和社會的應用科學知識，以及人借手段以達目的的行為及功名事業心，皆根於此境；對此境反觀的結果，便形成一切論說因果的知識論、依因果觀念建立的形上學以及功利主義的人生哲學。

其四為「感覺互攝境」。經過以上客觀三境之後，「生命心靈」由覺他而進至自覺。自覺即「生命心靈」知其所知之客體事物之相，乃是主體的感覺；客體事物之相所在的時間和空間，亦內在於緣感覺而起的主體；而能感覺的主體之間則既各自獨立，又相互影響，由此進入主體自覺界。一切緣主觀感覺而有的記憶、想像，經驗心理學中關於身心關係的知識，關於時空秩序的知識，等等，皆根於此境；對此境反觀的結果，便形成一切關於身心關係、感覺、記憶、想像與時空關係之認識論，身心二元論或唯身論、泛心論之形上學，與一切重人與其感覺境相適應以求生存之人生哲學。

其五為「觀照凌虛境」。「生命心靈」從自覺於客觀世界，進而可以游離於客觀世界，從而發現一「純相之世界」，此即以語言文字符號聲形等所表示的世界，由此進入意義界。一切由人對純相或純意義直觀而有之知，皆根於此境；對此境反觀的結果，便形成重純相或純意義的現象學的知識論，重在發明純相的存在地位的形上學，以及審美主義的人生哲學。

其六為「道德實踐境」。「生命心靈」不止於把握意義世界，而且要形成道德理想以指導自己的行為，從而實現道德生活，建立道德人格，由此進

入德行界。一切本於道德良心所知的一般道德觀念而形成的倫理學、道德學知識，以及人的道德生活行為、道德人格建立，皆根於此境；對此境反觀的結果，便形成一切關於道德良心的知識論，良心之存在地位及其命運的形上學，以及一切重道德的人生哲學。

其七為「歸向一神境」。經過以上主觀三境之後，「生命心靈」由主觀統攝客觀進入超主客觀境界。「然此超主客，乃循主攝客而更進，故仍以主為主。其由自覺而超自覺，亦自覺有此超自覺者。故此三境亦可稱為超主客之絕對主體境」。此後三境的總特點是，「知識皆須化為智慧，或屬於智慧，以運於人之生活，而成就人之有真實價值之生命存在」。此中第一境即一神教所皈依的神界。其所謂「神」，乃指形而上的最高實體，它作為現實世界的主宰，具備現實世界可能有的一切美德；它落實到人的心中，避免人們將其僅視為現實世界的一種實在，從而避免人們的懷疑和不信。

其八為「我法二空境」。此境既破「我執」，又破「法執」，即一概破除「生命心靈」對主客世界的種種執障，甚至是對「神」的肯定。由此，「心靈」不僅日進於廣大，而且徹入現實世界一切有情生命之內裏，對其因執而生的種種煩惱痛苦產生同情，並本著慈悲心懷，以智慧燭照有情生命之無執的本性，從而解除其種種煩惱痛苦，達致救度有情生命的目的。

其九為「天德流行境」。此境凸顯人的當下生命存在及其道德踐履同時即是「天德」流行，因此，天人不二之道自本至末、自始至終無所不貫，既不依賴對「神」的信仰，也不需要「我破破他」的救度。這種當下即是的境界，方為灌注著道德理想的人文世界之最高境界[6]。

這九種境界，既是「生命心靈」所開出的整全的現實人文世界，但自其由「客觀境」到「主觀境」乃至「超主客觀境」的次第升進、即自經驗的「我」到理性的「我」乃至超越的「我」的不斷超越來看，卻仍可見出「心之本體」滲貫其中並導引「生命心靈」的層層提升。這樣，唐君毅之將「道

---

[6]　以上參見唐君毅：《生命存在與心靈境界》上冊，《唐君毅全集》第二十三卷（臺北：臺灣學生書局，1986 年），頁 47-51。

德自我」推擴到整個生命存在與心靈活動，並不意味著他對「心之本體」這一中心觀念的淡化或弱化，相反，「心之本體」作為價值取向，貫穿於「生命心靈」活動的全過程中，通過這一活動內在的指向性而得到了加強。

簡言之，三向即生命存在先向客觀境界、次向主觀境界、最後向超主客觀境界敞開。而心對於境之反觀有橫觀、順觀、縱觀三種形式，如此三觀與所觀三境之體、相、用相應，則構成交相輝映的九境。九境即在客觀境中所見或所表現的個體界（萬物散殊境）、類界（依類成化境）、因果界（功能序運境）；主觀境界中所見或所表現的身心關係與時空界（感覺互攝境）、意義界（觀照凌虛境）、德行界（道德實踐境）；超主客境界中所見或所表現的神界（歸向一神境）、真法界（我法二空境）、性命界（天德流行、盡性立命境）。這是以生命為主的心靈世界中力求真實的存在的過程所表現出來的認識秩序或價值秩序，也即是對宇宙秩序的契合與體驗。

應該肯定，唐氏「心通九境」論是一個頗具包容性的龐大的文化哲學體系，這一體系意在以「心之本體」涵括一切，但最終卻導致了以「心之本體」裁斷一切，因此，其包容性並未能貫徹到底。但唐氏「三向九境」決非文字遊戲或形式架構，他所崇尚的仍然是生命理性或實踐理性的創造性與超越性，所抉發的仍然是有限身心的無限性與積極性。在人生超越物欲、超越自身的曲折歷程中，感覺經驗、理性知識、邏輯思維、道德理想、宗教信仰等等，都是必經的中間環節；人的生活於橫向發展的各種境界中表現了它的意義與價值，同時亦有其局限和不足。例如「個體主義或個人主義的哲學」、「思想與生活之依類成化及知類通達」、「功利主義之人生態度」、「感覺互攝之行為與生活」、「觀照的人生態度」等等，前五境所成就的生活，總是要歸趨於「道德實踐境」以成就道德生活與道德人格，顯示人生的最高與最後的價值。他又以「天德流行境」涵蓋「歸向一神境」與「我法二空境」，闡釋了儒家道德心性學說給人以安身立命之所在的終極意義。

這樣，他在把「道德自我」推擴為「生命存在」，展示了人生各層面、各意義、各價值之後，最終仍歸趨於超越的、理想的道德價值，又回到了、守住了他的中心觀念。他高揚了道德心靈的超越性、無限性。這種超越觀，

當然與西方哲學的超越論（或超絕論）不可同日而語。這種超越是一種內在的超越，是歸於現世人生的。同時，它又涵蓋了西學，包容了人類自身及其與周圍世界關係的主客對立狀態及認知層面的理解，從而彌補了中學之不足。在揭示了生命存在與心靈境界的不同層面，對如此豐富的諸層面作了理智的、客觀的理解之後，唐氏文化哲學的目的，仍是「立人極」，成就「成德之教」，開拓精神空間。他說：

> 何謂吾人之生命之真實存在？答曰：存在之無不存在之可能者，方得為真實之存在；而無不存在之可能之生命，即所謂永恆悠久而普遍無所不在之無限生命……吾人之生命，原為一無限之生命；亦不能以吾人現有之一生，為吾人之生命之限極。然此無限之生命，又必表現為此有限極之一生……由吾人之論之目標，在成就吾人生命之真實存在，使唯一之吾，由通於一永恆、悠久、普遍而無不在，而無限；生命亦成為無限生命，而立人極；故吾人論諸心靈活動，與其所感通之境之關係，皆所以逐步導向於此目標之證成[7]。

在盡性立命之道德實踐中，人們有一精神的空間。

> 此空間之量，人可生而即有或大或小之分，然亦可由修養而開拓小以成大。此修養之道，恒非是在一般道德實踐之情境中，方加以從事者……，乃在平時之不關聯於道德實踐之心靈之活動。此即如在吾人前所謂觀照凌虛境中之觀照活動，感覺互攝境中之感覺活動，與反觀自覺其感覺之活動，依類成化境中之辨類之判斷，依類以生活之活動，及萬物散殊境中之觀萬事萬物之個體之散殊，而分別論謂之活動中，吾人皆可有開拓此心量，以由小至大之道。此諸活動，或關於

---

[7] 唐君毅：《生命存在與心靈境界》上冊，《唐君毅全集》第二十三卷（臺北：臺灣學生書局，1986年），頁26、27。

真理，或關於美，皆不直接關於道德上之善。然真美之自身，亦是一
種善。人對真美之境之體驗，則為直接開拓上述之精神之空間，以成
就盡性立命之道德實踐者[8]。

唐氏開拓精神空間，成就成德之教，以「立人極」的文化哲學系統，是
在融攝、消化了中西哲學之後所建構的理想主義的真善美統一的文化哲學系
統。其特點是把理想主義和理性主義統一了起來。他主張，人類今後之哲
學，仍當本理性以建立理想，而重接上西方近代理性主義、理想主義的傳
統。同時，他又從中國哲學中發掘下本諸人的性情的生命理性、生活理性、
實踐理性和不脫離現實世界的崇高理想，從而在當代中國哲學中創發了力圖
把實然與當然、情感與理性、現實與理想、知與行、仁與智統一起來的哲學
系統。正是在這一基礎上，唐君毅將傳統哲學大大推進了一步，同時找到了
一條溝通中西哲學、發展中西哲學的道路：理性主義的理想主義之路。這是
他不同於、甚至高於西方生命哲學和存在主義的地方。儘管我們對唐君毅的
文化哲學可以從文化的發生學、發展觀、本質論、生態學等各層面提出種種
不同的意見和批評，但我們仍能理解他的用心，他的文化哲學從形上學、宇
宙觀上論證了道德理性的地位。

## 三、先秦哲學之新解

在中西印哲學文化對比研究的基礎上，唐君毅又重視對中國哲學史、思
想史的解讀與重構，闡發其不同於西方、印度的特殊性。其煌煌巨著《中國
哲學原論》逾 200 萬言，現為全集第十二卷至十七卷共六巨冊，是唐君毅有
關中國哲學的系統性的著作。唐氏自己定位：「其性質在哲學與哲學史之
間。其大體順時代之序而論述，類哲學史；其重辨析有關此諸道之義理之異

---

8　唐君毅：《生命存在與心靈境界》下冊，《唐君毅全集》第二十四卷（臺北：臺灣學
　　生書局，1986 年），頁 305。

同及關聯之際，則有近乎純哲學之論述，而亦有不必盡依時代之先後而為論者。」[9]顯然，《中國哲學原論》不同於黑格爾的《哲學史講演錄》，也不同於馮友蘭的《中國哲學史》與張岱年的《中國哲學大綱》。

《中國哲學原論》雖分《導論篇》、《原性篇》、《原道篇》、《原教篇》，以《中庸》首句的「性」、「道」、「教」排布，但仍是以三冊《原道篇》為主軸而展開的。唐君毅指出：「本書（指《原道篇》）與拙著《中國哲學原論》中原理、原心、原名、原辯、原致知格物、原命與原性諸篇，乃分別寫成。此道之名之義，原可攝貫此理、心、性、命等名義，而為其中心。然直對此中心之道而論，其詳略輕重，又自不同。」[10]故《原道篇》為一中心之圓，又以建築為例，指前所著為立柱，而此篇為結頂。

《中國哲學原論》特點是：第一，「視中國哲學為自行升進之一獨立傳統，自非謂其與西方、印度、猶太思想之傳，全無相通之義。然此唯由人心人性自有其同處，而其思想自然冥合。」[11]第二，視中國哲學為活的生命之物。不是鋪陳排比的中藥鋪，而是「當用以顯義理之流行，如當於人之骨骼之中，更見其血脈。然後中國哲學可成一有生命之物。為顯此義理之流行，吾書於述一家之思想義理時，亦或兼及於後世之學者對此一家之義理，如何重加解釋，或如何重加估價。如吾之論周秦孔、墨、孟、荀、老、莊諸家，恒於文初，兼略論此各家之學之道，在後世學者之心目中之地位之升降起伏。此亦意在增加『對此一家之思想義理之恒活在世代之人心，而為一有生命之物』之觀感。」[12]唐氏認為，中國哲學之道的義理流行，其精神血脈直貫注於古往今來的人文學術、禮樂風教的各方面，為百姓之所日用而不可須臾離者，遍澤群生，活在民間。

蕭萐父標舉唐氏《原論》之「原」，肯定他對中國哲學多樣性、豐富性

---

[9] 唐君毅：《中國哲學原論‧原道篇》第一卷，《唐君毅全集》第十四卷自序（臺北：臺灣學生書局，1986 年），頁 7。

[10] 同前注，頁 7。

[11] 同前注，頁 11。

[12] 同前注，頁 27。

的肯定，以及察其義理、問題之「原」、名辭義訓之「原」、思想義理孳生之「原」，於諸家之異義者，樂推原其本旨，以求其可並行不悖而相融無礙之處。蕭萐父肯定唐氏合各時代諸學術之精神生命之流行，以觀其往古及來今的發展與會通的精神，並欣賞「即哲學史以論哲學」的三層進境：初觀東西古今哲人異同，次入純哲學之探究，終於「即哲學而超哲學」的化境。蕭萐父特別指出，唐氏《原論》並非記問之學，不止於編列古人遺言，而是深觀哲學義理的生命精神，慧命相續，開拓新境，明瞭其「終始相生，如一圓之象」[13]。

　　下文擬就唐君毅對先秦哲學的研究，論述其中國哲學史研究的創見。唐氏有關先秦哲學史的研究，主要在初版於 1973 年的《原道篇》的卷一、卷二，其次在初版於 1966 年的《導論篇》，再次在初版於 1968 年的《原性篇》。唐君毅通過對先秦哲學的研究，確立了中國哲學之不同於希臘、印度、猶太等哲學的獨立系統，並肯定其表述上也有一形式系統。唐氏特別研究了「道」這一核心範疇，以「道」為中心，對上古、春秋、戰國諸子百家的「道」論作了整統的與分別的疏理。他深刻地發掘了上古人文之道，孔子仁道，墨子義道，老子自然之道及其六義，孟子立人之道，莊子至人神人真人之道，荀子成人文統類之道，韓非子之治道，周秦諸子對名言之道，《中庸》之誠道，《禮記》之禮樂之道與天地之道，《易傳》之即易道以觀天之神道等，由此而整理出中國人之「道」論系統。與此相聯繫，他還認真研究了天道、天命、命等範疇。唐氏開先秦人性論研究之先河，對春秋對德言性，孔子對習言性，告子即生言性，孟子即心言性，莊子復心言性，荀子對心言性，《中庸》即性言心，以及乾坤之道、禮樂之源、政教之本等作了系統研究。此外，唐氏還討論了「心」與「理」範疇，通過對孟子之性情心，墨家之知識心，莊子之靈臺心，荀子之統類心，《大學》《中庸》之德性工夫之心等，展開了系統論述。他對名、言、辨、默的研究也別開生面。

---

[13] 蕭萐父：〈論唐君毅之哲學史觀及其對船山哲學之闡釋——讀《中國哲學原論》〉，《吹沙集》（成都：巴蜀書社，2007 年），頁 554-557。

　　唐氏全面地研究了先秦哲學的各流派與思潮，以及它們之間的複雜的關係。例如關於孔子思想，作者討論了虞夏書、商書中的一些哲學觀念，殷周之際變革、周初王道與人文禮樂、周代及春秋之文德、天道、人道、中和之道與孔子的關係，以及孔、墨、孟之間的複雜的理論聯繫與論辯。又如關於道家思想，作者討論了道家的起源與原始型態，老子之道與田駢、彭蒙、慎到之道的分途，詳論老子之法地、法天、法道、法自然之道，《莊子》內篇中成為至人神人真人之道，《莊子》外雜篇思想及《韓非子》、《管子》中的道家言等。關於周秦諸子名辨思潮與語言方式，唐氏都有全面地研究。有關《禮記》、《易傳》，也研究得很細。以下舉唐君毅對孔子、孟子、老子的詮釋為例分述之。

　　關於孔子思想，唐君毅肯定孔子以「仁」統貫諸德，以愛言仁，特別以「感通」解釋「仁」之旨。唐氏指出，「仁」含有三方面的感通：「對人之自己之內在的感通、對他人之感通、及對天命鬼神之感通之三方面。皆以通情成感，以感應成通。此感通為人之生命存在上的，亦為心靈的，精神的。」[14]由此而為主觀精神、客觀精神、絕對精神的感通。「孝弟者，人之生命與父母兄弟生命之感通，即人之生命與他人之生命之感通之始也。……人之行於仁道，皆必以孝弟為先，即以其生命在日常生活中，與父母兄弟之生命相感通為先，再及於愛眾親仁，則無異也。」[15]「而其工夫之節次，則第一步在志於道、志於仁、志於學。此則要在吾人一己之嚮往於與他人或天下之感通，而有對人之愛，與求天下有道之志。……其第二步，則為於志道之外，求實有據於德，以依仁而行道。而修德之本在恕，由恕以有忠信，而極於對人之禮敬。……樂且不憂，必本於人之知天命。知天命，則見仁者之生命與天命或天之感通，亦仁者之智之極。……人有與天命及天之感通，亦有與鬼神之感通，以仁及於鬼神，是為仁之至。此則為孔子由下學而求極其

14　唐君毅：《中國哲學原論・原道篇》第一卷，《唐君毅全集》第十四卷（臺北：臺灣學生書局，1986 年），頁 78。

15　唐君毅：《中國哲學原論・原道篇》第一卷，《唐君毅全集》第十四卷（臺北：臺灣學生書局，1986 年），頁 83。

上達之功夫之最後一步。」[16]

　　關於「敬畏」，唐氏指出：「此恭敬寅畏情，只以一統體之天為所對，亦只以一統體之天命為所對，而人卻不知此天命之畢竟為何。此即可稱為純粹的對天命之宗教道德性之敬畏。」[17]他將這種敬畏分為「畏天命」、「知天命」、「俟天命」三種。

　　唐氏認為：「孔子之天非一人格神，亦仍可為所敬畏之一真實之精神的生命的無限的存在。以人物有其生命與精神，則生人物之天，不得為一無生命非精神之存在。天所生之人物無窮，則天不能為有限之存在。……此天之為一真實之存在，亦自有其超越於其所已生之人物之存在之上之意義。此亦不礙天之為人之仁之所感通，人之所敬畏，而亦內在於此人之仁之感通與敬畏之中，而非只一往超越於人與萬物之外，以自為一絕對完全之獨立自足之真實存在也。」[18]這與西方神學中以絕對完全、獨立自足的概念來規定「天」為一人格神或上帝之說不同，此「天」不是自我封閉的、只有超越性、神秘性的人格神，它有感通性、開放性、開拓性。

　　唐氏對孔子之「天」，乃至中國哲學之「天」的揭示是很有意義的。他指出：「具至德至道之天，必為開朗而向外表現，以發育萬物流行於萬物，亦內在於一切人物之天。此一天之秘密性、神秘性，唯是由其發育流行之無盡處之所昭顯。……故此天，永只在其由隱而顯，由微而彰之一歷程中，而亦恒內在於其所生之人物之中；亦容吾人之由對此天所生之人物之感通，以與天相感通」[19]。

　　由上可知，唐氏對孔子思想中心「仁」之人道精神的把握，特重其「感通」之義，而這一「感通」的最終一層，是人與天的感通。人的宗教道德性的精神源自於「天」，而「天」不在生存、變化、發展、流行的人物之外，

---

[16]　同前注，頁 148-149。

[17]　同前注，頁 130。

[18]　同前注，頁 133。

[19]　唐君毅：《中國哲學原論‧原道篇》第一卷，《唐君毅全集》第十四卷（臺北：臺灣學生書局，1986 年），頁 135。

就在其中。「天」內在於一切人物之中。在筆者看來，此乃唐氏孔子詮釋之勝義，有助於我們加深對「天人合一」「理一分殊」的命題理解。

關於孟子思想，唐氏的討論也是放在哲學史上來比較的。例如從孔墨之不同、孟墨之不同，從中國人性觀的發展史，從孟子學史上來講孟子的。在《原道篇》的〈孟子之立人之道〉（上下）、《原性篇》的首章〈中國人性觀之方向，與春秋時代之對德言性、孔子之對習言性、告子之即生言性、與孟子之即心言性〉中，唐氏集中討論了孟子思想。他說：「墨子更不見禮樂之足以表現人之情意，以暢通人我之生命，養人仁義之心，使人行仁義之道等價值。此尤與孔子之重禮樂之旨相對反。於是孟子起，重發明孔子之道，乃不得不一方辟墨學之言義之只重歸於客觀化之實利之思想，亦重發揮孔子以仁言義之旨，乃說仁義皆內在於人心，並重申儒者言喪祭之禮與樂之價值。」[20]

唐氏特重孟子的人禽之別，認為這與墨子的以人與天鬼對觀，而言人之法天鬼之事雖不同，但可以說是將人客觀化為天地間的一類的存在而言的，這是墨、孟與孔子的不同。孟子言類，有所承於墨子；孟子合言仁義，亦始於墨子合言仁義。孟子講人禽之別，初只在「幾希」，即如後世王夫之在《俟解》中所說的「壁立萬仞，止爭一線，可弗懼哉。」孟子辨類，其目標在使人自覺其所以為人，以至盡人道，而為聖賢。唐氏認為，孟子人禽之辨不同於西方哲學家如亞里斯多德之辨萬物之類。「孟子言人與禽獸不同類，聖人與我同類，故謂『聖人之於民，亦類也』。此所謂人與聖人同類，乃由『人之自存其與禽獸相異之幾希，而充之盡之，以至於極，即是聖人』上說。此乃自人之內在的存有此幾希，及人可充之、盡之，以使人逐漸同於聖人之歷程上，說我與聖人同類；而非外在的、邏輯的將人與聖人比較，是聖人亦是人類之一分子上，說其為與我同類也。」[21]

人之異於禽獸之「幾希」，即人的心性，初見於惻隱、羞惡、辭讓、是

---

[20] 同前注，頁 216。

[21] 唐君毅：《中國哲學原論‧原道篇》第一卷，《唐君毅全集》第十四卷（臺北：臺灣學生書局，1986 年），頁 220。

非之四端之心。「孟子之教，即要人自識此幾希，而存養之擴充之，以實成其仁德。……孟子之言仁之端在不安、不忍之惻隱，而言義之端，則在羞惡。……人有此義之端之表現，即見人之能自制自守，亦見人自己之心性，自有其內在的尊嚴。然此對他人有何利益，初全說不上。墨家之謂『義，利也』於此即顯然不能說。然此人之能自制自守，卻正是人之不侵犯他人之所有，而亦尊重他人之所有，使人與我各得其利，以及依人我之平等，以立種種義道於客觀天下之本原所在。此外，禮之始於辭讓，智之始於是非，初亦只直接表現人之不同於禽獸之心性，而亦未必有客觀的利人之價值與意義者。」[22]這是唐氏孟子詮釋的始點。

唐氏認為：「孟子始終把穩住『人之仁義之心之有其端始本原之表現，而由存養擴充，可至無窮無盡』之一義。故此孟子之道，在本質上為一由本而末，由內而外，亦由末反本，攝外於內之一道。」[23]緣於此，孟子必重視人之仁義之原始的表現的孝弟之德、喪葬之禮及「與人同樂」之「音樂」。人之為仁義之事，亦必自其根於仁義之心，而為此心之表現。

就義內義外之辨，唐氏認為，「敬長」之義，「此敬亦發自我之主觀內在之心性，故不可只視之為外，亦當視之為內，而與仁之為內同也。若視之為內，則內可攝外，義之為客觀普遍，亦同時為主觀內在之心性，表現於『我與所謂客觀對象之特殊關係中』，而具特殊性者。依此，則由仁而有之愛，與由義而有之敬，即皆同為主觀內在之心性之表現矣。」[24]「孟子之義，則謂此隨客觀情境之特殊性，而變吾人之所敬，仍出於吾人之內在之心性，有如冬日飲湯，夏日飲水之事之仍由內發。此則注重在言吾人之內在的心性如敬，原能在特殊的客觀情形中，有其種種不同之特殊的主觀的表現。此表現為義，此義亦由內發，由內在的心性所決定，而非由客觀外在之特殊

---

[22] 同前注，頁 221、222。

[23] 唐君毅：《中國哲學原論·原道篇》第一卷，《唐君毅全集》第十四卷（臺北：臺灣學生書局，1986 年），頁 224。

[24] 同前注，頁 226。

的客觀情形所決定。」[25]唐氏強調，孟子言道德的內在性，言義內並非排斥客觀性的建構，實際是通此主觀與客觀、普遍與特殊。

就孟子的立人之道，唐氏抓住其根源性，從心性之原始上，逐步展開討論。依次涉及「孝弟與行義之道」、「學者之志及生與義」、「君子之所樂、所欲與所性」、「成德之歷程」、「盡心知性以知天、存心養性以事天及立命之涵義」、「養氣與知言之學」、「王者之政與民之興起及聖賢豪傑與王者、學者之興起」等方面。

關於孟子的人性論，唐君毅在青年時代就已指出，孟子不「自生言性」而是「即心言性」，然「即心言性」可以統攝「即生言性」之說。他指出：「孟子之言性、乃即心言性，而非即自然生命之欲以言性。……孟子之所以不以耳目口鼻之欲為性，則由其乃求在外，而不同於仁義禮智之心之求在己之故，蓋求在外，則非自己所能完成，即不直屬於我自己，故君子不謂之性」[26]。

唐君毅說：「孟子即子女之親親敬長之心以言性，明與告子之自然生命之食色言性者，乃自不同方向看人性。此中，人之愛親敬長之心中，包涵對父母兄弟之肯定尊重，即包涵對『依於食色之欲而有之其前之人類自然生命之流行』之肯定尊重。……此即見人之德性心，可統攝人之食色之欲而成就之；人之食色之欲，則不能統攝人之德性心。」[27]。唐氏就「自心」（道德心）對自然生命的涵蓋義、順承義、踐履義、超越義四個層面予以發揮。

唐氏又指出：「孟子之即心言性，乃又即此心之生之以言性。所謂即心之生以言性，乃直接就此惻隱、羞惡、辭讓、是非等心之生處而言性。」[28]「如人有具惻隱不忍之情之心之生，見於對孺子之入井等，孟子即就此心之生，即可擴充為一切不忍人之心，而言人性之有不可勝用之仁。又可由人有

---

[25] 同前注，頁 227。

[26] 唐君毅：《中國哲學原論・原性篇》，《唐君毅全集》第十三卷（臺北：臺灣學生書局，1986 年），頁 22、23。

[27] 同前注，頁 25-26。

[28] 同前注，頁 28。

具羞惡之情之心之生，見於不食嗟來之食等，孟子即就此心之生，可擴充為一切不屑不潔之心，而言人性有不可勝用之義。此中人之惻隱羞惡之情之心之生，而自向於其擴大充實者之所在，即仁義之性之所在，故即心之情而可見性；而其能如此自向於其擴充之『能』，即才也。」[29]

唐君毅批評傅斯年《性命古訓辨證》的「先秦之性皆作生」之說，又批評蘇轍的「孟子自歸於性無善無惡之論」。孟子之「人性善」當然不能歸結為「人向善」，但可以統攝「人向善」。唐氏也不同意把孟子的「性善論」解釋為人性「已全善」。他說：「自人之惻隱羞惡之心之生處說，此生即自向於擴大充實之義；則心之現有而表現之善，……則亦可不見其小且微，則亦無所謂未善。然此又非謂一般人之有惻隱羞惡之心者，即已全善，而同於聖人之善之謂。因此心之性既向於擴大充實，即心之不自足於現有之表現，而未嘗自以為已全善，而可以更為善之證。心之生所以為心之性，非純自心之現實說，亦非純自心之可能說，而是就可能之化為現實之歷程或『幾』說。在此歷程或『幾』上看，不可言人性不善，亦不可言人性已善，而可言人性善，亦可言人性之可以更為善。」[30]

唐氏發揮「操存舍亡」意，指出：「此由心之喪失而有不善，並不證此心之性之不善，而正反證此心之為善之源。……此心之一時梏亡喪失，不礙人之仍具此心者，以此心之舍則亡，固不礙此心之操則存。此心之操則存，即此心之自操自存而自生，以見此心之以生為性者也。此心之自以生為性，而能自操自存，人只須試一自操自存其心，便可當下實證。」[31]

黃俊傑將唐氏孟子詮釋的新義歸納為三個要點：第一是「心學」，「即心言性」；第二，從「心」之自發自動賦「興」字以新義，特重人之興起心志以立人；第三，特就人禽之辯，強調人與禽獸不同「類」，而使人自覺其為人。黃俊傑認為唐氏直承宋明儒「心學」的立場，強調心之自興自發，而

<hr>

[29] 同前注，頁29-30。

[30] 唐君毅：《中國哲學原論‧原性篇》，《唐君毅全集》第十三卷（臺北：臺灣學生書局，1986年），頁30-31。

[31] 同前注，頁31-32。

未與牟宗三正視孟子式的具有「自我立法」的能力而如何落實在現實世界使它自身客觀化的問題，又與牟氏一樣專注「心」之自我完善而不是「心」的撐開、落實。至於孟子之外王學的實踐問題，則是徐復觀的勝場[32]。

　　唐氏肯定孟子的本末、內外的圓成。他不僅「即心言性」，強調「仁義內在」，又深受船山影響，「即此心之生以言性」，重視人性的成長與發展，性善只是應然而非實然，需「擴而充之」，這就包涵了客觀面的流行與實踐。

　　唐氏論道家思想的基本框架是一系三分途說。就道家與儒、墨之差別說，莊子、老子與慎到等所言之「道」有共同的方面，「即其言道，皆以其生命面對天地萬物之全體，而言人之所以應之之道。……孔墨之道，存於人與己，及人與天及鬼神之間，皆初未及於人以外之萬物與地。」[33]先秦學者於天地萬物的看法中，重點討論人的生命面對天地萬物全體而因應之道的是道家。而道家又主要有三派，一是田駢、彭蒙、慎到；二是老子；三是莊子。「道家之流之慎到、田駢、彭蒙，順天地萬物之轉易變化之勢，而見天能覆不能載，地能載不能覆，萬物皆有所可、有所不可，以去建己之患，用知之累；即已自有其生命之面對天地萬物之全體，而應之處之之道在。老子之教人於物勢之轉易之前，自退一步，以凝斂其心知於自己，以觀物勢之轉，自居於虛靜柔弱以法地；進而以寬容之心，對天下人利而不害，以法天，以慈孩民；更由『無名天地之始，有名萬物之母』，以知有此為天地萬物之始母之道，而法道，以成其上德與玄德，而由末之粗，至本之精。則又為人之生命面對天地萬物之全體，而應之另一道。莊子之道，自其不同於此二者而言，則在其既非面對天地萬物轉易變化之勢，棄知去己，為順應之道；亦非如老子之自退一步以居虛靜，以知觀物勢，自居柔弱，以曲道自全

[32] 參見黃俊傑：〈當代儒家對孟子學的解釋——以唐君毅、徐復觀、牟宗三為中心〉，《孟學思想史論》第二卷（臺北：中央研究院中國文哲研究所籌備處，1997 年），頁 421-463。

[33] 唐君毅：《中國哲學原論・原道篇》第一卷，《唐君毅全集》第十四卷（臺北：臺灣學生書局，1986 年），頁 285。

為始，而要在既化人生命中之心知為神明，以往向於此天地萬物之轉易變化於前者，即更游心於其中，亦更超越於其外，昭臨於其上，以成神明之無所不往，見『天地與我並生，萬物與我為一』，為其根本。故其神明之運，自始為開展的，放達的，六通四辟，而無所不通，無所不往，亦無定所，為其所必適者。」[34]依於《莊子‧天下篇》，唐氏發揮道家之三種型態，認為此三型之「道」，原自吾人自己面對天地萬物之全體之轉易變化於人之前時，人可有之所以應對的三種方式。因此道家之三種型態也是互補而圓成的。

　　有關老子之「道」，唐氏從縱向與橫向作了深入地剖析。從縱面，唐氏依道的虛實面的不同，分析了六個意義。首先是道有虛與實的二面，韓非子以「理」、王弼以「體無」與「自然」來說「道」，是傾向於虛方面的，而道教徒以精、氣、神的實質來說道，是從實的方面來說的。由此而分析的六個義項是：一、以道為一切萬物所普遍共同遵行的理則，或自然、宇宙的一般律則或根本原理。二、以道為一實有的存在者，是一形而上性格的存在的實體或實理。三、就相狀而言，與萬物相比較，道為無、為虛。四、道所同於萬物的面相是「德」，萬物分享自道、萬物有得於道的方面，即是萬物之「德」。五、以道為標準為目標的修德的方法，或生活的方式。這屬於應用意義的道，低於「德」的層面。六、指一種人的心境或人格狀態的狀辭。以上第二種作為形而上的實體的道是實的，而其他則是虛的。從橫面，他又據《老子》第二十五章所說的「人法地，地法天，天法道，道法自然」，論述老子之道不在一個平面上，而有人由法地而法道，人由法天以法道，人直接法道，人法道之自然的四個層次。道的四層次是正反相涵與次第升進，在一種圓融無礙的大系統之中。

　　吳汝鈞在討論唐氏關於老子詮釋的專文中指出，唐氏的看法，老子的宇宙觀與人生觀是冷靜而無情味，其道亦是一無善無惡的中性的形而上的存在，亦未嘗以仁心仁性對待萬物。「唐先生的說法，自是本著一貫的人文精

---

[34]　唐君毅：《中國哲學原論‧原道篇》第一卷，《唐君毅全集》第十四卷（臺北：臺灣學生書局，1986年），頁286、287。

神而立言；即是說，儒家是人文精神的哲學，老子或道家則否。但若太著眼於『人文』，而成一種人文主義，一切以人為中心，以人的價值為價值的話，則亦可以引出流弊，過分重視人間而忽視萬物，以至不理會我們所生存的環境，認人的生存福利為目的，而周圍的環境以至萬物只是成就、成全我們的生存福利的工具而已。這便背離了現代所謂的環境倫理或環保倫理，欠缺一種視天地萬物為一體的齊物精神了。」[35]吳汝鈞自現代生態倫理的立場批評唐氏，但唐氏在四層次說上即指出：「此即具功利意義之第一層面之言，不如第二層面以上者之具超功利意義者之高；第二層面之連天地萬物以為說者，又不若超天地萬物，以直就法道為說者之高；而直就法道而說修道為道者，更不如經歷修道為道之工夫，並自問種種問題，以求修道工夫之達於安、久、自然之境者之高。……由第一層面進至第二層面矣。人能平不平又能慈，即其心之能容能公。依容公之道以存心者，則更見得此道之自具超越所對之天地萬物之意義；即可進而直接法道、體道之超越意義，以『為道日損』而修道，而更本此道，以觀天地萬物之超越其自己，皆為此道之表現，則進至第三層面矣。至由人之修道之久，而達安且久之自然之境，則更實現道之常久、道之法自然，與天地萬物之莫不法自然，而人可自具玄德，以有上德而不德，此即通至最高之第四層次矣。此諸層面中，在前者可升進至在後者，以為在後者之所據，而在後者亦包涵在前者，而較之為高一層面者矣。」[36]按唐氏的這一解讀，亦已包含了今之環保意識，而不致淪為寡頭之人文主義。實際上，唐氏是批評寡頭的人類中心、人文主義，而極富宗教心靈的。唐氏論儒家人文，亦涵攝自然、科學與宗教。

　　方克立曾著文詳細評介《中國哲學原論》，特別肯定《原論》的範疇研究方法，指出其特點是：一、「即哲學史以言哲學，本哲學以言哲學史」；二、文字訓詁與疏通義理並重；三、注意到中國哲學範疇具有多義性、歷史

---

[35] 吳汝鈞：〈唐君毅先生對老子的道的詮釋：六義貫釋與四層升進〉，《老莊哲學的現代析論》（臺北：文津出版社，1998 年），頁 300。

[36] 唐君毅：《中國哲學原論‧原道篇》第一卷，《唐君毅全集》第十四卷（臺北：臺灣學生書局，1986 年），頁 338-339。

性、矛盾性等特點，試圖從「吾人心思之運用」中找到矛盾消解融和之道；四、重視中西哲學範疇比較研究，反對以西方哲學為標準來衡論中國哲學；五、把語義學、分析哲學的方法引進中國哲學範疇研究[37]。當然，唐氏《中國哲學原論》，主要是哲學史而不是範疇史，與張岱年的《中國哲學大綱》旨趣不同。

　　就先秦哲學史的研究而言，唐君毅的研究方法論啟示我們：第一，必須把當時哲學思想各流派、各主要人物的核心思想與言說方式，理清辨明；並對其間的來龍去脈與複雜的聯繫，條分縷析。第二，哲學史的還原並非簡單回到各家各派，而是在平實地理解、深度地發掘的基礎上，對其作哲學的提升與理論的重構。第三，把握合理的詮釋限度，也即正確處理「理解」與「批判」、「繼承」與「創新」、「傳統」與「現實」等關係問題。

　　上述第三點尤其值得我們重視。只有批判傳統才能真正繼承傳統，但批判必須是全面深入理解基礎上的內在性批判，需要以縝密功夫從中國哲學家或思想系統自身的內在理路出發而對其做系統梳理，避免將某種特定的思想框架強加在傳統中國哲學之上，不由分說，尋章摘句，以簡單粗暴的方式來宰制、肢解傳統。先在既定地將中國傳統執定為粗糙、落後、保守云云，這類所謂批判實與中國思想文化不相干。沒有全面真正的繼承，就不可能有創新。哲學的創新不僅要有厚重的歷史感，具備深厚的理論功底，也要有時代精神，具有深刻的問題意識。創新固然是因應時代的挑戰而生，但創新絕非無源之水、無本之木，它一定是對傳統批判性的繼承。當然，弘大傳統文化並不是要昧於社會現實而開歷史倒車，相反，傳統恰好包含著批判現代性的負面，批判時俗流弊。拋棄五四以來相沿成習的對中國文化的某些誤解、成見，調動並創造性轉化傳統文化資源，介入、參與、批判、提升現實，促使傳統與現代的互動，這才是應取的態度。

---

37　參見方克立：〈中國哲學範疇研究的宏篇巨制——唐君毅《中國哲學原論》評介〉，
　　《現代新儒學與中國現代化》（天津：天津人民出版社，1997年），頁328-351。

# 四、唐君毅文化哲學的價值與意義

　　唐君毅是 20 世紀中國最著名的人文學者之一。他具有悲憫意識與宗教情懷，在東方與西方、傳統與現代劇烈衝突與交流互動的背景下，用整個生命和全部心血護持著人類和族類的文化理想、道德理性，積極參與、推動文明間的理解、溝通與對話。唐氏是一位開放型的儒家學者。他充分肯定人類各大文明的原創性，充分尊重世界各民族文化與宗教精神的合理內核，希冀包容不同的價值理念。唐君毅非常敏感，密切注視，隨時體驗工業、商業、科技日益發達的現代生活世界的變化，及這些變化帶來的正負面價值，警惕並批評隨著神性的消解與物欲的氾濫，人與天、地、人、我之間發生的異化——上不在天，下不在地，外不在人，內不在己，直面人的生存狀態和精神信念的危機。

　　唐氏是一位博大的哲學家。他會通中西，融貫三教，創造性地建構了「性」「道」一元、「體」「用」「相」多面撐開的文化哲學系統。這一系統，以「道德自我」為中心。但道德的主體性與文化活動，精神理想與人文世界是有密切關係的。「心之本體」客觀化、外在化為人類文化活動的各側面、各層次、各系統，包括家庭、社會、經濟、政治、哲學、科學、文學、藝術、宗教、體育、軍事、法律、教育等等，包括東西方文化史和思想史上各方面的成就。唐氏晚年在肯定「道德自我」的主導性的同時，將它擴大為「生命存在」，涵蓋精神生命不同的內容和不同的活動方面，肯定因此而相應地具有的不同的心靈境界。他從不同類型的人的生命存在與心靈活動的廣闊內涵出發，架構了弘大而辟的「三向九境」系統——《生命存在與心靈境界》。

　　唐氏尤為重視對中華人文精神的詮釋與弘揚，他指出人類史上這一特殊的人文精神涵蓋了超人文的宗教，不與宗教相對立，也不與自然相對立，不與科學技術相對立。中國傳統的人文主義的理想是：以人文化成天下；人文要普遍於自然，人之心可以貫通於自然。人心上有所承於天，下有所貫於地，天地人三者合一。通過人的關係，「形上之道」同時亦表現於「形下之

器」中。人上通於天，下立於地，而成為「頂天立地」之人。他又闡揚了西方人文精神發展的不同階段與不同走向，昭示了中西人文精神在現代交相融合的可能性。他指出，今天最圓滿的人文主義，必須是中西會通的人文主義，以解除現代世界中的文化的偏蔽。他對東方宗教的相容性，對儒學的宗教性與超越性，對中國哲學「內在超越」特色的發揮，尤有價值。有的論者認為「內在」與「超越」絕對不相容，其實，如果不是從認識論，而是從價值論，從本體－境界論的維度去看，「超越性」指的是神性、宗教性，在「天人合一」「天人合德」的論域中，神與人、神聖與凡俗、超越境界與內在的道德生活本來就是統一的。

　　唐氏有崇高的人格，博大的胸襟。他常常講「德量」與「心量」。他的為人與為學是一致的。他是一位偉大的儒者，一生實踐儒家精神，立德立功立言，真正做到了三不朽！他勤奮地讀書教書寫書，著書立說，著作等身，且努力從事文教事業，曾與友人創辦雜誌，創辦新亞書院，參與校政，教書育人，提攜後學。他又是關心社會，參與社會活動，批評當下，面向未來的公眾知識分子的一員。他給我們留下的精神遺產是全面而豐富的。

# 徐復觀的思想史觀

徐復觀（1903-1982）先生，湖北浠水人，是著名的思想家與思想史家，與唐君毅、牟宗三同為第二代現代新儒家重鎮。就個性而論，唐是仁者型，牟是智者型，徐則是勇者型的人物。徐先生有很好的國學修養，青年時在武昌的湖北國學館學國學，曾得到國學大師黃侃先生的賞識和王葆心先生的栽培。他長期在軍政界任職，曾擔任侍從室秘書，授少將軍銜。抗戰期間，徐復觀慕名前往拜謁熊十力先生，經熊先生「起死回生的一罵」，漸從政治圈轉向學術界，沉潛於中國歷史文化研究。抗戰勝利後，徐先生在南京創辦學術刊物《學原》。1949 年去臺後，徐先生埋首書齋，潛心教學、著述。於知命之年才正式轉入學界的徐氏，致力於中國思想史的研究，成就斐然。

徐復觀是從鄂東巴河岸邊的窮鄉僻壤成長起來的大思想家。他說自己「真正是大地的兒子，真正是從農村地平線下面長出來的。」[1]在膾炙人口的〈誰賦豳風七月篇——農村的回憶〉一文中，他將農村看成是中國人生命的源泉。他說自己的生命永遠和浠水故地的「破落的壪子」連在一起。

陳昭瑛稱徐氏為「激進的儒家」，而熊十力與唐、牟則是「超越的儒家」；徐氏是以具體的、有血有肉的人為根本去掌握事物，而熊、唐、牟則是從超越的、先驗的方面去掌握事物[2]。黃俊傑認為，這一對比「雖然不免

---

[1] 徐復觀：〈誰賦豳風七月篇——農村的記憶〉，《學術與政治之間》（臺北：臺灣學生書局，1980 年），頁 75。

[2] 陳昭瑛：〈一個時代的開始：激進的儒家徐復觀——紀念徐復觀先生逝世七周年〉，載《臺灣文學與本土化運動》（臺北：國立臺灣大學出版中心，2009 年），頁 336。此文又收入《徐復觀文存》（臺北：臺灣學生書局，1991 年）。

因過於二分而稍嫌僵硬，但是卻很能道出徐與唐、牟的基本差異之所在。唐、牟有心於建構道德形上學的體系，徐復觀則有某種反形上學的傾向。」「徐復觀注意到中國思想多來自具體的生活體驗，而非客觀的邏輯推理。」[3]

徐復觀並不反對西方的方法，相反他主張借助西方理論來提高思維水準，以增強對中國思想史料的解析能力，他反對的是用西方哲學的架子生硬地套在中國傳統的思想材料上。徐氏在其學術研究過程中當然有縝密的邏輯推理，黃俊傑在此處是強調徐氏反對唯科學主義的方式，反對以西方哲學思辨作為唯一標準衡量中國哲學思想，反對「知識的遊戲」，忽視了活生生的具體的人及人的生存體驗。徐氏是從具體生命、生活上去接近孔子等先聖先賢的，他肯定儒家思想從人類現實生活的正面來對人類負責。

徐先生一生在學術與政治之間，「以傳統主義衛道，以自由主義論政」。他是風骨嶙峋的勇者型的人物，時常批評政治，在政治上主張民主自由人權，有道德勇氣。他肯定中國知識分子的使命感、入世關懷、政治參與和不絕如縷的犧牲精神。徐先生身上即體現了知識分子，特別是人文知識分子，以價值理念批評、指導、提升社會政治的品格。在文化上，他是中華民族文化根基的執著守護者，曾誓言「要為中國文化當披麻戴孝的最後的孝子」。1949 年後，唐牟徐三人客居香港、臺灣，共同弘揚中國傳統文化精神。與唐、牟不同的是：徐不是從哲學的路子出發的，而是思想史的路數；對傳統與現實的負面，特別是專制主義政治有很多批判；有庶民情結，是集學者與社會批評家於一身的人物。

徐先生出版過三十多部專著、文集，發表過近百篇學術論文和數百篇時論、雜文。他特別表現了儒家的抗議精神。他所留下的大量的「學術與政治之間」的時評，與思想史著作相得益彰，頗能表現他的風骨。徐氏學術代表作是三大卷的《兩漢思想史》，以及《中國人性論史》（先秦篇）、《中國藝術精神》、《中國經學史的基礎》、《中國思想史論集》及其續編等。

---

[3] 黃俊傑：《東亞儒學視域中的徐復觀及其思想》（臺北：國立臺灣大學出版中心，2009 年），頁 31、33。

2014 年，徐先生的著作經整理，集結為《徐復觀全集》，由九州出版社刊行。

# 一、憂患意識與心性史觀

徐先生說他五十歲以後才正式做學問，他對先秦人性論史、兩漢思想史、中國藝術精神與藝術史有深入的研究與獨到的見解，其《中國人性論史》（先秦篇）、《中國藝術精神》、《兩漢思想史》等都是了不起的著作。

今天在海峽兩岸不絕於耳的「憂患意識」說，即來自徐氏。徐氏把從原始宗教掙脫出來的中國人文精神之躍動、出現，定在殷周之際。「憂患」是「要以己力突破困難而尚未突破時的心理狀態」，「乃人類精神開始直接對事物發生責任感的表現，也即是精神上開始有了人地自覺的表現」。「只有自己擔當起問題的責任時，才有憂患意識。這種憂患意識，實際是蘊蓄著一種堅強地意志和奮發的精神。……在憂患意識躍動之下，人的信心的根據，漸由神而轉移向自己本身行為的謹慎與努力。這種謹慎與努力，在周初是表現在『敬』、『敬德』、『明德』等觀念裏面。尤其是一個敬字，實貫穿於周初人的一切生活之中，這是直承憂患意識的警惕性而來的精神斂抑、集中，及對事的謹慎、認真的心理狀態」[4]。徐氏指出，這裏的「敬」與宗教的虔敬、恐懼不同，是人的精神，由散漫而集中，並消解自己的官能欲望於自己所負的責任之前，凸顯出自己主體的積極性與理性作用，是主動的、自覺的、反省的心理狀態。以此照察、指導自己的行為，對自己的行為負責。這種人文精神自始即帶有道德的性格。徐氏指出，中國人文主義與西方不同，它是立足於道德之上而不是才智之上的。因之所謂憂患意識，作為中國知識分子的一種文化潛意識，給中國思想史打上了深深的烙印。

---

[4] 徐復觀：《中國人性論史》（先秦篇）（臺北：臺灣商務印書館，1987 年），頁 20-22。

　　從中國思想史之主體的這種文化心理、深層意識出發，徐氏思想史研究特別重視發掘中國歷代知識分子對於治道和民生的關切、介入，以天下為己任和以德抗位、道尊於勢的傳統，特別重視光大中國人文精神、道德價值及其承續性，以此來界定「中國性」，來回應西方文化的衝擊和糾正「全盤西化」式的「現代化」的偏失。其中所包含的「花果飄零」、「披麻帶孝」的情意結，亦不能不歸於對中國文化和世界文化命運與前途的憂患。這種憂患當然不完全是消極的。以周公、孔子和太史公以降，中國精英文化主體的憂患心理、憂患人生及其對文化製品的積澱、貫注為視角，整理中國思想史，我看這是徐氏的一大發明，一大貢獻。

　　憂患意識即是一種道德意識，但不是道德意識之全部和根本。徐氏思想史和藝術精神的研究，指導性的乃是一道德史觀或心性史觀。徐氏對道德形上學也是非常關注的，只是他沒有從哲學家的角度，而是從思想史家的角度來體察而已[5]。他對孔子「性與天道」的闡釋，關於道德的超驗性、普遍性、永恆性及個體內在人格世界中無限的道德要求及其在現世的完成，關於生命主體的無限超越性，及天的要求如何轉成主體之性的要求，關於孔子仁學何以奠定了中國正統文化的基本性格，似都不能只看成徐氏的「客觀」評述。對《中庸》「從命到性」和《孟子》「從性到心」的考察更能證明這一點。他顯然把「仁」作為「誠」的真實內容，「誠」作為「仁」的全體呈露；把天人、物我、內外、群己的合一和內在人格世界的完成，作為中國文化最大的特性。徐氏指出：

　　　　孟子所說的性善，實際便是心善。經過此一點醒後，每一個人皆可在自己的心上當下認取善的根苗，而無須向外憑空懸擬。中國文化發展的性格，是從上向下落，從外向內收的性格。由下落以後再向上升起以言天命，此天命實乃道德所達到之境界，實即道德自身之無限性。

---

5　徐復觀正視形上學的一個例證，是他在《中國人性論史》（先秦篇）中批評荀子「過早地停頓在經驗現象上，而太缺少形上學的興趣，這便反而阻礙了向科學的追求。」詳見該書第260頁。徐氏認為不能抹殺形上學對科學的啟發、推動作用。

由內收以後而再向外擴充以言天下國家，此天下國家乃道德實踐之對象，實即道德自身之客觀性、構造性。從人格神的天命，到法則性的天命；由法則性的天命向人身上凝集而為人之性；由人之性而落實於人之心，由人心之善，以言性善；這是中國古代文化經過長期曲折、發展，所得出的總結論[6]。

他認為，孟子性善之說，是人對於自身驚天動地的偉大發現。

有了此一偉大發現後，每一個人的自身，即是一個宇宙，即是一個普遍，即是一個永恆。可以透過一個人的性，一個人的心，以看出人類的命運，掌握人類的命運，解決人類的命運。每一個人即在他的性、心的自覺中，得到無待於外的、圓滿自足的安頓，更用不上夸父追日似的在物質生活中，在精神陶醉中去求安頓。這兩者終竟是不能安頓人的生命的[7]。

這是就「內聖」而言的。就「外王」而言：

因為孟子實證了人性之善，實證了人格的尊嚴，同時即是建立了人與人的互相信賴的根據，亦即是提供了人類向前向上的發展以無窮希望的根據。所以表現在政治思想方面，他繼承了周初重視人民的傳統，而加以貫徹，並進一步確定人民是政治的主體，確定人民的好惡是指導政治的最高準繩。他所說的「王政」，即是以人民為主的政治。他所主張的政治，實際是以人民為主的政治，而並非如一般人所說的只是以人民為本的政治。他代表了在中國政治思想史中最高的民主政治

---

6　徐復觀：《中國人性論史》（先秦篇）（臺北：臺灣商務印書館，1987 年），頁163-164。
7　同前注，頁182。

的精神，只缺乏民主制度的構想[8]。

這裏很清楚，徐氏疏理中國人性論史和政治史、思想史的基本視點是心性學的。我們再看他對藝術史的疏理。在《中國藝術精神》的自敘中，他指出：

> 在人的具體生命的心、性中，發掘出道德的根源，人生價值的根源；不假藉神話、迷信的力量，使每一個人，能在自己一念自覺之間，即可於現實世界中生穩根、站穩腳；並憑人類自覺之力，可以解決人類自身的矛盾，及由此矛盾所產生的危機；中國文化在這方面的成就，不僅有歷史地意義，同時也有現代地、將來地意義……在人的具體生命的心、性中，發掘出藝術的根源，把握到精神自由解放的關鍵，並由此而在繪畫方面，產生了許多偉大地畫家和作品，中國文化在這一方面的成就，也不僅有歷史地意義，並且也有現代地、將來地意義[9]。

徐氏認為，儒道兩家，都是為人生而藝術。孔子是一開始便有意識地以音樂藝術為人生修養之資，並作為人格完成的境界，抱著一定的目的加以追求。老莊之「道」呢？

> 若不順著他們思辨地形上學的路數去看，而只從他們由修養的工夫所到達的人生境界去看，則他們所用的工夫，乃是一個偉大藝術家的修養工夫；他們由工夫所達到的人生境界，本無心於藝術，卻不期然而然地會歸於今日之所謂藝術精神之上。也可以這樣的說，當莊子從觀念上去描述他之所謂道，而我們也只從觀念上去加以把握時，這道

---

8　徐復觀：《中國人性論史》（先秦篇）（臺北：臺灣商務印書館，1987 年），頁186。

9　徐復觀：《中國藝術精神‧自敘》（臺北：臺灣學生書局，1979 年），頁 1、2。

便是思辨地形而上的性格。但當莊子把它當作人生的體驗而加以陳述，我們應對於這種人生體驗而得到了悟時，這便是徹頭徹尾地藝術精神[10]。

莊子思想即是在自己的精神中求得自由解放，他所謂至人、真人、神人，可以說都是能遊的人，即藝術精神呈現了出來的人，藝術化了的人。他們的人生，是藝術的人生。莊子所把握到的人的主體，即作為人之本質的德、性、心，乃是藝術的德、性、心。所謂「心齋」、「坐忘」，正是美的觀照得以成立的精神主體，也是藝術得以成立的精神主體，也是藝術得以成立的最後根據。而要達到「心齋」、「坐忘」，只能有兩條路子：一是消解由生理而來的欲望，使欲望及由欲望而來的利害不給心以奴役，於是心便從欲望的要挾和利害的癡迷中解放出來，這是達到無用之用的釜底抽薪的辦法。實用的觀念無處安放，精神便當下得到自由。二是消解由知識而來的是非，即與物相接時，不讓心對物作知識的活動，不讓由知識活動而來的是非判斷給心以煩擾，於是心便從知識無窮地追逐中得到解放。莊的超越，是從「不譴是非」中超越上去，面對世俗的是非而「忘己」、「喪我」，於是在世俗是非之中，即呈現出「天地精神」而與之往來，這種「即自的超越」，將自己融化於任何事物環境中而一無滯礙，恰是不折不扣的藝術精神。

徐氏指出，儒家發展到孟子，指出四端之心，而人的道德精神的主體，乃昭澈於人類盡有生之際，無可得而磨滅，道家發展到莊子，指出虛靜之心，而人的藝術精神的主體，亦昭澈於人類盡有生之際，無可得而磨滅。與西方美學家最大不同之點，不僅在莊子所得是全，而且在莊子體認出的藝術精神，係由人生的修養工夫而得，從人格根源之地所湧現、所轉化出來的。

儒道兩家的人性論的特點是：其工夫的進路，都是由生理作用的消

---

10　徐復觀：《中國藝術精神》（臺北：臺灣學生書局，1979 年），頁 50。

解，而主體始得以呈現；此即所謂「克己」、「無我」、「喪我」。
而在主體呈現時，是個人人格的完成，同時即是主體與萬有客體的融
合。所以中國文化與西方文化最不同的基調之一，乃在中國文化根源
之地，無主客的對立，無個性與群性的對立。「成己」與「成物」，
在中國文化中認為是一而非二。但儒道兩家的基本動機，雖然同是出
於憂患意識，不過儒家是面對憂患而要求加以救濟；道家則是面對憂
患而要求得到解脫[11]。

莊子的藝術精神，與西方之所謂「為藝術而藝術」的趨向，並不相符
合。尤其是莊子的本意只著眼到人生，而根本無心於藝術。他對藝術
精神主體的把握及其在這方面的瞭解、成就，乃直接由人格中所流
出。吸此一精神之流的大文學家、大繪畫家，其作品也是直接由其人
格中所流出，並即以之陶冶其人生。所以，莊子與孔子一樣，依然是
為人生而藝術。因為開闢出的是兩種人生，故在為人生而藝術上，也
表現為兩種形態。因此，可以說，為人生而藝術，才是中國藝術的正
統。不過儒家所開出的藝術精神，常須要在仁義道德根源之地，有某
種意味的轉換。沒有此種轉換，便可以忽視藝術，不成就藝術。……
由道家所開出的藝術精神，則是直上直下的；因此，對儒家而言，或
可稱莊子所成就為純藝術精神[12]。

　　總之，我們看徐復觀在闡述中國藝術精神時，充分看到了人生、人格、
人性修養與藝術創作的關係，道德精神與藝術精神的關係，肯定藝術精神是
從人格根源之地湧現出來的。當然，徐氏並沒有把藝術精神完全地從屬於道
德精神，藝術主體完全地從屬於道德主體，這是因為他充分重視了道家與儒
家的不同。由此使我們想到，以心性史觀來築構思想史、政治史、藝術史是

---

[11] 徐復觀：《中國藝術精神》（臺北：臺灣學生書局，1979 年），頁 132、133。
[12] 同前注，頁 136。

不能自圓的，它可能造成諸多的盲點。同時又使我們想到，藝術主體、認知主體、科技主體、政治或經濟活動之主體，並不是由道德主體（良知、本心）坎陷、轉出的。在這一點上，他與唐、牟的不同，是顯而易見的。徐氏雖批評了儒家文化對於道德主體和道德實踐的偏重，限制了思想自由和對客觀性之重視，主張仁知雙彰、道德與科學並進，但仍然認為中國文化是「心的文化」，人心是一切價值之源。這當然也是從形而上的層面來說的。

## 二、批判精神與庶民情結

徐氏在對中國傳統專制主義的批判和庶民地位的肯認方面，可謂善承乃師熊十力先生。徐氏說他作思想史研究的一個目的即是從傳統文化中找到可以與民主政治相銜接的地方。「順著孔孟的真正精神追下來，在政治上一定要求民主，只是在專制政治成立以後，這種精神受到了抑壓。在西漢的專制下，大思想家如賈誼、董仲舒，都反對專制，反對家天下。《呂氏春秋》和《淮南子》的政治思想，也都是要求民主的。」「我要把中國文化中原有的民主精神重新顯豁疏導出來，這是『為往聖繼絕學』；使這部分精神來支援民主政治，這是『為萬世開太平』。」[13]他在〈研究中國思想史的方法與態度問題〉的專文中指出，長期專制政治壓歪並阻遏了儒家思想正常的發展，而儒家思想在長期的適應、歪曲中，仍保持其修正緩和專制的毒害，不斷給與社會人生以正常的方向與信心，使中華民族度過了許多黑暗時代，乃由於先秦儒家基於道德理性的人性所建立起來的道德精神的偉大力量。

他自己的實際生活經歷，使他在選取、詮釋史料上獨具慧眼，分析批判傳統治道的弊病，深中肯綮。他尤其分析了中國之「士」在民意與君心、道與勢的緊張之中的人格伸張或人格扭曲，鞭撻了利祿誘惑所造就的卑賤、無廉恥、寄生、「盜賊」氣氛與「奴才」性格，視其為中國文化的限制與悲

---

13 徐復觀：〈擎起這把香火——當代思想的俯觀〉，《徐復觀雜文續集》（臺北：時報文化出版企業公司，1981 年），頁 412、413。

劇，並展望士人人格與知識不由外力所左右的前景。他所以推重士人的殉道精神、擔當意識、道德勇氣和人格尊嚴，在因為士人代表了社會良知，尤其是庶民的利益和心聲。他出身於鄉間，他希望人們能聽到身心都充滿了鄉土氣的一個中國人（指他自己）在憂患中所發出的沉重的呼聲。他的《兩漢思想史》正是在這種情懷下正視社會客觀面的發展，平民姓氏、宗族關係，以及漢代專制制度下庶民的嗚咽呻吟。也是基於此點，徐氏特別看重熊十力彰顯庶民在窮苦中的志氣與品德和熊氏的歷史批評，並認為熊氏對歷史的解釋有一種獨特的「庶民史觀」。

　　《兩漢思想史》三卷是徐先生於上一世紀 70 年代陸續出版的代表性巨著，第一卷原名《周秦漢政治社會結構之研究》，是《兩漢思想史》的背景篇，後兩卷是正篇。徐著《兩漢思想史》，通過對周秦漢，特別是漢代社會政治結構的探討，深刻揭露、鞭笞了專制政治。徐先生著力檢討中國傳統政治，批判一人專制。在〈封建政治社會的崩潰及典型專制政治的成立〉、〈漢代專制政治下的封建問題〉、〈漢代一人專制政治下的官制演變〉等長篇專論中，徐先生從制度上詳考了中國專制政體的形成與演變，分析了宰相制度被破壞的過程，不僅指出「家天下的法制化」的弊病，而且刻劃了專制者的心理狀態。他說：「一人專制者的心理，即使是自己所建立、所承認的客觀性的官制乃至任何制度，皆可由他一時的便宜而棄之如遺。」「一人專制，需要有人分擔他的權力，但又最害怕有人分擔他的權力。這便使宰相首遭其殃。另一方面，則是出於由一人專制自然而然所產生的狂妄心理，以為自己的地位既是君臨於兆民之上，便幻想著自己的才智也是超出於兆人之上。這種無可倫比地才智自我陶醉的幻想，便要求他突破一切制度的限制，作直接地自我表現。」[14]當然，在我們看來，專制者的心理是其次的，決定政治結構的關鍵尚不在此。政治、經濟資源配制的狀況，軍事的壓力，財產與權力分配與再分配的成本和效益的問題，是制度建構與政治架構修正的主要原因。

---

[14]　徐復觀：《兩漢思想史》卷一（臺北：臺灣學生書局，1979 年），頁 228、229。

　　錢賓四先生對漢代政治的描述與評價（詳見氏著《國史大綱》），與徐先生大相徑庭。錢穆以歷史學家的眼光，指出漢代政治是文士政治，非專制政治，在制度建設上奠定了中國政治的格局，其成就大於負面。按錢穆的看法，秦漢以降，中國傳統社會使平民通過教育可以參與政治的機制，特別是有「考試」與「銓選」制度為維持政治紀綱的兩大骨幹，溝通社會與政府，則不可以對兩千年歷史一言以蔽之曰「專制」、「黑暗」。徐先生曾經老實不客氣地著文批判錢先生是「良知的迷惘」。徐指出他自己「所發掘的卻是以各種方式反抗專制，緩和專制，在專制中注入若干開明因素，在專制下如何多保持一線民族生機的聖賢之心，隱逸之節，偉大史學家文學家面對人民的嗚咽呻吟，及志士仁人忠臣義士，在專制中所流的血與淚。」[15]

　　徐錢間的公案今且不表，由是大概可以知道徐氏是一位情感奔放的學者。讀《兩漢思想史》，我們處處可以感受到他的民主政治的情意結。蕭公權先生在《中國政治思想史》中指出，秦漢至清末，以君道為中心，「專制政體理論之精確完備，世未有逾中國者。」[16]按蕭公權的看法，這二千餘年，中國政治體制和政治思想「多因襲而少創造」。而徐復觀先生則充分論證了周室宗法封建解體的原因、過程與秦漢專制政體的形成演變問題，乃至中國姓氏的演變與社會結構、專制政治與宗族的關係等。請注意，徐先生使用的「封建」概念是準確的，是中國古代的原始涵義，而我們現在習見的「封建社會」概念是不準確的，是西方史的涵義，類似於徐著中的「專制政治」的意思。

　　徐先生對專制政治的檢討，是與他知識分子問題的分析聯繫在一起的。第一卷有〈西漢知識分子對專制政治的壓力感〉的專論，第二卷有關《呂氏春秋》、陸賈、賈誼、《淮南子》與劉安、董仲舒、揚雄、王充等思想的論述，第三卷有關《韓詩外傳》中士的立身處世和「士節」的強調，及有關太

---

[15] 徐復觀：〈良知的迷惘〉，《徐復觀雜文集・記所思》（臺北：時報文化出版企業公司，1980 年），頁 115。

[16] 蕭公權：《中國政治思想史》下冊，《蕭公權全集》之四（臺北：聯經出版事業公司，1982 年），頁 947。

史公在《史記》中所表現的史學精神與目的的論述，都涉及到知識分子問題。徐先生說：「若不能首先把握到兩漢知識分子的這種壓力感，便等於不瞭解兩漢的知識分子。若不對這種壓力感的根源──大一統的一人專制政治及在此種政治下的社會作一確切的解析、透視，則兩漢知識分子的行為與言論，將成為脫離了時間空間的飄浮無根之物，不可能看出它有任何確切意義。」[17]西漢知識分子為什麼反秦？反秦實際上即是反漢。為什麼喜歡《離騷》？那是「信而見疑，忠而被謗，能無怨乎」的處境與心境之自況。司馬遷的「意有所鬱結」的感憤之作，東方朔的〈答客難〉，揚雄的〈解嘲〉，班固的〈答賓戲〉等等，都是壓力之下知識分子對命運、遭際的情感抒發。

　　在第三卷〈原始──由宗教通向人文的史學的成立〉這一專論中，徐先生不僅考察了「史」的原始職務，與祝、卜、巫的關係，尤其論述了史職由宗教向人文的演進，宗教精神與人文精神的交融。優秀的史官，實際上正是以「代天行道」的宗教精神來執行他的莊嚴任務的。這就是一種「書法」。孔子讚揚的「古之良史」董狐和為了寫出「崔杼弒其君」而犧牲的兄弟三史官及前仆後繼的史官即是明證。徐先生說：「這不是西方『愛智』的傳統所能解釋的。因為他們感到站在自己職務上，代替神來做一種莊嚴的審判，值得投下自己的生命。」[18]全書對漢代優秀知識分子以理想指導、批判現實政治的研究，甚有獨到之見。這也使我們很自然地想到中國知識分子的使命感、入世關懷、政治參與和不絕如縷的犧牲精神。

　　知識分子，特別是人文知識分子，以價值理念指導、提升社會政治。請讀者讀一讀本書二卷〈劉向《新序》、《說苑》的研究〉第五節有關劉向針對現實政治、突破現實政治的理想性的討論和第六節「以士為中心的各種問題」以及〈賈誼思想的再發現〉第五節「賈誼政治思想中的現實性與理想性」。從這裏可知儒家政治理念的功能和儒家政治思想不同於、高於法家政治思想的緣由。「以民為本，以民為命，以民為功，以民為力，一切過失，

---

[17]　徐復觀：《兩漢思想史》第一卷（臺北：臺灣學生書局，1979 年），頁 283。

[18]　徐復觀：《兩漢思想史》第三卷（臺北：臺灣學生書局，1979 年），頁 236。

都由君與吏負責，決不能諉之於民。」[19]徐先生特別肯定「政治以人民為主」的觀點，又善於發掘傳統政治思想的資源，沒有陷於今天自詡為「自由主義者」的某些人的淺薄與狂妄。

徐先生的《兩漢思想史》充分反映了他的學術創慧。在他以前，很少有人注意到《新序》、《說苑》中引用孔子的材料在比例上超過了《韓詩外傳》的問題。這一問題，隨著今天大量出土簡帛的出現得到照應。我們很遺憾，徐先生寫作本書時，只略為瞭解了一點點長沙馬王堆出土的帛書《老子》，尚不可能知道帛書《易傳》及儒家與諸子百家的帛書資料，更不可能知道 20 世紀 90 年代郭店楚簡與上海博物館購藏楚簡中大量豐富的思想史資料。實際上，孔門七十子後學記述、傳衍的大量資料，在漢代典籍中得到保留，除前述劉向所編書外，尚有陸賈《新語》、賈誼《新書》，乃至《呂覽》、《淮南子》等。地下發掘的竹帛與傳統文獻對比，諸如《詩》《書》傳衍世系與家派，詩教、書教、禮教與樂教，思孟「五行」，先秦兩漢心性論問題，都有了更豐富的材料，而超出於陳說。我們特別注意到，徐先生在沒有獲悉這些新材料時，由於他苦心研讀文獻，而有了突破前人的慧識己見。他超越了「疑古派」，依據自己的考據工夫，把「五四」以來認為不可信賴的文獻重新加以定位，大膽地加以證實與運用。舉凡有關漢代思想史上的大家和重要典籍，他都有討論且都有獨到的見解而不肯阿附陳說。他尤其重視孔子人文精神在兩漢的巨大影響，特別是春秋學的問題，禮樂的問題，天、命、性、道、身、心、情、才等人性論問題的展開等。又如他說，《呂氏春秋》最要者是〈十二紀〉紀首，其中積澱了漢代以前的宇宙－世界觀，又規定了影響了兩漢學術與政治。他認為，董仲舒成就的「天」的哲學大系統是當時專制政治趨於成熟的表現，但董氏仍然持守儒家政治理念，批判現實政治，力求限制專制之主及其酷烈的刑法。

徐復觀的思想史觀和方法論，是具有批判性的，他正是在認同中國文化特別是儒家道德理性的同時，擎起它來鞭笞歷史上的非理性、非人道的黑暗

---

[19]　徐復觀：《兩漢思想史》第二卷（臺北：臺灣學生書局，1979 年），頁 137。

的，但在道、理（這裏指道德、良知）與勢、事的關係上，他所主張的道、理尊於勢、事的原則，仍然是道德史觀的。以理想主義的道義原則來評判歷史，恐怕並不能理會歷史的辯證法的狡獪。人們所應當分析的，難道不正是歷史中「理有固然，勢無必至」的矛盾與張力嗎？難道歷史不正是在這種張力和曲折中前進的嗎？徐復觀以道德心性史觀去評價思想史，具有濃厚的理想主義色彩，從根本上來說，並沒有脫離我國古代思想史家的老的套路，在憤激之中表現出書齋學者的蒼白無力。但換一個角度來看，歷代知識分子不都是以理想去批評現實、疏導歷史嗎？沒有理想，沒有理性，沒有心中的鬱結以述往事、思來者，只知道媚俗，奔競或俯仰於利祿，周旋或屈從於權勢，那還叫知識分子嗎？

# 三、禮與樂：道德性人文精神

在現代新儒家中，相對於其他學者來說，徐復觀先生是比較重視經學與經學史的一位學者。經學是儒學之根。當代新儒學在今天發展的一個面相，即是經典的現代詮釋。在這一方面，徐先生有相當的貢獻，給我們以多方面的教益與啟發。本節旨在論述徐復觀對禮樂的詮釋。

徐先生對「禮」有系統論述。他認為，「禮」雖有夏禮、殷禮，但只是到了周公，才特別賦予禮之儀節以「禮的觀念」，即在周初的宗教活動中，特別注意其中所含的人文因素。當然，這些人文因素是與祭祀不可分的。他指出，春秋時代是以「禮」為中心的人文世紀。「通過《左傳》、《國語》來看春秋二百四十二年的歷史，不難發現在此一時代中，有個共同的理念，不僅範圍了人生，而且也範圍了宇宙；這即是禮。如前所述，禮在《詩經》時代已轉化為人文的徵表。則春秋是禮的世紀，也即是人文的世紀，這是繼承《詩經》時代宗教墜落以後的必然發展。此一發展傾向，代表了中國文化發展的主要方向。」[20]

---

[20] 徐復觀：《中國人性論史》（先秦篇）（臺北：臺灣商務印書館，1987年），頁47。

　　從禮儀中抽繹出來的「禮」的新觀念，淡化了宗教的意味，特別是許多道德觀念，幾乎都是由禮加以統攝的。徐先生從《左傳》、《國語》中找到很多資料，特別是關於「敬」、「仁」、「忠信」、「仁義」等觀念，與「禮」緊密地聯繫在一起。

　　關於「敬」與「禮」，徐先生在《中國人性論史》（先秦篇）中舉出如《左傳·僖公十一年》：「禮，國之幹也。敬，禮之輿也；不敬則禮不行」等有關「敬」與「禮」的關係的三條材料。徐先生在答覆日本加藤常賢博士的信中指出：「禮之中，必含有敬之精神狀態。然敬字之本身，已有演變。敬之原義，或同於向外警戒之『警』。但周初所流行之敬，已多係指內心之敬慎而言。敬與禮相結合，亦由逐漸演變而來。且多出於以敬要求禮，防止禮之太過；並非認為『敬係禮之所自出』。亦非謂禮與敬之觀念，係同時存在。周初所謂敬，其目的在對於其所敬之對象求能相『通』。敬天所以求自己之精神能通於天；敬事所以求自己之精神能通於事；敬民，所以求自己之精神能通於民。」[21]徐先生所強調的是人們對於敬的對象的尊重，特別是內在的精神感通。

　　關於「仁」與「禮」，徐先生舉出《左傳·僖公三十三年》晉臼季謂「出門如賓，承事如祭，仁之則也。」徐先生說「這是最先看到有道德意義的仁字，成為以後孔子以禮為仁的工夫之所本。」[22]他特別加注說：「《論語·顏淵》仲弓問仁，子曰『出門如見大賓，使民如承大祭……』當係由此而來。而答顏淵問仁的『非禮勿視……』，也是以禮為行仁的工夫。」[23]在孔子，禮並非器物、形式儀節，其內核是仁愛與仁義。

　　關於「忠信」「仁義」與「禮」，徐先生引用《左傳·成公十五年》楚申叔時謂「信以守禮，禮以庇身」，《左傳·昭公二年》晉叔向謂「忠信，禮之器也；卑讓，禮之宗也」等等材料，指出，「這是把忠信和禮連在一

---

[21] 徐復觀：《中國思想史論集》（臺北：臺灣學生書局，1959 年），頁 206。

[22] 徐復觀：《中國人性論史》（先秦篇）（臺北：臺灣商務印書館，1987 年），頁 48-49。

[23] 同前注，頁 62。

起。」又引用《左傳・昭公二十六年》晏子謂「君令，臣共（恭），父慈，子孝，兄愛，弟敬，夫和，妻柔，姑慈，婦聽，禮也」，指出，「這是把所有的人倫道德，皆歸納於禮的範圍之中。」又引用《國語・周語》內史興說「且禮，所以觀忠信仁義也」，認為「這是以禮為一切道德的一貫之道。」他得出結論：「春秋時的道德觀念，較之春秋以前的時代，特為豐富；但稍一推究，殆無不以禮為其依歸。」[24]

徐先生判定，由監察人的行為，以定人的禍福的天命、神，轉而為禮，由禮，進而由禮中的道德價值推定人的吉凶禍福，說明禮是當時的時代精神和一般人所共同承認的軌範，有如今日所謂法治的法。

徐先生進而指出，春秋時代以「禮」為中心的人文精神的發展，將古代宗教人文化了，使其成為人文化的宗教。他以六點來加以說明：「第一，春秋承屬幽時代天、帝權威墜落之餘，原有宗教性的天，在人文精神激盪之下，演變而成為道德法則性的天，無復有人格神的性質。」「此時天的性格，也是禮的性格。」「第二，此時的所謂天、天命等，皆已無嚴格地宗教的意味，因為它沒有人格神的意味。」[25]他認為，春秋時代諸神百神的出現，大大減低了宗教原有的權威性，使諸神進一步接受人文的規定，並由道德的人文精神加以統一。「所以中國的諸神，本質上不同於其他原始民族的多神教。這不僅是在作為『教』的作用上，彼此有輕重大小之殊，而主要是因為他們的多神教裏沒有統一的道德精神。希臘神話的諸神，皆有人的弱點，並互相衝突。而印度、羅馬諸國，則皆以淫猥之風俗，雜入宗教儀式之中……這說明他們的神，他們祭神的儀式，缺乏了中國道德地人文精神的背景。」[26]

在這裏，徐先生涉及到中外神話、中外經典詮釋上的一個重大差別，即人文精神的洗禮、貫注，使得中國神話與外國神話有明顯的不同。美國學者

---

[24] 同前注，頁49。

[25] 徐復觀：《中國人性論史》（先秦篇）（臺北：臺灣商務印書館，1987年），頁51-52。

[26] 同前注，頁53。

韓德森指出：「《舊約》中的上帝殘暴不堪，逼得《聖經》注釋者常要以『寓言』之說加以掩飾。相形之下，儒學經典以道德為主要考量，在世界文化中可說獨一無二。」[27]

　　徐先生指出的第三點是，因為中國宗教與政治的直接關連，所以宗教中的道德性常顯為宗教中的人民性，神的道德性與人民性，是一個性格的兩面。他引用了季梁的話「夫民，神之主也。是以聖王先成民而後致力於神」（《左傳・桓公六年》）和史嚚的話「國將興，聽於民；將亡，聽於神。神，聰明正直而壹者也，依人而行。」（《左傳・莊公三二年》）我們查《左傳・桓公六年》上引材料，還記載了季梁所說的「所謂道，忠於民而信於神也。思利民，忠也；祝史正辭，信也。今民餒而君逞欲，祝史矯舉以祭，臣不知其可也。」這裏表達了祝史之官的獨立性，不虛稱君美，甚至代表民意批評其君。古代祝史之官，逐漸人文化了。其對神的忠誠，是說直話，反映百姓的疾苦。徐復觀特重史嚚的「依人而行」，指出這四個字「最值得注意。宗教是要求人依神而行的。依人而行，正說明了宗教人文化以後，神成了人的附庸。而這種話乃出之與神有職業關係的太史之口，則有特別意義」[28]。徐先生還重視《左傳・僖公五年》、〈僖公十九年〉分別記載的虢宮之奇所說「非德，民不和，神不享矣。神所憑依，將在德矣。」宋司馬子魚所說：「祭祀，以為人也。民，神之主也。」他認為這裏表現了神的人文化，即對人文道德的憑依；祭祀之禮是為人而不是為神，神乃為人而存在，人乃神的主宰。也就是說，春秋時期的知識人借助神靈，賦予神靈以道德的性格，以道德為評價、賞罰的標準，用以遏制君主，調節貧富差距，維護社會公正。我認為，這涉及到「禮」的重要的內涵與功能。這裏的「禮」，不管是祭祀之禮或是其它之禮，都隱含有「理」「義」在其中。

　　徐先生依據《左傳・桓公六年》所載季梁的一段話，指出宗教人文化的

---

[27] 轉引自李淑珍：〈當代美國學界關於中國注疏傳統的研究〉，《中國文哲研究通訊》第 9 卷第 3 期（1999 年 9 月）。

[28] 徐復觀：《中國人性論史》（先秦篇）（臺北：臺灣商務印書館，1987 年），頁54。

第四點：「神既接受當時人文精神的規定，所以祭神也從宗教的神秘氣氛中解脫出來，而成為人文的儀節，即是祭祀乃成為人文成就的一種表現。」[29]

第五點，徐先生從比較宗教學的視域出發，指出世界上各種宗教都反映了人類共同的「永生」的要求，而西方宗教往往指向超現實的「彼岸」，中國古代宗教則指轉化為「不朽」。這一指示極有價值。徐先生說：「魯叔孫豹則以立德立功立言為三不朽，是直以人文成就於人類歷史中的價值，代替宗教中永生之要求，因此而加強了人的歷史地意識；以歷史的世界，代替了『彼岸』的世界。宗教係在彼岸中擴展人之生命；而中國的傳統，則係在歷史中擴展人之生命。宗教決定是非賞罰於天上，而中國的傳統，是決定是非賞罰於歷史。故春秋時代，史官的『書法』，有最大的權威……」[30]諸如晉太史書「趙盾弒其君」，齊太史書「崔杼弒其君」，使趙盾、崔杼無可奈何，的確為其他民族所少見。這就是中國的歷史精神。人之「永生」不在彼岸，而在於歷史的延續。中國人的生命觀、世界觀、價值觀其實是很「理性」的！梁漱溟先生在《中國文化要義》中說中華人文的早熟，理性的早啟，於此得到印證。

最後，徐先生認為：「天既為道德性之天，神也是道德性的神，則傳統的『命』，除了一部分已轉化而為運命之命以外，還有一部分亦漸從盲目的運命中透出，而成為道德性格的命。這一方面說明宗教已經是被道德地人文精神化掉了，同時也說明由道德地人文精神的上升，而漸漸地開出後來人性論中性與命結合的道路。」[31]

由上可知，徐先生對「禮」的考察，則重於「禮」與上古宗教的脫離，「禮」的人文化過程，「禮」中涵蓋的道德理性。這是非常精到的。徐先生的闡發，時常以中西宗教文化之比較為依託，更能顯示中國「禮」的特性。

徐先生認為，禮樂教化顯現了中華人文的深度。如果說，「禮」是人文

---

[29] 同前注，頁 55。

[30] 徐復觀：《中國人性論史》（先秦篇）（臺北：臺灣商務印書館，1987 年），頁 56。

[31] 同前注。

化的宗教，是道德性人文精神的自覺，那麼「樂」則是「仁」的表現，是美與仁的統一。他在《中國藝術精神》中論述了「樂」的本質：「孔子所要求於樂的，是美與仁的統一，而孔子的所以特別重視樂，也正因為在仁中有樂，在樂中有仁的緣故。」[32]

　　徐先生重視古代「樂」的內在精神，指出「堯舜的仁的精神，融透到〈韶〉樂中間去，以形成了與樂的形式完全融和統一的內容。」「仁是道德，樂是藝術。孔子把藝術的盡美和道德的盡善（仁），融和在一起，這又如何可能呢？這是因為樂的正常地本質，與仁的本質，本有其自然相通之處。樂的正常的本質，可以用一個『和』字作總括。」[33]先秦、秦漢典籍中，多以「樂」的特質與功能為「和」。「和」本是各種異質的東西的相成相濟，諧和統一。《荀子・樂論》所說的「樂和同」，《禮記・樂記》所說的「樂者為同」，「樂者異文合愛者也」，〈儒行〉所說「歌樂者仁之和也」，即是說仁者必和，「和」中含有「仁」的意味。仁者的精神狀態，即是「樂合同」的境界。《白虎通》說的「樂仁」，「即是認為樂是仁的表現、流露，所以把樂與五常之仁配在一起，卻把握到了樂的最深刻地意義。樂與仁的會通統一，即是藝術與道德，在其最深的根底中，同時，也即是在其最高的境界中，會得到自然而然的融和統一；因而道德充實了藝術的內容，藝術助長了、安定了道德的力量。」[34]徐先生論證，夫子「吾與點也」之歎，昭示了藝術境界與道德境界是可以相融和的。

　　徐先生闡發了音樂、藝術在政治教化和人格修養上的意義，指出：「樂的藝術，首先是有助於政治上的教化。更進一步，則認為可以作為人格的修養、向上，乃至也可以作為達到仁地人格完成的一種工夫。」[35]他認為，同樣起教化作用，與「禮」相比較，「樂」的教化是順乎人的情感而加以誘導的，是極積的。「儒家在政治方面，都是主張先養而後教。這即是非常重視

---

[32] 徐復觀：《中國藝術精神》（臺北：臺灣學生書局，1979年），頁14。

[33] 同前注，頁15。

[34] 同前注，頁17。

[35] 徐復觀：《中國藝術精神》（臺北：臺灣學生書局，1979年），頁20。

人民現實生活中的要求，當然也重視人民感情上的要求。（原注：『禮禁於未然之前』，依然是消極的。）樂順人民的感情將萌未萌之際，加以合理地鼓舞，在鼓舞中使其棄惡而向善，這便是沒有形跡的積極地教化。」[36]按照徐先生的理解，構成音樂（這裏指古代「樂」）的三要素：「詩」、「歌」、「舞」，是直接從人的「心」發出的，主體性很強。他說：「儒家認定良心更是藏在生命的深處，成為對生命更有決定性的根源。隨情之向內沉潛，情便與此更根源之處的良心，於不知不覺之中，融和在一起……由音樂而藝術化了，同時也由音樂而道德化了。」[37]中國的「樂」也不是一般器物與形式，它與人的內在精神、情感緊密聯繫在一起，由心中流出，樂與樂教起著安頓情欲，支撐道德，修養人的品格，提升人的境界的作用。

關於禮樂與禮樂之教，《荀子‧勸學》：「禮之敬文也，樂之中和也。」《禮記‧樂記》：「禮節民心，樂和民聲……樂者為同，禮者為異。同則相親，異則相敬。樂勝則流，禮勝則離。」「大樂與天地同和，大禮與天地同節……禮者，殊事合敬者也。樂者，異文合愛者也。禮樂之情同，故明王以相沿也。」「仁近於樂，義近於禮。樂者敦和……禮者別宜……」「樂也者，聖人之所樂也，而可以善民心。其感人深，其移風易俗，故先王著其教焉。」足見禮樂有不同的特性與功能，樂比禮更與人的內在情感相通，二者又相輔相成。總體上說，禮樂教化或禮樂之治，有助於社會安定、人格完善，至少有助於上層社會的文明化與下層社會的移風易俗（亦是文明化的題中應有之義）。

故徐先生指出，中國之所謂人文，乃指禮樂之教，禮樂之治。「觀乎人文以化成天下」，實即是興禮樂以化成天下。「儒家的政治，首重教化；禮樂正是教化的具體內容。由禮樂所發生的教化作用，是要人民以自己的力量完成自己的人格，達到社會（原注：風俗）的諧和。由此可以瞭解禮樂之治，何以成為儒家在政治上永恆的鄉愁。」[38]

---

[36] 同前注，頁 23。

[37] 同前注，頁 27。

[38] 徐復觀：《中國藝術精神》（臺北：臺灣學生書局，1979 年），頁 23。

　　徐先生指出「禮樂」有三方面功能或作用。第一，在政治層面上，人把人當人看待，這是理解禮治的基礎。第二，在社會層面上，建立一個「群居而不亂」，「體情而防亂」，既有秩序，又有自由的合理的社會風俗習慣。第三，在個人修養的層面上，「人的修養的根本問題，乃在生命裏有情與理的對立。禮是要求能得情與理之中，因而克服這種對立所建立的生活形態。」「現代文化的危機，根源非一。但人的情感因得不到安頓以趨向橫決；人的關係，因得不到和諧，以致於斷絕，應當也是主要的根源。我這時提出中國人文的禮樂之教，把禮樂的根源意義，在現代中，重新加以發現，或者也是現代知識分子，值得努力的課題之一。」[39]徐先生此說值得我們深思，我們的確需要重新發現禮樂的現代價值。

　　關於「禮樂」的意義，徐先生說它「包羅廣大」，其中之一「乃在於對具體生命中的情欲的安頓，使情欲與理性能得到諧和統一，以建立生活行為的『中道』。更使情欲向理性升進，轉變原始性的生命，以成為『成己成物』的道德理性的生命，由此道德理性的生命，以擔承自己，擔承人類的命運。這便可以顯出中國人文主義的深度，並不同於西方所謂人文主義的深度。」[40]中國人文主義與西方人文主義確有其不同，中國人文主義不是寡頭的人文主義，它不與宗教對立，不與自然對立，不與科學對立，的確有其深度。

　　徐先生對於「禮教吃人」說予以批評，指出：「即使在封建時代，禮也是維繫『人地』地位及人與人的合理關係，而不是吃人的。封建的宗法制度，主要靠親親與尊尊兩種精神；禮即是把兩種精神融合在一起，以定出一套適切的行為規範。這與由法家只有尊尊而沒有親親的精神所定出的秦代禮儀，絕不相同，在實際上大大緩和了政治中的壓制關係。漢儒多反對叔孫通取秦儀以定漢儀，而思另有所製作，其根本原因在此。」[41]

　　徐先生認為，「立於禮」，「約之以禮」，以禮來節制人的性格與行

---

**39** 徐復觀：《中國思想史論集》（臺北：臺灣學生書局，1993年），頁240、241。
**40** 同前注，頁239。
**41** 徐復觀：《中國思想史論集》（臺北：臺灣學生書局，1993年），頁237。

為，以禮為「為仁」的工夫，是孔子立教的最大特色之一。「孔子的後學，由古禮以發現禮意，即發現古禮中原有的精神及可能發展出的精神，由此對禮加以新評價，新解釋，以期在時代中有實現個人、社會、政治上合理生活方式的實踐意義，作了長期的努力；此觀於大小戴《禮記》中先秦的遺篇而可見。《春秋三傳》亦無不以禮為綱維、為血脈。這不是其他各經所能比擬的。」[42]漢承秦代刑法、官制之後，社會人倫秩序出現一些問題，叔孫通們的朝儀不可能解決這些問題，因此西漢儒者，自賈誼以降，莫不繼先秦儒者，重新詮釋禮樂，並借助禮樂之教的推行，補充刑法、政令的單面化，發展民間社會，調整政治、社會與人生。在一定意義上，禮樂是補充、調整、改善單面的刑法或政令的。此有助於文明的建構與保護民間的道德資源。

由上可知，徐先生創造性地詮釋禮樂文明，他的貢獻是：第一，把「禮」定位為人文化的宗教和道德性人文精神的自覺，發掘了春秋時代「禮學」的內在價值，特別是闡明了「敬」、「仁」、「忠信」、「仁義」等觀念與「禮」的密切聯繫。第二，肯定並發揮「樂」在道德境界與藝術境界會合上的意義。第三，肯定禮樂在政治教化、社會和諧、個人修養上的功用。

如前所述，徐先生的詮釋大有利於關於禮樂之教的創造轉化，給我們啟發良多。禮樂之中有很多東西是人類精神文明的瑰寶。

徐先生「禮」「樂」詮釋上的不足是，過於強調了其人文主義的價值及其對宗教的疏離，未能深論其對「天」「天道」「天命」意涵的保留及其意義，亦未能深論其宇宙論的意義。徐先生一輩人的知識背景仍是「五四」以降的啟蒙主義，儘管他與他的同道對「五四」啟蒙派的寡頭的人文精神論已有相當多的批評。

我們在考察春秋時代的「禮」與「禮樂」時，不能不看到其宗教的、終極層面的根據。在孔子以前，在孔子時代，甚至到戰國末年的荀子，無不討論「禮」的本源的問題。「禮本乎天」，這是三代大的文化傳統的直接繼承。《禮記‧禮器》：「禮也者，反本修古，不忘其初者也。」「禮也者，

---

[42]　徐復觀：《中國經學史的基礎》（臺北：臺灣學生書局，1996年），頁168。

反其所自生；樂也者，樂其所自成。」《樂記》：「樂也者，始也；禮也者，報也。」正如楊向奎先生所說，這首先是對天、上帝、自然的敬禮與還報[43]。禮的原始義貫穿下來，成為後來發展的各義項的基礎。《左傳》關於禮的討論，關於「禮也」「非禮也」的評斷，更可以看出人事行為的天、上帝、天理的根據。

又，春秋時代「禮」的宇宙論意義也不容忽視。《左傳·昭公二十五年》公孫吉引子產所說的「夫禮，天之經也，地之義也，民之行也。」以禮為依歸，其實是以天地的秩序為依歸。禮是那個時代各國應當共同遵守的義法。據饒宗頤先生研究，《左傳》中「禮」字出現的頻率可與印度《梨俱吠陀》中 Rta 一字出現的頻率相比擬。《吠陀》的 Rta 指天地的秩序，代表禮儀上道德上的宇宙性的經常之道。「它和『禮』表示天經地義的『禮經』，有點相似。一談到『禮』，很容易把它說成禮儀、禮節，把它翻成 ritual，但春秋以來的儒家（如叔向、晏嬰）以至初期的法家（如子產）都給予宇宙義。這一點是需要重新認識和加以抉發的。」[44]人間秩序與宇宙秩序是合拍的。

徐先生的《周官成立之時代及其思想性格》一書，在其思想性格的討論方面有不少慧見，但在《周官》成立的時代之考察上則有一定的局限與失當。這是一個甚為複雜的問題，自宋代以來就有不少討論，近人胡適、柳詒徵、錢穆、顧頡剛、楊寬、楊向奎、錢玄等都有專論。但王莽、劉歆的偽造說不一定站得住腳。有關這一問題，有待進一步討論。

---

[43] 參見楊向奎：《宗周社會與禮樂文明》（修訂本）（北京：人民出版社，1997年），頁 258。我們並不同意楊向奎先生過分誇大的禮尚往來的原始商品交換的意義，當另說。

[44] 饒宗頤：〈《春秋左傳》中之「禮經」及重要禮論〉，陳其泰等編：《二十世紀中國禮學研究論集》（北京：學苑出版社，1998年），頁 472。

# 四、唐牟徐合論

　　徐氏早年的農村生活經驗，特別是他長期任職軍政界的獨特人生經歷，使得他在學術旨趣上與唐君毅、牟宗三有所不同。徐氏並不是純粹思辨性的、書齋型的思想家，他無意於形上學體系的建構，現實的中國社會才是他關注的焦點。「為生民立命」是中國士人的基本性格之一。徐氏認為士人是社會的良心，體現著社會的良知，尤其要代表庶民的利益為其發聲。徐復觀以思想史論、時政雜文，在歷史與現實、學術與政治之間孜孜汲汲，沉潛探索，大力發掘中國文化的人文精神，致力於儒家政治理想與現代民主政治的融通。

　　當然，唐、牟、徐在維護、發掘、發揮、發展中國文化的精神價值和融合中西、重建新儒學上具有一致性；尤其是在肯定「心性之學乃中國文化之神髓所在」上具有一致性。他們學術思想的共識，反映在他們與張君勱連署的、1958 年發表的〈為中國文化敬告世界人士宣言〉中。

　　〈宣言〉論定中國的心性之學不同於西方心理學、靈魂說或認識論形上學之理論，而是人生道德實踐的基礎，又隨著道德實踐的深化而深化。「此心性之學中，自包含一形上學。然此形上學，乃近乎康德所謂的形上學，是為道德實踐之基礎，亦由道德實踐而證實的形上學。而非一般先假定一究竟實在存於客觀宇宙，而據一般的經驗理性去推證之形上學。……此心性之學，乃通於人之生活之內與外及人與天之樞紐所在，亦即通貫社會之倫理禮法，內心修養，宗教精神，及形上學而一之者。」[45]心性之學的認同與再創，應是他們最重要的共同點。此外還有關於中國文化的「一本性」即儒家「道統」說，「返本開新」說，中國文化中的宗教精神說等等[46]。

　　唐、牟、徐的區別也是十分明顯的。從學術淵源上看，除都重視先秦、

---

[45] 唐君毅、牟宗三、徐復觀、張君勱：〈為中國文化敬告世界人士宣言〉，《當代新儒家》（北京：三聯書店，1989 年），頁 19-21。

[46] 參見郭齊勇：〈試論五四與後五四時期的文化保守主義思潮〉，《中國文化刊》1989年第 121 期。

宋明儒學，特別是孟子－陸王心學外，唐偏好黑格爾和華嚴宗，牟偏好康德和天臺宗，徐偏好司馬遷和道家；從學術風格上看，唐寬容、圓潤，牟嚴峻、明晰，徐激情、剛強。

作為哲學家和哲學史家的唐君毅，哲學方面的創獲主要在文化哲學的重建方面，著重詮釋、高揚人文精神，對人文世界的方方面面都有廣泛涉獵和深弘而肆的發揮。他的文化哲學的出發點是「道德自我」，並由此推擴為生命存在與心靈境界，精神主旨是道德的理想主義。唐氏缺乏批判性，對所有的思想資源都缺乏批評，論證的邏輯性不如牟氏清晰。

作為哲學家和哲學史家的牟宗三，哲學方面的創獲主要在道德形上學方面。通過「智的直覺」建構「兩層存有論」的道德形上學系統是他主要的貢獻。他透悟康德，借康德來發揮儒學與自己的哲學。在幾代現代新儒家學者中，他是學思精嚴，概念、邏輯明確，最有系統性和深刻見解的一位學者。他把當代新儒家哲學提到目前的最高水準。但他比較偏執，不如唐氏開放寬容，也沒有如徐氏那樣嚴厲地批判傳統的負面。

作為思想史家的徐復觀，對中國思想史的總體，特別是對先秦兩漢思想史、中國藝術史下了極大的功夫，有精到的研究。作為「學術與政治之間」的人物，他又政論雜文聞名於世，不僅數量豐富，且其文風雄健，眼光獨到，極具批判鋒芒，可謂鞭辟入裏，在中國現當代思想史上影響甚巨。

徐復觀與唐牟的不同，除了上文講到的學術旨趣的不同：徐是思想史家，而唐牟是哲學家；還體現在思想性格上：徐是文化保守主義陣營中最具有現實批判精神、最易於與自由主義思潮相頡頏又相呼應、相融洽的代表人物。與他的性格相應，他的學術論斷亦不乏武斷之處。

熊十力與他的高足唐君毅、牟宗三、徐復觀的關係，及他們師生對中國現代人文精神的重建，是本世紀中國哲學史上的一段有趣的佳話和頗有深意的文化現象[47]。由於特殊的文化環境，使得熊十力的這三位弟子得以相互支撐，成為現代新儒家第二代的中堅和第三代的師長。唐牟徐，從總體上看，

---

[47] 參見郭齊勇：〈唐君毅與熊十力〉，《鵝湖》月刊第 164 期（1989 年 2 月）。

三位的時評、論戰摧陷廓清，哲學思想史研究和中西文化比較打下堅實基礎，建構、化約成道德形上學，展開、泛化為文化論與文化哲學。三位的豐碩的學術成果和積極的學術活動，相互配合，相得益彰，形成流派，影響後學。

# 論杜維明：讓儒學的活水流向世界

　　杜維明先生早年就讀於臺灣東海大學。20 世紀 50 年代，臺灣的東海大學與香港的新亞書院，是港臺地區中國文化的研究傳播中心。正因為當時徐復觀、牟宗三兩位都在東海大學任教，1957 年杜維明慕名報考了東海，又因徐復觀慧眼識賢，杜維明方由外文系轉入中文系，並由此確定自己的學術方向。杜維明長期執教於美國哈佛大學，致力於儒家經典的現代詮釋，他以世界文化多元發展的眼光審視儒家傳統，力圖通過對傳統的創造性轉化復興中國文化，他所開拓的「啟蒙反思」、「文化中國」、「文明對話」等諸多論域，在國際人文學界影響廣遠。

　　作為第三代當代新儒家的代表人物之一，他集學術研究、培育學生、人文關懷、社會參與於一身，回應當代世界的諸多問題，對西方的現代化與「現代性」，對西方以外的「現代性」及現代人的存在危機做出了具有哲學意義的反思，創造性地提煉、轉化東亞文化和儒家文明的核心價值觀念並將其傳播、貢獻給人類社會。杜氏是當代最忙碌、最具活力的儒家知識分子，他以全部的身心致力於儒學的創造性詮釋和儒學的現代化與世界化的偉業。他不僅艱苦卓絕地在北美「傳道、授業、解惑」，影響了眾多的西方學者與學生，而且風塵僕僕，席不暇暖，來往於北美、西歐、東亞、南亞之間，以仁心、學養、慧解、聽德與辯才，通過歷史研究及哲學分析，代表儒家與世界各大宗教、各大思想傳統，與現代思潮諸流派交流對話，開拓了西方儒學論說空間，並且返輸東亞與中土。

# 一、學術分期

　　杜維明先生的學術生涯，至目前為止，大體經歷了三個時期或階段。1966 年至 1978 年為第一個時期。1966 年，他決心鼓起心力對儒家的精神價值作長期的探索，以此作為自己專業上的承諾。他努力詮釋儒學傳統，並為推進一種既有群體性又有批判性的自我意識而努力。1978 年至 20 世紀 80 年代末為第二個時期，他的關懷重心在闡發儒家傳統的內在體驗和顯揚儒學的現代生命力。這一時期，他所關注並拓展的論域有「傳統與現代」、「儒學創新」、「儒學三期」、「工業東亞」、「東亞核心價值」、「軸心文明」等。20 世紀 90 年代迄今為第三個時期，他進一步拓展論說領域，更加關注「文明對話」、「文化中國」、「全球倫理」、「人文精神」、「啟蒙反思」、「印度啟示」、「新軸心文明」等問題，這些論域與「儒學創新」緊密相關。在多元文化的背景中以及全球化與本土化交互影響的氛圍裏，如何為儒學第三期發展開拓理論和實踐空間，是杜先生 1978 年以來關注的焦點。面對 21 世紀，杜先生批評西方的話語霸權，積極參與關於儒學與宗教、儒學與生態環保、儒學與人權、儒學與政治自由主義、與新馬克思主義、與女性主義或女權運動、人文精神、全球倫理的對話，尊重並回應各方面對儒學和現代新儒家的批評，宣導儒學之活的精神在當代學術、商業、企業、媒體、民間社會、社會運動、政治制度與意識形態等各領域、各層面發揮積極作用，並身體力行。

　　2010 年，杜維明受邀來到新文化運動的策源地北京大學，創立高等人文研究院，出任人文講席教授。他此番執教北庠，具有重要而特殊的象徵意義。我們不妨用杜氏自己的話來說，儒學經過紐約、巴黎、東京最後回到了中國。

# 二、儒學創新

　　杜維明的儒家論說，不在概觀，也不在知性鋪陳與體系建構，而是如孟

子和馬賽爾（G. Marcel）所說的「掘井及泉」——從具體存在通向普遍價值，重在鑽研、挖掘、創造性詮釋儒家思想的內在精神與現代意義，重在人類學、倫理學而不是形上學。

杜先生對儒學的一個最基本的信念，就是認為它所講的做人的道理，可以適用於全人類。它的價值取向，在於如何使人深入到身、心、靈、神各個層面進行通盤的反省，在於促進人格的無窮無盡的發展，從個人修身，一直到成聖成賢。杜先生認為，它的意義，絕對不僅僅限於道德實踐的範疇，而是有著相當深厚的宗教內涵。聖賢人格作為體現其超越性的最高理想，卻可以激勵人們進行長期不斷的奮鬥，成為現實世界中的人體現其生命價值的內在動源。這種理想人格、理想境界的追求，不排斥宗教，且具有深刻的宗教內涵和終極信仰，又可以具體地落實到現實世界的日用倫常、外王事功與自我修養上來。這是儒家的「哲學的人學」。儒家的人文主義與宗教精神並不相悖。

針對 20 世紀人類最重大的問題——「人的問題」（人是什麼？何為人？人的意義？），人與超越界、自然界、天下、國家、社群、家庭之關係的疏離（異化），文化與文化之間、宗教與宗教之間、族群與族群之間、個體與個體之間的衝突緊張，杜先生自覺突顯儒家修身、為己之學。杜先生的長處在於，他極其敏銳地發現西方社會當下所面臨的種種問題，以他對西方現代人類學、社會學、比較宗教學、神學、分析心理學、歷史學和哲學（特別是存在主義、現象學、詮釋學與新馬克思主義）的深刻理解，通過對韋伯、帕森斯、哈貝馬斯，宗教存在主義者馬丁·布伯、保羅·蒂利希、馬賽爾的批評吸取，通過與史密斯、列文森、史華慈、陳榮捷、狄百瑞、艾律克森、羅伯特·貝拉、赫爾伯特·芬加勒特等思想家師友們的切磋問難，反過來檢視、批評並創造性轉化儒家思想的諸多層面，尤其是其價值內核。杜先生以儒家的人論（人的觀念、人性、人的價值、做人、成人、人際關係、道德自我）為中心，全面而又有重點地闡發了儒家人文資源與東亞價值理念。

杜先生的學術思想淵源不僅僅是孟子學與陸王心學，不僅僅是先秦與宋明儒學，不僅僅是前兩代的現代新儒家，特別是唐君毅、牟宗三、徐復觀先

生等，而且還包括上述西方思潮與學者。在一定的意義上，我們可以說，現代西方思潮與學者對他的影響更大。他以多元開放、廣結善緣的心態和虛懷若谷、寬容豁達的聽德，與歐美或亞非的學者們不斷地對話，受到他們提出的諸多問題的「問題性」或「問題意識」的啟發，再進一步修正自己的看法，又作出新一輪的回應。因此，杜先生始終抓住儒家身心性命之學及其核心價值，不斷闡發，不斷挖掘，不斷完善，不斷溝通。這不僅是由具體語境造成的，而且是針對著活生生的提問者背後潛藏的「問題意識」的。換言之，杜先生提供給當代世界的是儒家傳統的最基本的資訊，他的論說在一定意義上是儒家對人類所永恆關注的和當下緊迫的那些問題所作出的有自覺性的答覆。杜先生是一位開放性的新儒家，他反對劃地自限，反對自小門戶，反對狹隘性，提倡胸量、心量、「仁量」，尊重佛教、道教、基督教（廣義的）、伊斯蘭教等各宗教與思想傳統，尊重儒學內部和各國儒學的各種思想傳統。正如他多次指出的那樣：儒家、儒學不專屬於中國；從歷史上看，韓國、日本、越南均有自己的儒學傳統；從現實上看，隨著東亞社區遍及全世界，隨著「文化中國」的存在與「文明對話」的深入，儒學作為多元文化中的一支健康的力量，正在積極參與全球現代化的建設。

　　杜先生的解釋理路及論說之創新要點，大體上有這樣一些：

　　1、人與天道、自然的「存有的連續」。中國傳統哲學及其宇宙論的基本特點是連續性、有機整體性、動態性和辯證發展，即把宇宙看作是連續創造活動的展開，把宇宙，同時也把自我看作是流行不已、創造轉化的開放系統。人與天道、自然取得和諧，並且參與天道、自然創造活動的前提是自身的內在轉化。

　　2、身體的重要性與「踐形」和「體知」。中國哲學沒有身心二元的分剖。儒家重視身、形、體及其修養和訓練，強調「修身」「身教」「身體力行」「身心之學」和「體察」「體味」「體認」「體會」「體證」「體驗」「體之」或「體知」，表明用具體的經驗在生活中實踐，用整個的身心去思考，是成為真實的人的途徑。從身（體）、心（知）、靈（覺）、神（明）四層次發展人格的身心性命之學，是把文化密碼建立在生物密碼基礎上又徹

底轉化生物實質，使其具有豐富的文化內涵的人學。「體知」超越了西方認識論的結構，包含了腦力智慧、心靈與身體，在宗教體驗、美學欣賞、道德實踐和理性認知中均起著重要的作用。

3、儒家的「自我」——多重關係網絡的中心及其不斷擴充與轉化。杜先生把儒家的主張看作是在一個不斷擴展的多重關係的圓周中的自我的發展。這可以由一層層的同心圓來表示：家庭、鄰里、各種形式的群體、社會、國家、世界，以至宇宙、超越界等等。這些同心圓的最外一圈是開放的，不是封閉的。個人與家庭、社群、國家、人類、自然、天道之種種關係，在自我的發展中是重要的、不可或缺的。儒家的「自我」既避免孤立絕緣的自我中心，又不喪失個體的獨立性；不約化社群，而是要通過社群；通過社群然後才能通天。儒家「自我」的發展是雙軌的，一個是橫向或平面的擴充，一個是縱向或立體的深化。以上兩個動態過程整合的結果是人格的造就，是天、地、人三材的融合。

4、道、學、政等向度的展開。傳統中國的社會空間較大。傳統儒生關切民生與政治，批評當下，參與社會，重視文化價值，具有現代「知識分子」的某些精神。所謂「道」，是核心價值、終極信念；所謂「學」，是學術傳承；所謂「政」，是經世實踐。這三者是相互配合的。儒生修養自身，具有道德資源和人格力量，有抗議精神，追求並護持「道」。在儒家，道德的正當優先於政治上的利害。儒家的民本思想、抗議精神、批判精神與以德抗位的傳統中，有可以與現代政治自由主義相配合的因素。

5、仁與禮之間的創造張力。「仁」是內在性的道德，有形而上的理據，有道德宗教的涵義。合於「禮」、實行「禮」（社會關係）的過程是人性化的過程，它可以被看作是「仁」在特殊社會條件下的外在表現。人不能沒有「禮」而生活，它是當下社會的規範、標準、秩序，但如果失去了「仁」，「禮」會變成形式教條或支配性的社會強制，使人不成其為真實的人。孔子消弭「仁」與「禮」之間的衝突的方法，在於維持著兩者之間的創造性緊張，並且從事道德的自我修養。

6、儒學的宗教性。軸心文明時代，世界上幾大文明幾乎同時出現了

「超越的突破」。過去西方學術界把「超越的突破」理解為一元上帝的出現，肯定外在超越的實體，以作為對現實意義世界的最後評判標準。這是以猶太文明的特定模式作為典範的。以此來理解中國的天、道、上帝，印度的梵天，佛教的涅槃，結果都出了偏差。後來有思想家對「超越的突破」進行修正，提出以「第二序反思」的出現作為軸心文明的特色。反思的對象可以是超越外在的上帝，也可以是人本身，也可以是自然。杜先生認為，中國的「第二序反思」是儒家所代表的對人本身的反思。這一反思包括具體活生生的個人、自我，個人與群體，人與自然，人與天的關係等四層面。儒學的宗教性就是要在凡俗的世界裏體現其神聖性，把它的限制轉化成個人乃至群體超升的助源。儒家有它獨特的終極關懷，並與社會實踐緊密結合，這是一個體現宗教性的特殊形式。儒家的內在資源非常豐富，其宗教性、超越性有特殊的義涵，我們不要在沒有深入研究之前就匆匆消解掉了。

7、「啟蒙反思」。18 世紀歐洲啟蒙運動興起的時候，歐洲最傑出的思想家們是以中國，特別是儒家傳統作為重要的參考系的，他們突出儒家的理性主義，反對神學。19 世紀的啟蒙文化是歐洲中心主義的。1987 年以來，特別是 90 年代以來，杜先生反思的「啟蒙心態」，不是指歷史現象，不是指哲學理念，而是指「心靈積習」。這種「心靈積習」在現代中國起了很大的作用。西方「啟蒙心態」所代表的人文精神的特性是人類中心主義，強調工具理性，而不是溝通理性，突出實用、功利。例如，富強是價值，不能富強就是非價值。這種人類中心主義的另一層意思是反對神性。杜先生認為，五四運動以來，中國知識界主要崇尚的是這種具有排斥性、侵略性的人類中心主義，即反自然、反宗教、反傳統、反精神價值的現實主義、功利主義、物質主義、科學主義和單線進步觀，而忽視了宗教信仰、社會習俗、人與人之間的交往禮儀、體現愛心的管道、心性修養、民間藝術等等的存在意義，甚至要消滅漢字、中醫、古建築等，取消具有民族性、民間性的豐富多樣的宗教、語言、倫理、藝術、習俗。其實，各種類型的社會資本和文化資本都有深刻的意義與價值。五四以來成為強勢的「啟蒙心態」，不能提供足夠的資源，讓我們面對 21 世紀。我們應該有更高的人文關懷，有更豐富的意義

領域。生態環保、多元宗教的思考有助於我們反思「啟蒙心態」。對啟蒙價值——個性自由、理性、法治、人權等等，今天都需要作出重新思考和超越，並相應輔以群體公益、同情、禮儀教化、責任等等價值。對具有普遍性的現代性因素——市場經濟、民主政治、市民社會、個人主義，在肯定的前提下，也應作出反省、批評與轉化。

8、「文化中國」。文化的資訊與政治、經濟、軍事的資訊同樣重要。與政治中國、經濟中國、軍事中國不同，文化中國的內涵包括三個意義世界，第一個意義世界包括中國（大陸、臺灣、港澳）與新加坡，也就是由中國人或華人所組成的社會，第二個意義世界是散布在世界各地的華人社會，第三個意義世界指所有關切中國的國際人士，特別是學術界、政界、工商界、新聞界中研究中國的人士。每一個意義世界內部、三個意義世界之間，正在加強良性健康的互動。正確估價、重新發掘西方的與本土的文化資源，從比較文明的角度討論全球意識與尋根意識之間的交互影響，全球化與地方化之間錯綜複雜的關係，有助於克服「精神資源薄弱、價值領域稀少」的病症。

9、「文明對話」。杜先生認為，軸心時代的主流思潮，如印度的印度教和佛教，中東的猶太教和以後發展出來的基督教及伊斯蘭教，希臘哲學，中國的儒家和道教，既是人類共有的精神遺產，又是現代文明的組成要素。文明對話的重點是探討軸心時代的精神傳統和本土宗教之間健康互動的可能。原住民的文化習俗、本土宗教的精神面貌、生命取向，與西方笛卡兒以來心物、身心、主客、天人二分的理念不同，而與軸心文明的基本信仰相近。全球化趨勢正激烈加深根源意識並導致本土化的回應，地域、族群、宗教信仰、語言、性別、階級、年齡的矛盾衝突屢見不鮮，有時甚至相當尖銳，這表明文明間理解、溝通與對話的必要。「9‧11」事件發生之後，杜先生對美國政府所奉行的單邊主義立場提出了批評。早幾年他就指出，新的對話條件已經出現，儒家倫理能夠為全球文明對話提供資源，而資源發掘工作要靠公眾知識分子。

10、「全球倫理」。1993 年開始，世界各地進行了「全球倫理」的討

論。全球主要的宗教代表把「己所不欲，勿施於人」視為人類和平共存的基本原則，並寫進〈全球倫理宣言〉。儒家認為，「己所不欲，勿施於人」是恕道，是人與人之間相處的消極原則，與之對應的積極原則是忠道，即「己欲立而立人，己欲達而達人」。儒家的仁愛，正是忠恕之道一體兩面的展開。杜先生指出，這兩條原則應成為人類「責任宣言」的基本原則。你的生存發展與我的生存發展不是零和遊戲，而是寬容、溝通、雙贏。他進一步指出，儒家「愛有差等」進而推己及人，惻隱之情的向外推展，及「仁者與天地萬物為一體」的觀念，應視為人類與自然協調、平衡、和諧的原則。

以上十點，核心是「儒學創新」。杜認為，儒家人文精神的重建能繼承啟蒙精神（自由、理性、法治、人權和個人尊嚴等基本價值）而又超越啟蒙心態（人類中心主義、工具理性的氾濫、把進化論的抗衡衝突粗暴地強加於人、自我的無限膨脹），並充分證成個人、群體、自然、天道，面面俱全的安身立命之坦途，能夠為新軸心文明時代提供以下思想資源：一、個人自我之中身體、心知、靈覺與神明四層次的有機整合；二、個人與社群乃至社群與社群之間的健康互動；三、人類與自然的持久和諧；四、人心與天道的相輔相成。杜認為，對西方現代文明所提出的挑戰作出創建性的回應，正是儒學第三期發展的起點。

## 三、貢獻與啟示

從方法論上說，杜先生的論著給我們的啟示是多方面的。比方說，在全球意識與尋根意識之間，在本土知識（或原住民文化，或非西方、非主流的語言、文化）與全球化之間，我們以什麼樣的視角加以照察？杜先生提供了一種思考維度。一方面，他批評了把現代化視為西化，把全球化視為同質化、一體化之過程的觀點，肯定保持全球化與本土化之張力的意義，肯定多元的語言、文化各自的價值；另一方面，杜並沒有陷於特殊主義、多元主義、相對主義或所謂後現代主義的境地，反而強調從特殊到普世性，提揚某些特殊知識與文化的世界意義，重視普遍價值。一方面，杜深刻檢討啟蒙理

性、工具理性、人類中心主義，肯定生態環保、女性主義、多元文化和全球倫理思潮對啟蒙的挑戰；另一方面，他充分認識啟蒙價值，肯定啟蒙精神，肯定「五四」。一方面，杜主張消化西學，指出中國文化有許多「內在富源」都因為在西方傳統中找不到適當的範疇來格義，而被遮蓋甚至被埋葬，批評所謂科學方法論對於非西方傳統的自身問題性、方向性和動力性的漠視與肢解；另一方面，他又不反對運用西方觀念和方法來討論中國哲學、歷史與文化，認為適當借取、靈活運用許多源於西方的觀念、方法來解析中國思想很有意義，只是要明瞭其局限性方能成功。當然，杜先生不是折衷主義者，他強調反思不是「對著幹」。

杜先生批評用歸約主義的方式來討論歷史文化問題，他不認為儒家思想是官僚制度、士大夫等社會上層的意識形態，是權威主義的政治文化，指出用所謂大小傳統二分的觀點來看待大小傳統結合、鄉村與都市結合、滲透到各不同階層的生命形態的儒學，是大有問題的。他認為儒家傳統的精神資源來自歷史意識、文化意識、社會意識、主體意識、超越意識。杜先對儒家、儒學的負面也有清醒的認識，有鞭辟入裏的分析與相當尖銳的批評。他絕不是冬烘先生。他並不諱言，儒學跟專制政體，跟歷史上的官方意識形態有合拍的地方，但儒家有一個最核心的基本理念，即它的批判精神。假如沒有批判精神，儒家就死了。

杜先生關於儒學第三期發展和新軸心文明的設想，在「人文精神」、「文明對話」、「文化中國」、「啟蒙反思」、「全球倫理」、「東亞價值」等論域中的討論，關於儒學的宗教性及儒佛、儒耶的對話，關於儒家與自由主義、女性主義的對話和對環境生態倫理的參與問題，關於儒家的「自我」、「內在經驗與體知」、「身、心、意、知、物」之關係的創造詮釋，關於文化認同與創新、從特殊到普世性的考量，關於現代性、全球化的反思，都與現代和未來的中國與世界有著密切的關聯。

1998 年上半年在哈佛燕京學社訪學期間，我多次參與哈佛儒學研討會、波士頓儒家、哈佛新儒學研究小組、劍橋新語的學術活動，發表演講，討論問題，多次與杜先生對談交流，也多次與林同奇教授交換對新儒家與杜

維明思想的理解，獲益良多。

　　杜維明以當代眼光、全球視野，在不同文明交流對話的基礎上，重新審視並深度發掘儒學的智慧，應對世界的問題、病症與危機。杜氏深刻揭示了傳承與創新、人文與科技、宗教與世俗的張力，以儒家的批判精神轉化為創造「公共善」的動力，強調當代人文主義儒學是一種具有精神性的人文主義，肯定世界的神聖性。儒家認為人性的最高體現，就是達到人生的最高境界，是天人合一，希望與自然保持和諧。對宇宙的敬畏感來自我們回應最終實在的渴望，而最終實在為我們的生活指示了方向並賦予意義。我們的存在受惠於天地萬物，為了報答這一份恩惠，我們加強自我修養，以便在存在的奇跡中完全實現人性，達到天地人三才同德。儒學是生命的學問，杜維明的生命體驗、「體知」與學理性的比較研究完美地結合起來，把我們對儒學的認識及研究水準，提到了新的高度。

# 成中英的哲學思想

　　成中英是著名哲學家，第三代現代新儒學的代表人物之一。他早年跟隨方東美治希臘哲學，赴美後又長期研究英美分析哲學，同時亦對歐陸哲學廣有涉獵。成中英治康德哲學多年，在儒學與康德哲學的比較研究中迭有創見。他對海德格爾哲學亦有精到研究，特別是對伽達默詮釋學著力甚深，作出了自己的理解與創造。他通過對中西哲學的深入比較，探討中國哲學的基本特點，並把這些研究成果迅速地與西方哲學界交流對話，促進了中西哲學界的互動。

　　作為成中英創造性哲學成果的本體詮釋學，正是建立在他對中西哲學精神全面、深刻把握的基礎上的，尤其是他融攝中國傳統哲學的洞見，在本體－宇宙論、本體－方法論上繼承、轉化、發展了中國哲學。他以現代視域，特別是以分析的理路在哲學各領域及哲學與其它學科交叉的領域作出了深入研究，在知識論、倫理學、美學、管理哲學等四個方面多有建樹。在管理哲學領域，他的貢獻是開拓性的，他將《周易》哲學原理等中國傳統智慧運用於管理科學，提出了著名的「C 理論」。

　　成中英宣導中國哲學的現代化與世界化，他力圖使中國哲學取得理性的語言與形式，使它能夠為人類作出普遍化的貢獻，即可以把中國哲學的優長發揚出來，這正是世界哲學現代發展之所需。他認為，中國哲學的世界化是以綜合的創造為其基礎，以創造的綜合為其實現的。成中英還是國際中國哲學活動的卓越組織者。他即是國際中國哲學會的創會會長，又是英文版《中國哲學季刊》的創辦人與主編，推動了中國哲學的國際交流，培養了數代哲學人才。

# 一、治學之路

　　縱觀成中英的學術生涯，他經過了出乎中國哲學之外而又入乎中國哲學之內，先深入西方哲學的核心而後重建中國哲學，進而宣導整體哲學的學思歷程。成中英的哲學啟蒙源自方東美，他說：「我正式接觸哲學並進入哲學，也是從大學時代開始的。大學中啟發我的哲學興趣並引導我進入哲學堂奧的，是方東美先生。」[1]方氏治學，融貫中西，統攝百家，氣象博大。大至哲學道路、理論立場，小至治學方法、學術態度，方氏都深刻的影響了成中英。方氏及其弟子成中英、劉述先的學術傳承與哲學活動，是與熊門一系相印成趣的文化現象，構成現當代新儒學發展的重要組成部分。

　　從五四以來中國思想與學術的系譜中，我們不難發現成中英的思想淵源。他對中國現當代思想史的發展脈絡有著深刻的認識。在他看來，「五四」諸公對儒學進行猛烈抨擊，傳統的權威消失殆盡，新的知識權威又未能及時建立，導致文化呆滯、思想真空。因此在所謂「後五四」時代，在繼續宣導西化、反對傳統的文化心態之外，另有一種回歸傳統、重建傳統的文化心態出現。二者的交迭論爭構成了 20 世紀 30 年代到 40 年代學術界的特色。到了 20 世紀 50 年代，漸有新的氣象和新的心態出現──「先求理解西方，再回頭重建傳統。」毫無疑問，這種心態超越了限於批判而無建設的偏狹性。在成中英看來，這種新的氣象與心態是以方東美為代表的。他說：「方師對西方哲學探索最深，對中國傳統哲學的重建面最廣。這與熊十力先生立於傳統之上，吸取西學不完全一樣。」[2]成中英認同方氏的學術路向，決定先深入西方哲學的核心，再回頭重建中國傳統，因此在大學畢業後不久即選擇赴美留學。他回憶道：「當時，我已深深自覺到了自己的哲學生命有一種內在的衝力，即切實地深入西方哲學的心臟，作為真正光大中國文化慧

---

[1]　成中英：〈深入西方哲學的核心──我的哲學教育與哲學探索〉，成中英著，李翔海、鄧克武編：《成中英文集》第一卷（武漢：湖北人民出版社，2006 年），頁 361。

[2]　《成中英文集》第一卷（武漢：湖北人民出版社，2006 年），頁 366。

命和中國哲學的基礎，那時，我也有一種使命感，即必須從西方哲學的靈魂深處，來肯定中國哲學的意義，尤其是普遍意義。」[3]成中英對中國傳統的重建，有著強烈的身分意識與擔當精神。

　　從 1957 年初入華盛頓大學攻讀碩士學位，到 1963 年 7 月獲得哈佛大學哲學博士學位，在這前後近七年的研習中，成中英受到了西方哲學最嚴格的陶冶和訓練，使他得以深入到西方哲學的核心，為他以後創立融貫中西的本體詮釋學體系打下了堅實的基礎。碩士期間，他以研讀現代邏輯、科學哲學、分析哲學及知識論為主，並選定「有關早期摩爾（G. E. Moore）的理論：知覺和認知外物問題」作為碩士論文題目。他分析了早期摩爾的知識論，批判其現象主義的錯誤，認為對外物的認知有其客觀有效性。哈佛期間，他跟隨分析哲學大師奎因等名師治現代分析哲學，並以皮爾士及路易斯的歸納邏輯為題做博士論文。其間他還先修了康德哲學的課程，系統研讀了康德著作。

　　與方東美經歷了先治西方哲學，轉而治中國哲學，進而歸宗儒學的學思歷程一樣，成中英的志向也並不在於專攻西學的純學問之路，他念茲在茲的是中國哲學的重建。即使是在留美期間，成中英亦對中國哲學力作耕耘。正如他所說的，「我的哲學生命在生長中，除了吸取西方哲學的精華以外，也努力在為中國哲學『培風』。」[4]成中英出生在「書香世家」，其父成惕軒為人為學皆本於儒家。在成中英赴美留學前，其父為了提醒他不要馳入西學而不知返，特贈他一套「五經讀本」，「令其閱覽一過，俾知我先哲持躬淑世與夫治國平天下之至理要義」[5]。家庭的耳濡目染，父親的言傳身教，老師的啟蒙引導，使得成中英對中國哲學有著深切的體悟，並始終堅持中國哲學的價值理想。可以說，中國哲學傳統構成了成中英哲學研究的「理解起點」，他的理論創建在很大程度上得益於從中國哲學傳統中獲得的深厚資源。

---

3　《成中英文集》第一卷（武漢：湖北人民出版社，2006 年），頁 365、366。
4　同前注，頁 373。
5　《成中英文集》第一卷（武漢：湖北人民出版社，2006 年），頁 366。

　　在成中英看來，重建中國哲學的途徑在於：「吸收、理解西方哲學，藉以解析、批評中國哲學，再用已現代化的中國哲學對西方哲學進行批評與解釋。」[6]面對現代性危機，他主張從知識與價值的平衡互基及互生原理著眼，統一德性和理性，整合人文與科技，成就一種世界性的整體哲學。從這一原理出發，我們亦能夠更深入的理會與認知中國傳統文化的價值所在，及它以道德而非功利為最終目的，因此也為解救發展科技與經濟而陷社會及文化於無序與混亂所需。「它的世界性的含義也正是因其面對著西方與世界的知識爆炸、價值失落所引發的社會失衡、文化變質的嚴重危機。」[7]成中英創立本體詮釋學，宣導整合價值與知識的整體哲學，也正是要用中國哲學的人文精神，來涵潤工具理性，以對治因後者過度膨脹而導致的現代病。

## 二、創建本體詮釋學

　　本體詮釋學是成中英最為重要的理論創建，其理論特色在於：在哲學內容上，它要整合西方傳統的知識哲學和中國傳統的價值哲學，從而統一科學主義傳統與人文主義傳統；在思維方式上，它既要保有中國哲學「機體理性」之圓融與統貫，又要吸納西方哲學「機械理性」之明晰與條理。其理想目標則是推進中國哲學，創立「世界哲學」[8]。本體詮釋學充分體現了成中英出入中西、融通古今的學術志趣。正如他自己所說：「我立足於中西文明交相衝擊而科技卻日新又新的現代，在歷史與世界交會碰撞的時刻，卻自然面對與承受了中國歷史文化生命的自覺，期盼以現代理性的精神賦予與開拓中國文化的慧命，又渴望以中國文化的智慧之光來啟發西方人文世界的靈魂。因之，我數十年的哲學思維的努力也就是從這個角度來審視與衡量。我辨別中西哲學精神的異同，我反思中國儒家的思想價值與智見，我提出分析

---

6　同前注，頁333。

7　成中英：〈知識與道德的平衡與整合〉，《合內外之道——儒家哲學論》導言（北京：中國社會科學出版社，2001年），頁2。

8　參見李翔海：《成中英文集》編序（武漢：湖北人民出版社，2006年），頁12。

的重建與綜合的探索中國哲學內涵的整體本體宇宙論與整體倫理學，並進行
對其在現代世界中的應用性的建構。從這些角度，我是自覺的也是不容已地
推演了或展示了我所宣導的中國哲學現代化、世界化與應用化。」[9]

　　基於對中西哲學的整體把握，成中英將哲學思考方式分為兩類：「一類
是面對重大問題以建構知見性的體系為起點、為目標，實現了更多的理論建
構；二類是回應不同的問題逐漸並自然地突顯為一個話語體系，表達的是更
多的深度價值體驗。這兩類思考方式事實上粗約地刻畫了西方與東方思維的
異同：兩者所同者，在不能脫離歷史、經驗與理論思維來規劃與規範個人生
命與人類或宇宙全體生命。二者所異者，西方是用自覺的理性或多或少系統
地、客觀地規範問題、解決問題，可說是先理（知）而後行或理（知）而不
即行；在中國或印度思維則表現為個人整個心靈的實感與承擔，在反求諸己
中表露生命存在的條理與智慧，再啟發為人生語言的新義與新境，自然異向
於理與氣、性與心、知與行的結合，或以之為理解與知識的前提。」[10]與西
方哲學中具有深厚的知識論傳統不同，儒學一直沒有發展出現代形態的知識
論。儒家哲學的當代重建，其中一項重要的任務，即在於擴展儒家心性之
學，以容納現代知識之學。這就要求「吾人必須發展心性形上學為一整合的
知識形上學和理性形上學，使其兼具主體和客體兩個面向或層次，而且又能
融合為一體」，「而不可劃地自限地獨立於理性思考的科學宇宙之外」[11]。
在成中英看來，作為整體哲學或世界哲學的本體詮釋學，追求德性與理性、
價值與知識的平衡統一，不僅具備嚴格的語言和邏輯方法，這體現了西方知
識論傳統中的科學精神，而且注重人生意義和價值目標，這代表了中國哲學
傳統中的人文精神。

　　「本體詮釋學」正是針對中西哲學面臨著價值與知識之間既相分裂又相
希求、整體理性面臨著本體與方法之間既相互排斥又相互需要的矛盾而提出
來的整體性思考。成中英將本體詮釋學的「本體」歸結為整體、本源與根

---

[9] 　成中英：《成中英文集》自序（武漢：湖北人民出版社，2006 年），頁 2。

[10]　《成中英文集》自序（武漢：湖北人民出版社，2006 年），頁 1、2。

[11]　《成中英文集》第二卷（武漢：湖北人民出版社，2006 年），頁 407。

源，它既具有西方哲學中客觀實在的對象義，也兼括中國哲學中「體驗的存在」或「驗存」義。詮釋有別於解釋，解釋導向知識，而詮釋則導向價值和意義。面對當代哲學中西僵化對立的基本格局，本體詮釋學不僅要統一本體與方法，而且要整合知識與價值[12]。西方哲學素以知識論見長，成就了精確化的知識體系，但純粹知識並不能解決價值問題。而中國哲學本質上是價值哲學，但忽視了知識的深化與發展。在成中英看來，知識和價值同等重要，不可偏廢，因此中西方哲學彼此都應該取人之長，補己之短。

　　如前所述，成中英創立「本體詮釋學」，英美分析哲學是其重要理論來源之一。他曾說：「我後來發展出來的『本體詮釋學』，也可以說是基於對奎因思想的批判反省，融合中國哲學以及歐洲詮釋學的傳統，而發展出來的。」[13]他無疑也受到了大陸哲學的影響，但更為重要的思想資源則是中國哲學傳統，特別是「道」的本體－宇宙論及有關「道」的體悟、把握的方法學。中國儒釋道諸家把宇宙人生之本源與其生存發展之過程聯繫在一起，是對有機、整體、動態、相互涵攝、大化流行、生生不已、創進不息的宇宙的觀法。我們傳統的體「道」之方式，也是當下整體的洞觀與神契。毋寧說，成中英創立本體詮釋學的基礎乃是中國哲學，正是中國哲學中的道論使他能在更高的層次上統攝西方哲學，實現二者的和諧統一。

　　成中英的「本體詮釋學」所詮釋的本體論的「本體」（原初的真理或實體），「即一個指稱產生我們關於世界顯現經驗的終極實在性的概念。作為本體論，『本體』在中國哲學中被經驗和描述為一個萬物從其創生的源頭以及萬物有序地置身於其中的內容豐富的體系。而且它是一個互動的過程，在此過程中萬物仍在被創生。在這種意義上，『本體』最好被表現為『道』。」[14]他認為，中國哲學對表現萬物變化與延續的實在的理解，既是

---

12　參見方克立、李翔海：〈成中英新儒學思想述評〉，《學術月刊》1993 年第 2 期。

13　《成中英文集》（第一卷）（武漢：湖北人民出版社，2006 年），頁 370。

14　成中英：〈本體詮釋學洞見和分析話語——中國哲學中的詮釋和重構〉，成中英主編：《本體與詮釋：中西比較》第三輯（上海：上海社會科學院出版社，2003 年），頁 43。

本體論的，又是宇宙論的。這一「本體」「是包含一切事物及其發生的宇宙系統，更體現在事物發生轉化的整體過程之中。因而『道』之一詞是本體的動的寫照，而『太極』之一詞則為本體的根源涵義，就其質料言本體是『氣』，就其秩序言本體是『理』。顯然，這些中國哲學詞彙都有內在的關聯而相互解說，形成一個有機的意義理解系統。就其實際運作來說，本體既能作為理解解釋事物的觀點，又能作為判斷行為的根據。」[15]在成中英看來，此一本體就是真理的本源與整體，真理就是本體的體現於理，體現於價值，是一個意義系統，開放的動態系統，具有豐富的融合與包含能力。

成中英指出：「有一個我們理解『本體』的十分重要的維度：本體像『本心』或孟子思想中的『本性』，相對於我們的顯現經驗是開放的：它是我們在我們的感覺和思維中所已經體驗到的東西。」[16]我們作為人，能從創生之源的「本體」吸取創生力而成為有創造性的原因。這是儒家道德形上學的基礎。他又認為，就事物與宇宙的整體言，「道」是本體概念，就個別事物與目標而言，「道」卻是方法、途徑與工夫。這就蘊含有「體用不二」的思想。

成中英所說的「詮釋」，「是就已有的文化與語言的意義系統作出具有新義新境的說明與理解，它是意義的推陳出新，是以人為中心，結合新的時空環境與主觀感知展現出來的理解、認知與評價。它可以面對歷史、面對現在、面對未來，作出陳述與發言，表現詮釋者心靈的創造力，並啟發他人的想像力，體會新義，此即為理解。事實上，詮釋自身即可被看為宇宙不息創造的實現。」[17]「道」既在一種邏輯意義上可以描述，又在一種超邏輯的意

---

[15] 成中英：〈從真理與方法到本體與詮釋（代前言）〉，成中英主編：《本體與詮釋》（北京：三聯書店，2000 年），頁 5。

[16] 成中英：〈本體詮釋學洞見和分析話語──中國哲學中的詮釋和重構〉，成中英主編：《本體與詮釋：中西比較》第三輯（上海：上海社會科學院出版社，2003 年），頁 44。

[17] 成中英：〈從真理與方法到本體與詮釋（代前言）〉，成中英主編：《本體與詮釋》（北京：三聯書店，2000 年），頁 6。

義上不可描述。「道」作為詮釋，不在於把握所有的真理或常道，而在體現道的本體的活動與創造，在於以有限提示無限，以有言提示無言，以有知提示無知，同時促進了對「道」的理解與體會。在這裏，「對本體」之道的詮釋，或「自本體」的詮釋，形成了一個「本體詮釋圓環」。成中英的本體詮釋學，也即是「道」的語言學或「道說學」。

成中英對柏拉圖至笛卡兒的主－客、神－人的二元論，以及泛科學的邏輯實證主義、科學主義、理性主義作了批判，同時也揚棄了柏格森、懷特海、詹姆士、海德格爾的反二元論的傳統，批評了解構主義與後現代主義。他認為伽達默爾所尋求的你我一體的理解更能在中國文化中體現。他強調中國哲學傳統中潛在的融通與感通精神，反映了天地人內涵的多元合一之道以及本體的真理與價值。真理與其說是知識，還不如說更是價值。「以理解為主體，以融合為主流的中國文化具有豐富的真理性，根植和包含在天人合一、知行合一、內外合一與情境合一的和諧宇宙觀裏。」[18]

# 三、學術貢獻

在融創造與綜合為一體的本體詮釋中，成中英很重視《周易》哲學的「觀」。他認為，通過對世界的系統化觀察，中國發展出《易經》，由「存在」和「時間」激起的「觀」的思考方式，也使這種系統化觀察成為可能。「正是在《易經》哲學中，發現了『存在』與『時間』（或存在與時間的家園）及其統一體的基本形而上學的家園，其中，存在物中的『存在』和『存在』中的存在物的展示都是動態的和連續可能的。這就是稱之為『象』的象徵化世界。」[19]他特別提示：「理解『觀』之為『觀』，乃在其不預設觀點或立場，在長久的時間過程中與在廣大空間內涵中認識了及體驗了各種事物

---

[18] 成中英：〈從真理與方法到本體與詮釋（代前言）〉，成中英主編：《本體與詮釋》（北京：三聯書店，2000 年），頁 3。

[19] 成中英：〈論「觀」的哲學涵義——論作為方法論和本體論的本體詮釋學的統一〉，成中英主編：《本體詮釋學》第二輯（北京：北京大學出版社，2002 年），頁 47。

及各種事物的交互影響關係與轉化過程，掌握了生命的發生與成長及其潛在的能力等等，獲得了一個機體論的整體系統觀念，這就是《周易》哲學的根本思想，也可說就是《周易》哲學典範。」[20]成中英認為，《周易》乃是一個基於綜合的創造的「觀」的思想系統，是與宇宙真實的整體化的過程與過程化的整體密切相應的。今天，人類面臨的知識與價值、自由與必然、知與行、天與人、個人與群體等矛盾關係，都在相生相成的發展中。這恰恰需要中國智慧的再發現。

成中英涉獵的領域非常廣泛，其學術成就與貢獻，筆者以為主要在以下幾個方面：第一，在中西哲學比較的視域中，闡釋中國哲學的基本特點，並立足於中國哲學傳統，積極與西方哲學對話，促進了中西哲學的互動。第二，創造性地建構了本體詮釋學，融攝了中國傳統哲學的洞見，尤其在本體－宇宙論、本體－方法論上繼承、轉化、發展了中國哲學。第三，在哲學各領域及哲學與管理學等交叉學科，如知識論、倫理學、美學、管理哲學等四個方面都有建樹與拓展。這些方面並不是平列的，成中英的學問經歷和研究經歷有一個發展過程。但今天我們如果從邏輯上來看他的創見，似乎不妨說，其中西比較是學問路徑或背景，其本體詮釋學是「體」，其它四方面為「用」。

---

[20] 成中英：〈中國哲學的綜合創造與創造綜合──兼論本體詮釋學的涵義〉，同注 1，頁 31。

# 劉述先的新儒學思想

　　劉述先先生是開放型的當代新儒家代表人物。他的專長是西方文化哲學、宗教哲學與中國儒學,尤其是宋明理學,以及中西比較哲學、比較宗教學。他有著深厚的中西哲學的底蘊與修養,以發掘儒家思想的現代意涵為職責,努力促進傳統中國哲學的創造性轉化。

　　劉先生是一位講堂教授與書齋學者,做純學術研究,但他也以極大的熱誠反省現代化與「全球化」帶來的諸多現實問題,積極參與並推動全球倫理的建設與世界各宗教間的對話,在反思、參與和對話中代表中國人與中國文化,貢獻出華夏民族獨特的智慧、理念與精神。劉先生是一位極有涵養的忠厚長者,寬容、儒雅,但他偶爾也因不得已與人辯論,打筆仗,所辯均關乎儒學思想資源的理解與闡發。「予豈好辯哉?予不得已矣。」劉先生不回避理論爭鳴與當代新儒家所面臨的挑戰。

　　劉先生早年受方東美先生影響,中年以後愈來愈轉向熊十力、牟宗三的路數,重視對儒家天道及身心性命學說的闡發。劉先生自己定位自己為現當代新儒家三代四群學者中之第三代第四群學者,自承自己是熊十力、牟宗三一系的哲學家。但他並未重復熊、牟先生,而有自己獨特的貢獻[1]。

　　劉先生的新儒學思想自成體系,鴻博精深。劉先生不僅在中國大陸及臺港澳地區擁有很高的知名度,其論著在英語世界同樣也受到了西方學者的關

---

[1] 劉先生自承他受到牟宗三先生的深刻影響,認同大陸學者對他與牟先生的思想聯繫是「接著講」而不是「照著講」的評價,特別說明他修正了牟先生的「良知之坎陷」說,他自己的貢獻在於給「理一分殊」以創造性的闡釋,並推動孔漢思宣導的全球倫理與宗教對話。詳見劉述先:《論儒家哲學的三個大時代》(香港:香港中文大學出版社,2008 年),頁 238-239。

注。劉先生晚年尤其關注全球倫理問題，代表中國文化與世界其他不同文化、宗教傳統開展對話。

劉先生的創見和貢獻尤多，以我的膚淺理解，最重要的是，他重視宗教對話，闡發儒學的宗教意涵，推進並豐富「內在－超越」學說，創造性地詮釋「理一分殊」，積極宣導「兩行之理」，繼承宋學，發揮發展儒學「仁」、「生生」與「理」之旨。劉先生的精神成果對儒家學說乃至中國傳統文化精神的世界化、現代化作出了貢獻。

## 一、宗教對話與儒學的宗教意涵[2]

劉述先代表儒家，積極推動、參與宗教與倫理對話。他注重現代神學的成果及面對現代化的儒耶溝通。他取基督教神學家田立克（Paul Tillich）的見解，把宗教信仰重新定義為人對終極的關懷。這顯然是對「宗教」取一種寬泛的界定方式，因為在田立克看來，人的宗教的祈向是普遍的，每個人都有自己的神，自己的信仰，自己的終極的關懷。他從這一視域出發，判定孔子雖然不信傳統西方式的上帝，並不表示孔子一定缺乏深刻的宗教情懷，中國傳統對於「超越」的祈向有它自己的獨特的方式[3]。

劉先生注意到孔子思想中「聖」與「天」的密切關聯及孔子對祭祀的虔誠態度，指出孔子從未懷疑過超越的天的存在，從未把人事隔絕於天。但孔子強調天道之默運，實現天道有賴於人的努力，人事與天道有不可分割的關係。這與當代西方神學思想所謂上帝（天道）與人之間的夥伴關係相類似。人自覺承擔起弘道的責任，在天人之際扮演了一個樞紐性的角色。但這與西

2　關於劉述先對儒學宗教性問題的反思，詳見本書〈當代新儒家對儒學宗教性問題的反思〉一文。

3　詳見劉述先：〈儒家宗教哲學的現代意義〉，《生命情調的抉擇》（臺北：志文出版社，1975 年），頁 47-48；劉述先：〈由當代西方宗教思想如何面對現代化問題的角度論儒家傳統的宗教意涵〉，《當代中國哲學論：問題篇》（美國新澤西：八方文化企業公司，1996 年），頁 85-93。

方無神論不同，沒有與宗教信仰完全決裂。孔子所提倡的儒家思想兼顧天人的一貫之道，一方面把聖王之道往下去應用，另一方面反身向上去探求超越的根源。

　　劉述先先生認為，進入現代，面臨科技商業文明的挑戰，儒耶兩大傳統所面臨的共同危機是「超越」的失墜與意義的失落。新時代的宗教需要尋找新的方式來傳達「超越」的資訊。就現代神學思潮企圖消解神化，採用象徵語言進路，重視經驗與過程，並日益俗世化，由他世性格轉變為現世性格來說，儒耶二者的距離明顯縮短。在現代多元文化架構下，秉持即凡而聖理念的儒教，比基督教反有著一定的優勢，有豐富的睿識與資源可以運用[4]。

　　劉述先通過對納塞（Seyyed Hossein Nasr）思想的討論，探尋從回教與儒家及多元宗教傳統中找到共識與普遍性倫理的問題[5]。他在他的夫人劉安雲翻譯、他校訂的史密士著《人的宗教》的〈校訂序〉中說：「人雖嚮往無窮，卻是有限的存在。每個人都必須植根於某一傳統之內，通過自己時空的限制去表達無窮。」[6]他又指出：「每一個傳統都表現了歧異性，在精神上卻有感通，最後指向超越名相的終極真實，始可以產生多元互濟的效果。由這樣的線索探索下去，每一個傳統都可以找到自己不可棄的根源，卻又有一條不斷超越自己傳統故域的線索。」[7]由此可知，他以比較宗教學的修養與睿智，深刻地闡發了儒家資源的終極性及人在現代的安立問題，發揮了儒家在當代宗教與文明對話中的積極作用。

---

4　劉述先：〈由當代西方宗教思想如何面對現代化問題的角度論儒家傳統的宗教意涵〉，《當代中國哲學論：問題篇》（美國新澤西：八方文化企業公司，1996年），頁98-99。

5　參見劉述先：〈新儒家與新回教〉，同前注，頁132-133。

6　Huston Smith 著，劉安雲譯，劉述先校訂：《人的宗教》（臺北：立緒文化事業公司，1998年），頁27。

7　劉述先：〈全球（世界）倫理、宗教對話與道德教育〉，《現代新儒學之省察論集》（臺北：中央研究院中國文哲研究所，2004年），頁82-83。

# 二、「超越－內在」說

　　劉先生發展「超越內在」說，充分重視二者的張力，提出「超越內在兩行兼顧」的理論。劉先生在〈「兩行之理」與安身立命〉的長文中詳細疏理了儒、釋、道三家關於「超越」與「內在」及其關係的理論。關於儒家，他指出，儒家有超越的一面，「天」是孔子的超越嚮往，《論語》所展示的是一種既內在而又超越的形態。劉先生指出，孟子從不否認人在現實上為惡，孟子只認定人為善是有心性的根據，而根本的超越根源則在天。我們能夠知天，也正因為我們發揮了心性稟賦的良知和良能。孟子雖傾向在「內在」一方面，但孟子論道德、政事同樣有一個不可磨滅的「超越」的背景，由此發展出一套超越的性論。「只不過儒家把握超越的方式與基督教完全不同：基督教一定要把宗教的活動與俗世的活動分開，儒家卻認為俗世的活動就充滿了神聖性；基督教要仰仗對於基督的信仰、通過他力才能夠得到救贖，儒家的聖人則只是以身教來形成一種啟發，令人通過自力就可以找到自我的實現。既然民之秉彞有法有則，自然不難理解萬物皆備於我，反身而誠，樂莫大焉的境界；而君子所過者化，所存者神，上下與天地同流。《中庸》講天地參，與孟子的精神也是完全一致的。」[8]劉先生認為，孟子與孔子一樣清楚地瞭解人的有限性，接受「命」的觀念，但強調人必須把握自己的「正命」。如此一方面我們盡心、知性、知天，對於天並不是完全缺乏瞭解；另一方面，天意仍不可測，士君子雖有所擔負，仍不能不心存謙卑，只有盡我們的努力，等候命運的降臨。

　　劉先生指出，由孟子始，儒家認為仁心的擴充是無封限的，這一點與蒂利希之肯定人的生命有一不斷自我超越的構造若合符節。儒家這一路的思想到王陽明的《大學問》，發揮得淋漓盡致。大人的終極關懷乃以天地萬物為一體，不能局限在形骸之私和家、國等有限的東西上。在陽明那裏，人對於

---

**8**　劉述先：〈「兩行之理」與安身立命〉，《理想與現實的糾結》（臺北：臺灣學生書局，1993 年），頁 220-221。

無限的祈向實根植於吾人的本心本性，良知的發用與《中庸》所謂「天命之謂性」的本質性的關聯是不可以互相割裂的。「儒家沒有在現世與他世之間劃下一道不可跨越的鴻溝，所體現的是一既內在又超越之旨。由這一條線索追溯下去，乃可以通過既尊重內在又尊重超越的兩行之理的體證，而找到安身立命之道。」[9]

劉述先肯定「仁」是既超越又內在的道，同時強調即使是在孟子至陽明的思想中，天與人之間也是有差距的，並非過分著重講天人的感通。「孟子既說形色天性，又說盡心、知性、知天，可見通過踐形、知性一類的途徑，就可以上達於天。這是典型的中國式的內在的超越的思想，無須離開日用常行去找宗教信仰的安慰。但有限之通於無限不可以滑轉成為了取消有限無限之間的差距。儒家思想中命的觀念正是凸出了生命的有限性，具體的生命之中常常有太多的無奈不是人力可以轉移的。」[10]人的生命的終極來源是來自天，但既生而為人就有了氣質的限定而有了命限，然而人還是可以就自己的秉賦發揮自己的創造性，自覺以天為楷模，即所謂「正命」、「立命」。天道是一「生生不已」之道，這一生道之內在於人即為人道。儒家「生生」之說體現的是個體與天地的融合。

劉先生認為，自中國的傳統看，宇宙間的創造乃是一個辯證的歷程。創造要落實則必具形，有形就有限制。宋儒分梳「天地之性」與「氣質之性」。後者講的是創造過程落實到具體人的結果，說明人的創造受到形器的、個體生命的、外在條件的制約。但「氣質之性」只有返回到創造的根源，才能夠體現到「天地之性」的存在。只有體證到性分內的「生生之仁」，才能由有限通於無限。儒家強調，吾人接受與生俱來的種種現實上的限制，但又不委之於命，不把眼光局限在現實利害上，努力發揮自己的創造性，不計成敗，知其不可而為之，支撐的力量來自自我對於道的終極託付。如此，超越與內在、無限與有限、天與人、天地之性與氣質之性、道與器，

---

9　劉述先：〈「兩行之理」與安身立命〉，《理想與現實的糾結》（臺北：臺灣學生書局，1993 年），頁 226-227。

10　同前注，頁 228-229。

都是有差別有張力的，兩者的統一不是絕對的同一。劉先生認為，光只顧超越而不顧內在，不免有體而無用。「而超越的理想要具體落實，就不能不經歷一個『坎陷』的歷程，由無限的嚮往回歸到當下的肯定。而良知的坎陷乃不能不與見聞發生本質性的關聯。超越與內在的兩行兼顧，使我有雙重的認同：我既認同於超越的道，也認同於當下的我。我是有限的，道是無限的。道的創造結穴於我，而我的創造使我復歸於道的無窮。是在超越到內在、內在到超越的回環之中，我找到了自己真正的安身立命之所。」[11]劉先生重釋、發展了牟宗三先生的「超越－內在」說，強調了二者是有差別的、有張力的、辯證過程的統一，使這一學說成為中國哲學的創新的、有深度的詮釋理論。與牟先生的認識心為「良知的坎陷」說不同，劉先生把「坎陷」的觀念普遍化，以凱西爾的文化形式，如神話、宗教、語言、藝術、歷史、科學等都是客觀化的結果，把道德也視為一種文化形式，同樣是客觀化或「坎陷」的結果。

## 三、「理一分殊」說

「理一分殊」的問題，在劉先生的少作《新時代哲學的信念與方法》一書中就開始討論了。這一問題後來成為他中晚年關注的中心問題。劉先生強調超越理境的具體落實，重新解釋「理一分殊」，以示儒家宗教哲學的現代性與開放性。劉先生認為，超越境界是無限，是「理一」，然其具體實現必通過致曲的過程。後者即是有限，是「內在」，是「分殊」。「理一」與「分殊」不可以直接打上等號，不可以偏愛一方，而是必須兼顧的「兩行」。兼顧「理一」與「分殊」兩行，才合乎道的流行的妙諦。

劉先生重新詮釋「理一分殊」有四方面的意義：

第一、避免執著於具體時空條件下的分殊，陷入教條僵化。他指出，超

---

11 劉述先：〈「兩行之理」與安身立命〉，《理想與現實的糾結》（臺北：臺灣學生書局，1993 年），頁 239。

越的理雖有一個指向，但不可聽任其僵化固著。例如當代人沒有理由放棄他們對於「仁」、「生」、「理」的終極關懷，但必須放棄傳統天人感應的思想模式、中世紀的宇宙觀、儒家價值在漢代被形式化的「三綱」及專制、父權、男權等。「把有限的分殊無限上綱就會產生僵固的效果……徒具形式，失去精神，甚至墮落成為了違反人性的吃人禮教……如果能夠貫徹理一分殊的精神，就會明白一元與多元並不必然矛盾衝突。到了現代，我們有必要放棄傳統一元化的架構。今天我們不可能像傳統那樣講由天地君親師一貫而下的道統；終極的關懷變成了個人的宗教信仰的實存的選擇。」[12]這有助於批判傳統的限制，揚棄傳統的負面，打破傳統的窠臼。

　　第二、鼓勵超越理想的落實，接通傳統與現代。劉先生認為，今日我們所面臨的時勢已完全不同於孔孟所面臨的時勢，同時我們也瞭解，理想與事實之間有巨大的差距。我們要在現時代找到生命發展的多重可能性，採取間接曲折的方式，擴大生命的領域，「容許乃至鼓勵人們去追求對於生、仁、理的間接曲折的表現方式，這樣才能更進一步使得生生不已的天道實現於人間。」[13]如此，以更新穎、更豐富的現代方式體現傳統的理念。超越境界（理一），好比「廓然而大公」、「寂然不動」、「至誠無息」；具體實現的過程（分殊），好比「物來而順應」、「感而遂通」、「致曲」（形、著、明、動、變、化）。「生生不已的天道要表現它的創造的力量，就必須具現在特殊的材質以內而有它的局限性。未來的創造自必須超越這樣的局限性，但當下的創造性卻必須通過當下的時空條件來表現。這樣，有限（內在）與無限（超越）有著一種互相對立而又統一的辯證關係。我們的責任就是要通過現代的特殊的條件去表現無窮不可測的天道。這樣，當我們賦與『理一分殊』以一全新的解釋，就可以找到一條接通傳統與現代的道路。」[14]

---

[12] 劉述先：〈「兩行之理」與安身立命〉，《理想與現實的糾結》（臺北：臺灣學生書局，1993 年），頁 236。

[13] 劉述先：〈「理一分殊」的現代解釋〉，同前注，頁 170。

[14] 劉述先：〈「理一分殊」的現代解釋〉，《理想與現實的糾結》（臺北：臺灣學生書局，1993 年），頁 172-173。

　　第三、肯定儒家傳統智慧、中心理念與未來世界的相干性。劉先生通過
對朱熹的深入研究指出，「仁」、「生」、「理」的三位一體是朱子秉承儒
家傳統所把握的中心理念，這些理念並不因朱子的宇宙觀的過時而在現時代
完全失去意義。朱子吸納他的時代的宇宙論以及科學的成就，對於他所把握
的儒家的中心理念（理一），給予了適合於他的時代的闡釋（分殊），獲致
了超特的成就[15]。今天，我們完全可以打開一個全新的境界，以適合於現代
的情勢。

　　劉述先把儒家的本質概括為孔孟的仁心以及宋儒進一步發揮出來的生生
不已的精神，宣導選擇此作為我們的終極關懷，並以之為規約理想的原則，
同時對傳統與現代均有所批判。劉先生認為：「儒家思想的內容不斷在變化
之中……仁心與生生的規約原則，在每一個時代的表現都有它的局限性，所
謂『理一而分殊』，這並不妨害他們在精神上有互相貫通之處。」[16]每一時
代的表現，都是有血有肉的。儒家的本質原來就富有一種開放的精神，當然
可以做出新的解釋，開創出前人無法想像的新局面。這當然只是適合於這個
時代的有局限性的表徵而已，不能視為唯一或最終的表現。後人可以去追求
更新的、超越現代的仁心與生生的後現代的表現。

　　第四、劉述先指出，培養哈貝瑪斯（J. Habermas）所說的交往理性，求
同存異，嚮往一個真正全球性的社團，同時要反對相對主義，肯定無形的理
一是指導我們行為的超越規約原則。我們所要成就的不是一種實質的統一
性，而是凱西爾（E. Cassirer）所謂的「功能的統一性」。「通過現代的詮
釋，對於超越的理一終極託付並無須造成抹煞分殊的不良的後果。但是對於
分殊的肯定也並不會使我們必然墮入相對主義的陷阱。這是因為我們並不是
為了分殊而分殊，人人都以自己的方式去追求理性的具體落實與表現，雖然
這樣的表現是有限的，不能不排斥了其他的可能性，然而彼此的精神是可以
互相呼應的。宋儒月印萬川之喻很可以充分表現出這樣的理想境界的情

---

[15] 同前注，頁 167。

[16] 劉述先：〈有關儒家的理想與實踐的一些反省〉，《當代中國哲學論：問題篇》（美
國新澤西：八方文化企業公司，1996），頁 237。

致。」[17]透過對「理一分殊」的詮釋，劉先生在絕對主義與相對主義、一元論與多元論之外找到第三條道路。

　　劉先生把「理一分殊」的理論與方法運用在「全球倫理」的探求上。他認為，所謂「理一」是肯定有一通貫的道理，但其表現卻可以千變萬化而顯現殊異性。每一個宗教與倫理傳統中都有人道、人性等等，這是貫穿世界上各大精神傳統的東西，這就是「理一」。各個族群、各種信仰與傳統都是「分殊」，我們可以由分殊開始，超越各自的局限，尊重人與生俱來的德性，和睦相處。儒家傳統中可以與基督教、佛教、伊斯蘭教等相通的人道精神是「仁」。孔漢思在〈世界倫理宣言〉中突出了孔子講的「己所不欲，勿施於人」的金律，世界各大傳統中都可以找到類似的思想，都有類似的「己所不欲，勿施於人」或「己欲立而立人，己欲達而達人」的表達。可見孔子的思想是一個象徵，這個象徵指向一個常道。孔漢思對摩西傳下來的「四誡」做出新釋，我們也可以揚棄「三綱」，重新解釋以「仁」為核心的「五常」。人類各族群各宗教都可以找到相互貫通、契合的人性、人道精神，找到相互尊重、相接相處之道[18]。

## 四、劉述先的學術貢獻

　　劉先生治學，博淹閎肆，學貫中西，著述宏富。在西學方面，劉述先迻譯凱西爾《論人》，又以專著《文化哲學的試探》，對斯賓格勒（O. Spengler）、凱西爾作了精到的研究。在中學方面，特別是儒家哲學方面，他有特別傑出的發揮。他對孔子的天道觀、孟子的心性論和《周易》經傳的

---

[17]　劉述先：〈「兩行之理」與安身立命〉，《理想與現實的糾結》（臺北：臺灣學生書局，1993 年），頁 237。

[18]　參見劉述先：〈「理一分殊」的規約原則與道德倫理重建之方向〉，《全球倫理與宗教對話》（臺北：立緒文化事業公司，2001 年），頁 211-215；劉述先：〈哲學分析與詮釋：方法的反省〉，《現代新儒學之省察論集》（臺北：中央研究院中國文哲研究所，2004 年），頁 278-281。

義理，有深刻的揭示。他是宋明學術的專家，特別在朱子、王陽明、黃宗羲的研究上，下了很大的功夫。他的《朱子哲學思想的發展與完成》、《黃宗羲心學的定位》等煌煌專著都是現代學術史上不可多得的精品。他的研究，不單是哲學思想史的，尤其是哲學的，是以現代哲學的問題意識與方法論去解讀、詮釋古代哲學大家的思想遺產，發揮出了一些新的看法，以貢獻給世界。他對當代大儒熊十力、方東美、牟宗三及整個當代儒學思潮也有深入的研究。如前所述，劉先生研究的範圍甚廣，在與西方學界的對話中，在全球倫理、比較宗教的研究中，都有不少創造性的成果。劉先生有大量的英文論文。劉先生晚年的工作重點是用英文把有關先秦儒學、宋明儒學和當代儒學的智慧、哲思及學術，通過自己的研究介紹給西方，這些英文專著都已在西方出版。

　　劉先生的研究中心是儒學。他的開放性和西學訓練、現代哲學背景等，使他成為了世界性的儒家學者。他在方東美、牟宗三等前輩學者的基礎上，有超邁前賢的貢獻。他強調儒家仁心與生生精神可以作為現代人的宗教信念與終極關懷，通過對傳統與現代的多維批判，肯定儒家思想的宗教意涵有著極高的價值與現代的意義。他著力論證、開拓、辯護、推進了「超越內在」說[19]，並通過「兩行之理」、「理一分殊」的新釋，注入了新的資訊，使之更有現代性和現實性，肯定超越與內在、理想與現實、傳統與現代、科技與人文的有張力的統一。

　　包括劉先生在內的當代新儒家關於儒學的反思，深化、豐富了我們對儒家精神特質的認識，這本身已成為貢獻給現代世界的、極有價值的精神資源。在人的安身立命與終極關懷問題日益凸顯而科技又無法替代的今天，這些論說就更加有意義。

---

[19] 馮耀明對「內在的超越」提出質疑，見馮文：〈當代新儒家的「超越內在」說〉，《當代》第 84 期（1993 年 4 月）。劉述先作文回應：〈關於「超越內在」問題的省思〉，《當代》第 96 期（1994 年 4 月）。另請見李明輝：《儒家與康德》（臺北：聯經出版事業公司，1990 年）；李明輝：《儒學與現代意識》（臺北：文津出版社，1991 年）。

　　當代新儒家的反思也各有特色。相比較而言，唐君毅、杜維明偏重從中國人文精神，從人文學或哲學的人學的角度涵攝宗教；牟宗三、劉述先則偏重從存有論，從宗教哲學的角度闡明儒學之宗教之旨。唐先生注意宗教與道德的分別，牟先生直接指陳儒家即宗教即道德，為「道德宗教」。牟先生不重視倫理學，杜先生重視倫理學，更接近徐復觀。杜先生只肯定到儒學具有「宗教性」的程度為止，即先秦、特別是宋明儒學觀念中有著信奉精神自我認同的宗教傾向，在超越自我的精神修養中含有本體論和宇宙論的道德信仰。劉述先則借助蒂利希，把宗教定義為終極關懷，在此前提下，肯定儒學有極其深遠的宗教意蘊。雖然在牟先生那裏，天人也不是絕對同一的，但牟先生不太注重超越、內在之間的距離，劉先生則突出了這一點，強調「超越」、「內在」的並行不悖。唐、牟注重儒耶之異，其比較還停留在一般水準上。對耶教等，唐、牟以判教的姿態出現，杜、劉則放棄判教，轉向吸收神學新成果，在理解中對話。這看起來似乎是把儒家拉下來了，但卻不是消極退縮，而是積極參與，為世界各大宗教的現代化提供儒教的智慧。劉述先比唐、牟更重視《論語》，更重視朱子學的理性精神，其開放性、批判性、現實性都超過了唐、牟。劉先生與成中英先生的不同在於，他們二人對牟先生的親疏不同，成先生發展了「本體詮釋學」的思路。他們二人當然都是哲學的路子，都肯定中國哲學的普遍意義[20]。

　　劉先生早年在《新時代哲學的信念與方法》一書中提到了建構意義哲學的問題，他認為，「意義」是與「事實」相對的一個觀念，在物理世界中，「事實」獨立於人的觀念而存在；但在人文世界中，「事實」的樞紐卻繫於人們對之所持的觀念之上，人生的事實取決於人類所選取的意義系統（他當時用的名詞為「系絡」）與理想，人抉擇了不同的理想，便有不同的事實與之相應，人類的一切文化造就都是活潑的心靈流露出來的意義系統。意義哲學承認最深邃的意義系統同樣是人性真實所與，從而避免了實證主義的短視

---

**20** 參見劉述先：《論儒家哲學的三個大時代》（香港：香港中文大學出版社，2008年），頁 239-240。

與褊狹，也糾正了傳統的實在主義只肯定外在的真實而逃避內在的真實的缺陷。他中晚年也談到建構意義哲學的事，但終究未能寫出專書。究其原因，劉先生晚年實際上是透過對中國哲學特別是儒家哲學的現代意義的闡釋及與西方宗教、哲學的對話，具體闡發了意義系統，避免了抽象的建構。

# 現代新儒家的易學思想論綱

　　現代新儒家代表人物都十分重視《周易》經傳，特別是《易傳》，將其作為自己重要的精神資源，予以創造性的詮釋與轉化。大體上，他們是沿著宋代易學家的理路講，又在現代所接受到的西方哲學影響下，從形上學、本體論、宇宙論、價值論、方法論的視域來重新解讀易學，開出了新的生面。

## 一、熊十力：以「乾元」為中心的本體－宇宙論

　　關於熊十力的易學觀，我曾在《熊十力思想研究》一書中有專章（第六章）論述[1]。熊先生的易學思想主要源於王弼的體用觀、程伊川之「體用一源，顯微無間」說及王船山的《周易內傳》、《周易外傳》。熊先生自謂根據於且通之於《周易》的「平生之學」的核心，是與船山相通的「尊生而不可溺寂」（或「尊生以箴寂滅」）、「彰有而不可耽空」（或「明有以反空無」）、「健動而不可頹廢」（或「主動以起頹廢」）、「率性而無事絕欲」（或「率性以一性欲」）。他有取於船山易學的活潑新創、力求實用，但又批評船山之「乾坤並建」有二元論之嫌。（其實船山並無二元論，當另說。）

　　熊先生說他自己四十歲左右「舍佛而學《易》」或「舍佛歸易」，其重心是「體用不二」的本體論。他所提倡的《周易》智慧，是以西學與佛學為參照的，即不把形上與形下、本體與現象剖作兩片、兩界的智慧。其「真元」「本體」就是「乾知大始」的本心，以「乾元性體」為天地萬物、現象

---

[1]　郭齊勇：《熊十力思想研究》（天津：天津人民出版社，1993 年），頁 240-277。

世界的本體，是萬化之大原，萬有之根基，具足萬理又明覺無妄。

此體即「仁體」。他以「生生」講「仁」。「乾」、「仁」都是生德，是生命本體。他說：「生命一詞，雖以名辭，亦即為本體之名。……夫生命云者，恒創恒新之謂生，自本自根之謂命。」「本體是生生化化流行不息的，儒家《大易》特別在此處發揮。」[2]他把《易傳》生生不已、健動不息的創造性、創新性思想發揮到極致。

熊先生認為，宇宙間有「剛健、純淨、升進、虛寂、靈明及凡萬德具備的一種勢用，即所謂闢者，與翕俱顯，於以默運乎翕之中，而包涵無外。《易》於乾元言統天，亦此義也。乾元，陽也，即闢也……闢之勢用，實乃控御諸天體，故言統天。……翕不礙闢也，由坎而離，則知天化終不爽其貞常。而險陷乃生命之所必經，益以見生命固具剛健、升進等等盛德，畢竟能轉物而不至物化，畢竟不舍自性，此所以成其貞常也。」[3]

在熊先生看來，本體之為本體，是內在的有一種生命精神，或曰心，或曰闢，具有生生不已、創進不息的力量，能成就整個世界（宇宙）。他借批評船山易學而發揮了一套生命創進的理論，指出世界（宇宙）的形成與演進並無目的性，不是有上帝或人有意計度、預先計畫、預定，當然也不是盲目的衝動，只是生命精神的唯變所適、隨緣作主。正因為有隨緣作主的明智，物化過程是剛健精神的實現過程，而不是迷暗勢力的衝動過程。他借詮釋〈坎〉〈離〉二卦，表明生命跳出物質障錮之險陷，而得自遂。在這個意義上，他講精神本體生命的「舉體即攝用」，「即用而顯體」，講「生即是命」，「命即是生」。本體有很多潛能，無窮無盡的可能，原因乃在於本體生命的本質是創造變化，這就是乾陽之性，可以由潛而顯，化幾通暢，現為大用。

熊先生又用華嚴宗的「海漚不二」與《易緯‧乾鑿度》的「變易」「不易」來比喻本體與現象、本體與功能的關係。隱微的常體內具有完備的品

---

2　熊十力：《新唯識論》（語體文本），《熊十力全集》第三卷（武漢：湖北教育出版社，2001年），頁358、200。

3　同前注，頁349-350。

質，涵蓋了眾多的道理，能夠展現為大用流行，使現象界開顯。本體與功用、現象，變易與不易，海水與眾漚是相即不離的關係。

熊反對在太極、太易、乾元的頭上安頭。「乾元性海」可以開發、轉化為萬事萬物，又不離開現象界。乾元本體統攝乾坤、神器、天人、物我。

其本體論是本體－宇宙論，「體用不二」包容了「翕闢成變」。這一講法源於嚴復的《天演論》。翕闢是乾元仁體的兩大勢用，翕是攝聚成物的能力，闢是與翕同時而起的剛健的勢用，兩者相反相成。此即稱體起用，攝用歸體。熊先生之晚年定論《乾坤衍》直接以乾坤代翕闢。他視宇宙天體、動植物、人類及人類的心靈的發展，每一剎那，滅故生新，是無窮的過程，無有一瞬一息不疾趨未來。他認為發展總是全體的、整體的發展。他又認為宇宙之大變化根源在乾元內部含藏的相反的兩種功能、勢用，相交互補互動。乾坤並非兩物，只是兩種生命力，獨陽不變，孤陰不化，變必有對。這些看法與宋代易學十分契合。

熊先生依據《周易》講了一套宇宙論與人生論，此即乾元性體的即體即用、即存有即活動的開顯。無其體即無其用，無其用亦無其體。用是現實層面的撐開、變現、轉化，體是吾與天地萬物渾然同體之真性，是創造性的生命精神，是內在的、能與天地萬物相互溝通、交融的靈明覺知。只有道德的人才能性靈發露，良知顯現，盡人道而完成天道。

其體用、天人之學又發展為「性修不二」的功夫論與「內聖外王」的政治觀。就外王學而言，他講庶民政治，講革命，且拿「群龍無首」喻民主政治。

## 二、馬一浮：以「性理」為中心的本體－工夫論

馬先生的易學思想帶有很深的理學、佛學的印痕。他抓住的核心是「窮理盡性至命」，「順性命之理」。其易學思想包括以下內容：

首先，將天下學術、天下之道歸於六藝，而六經之教、六藝之道歸之於《易經》之教、之道。他說：「《易》為六藝之原，亦為六藝之歸。

〈乾〉、〈坤〉開物，六子成務，六藝之道，效天法地，所以成身。『以通天下之志』，《詩》、《書》是也；『以定天下之業』，《禮》、《樂》是也；『以斷天下之疑』，《易》、《春秋》是也。冒者，覆也。如天之無不覆幬，即攝無不盡之意。知《易》『冒天下之道』，即知六藝冒天下之道，『無不從此法界流，無不還歸此法界』。故謂六藝之教，終於易也。」[4]他又用華嚴宗一攝一切，一切攝一，一入一切，一切入一，一中有一切，一切中有一，交參全遍，圓融無礙的思想，說明《詩》《書》《禮》《樂》《春秋》之教體者，莫非《易》也。

其次，以「窮理盡性以至於命」和「順性命之理」為易經、易教之主旨。他說：三材之道所以立者，即是順性命之理也。儒者不明性命之理，決不能通六藝。他以「性」「理」思想來說明六經，特別是《易經》。他說：「學《易》之要，觀象而已；觀象之要，求之十翼而已。孔子晚而繫《易》，十翼之文幸未失墜，其辭甚約，而其旨甚明。」[5]在概述了漢、宋、清代易學之後，馬先生特別指出：「近人惡言義理，將『窮理盡性』之說為虛誕乎？何其若是之紛紛也？……不有十翼，《易》其終為卜筮之書乎？」[6]他以為要重視象，重視辭，通過「象」以盡其意，通過「辭」以明其吉凶，不能隨便說「忘象」、「忘言」。他說：「尋言以觀象而象可得也，尋象以觀意而意可盡也。數猶象也，象即理也，從其所言之異則有之。若曰可遺，何謂『以言乎天地之間則備』邪？與其求之後儒，何如直探之十翼？」[7]他又說，像是能詮，意是所詮。數在象後，理在象先。離理無以為象，離象無以為數。又說：物之象即心之象也。又說：今治《易》者，只在卦象上著例，不求聖人之意，卦象便成無用。

---

4　馬一浮：《馬一浮集》第 1 冊（杭州：浙江古籍出版社與浙江教育出版社聯合出版，1996 年），頁 422-423。

5　同前注，頁 421。

6　同前注，頁 421-422。

7　馬一浮：《馬一浮集》第 1 冊（杭州：浙江古籍出版社與浙江教育出版社聯合出版，1996 年），頁 422。

　　馬先生指出：「聖人作《易》，乃是稱性稱理。」「三材之道所以立者，即是順性命之理也。凡言理，與道有微顯之別。理本寂然，但可冥證，道則著察見之流行。就流行言，則曰三材；就本寂言，唯是一理。性命亦渾言不別，析言則別。性唯是理，命則兼氣。理本純全，氣有偏駁，故性無際畔，命有終始。然有是氣則必有是理，故命亦以理言也。順此性命之理，乃道之所以行。不言行而言立者，立而後能行也。順理則率性之謂也，立道即至命之謂也，故又曰『窮理盡性以至於命』，此《易》之所為作也。知聖人作《易》之旨如此，然後乃可以言學《易》之道。」[8]

　　以上對理與道、性與命的詮釋，運用了理學家理氣關係的模型。「理」、「性」為本體，「道」為流行，命則兼氣。他又說乾元是性，坤元是命，合德曰人。資始者理，資生者氣，總為一理。又說理必順性命故，離性命無以為理故。但這個「理」並不在吾人之外，不可用客觀方法求之於外，不能用分析、計算、比較、推理的方式求得，只能由自己會悟、證悟。因此，在一定意義上，馬一浮先生的「理」即是「心」。

　　與熊十力類似，馬一浮最終把性命之理視為本心，以心遍攝一切法，心即是一切法。三材之道只是顯本心本體之大用。聖人作《易》垂教，只是要人識得本心。本心與習心不同，我們不能只隨順習氣，失墜本心。

　　由本體論進入工夫論、修養論，馬先生講「全性起修」，「全修在性」，乾坤合德，故「性修不二」。在性德與修德的關係上，「因修以顯性，不執性以廢修。」他亦講成己，成物，認為成物是性分內事，但物之氣有不齊，不得不謂之命，聖人盡性至命，所以知其不可而為之。在他看來，「窮理盡性以至於命」，是兼性、修而言，兼內聖外王而言；極深研幾，即所以崇德廣業，開物成務；此即成性、成能、成位。

　　在體用，性修關係上，熊馬有一致性。如對「神無方易無體」、「精義入神」、「各正性命」等的解釋，如關於從體起用、攝用歸體、本隱之顯、推見至隱的解釋等。但馬先生多用佛學來談，如佛之三身，圓伊三點等，熊

---

**8**　同前注，頁425。

先生則不然。熊馬二人無疑接著宋明諸家而討論易學，重心在本體論。馬的講法更傳統一些，熊用了一些現代哲學的講法。熊著意於本體－宇宙論，馬著意於本體－工夫論。

## 三、方東美：以「生生」為中心的形上學

方先生很重視《易》的邏輯問題，他評論了京房、荀爽、虞翻等漢易諸家，認為最重要的是旁通之說，但「旁通之理應當從卦象去求，不應當從易辭去求……應當由易之取象演卦著手，然後再從卦與卦間的邏輯關係，試求通辭」[9]。他自己曾以現代邏輯手段說明六十四卦的聯繫。

方東美先生的《原始儒家道家哲學》一書，有專章「原始儒家思想——《易經》部分」。他考察了《易》的邏輯及其符號系統的起源與結構，肯定了從符號到道德的轉化。方先生認為，《周易》符號和卦爻辭系統是從遠古到成周時代的歷史產品，後經周公、孔子的詮釋，成為人本主義的思想體系，有了道德理性的提升，既保留了原始宗教價值，又轉化為道德價值，把神聖世界與現實世界聯繫起來，成就一人類的生命道德秩序。方先生指出，《周易》只是經孔子、孔孟弟子的系統研究，對這些歷史資料以哲學的解釋，然後才有了真正的哲學。

方先生強調的是，孔子演《易》之「元德」、「元理」是中國文化精神的主脈，是中國智慧的精品。與熊十力、馬一浮二先生一樣，方先生也肯定孔子對《易傳》十翼的創制，甚至認為孔子真正的貢獻在《易》。他進而指出，通過孔子與子思，孟子才是真正透悟《周易》精神的大師，貫通《易》、《庸》，從一切生命的觀點、價值的理想、哲學的樞紐上安排人的地位與尊嚴。

方先生所謂「元德」、「元理」，即是「生生之德」，「生生不已」的天地精神。天道的創新精神轉化為人性內在的創造性，轉化為人文主義的價

---

[9]　方東美：《生生之德》（臺北：黎明文化事業公司，1987 年），頁 3。

值系統。在這裏，「乾元」是「大生之德」，「坤元」是「廣生之德」，「天」的生命與「地」的生命合併起來，是一個廣大悉備的天地生生之德，即創造性的力量，而人處在天地之間成為天地的樞紐。《周易》是以生命為中心、以價值為中心的哲學體系[10]。

方東美先生對《易傳》的解釋，認為這是中國獨有的「宇宙－本體論」和「價值中心的本體論」。請注意，方先生的講法與熊先生不同，熊先生講的是「本體－宇宙論」，而方先生是從宇宙論到本體論再到價值論的理路。

方先生在〈中國形上學中之宇宙與人〉一文中認為：「《易經》一書是一部體大思精而又顛撲不破的歷史文獻，其中含有：(1)一套歷史發展的格式，其構造雖極複雜，但層次卻有條不紊。(2)一套完整的卦爻符號系統，其推演步驟悉依邏輯謹嚴法則；(3)一套文辭的組合，憑藉其語法交錯連緜的應用，可以發抉卦爻間彼此意義之銜接貫串處。此三者乃是一種『時間論』之序曲或導論，從而引伸出一套形上學原理，藉以解釋宇宙秩序。」[11]他又指出：「《周易》這部革命哲學，啟自孔子……其要義可自四方面言：(1)主張『萬有含生論』之新自然觀，視全自然界為宇宙生命之洪流所彌漫貫注。自然本身即是大生機，其蓬勃生氣，盎然充滿，創造前進，生生不已；宇宙萬有，秉性而生，復又參贊化育，適以圓成性體之大全。(2)提倡『性善論』之人性觀，發揮人性中之美善諸秉彝，使善與美俱，相得益彰，以『盡善盡美』為人格發展之極致，唯人為能實現此種最高的理想。(3)形成一套『價值總論』，將流衍於全宇宙中之各種相對性的差別價值，使之含章定位，一一統攝於『至善』。最後，(4)形成一套『價值中心觀』之本體論，以肯定性體實有之全體大用。」[12]

方東美概括的《周易》的這四點要義，確有見地。他闡發了《周易》哲學的宇宙自然觀、人性論、境界論、價值論，特別指出這幾者的合一。他指

---

[10] 參見方東美：《原始儒家道家哲學》（臺北：黎明文化事業公司，1987 年），頁156-160。

[11] 方東美：《生生之德》（臺北：黎明文化事業公司，1987 年），頁 289。

[12] 同前注，頁 289-290。

出儒家是「時際人」，而「時間」的觀念在《周易》中特別明顯。

就《周易》的宇宙自然觀而言，他認為《易傳》揭示的是「萬有含生論」，是自然和諧的化育生機論。此由孔子創發，見之於〈象傳〉、〈繫辭傳〉及〈說卦傳〉前兩部分。方東美認為，《周易》生生之理中，育種成性、開物成務、創進不息、變化通幾、綿延不朽諸義，均值得深究[13]。方先生指出，中國人喜歡用「自然」代替「宇宙」。中國人心目中的「自然」（宇宙）與西方人不同，不是物質的、機械運動的，不是可以被宰割（或征服）的經驗對象物，而是整體存在界的生存處所，也是萬事萬物順其自然的律則律動變化的過程，是萬物融通為一的境界。方東美對《易傳》宇宙自然觀的詮釋，肯定其中蘊藏的生機活潑的生命力。他認為，我們的宇宙是生生不已、新新相續的創造領域。任何生命的衝動，都無滅絕的危險；任何生命的希望，都有滿足的可能；任何生命的理想，都有實現的必要。「保合太和，各正性命」，真是我的宇宙的全體氣象。這一「宇宙含生論」或「宇宙有生論」，確乎是《周易》哲學所代表的中國哲學的特質。他認為《易緯・乾鑿度》也代表了中國哲學的機體主義的特徵。所謂中國哲學的機體主義，即否定人與物、主觀與客觀的絕對對待，否定世界的機械秩序和由一些元素構成，否認將變動不居的宇宙本身壓縮成一套緊密的封閉系統。這是針對西方哲學而言的[14]。

就《周易》的人性論和境界論而言，方先生認為，據萬物含生論之自然觀而深心體會之，油然而興，成就人性內具道德價值之使命感，發揮人性中之美善品質，實現盡善盡美的最高之人格理想，惟人為能。方先生指出，這一意義也是孔子首先創發，見於〈乾〉、〈坤〉二卦的〈文言〉，特別是〈象傳〉曾系統發揮了這一思想。《周易》講「精進」，「自強不息」，剛健創新不守其故，生意盎然，生機洋溢，生命充實。宇宙大生命與吾人生命徹上徹下、徹裏徹外、徹頭徹尾，無不洋溢著生機活力，生香活意。人的德

---

[13] 參見方東美：《中國人生哲學》（臺北：黎明文化事業公司，1980 年），頁 127-129。

[14] 參見方東美：《生生之德》（臺北：黎明文化事業公司，1987 年），頁 284。

性生命、價值理想隨之精進而提升。方先生發揮「易簡之善配至德」，認為在整體存在界的一切人，都是透過生命的實踐來達到至善的境界的。當人們憑藉其創造生機臻入完美境界，就可以與天地合其德，與神性同其工。這即是理想的精神人格，儒家所謂之「聖人」，盡性踐形，止於至善。方先生在解釋〈文言傳〉時，強調天人合德的至善之境，即為大人、聖人的最高境界。

　　就《周易》哲學的價值論、境界論與自然觀、人性論的關係而言，方東美指出，在中國哲學家看來，自然是宇宙普遍生命大化流行的境域，它本身充滿著無窮無盡的大生機。人與自然之間沒有任何間隔，因為人的生命與宇宙生命是融為一體的。自然是一和諧的體系，它憑藉著神奇的創造力（所謂鬼斧神工、神妙不測），點化了呆滯的物性，陶冶人的性情，提升人的美德。天德施生，地德生化，生生不已，浩瀚無涯。大化流行的生命景象，不是與人了無相涉的。正因為人參與了永恆無限的創化歷程，並逐漸地在這一「健動」的歷程中取得了中樞的地位，因而個體生命與宇宙生命一樣，具有了無限的價值和意義。我們面對著一個創造的宇宙，我們每個人只有同樣富有創造精神，才能德配天地。所以，儒家動態流衍的宇宙觀，也就是價值中心的本體論，其基點是哲學人類學的。

　　方先生論《易》，大氣磅礴，汪洋恣肆，橫貫中西古今，是現代哲學的詮釋，已超越漢宋易學的分別。他的義理，較之熊、馬，更無拘束。

## 四、牟宗三：從自然哲學到道德形上學

　　牟先生早年以希臘哲學的形上學、自然本體論來講中國哲學，特別是用新實在論與數理邏輯來討論《周易》，重視漢代、清代易學。他早年認為《周易》有四個涵意：第一是數學物理的世界觀，即生生條理的世界觀；第二是數理邏輯的方法論，即以符號表象世界的「命題邏輯」；第三是實在論的知識論，即以象象來界說或類推卦象所表象的世界之性德的知識論；第四

是實在論的價值觀，即由象象之所定所示而昭示出的倫理意謂[15]。

第一、早期的易學觀——對漢易象數的研究

他提出了關於爻位的五個根本公理：第一，六爻之位各有所象而成一層級性，是謂「六位」公理；第二，六位分為上中下即象天地人，是為「三材」公理；第三，二五居卦之中，而為一卦之焦點或主座，是謂「中」之公理；第四，六爻成為既濟式者，是謂「當位」公理；第五，凡當位之爻初四、二五、三上各相應者，是謂「相應」公理[16]。牟先生對爻之位置所反映的六爻之相互關係非常敏感，以上概括是準確的。他的看法，前四條公理均為靜態的存在，最後一條「相應公理」則為爻的動用，如初、四爻相應，二、五爻相應，三、上爻相應。由六爻所代表的宇宙論言之，「相應」即是「感通」。漢易通過卦爻象數之路來觀陰陽氣化之變。

牟先生有關乾坤升降的討論，提出氣化交感互應的宇宙論，又研究了「據」（陽爻在陰爻之上）、「承」（陰爻在陽爻之下）、「乘」（陰爻居陽爻上者）的意義，互體問題和時空問題等，多有創發[17]。

牟先生對胡煦、焦循的研究非常深入，多有心得。熊十力先生對牟宗三有關胡煦生成哲學的闡發大為讚賞。關於焦循的易學，牟先生指出，他是由卦爻象數的關係而建立了「旁通情也」的道德哲學。至於焦循《當位失道圖》的討論，「成兩既濟」與「當位失道」的關係，能否稱為「當位律」、「失道律」及其與「旁通律」的關係，焦循的混淆和牟先生歸納分析之不足，岑溢成先生的〈焦循〈當位失道圖〉牟釋述補〉一文論之甚詳[18]。當然牟先生對焦氏旁通、相錯、時行等卦爻變動的基本原則的提揚，總體上是有

---

[15] 詳見牟宗三：《周易的自然哲學與道德函義》之〈重印志言〉，《牟宗三先生全集》第 1 冊（臺北：聯經出版事業公司，2003 年）。

[16] 牟宗三：《周易的自然哲學與道德函義》，《牟宗三先生全集》第 1 冊（臺北：聯經出版事業公司，2003 年），頁 54。

[17] 詳見鄧立光：〈象數易學義理新詮——牟宗三先生的易學〉，劉大均主編：《大易集述》（成都：巴蜀書社，1998 年），頁 149-152。

[18] 岑文載《牟宗三先生與中國哲學之重建》一書（臺北：文津出版社，1996 年），頁 245-262。

很大意義的。

第二、晚年的易學觀——以「窮神知化」為中心

牟先生對《中庸》《易傳》的總體看法是，《易》《庸》是從天命、天道的下貫，從宇宙論的進路來講人性的，與孟子「仁義內在」，即心說性的道德的進路不一樣。

他指出，天命之性總是一種超越意義、價值意義的「性」。《易經·乾·彖》「乾道變化，各正性命」，就是貞定這種性；《易·繫辭傳》「一陰一陽之謂道，繼之者善也，成之者性也」，就是成的這種性。《易·說卦傳》「窮理盡性以至於命」，也是盡的這種性。天、天命、天道下貫而為性的「性」，不是材質主義的「氣命之性」。《易》《庸》之學是儒家從天道處說下來的人性論的傳統中的「客觀性原則」[19]。

牟先生認為，〈彖〉、〈象〉、〈文言〉與〈繫辭〉，總名為孔門《周易》方面之義理，代表了儒家精神。其中心思想在「窮神知化」（〈繫辭下傳〉云「窮神知化，德之盛也」）。〈乾彖〉〈坤彖〉集中體現此種精神，特別是「乾道變化，各正性命，保和太和乃利貞」一語，頗值得深究。所謂「知化」者，知天地生化之德（「天地之大德曰生」），即知「天道」。所謂「窮神」者，窮生化不測之神也，如「陰陽不測之謂神」，「知變化之道者，其知神之所為乎」，「神無方而易無體」等等[20]。牟先生反復闡釋「易無思也，無為也，寂然不動，感而遂通天下之故。非天下之至神，其孰能與於此？夫易，聖人之所以極深而研幾也。唯深也，故能通天下之志。唯幾也，故能成天下之務。唯神也，故不疾而速，不行而至。」「著之德圓而神，卦之德方以智，六爻之義易以貢。聖人以此洗心，退藏於密，吉凶與民同患。神以知來，智以藏往，其孰能與於此哉！古之聰明睿智、神武而不殺者夫。是以明於天之道，而察於民之故，是興神物以前民用。聖人以此齋戒以神明

---

[19] 詳見牟宗三：《中國哲學的特質》第八講，《牟宗三先生全集》第 28 冊（臺北：聯經出版事業公司，2003 年），頁 63-64。

[20] 詳見牟宗三：《心體與性體》第 1 冊，《牟宗三先生全集》第 5 冊（臺北：聯經出版事業公司，2003 年），頁 314。

其德夫。」對以上〈繫辭〉話語及相關思想的詮釋，牟先生強調的是：

(1)「窮神」即「知化」，反之亦然。「窮」不是科學求知，不是以器求之；「知」不是質測、知識之知。「窮神知化」是德性生命的證悟，是發之於德性生命之超越的形而上之洞見，其根據完全在「仁」。「顯諸仁，藏諸用」云云，即根據「仁」所證悟之天道也。天道並不是蹈空漂蕩的冥惑之事，同時要實現出來，有大用有實功。天道是「仁」亦是「誠」，天道的生化秩序（宇宙秩序）也即是一道德秩序，這是發之於德性生命的必然的證悟[21]。

(2)《易傳》是根據仁體的遍在而言天道即仁道，易道即仁道即生道。天道是「乾知大始，坤作成物」，生化不測之真幾、實體。《易》《庸》根據孔子的證境而顯揚，是內在性的證悟。德行生命的健行，而且又虔誠敬畏地「奉天時」，此即為超越與內在的圓一[22]。

(3)《易經》之學即是由蓍卦之布算而見到生命之真幾。「極深研幾」云云，正是《易》之本義。這就是要透過物質世界上達至精無礙的超越實體。《易》學正是以生化不測之神或易簡之理來體證超越實體的。無論是天道的生化或是聖心的神明，都可以「無思無為、寂然不動、感而遂通」來形容之。這就是「寂感真幾」。所以，超越實體者即是此「寂感真幾」，神化與易簡是其本質之屬性。這都是由精誠的德性生命、精神生命的升進之所澈悟者。所證悟的是人生宇宙的本源。所以乾卦象傳的「天行健，君子以自強不息」正是儒者超越智慧之不同於佛、老之處[23]。

牟宗三不拘泥於現實功利和具體物象，著力發掘《易》學之中內蘊的理想價值、精神生命，肯定體證本體正是潔淨精微的「易教」的本色，促進人們養育心性，達到道德的高明之境。他對《易傳》的詮釋，與他「內在—超越」的哲學系統是一致的。在他看來，這種境界形上學，這種精神生命力的方向有其普遍性、永恆性與真理性，並永遠是具體的普遍。

---

[21] 參見牟宗三：《心體與性體》第 1 冊，《牟宗三先生全集》第 5 冊（臺北：聯經出版事業公司，2003 年），頁 315-316。

[22] 同前註，頁 317-318。

[23] 同前註，頁 321-322、325。

# 五、唐君毅：天人內外相生相涵的圓教

　　唐君毅先生有關易學的探討亦是哲學性的，與牟先生有很多相近之處。他們二人相互影響，唐的很多探討較之以上所述牟晚年的探討，在時間上要早一些。

　　唐先生在《中國哲學原論・原道篇貳》及《中國哲學原論・原性篇》中多處論及《易傳》。從這些標題：「《易傳》之即易道以觀天之神道」，「《易傳》之即繼言善、即成言性與本德性以有神明之知」、「運神明以知乾坤之道與即道言性」等等，不難看出唐的詮釋路向。

　　唐先生指出，關於「寂靜不動」之境而又「感而遂通」，從這一觀點看一切天地萬物，即見一切天地萬物皆由寂而感，由無形而有形，由形而上而形而下，即見一切形而下之有為而可思者，皆如自一無思無為之世界中流出而生而成。知此，即可以入於《易傳》之形上學之門。知一切物的生成皆由無形的形而上而有形而形而下，更觀一切物生成的「相續」，即見此萬物的生成，乃一由幽而明，由明而幽，亦由闔而闢，由闢而闔之歷程。《易傳》正是由此以言物之闔闢相繼、往來不窮，由象而形而器，以成其生生不已。這些器可以為人所制而利用之，其利用之事亦有出有入而變化無窮，至神不測[24]。

　　唐先生肯定人有超越於一定時空限制的「神明之知」，即無定限的心知。他說，物之感應變化之道即是易道，而神即在其中，故易道即神道。易無體神無方，不是易道之外別有神道。他發揮「神而明之，存乎其人，默而成之，存乎德行」，「窮神知化，德之盛也」，進而討論神明之知與德行的關係。

　　他說：「人若無自私之心，亦不自私其心為我所獨有，將此心亦還諸天地，而觀凡此天地之所在，即吾之心知、吾之神明之所運所在，天地皆此心

---

[24]　參見唐君毅：《中國哲學原論・原道篇貳》，《唐君毅全集》第十五卷（臺北：臺灣學生書局，1993 年），頁 140-145。

知神明中之天地；則天地之現於前者無窮，此心知神明亦與之無窮。」[25]

唐先生解釋「神妙萬物」，特別指出這不是說「神超萬物」，也不是說「神遍在於萬物」。為什麼呢？因為說「神超萬物」，以安排計畫生萬物，則皆有定限而可測者也；說「神遍在萬物」，乃就萬物之已成者而言其遍在。這與言「神妙萬物」，即就神之運於方生者之不可測是不同的。唐先生在這裏把中國哲學（特別是儒學）與一元外在超越的基督教，與泛神論，區別開來[26]。

唐先生認定，人們在觀照自然界之相互感應時，一面見自然物之德之凝聚，一面求自有其德行，與之相應；自然界啟示人當有德行，自然不是純粹的自然，而是有德行意義的自然。（這與方東美的看法十分接近。）中國學者善於隨處由自然得其啟示於人之德行上的意義。這與《周易‧大象傳》等易教的影響有關。不僅人之德與天地之德相結合，而且如《周易‧賁》之象辭所說「觀乎人文以化成天下」與「觀乎天文以察時變」相對應。

就序卦之文而論，唐先生指出，《周易》之辨證法與西方之辨證法不同。《周易》多蘊含順承式的發展，西方辯證法多以正反直相轉變為第一義。他重視乾陽而坤順以相承之義。另一方面，他認為《周易》中所說的正反之相轉以見正反之相成，與西方辯證法的事物有內在的矛盾說不同。唐先生之本意，在強調中國哲學的和諧方式的辯證法與西方哲學的鬥爭方式的辯證法是不同的。

唐先生亦肯定《大戴禮記》的〈本命〉所說「分於道謂之命，形於一謂之性」，《樂記》的「性命不同」與《易傳》的「各正性命」、「窮理盡性以至於命」、「順性命之理」與《中庸》的「天命之謂性」的重要。這一點亦同於馬一浮、牟宗三。

唐先生認為：「人在其盡性之事中，即見有一道德生活上之自命。此自命，若自一超越於現實之人生已有之一切事之源泉流出，故謂之源於天命。

---

[25] 唐君毅：《中國哲學原論‧原道篇貳》，《唐君毅全集》第十五卷（臺北：臺灣學生書局，1993 年），頁 163。

[26] 同前注，頁 164。

實則此天命，即見於人之道德生活之自命之中，亦即見於人之自盡其性而求自誠自成之中，故曰天命之謂性也。至《中庸》之連天命以論性之思想之特色，亦即在視此性為一人之自求其德行之純一不已，而必自成其德之性，是即一必歸於『成』之性，亦必歸於『正』之性，而通於《易傳》之旨。此性，亦即徹始徹終，以底於成與正，而藏自命於內之性命。故人之盡性，即能完成天之所命，以至於命也。是又見《易傳》之言『成之者性』，言『各正性命』，『盡性至命』，正為與《中庸》為相類之思想型態也。」[27]此言《易》《庸》之同。

唐先生指出，《易傳》之「一陰一陽之謂道，繼之者善也，成之者性也」，「成性存存，道義之門」，「乾道變化，各正性命，乾知大始，坤作成物」及乾坤之鼓萬物之盛德大業等，其思想似純為以一形上學為先，以由天道而人性之系統。這與《孟子》盡心知性以知天，存心養性以事天，等直下在心性上取證者不同，也與《中庸》由聖人之至誠無息，方見其德其道之同於化育萬物之天德天道者，亦似有異。唐先生進而指出，《易傳》的陰陽、乾坤並舉，尤與《中庸》之舉一誠為一貫天人之道者不同。此言《易》《庸》之異。

唐先生認為，理解《易傳》先道後善而後性的入路是：須先在吾人之道德生活之歷程上及吾人如何本此心之神明以觀客觀宇宙之變化上，有所取證。這即是道德生活之求自誠而自成，即求其純一無間而相續不已，這就是善善相繼的歷程。這裏是先有繼之善，而後見其性之成，故先言繼善，而後言成性；非必謂繼中只有善而無性，性中只有成而無善，善與性分有先後之謂也[28]。

唐先生指出，吾人之神明能兼藏往與知來，通觀往者與來者，即見往者來者皆運於有形無形之間，而由無形以之有形，又由有形以之無形，遂可見

---

[27] 唐君毅：《中國哲學原論・原性篇》，《唐君毅全集》第十三卷（臺北：臺灣學生書局，1991年），頁88。

[28] 參見唐君毅：《中國哲學原論・原性篇》，《唐君毅全集》第十三卷（臺北：臺灣學生書局，1991年），頁83-89。

一切形象實乃行於一無形象之道上，或形而上之道上，以一屈而一伸。這個無形之道不是虛理，而是能使形「生而顯，成而隱」的有實作用的乾坤之道。

總而言之，唐先生說，乾坤之道與吾人性命的關係有兩種論法，《易傳》中均有。「窮理盡性以至於命」是第一種論法；「乾道變化，各正性命」是第二種論法。第一種論法是由主體到客體，第二種論法則相反。第一種論法是說，吾人之所以見宇宙有此乾坤之道，依吾人心之神明之知。人能有神明之知，乃出於吾人之心之性和吾人之性命。那麼，客觀宇宙的乾坤之道，是宇宙對吾人之性命之所呈，而內在於吾人之性命者。人之窮彼客觀宇宙之理，亦即所以自盡性而自至命。

第二種論法是把吾人之性命客觀化為與萬物的性命同存在於客觀宇宙中的性命，亦同為依於乾坤之道之所生之變化以自得自生而自成，以正其自己之一性命者。吾人的性命亦由乾道的變化而後得自生自成而自正者也。

這兩種論法互為根據，互為其本。由人以知天與由天以知人，可同歸於天人合德之旨，以見外窮宇宙之理與內盡自己之性，皆可以正性命而盡性至命。唐先生的結論是：「《易傳》之論性命與乾坤之道，在根底上，仍為一視天人內外之關係為相生而相涵之圓教，而與《中庸》同為一具大智慧之書也。」[29]

以上我們知道，以《孟子》為參照，牟先生認為《易》《庸》是宇宙論的進路，重心是從天道下貫人性的客觀性原理。然而，同樣以《孟子》為參照，唐先生不僅指出了《易》《庸》之同，又指出了《易》《庸》之異，雖同樣認為《易傳》是由天道而人性的系統，但指出其包括了由主體到客體和由客體到主體兩方面的原理，此即乾坤並建。牟先生發揮《易傳》「窮神知化」的意義，認定是以「仁」為根據的德性生命的證悟。唐先生論「神明之知」，則指出其包含有形與無形、形下與形上兩面，即道德實踐歷程、本心神明與客觀宇宙變化的相續不已。

---

[29] 唐君毅：《中國哲學原論・原性篇》，《唐君毅全集》第十三卷（臺北：臺灣學生書局，1991 年），頁 96。

# 六、現代新儒家的易學觀的意義

　　馮友蘭、徐復觀、張君勱等先生也討論過《周易》，特別是《易傳》，也發揮過《易傳》之旨。本文之所以略而不論，是因為他們大體上未曾把對《易傳》的詮釋與自家的哲學體系或哲學性思考相融，或僅是以思想史家、哲學史家的立場加以闡發的。馮友蘭先生重視《易傳》所含有的對待、變化、流行的觀念，特別是發展的觀點在宇宙觀、社會觀和人生論上的意義。徐復觀先生重視《易傳》的性命思想，認為其在性與命之間介入了陰陽的觀念，認為其所言道德，外在的意義較重，與孟子、《中庸》不同。

　　前面我討論的熊十力、馬一浮、方東美、牟宗三、唐君毅五家的周易思想，相互發明者在在皆是。除牟先生早年外，他們均未（包括牟氏中晚年）理會象數學，均未從學術性路數具體而微地研究易學與易學史。五先生的共同之處是，抓住《易傳》的一些關鍵性、哲理性話語予以創造性解讀，在現當代重建了《易》的形上學，特別是道德形上學，並從形上易體的存有與活動的兩面及其統合上加以發展。

　　五先生所論容或有一些差異，然通而觀之，不難發現他們雖出之於宋易又推陳出新，賦予《周易》以現代哲學的意蘊。其價值與意義是：

　　一、不再拘束於繁瑣的形式系統，亦不拘泥於物化的世界，提揚《周易》所代表的儒家乃至中國哲學的精神方向、價值世界，激勵中國人的真善美相融通的人生境界的追求，並形成信念信仰，以安身立命。

　　二、發揮《易傳》的創造精神，撐開「用」、「現象界」、「形下界」和「外王學」，面對西方世界的挑戰，面對現代生活而開物成務，崇德廣業。此即體用不二、乾坤並建的題中應有之意。

　　三、以現代哲學的觀念與問題意識重點闡發了《周易》哲學的宇宙論、本體論、生命論、人性論、境界論、價值論及其間的聯繫，肯定了中國哲學之不同於西方哲學的特性是生機的自然觀，整體的和諧觀，自然宇宙和事實世界涵有價值的觀念，至美至善的追求，生命的學問和內在性的體驗。

　　四、重建了本體論和宇宙論，證成了超越性與內在性的貫通及天與人合

德的意義。重釋「窮理盡性至命」、「繼善成性」等命題的價值，肯定人有「神明之知」，能「窮神知化」，從而成就了儒家式的道德形上學。

《周易》經傳是我國哲學的重要經典，特別是戰國晚期以後逐漸形成的七種十篇《易傳》，代表了中國人的人文覺醒，為中國哲學的本體論、宇宙論、人生論、價值論奠定了一種範式。與漢代流行的陰陽家、雜家的氣化宇宙論不同，《易傳》的思想更加博大精深。在今天，《易傳》哲學仍有價值與意義。過去五十多年來，我國大陸學者比較重視《易傳》的辯證發展觀的價值，外國漢學家則比較重視從過程哲學或宇宙演化圖式上來肯定《易傳》，這當然都是不錯的。相比較而言，現代新儒家學者的詮釋，特別能抓住「易道」的本體宇宙論這一關鍵。也就是說，《易傳》最為重大的價值是繼承了殷周以來、孔孟以來的大傳統，從宗教性的範式轉化為宗教與道德結合的範式，把天道、地道、人道等三才之道整合為一個大系統。《易傳》的精神，從剛健創化的功能體認天道，從承順寬容的功能體認地道，並把天地之道與人道（人事條理）的感通作為樞紐，從感應配合上體認生生不已的易道。易道的本體宇宙論含括了修人道以證天道，明天道以弘人道的兩面，包含了儒家成己成物、內聖外王的「成德之教」[30]。現代新儒家學者闡釋了這種本體宇宙論的體用觀，建構了新的哲學模型，藉以融攝現代的科學。他們又特別在進德修業、道德實踐的理路上，把「道」、「理」、「性」、「命」結合起來，實際上說明了人的道德自由，人所承擔的絕對命令和無條件的義行。這就在道德形上學方面留下了更多的發展空間。我們今天仍然要追問天道、自然、社會、人性、個我生命的意義及其終極歸屬等問題，現代新儒家的闡述對我們發展《周易》哲學的精神具有多重的啟發。這本身也是一重要的精神遺產。

---

**30** 參見戴璉璋：《易傳之形成及其思想》（臺北：文津出版社，1989年），頁54-55。

# 當代新儒家對儒學宗教性問題的反思

　　面對西方精神文化的挑戰和某些傳教士直至黑格爾（Hegel）以來西方
學界視儒學為一般世俗倫理的誤導，當代新儒家的主要代表人物，無不重視
儒學內部所蘊涵的宗教精神的開掘。從一定意義上說，20 世紀儒學的一個
重要的面相是通過討論儒學的宗教性問題，一方面與西方精神資源相溝通並
對話，另一方面由此而深化對於先秦、宋明儒學等五經傳統、四書傳統的認
識。揚棄清世漢學，經受五四洗汰之後，始有當代新儒家重新省視東亞精神
文明及其價值內核。儒學是一種特殊的人生智慧，是生命的學問。儒學是否
是宗教或是否具有宗教性的問題，不僅涉及到對「宗教」的界定和對宗教的
價值評價，而且涉及到對中國傳統人文精神的界定與評價。只有超越「絕對
他者」的一元神宗教的界定方式，只有超越排斥性的、二分法的寡頭人文主
義的「啟蒙心態」，才能真正理解「儒學是什麼」、「儒家的特質是什麼」
和「儒學精髓與精義是什麼」的問題。對於儒家道德所具有的宗教性功能的
討論，只是這場討論的浮面的前奏，真正有意思的是關於儒家道德實踐、儒
家安身立命之道背後之超越理據的發掘和發揮。因此，圍繞此一問題而展開
的「性與天道」、「天人合一」、「超越內在」、「兩行之理」、「自我轉
化」等方面的討論，成為當代儒學的中心與重心。本文擬通過對唐君毅、牟
宗三、杜維明、劉述先四人關於道德宗教意蘊的研究，展示當代新儒家這一
方面的重大貢獻，及其給 21 世紀中國精神之繼承與創新的多重啟示。

## 一、概述

　　20 世紀曾不斷發生過儒學究竟是不是哲學或是不是宗教的懷疑與爭

論，原因蓋在於人們往往以西方思辨哲學或一元宗教作為唯一參照來評釋東方儒家思想。世紀初，唯科學主義盛行，「宗教」在中國近乎成了貶詞，與「迷信」打上等號。蔡元培「以美育代宗教」；胡適以進化論、生存競爭學說的信仰代宗教；章太炎、梁啟超、王國維重佛法而不忍以佛法與宗教等量齊觀；歐陽竟無亦說「佛法非哲學非宗教」。唯有處在廣州、香港等中西文化接觸地帶的康南海、陳煥章師徒，面對基督教勢力的擴張，欲化儒家為儒教（孔教），但他們有太強的政治功利心，且對宗教的精神價值並無深層理解。

我國知識精英出於救亡圖存、求富求強的心結，幾幾乎全都接受了近代西方的啟蒙理性，並使之變成 20 世紀中國的強勢意識形態。這就包括了對宗教的貶斥，以及人類中心主義、科學至上，乃至以平面化的科學、民主的尺度去衡量前現代文明中無比豐富的宗教、神話、藝術、哲學、民俗等等。其解釋學框架是單線進化論，如孔德（A. Comte）的「神學－形上學－科學」的三段論，特別是已成為我們幾代人心靈積習的「進步－落後」的二分法。其「成見」「前識」正是以「排斥性」為特徵的（排斥宗教、自然等）寡頭的人文主義。

當代新儒家的第一代人物梁漱溟、熊十力等，雖承認宗教，特別是佛法有較高價值，但也受到強勢科學主義氛圍的影響。故梁氏一面認為佛法能滿足宗教的兩個條件──神秘與超絕，是真宗教，另一方面又認為宗教是未來人類的人生路向，當今卻應力加排斥。梁氏肯定西方科學與宗教有不解之緣，著力討論中國文化何以沒有產生科學與民主的原因。熊氏則力辯儒學不是宗教，嚴格劃清儒學與宗教、儒學與佛學的界限，批評佛教反科學，強調儒學中包含有科學、民主等等。蓋因為他們面對的、需要回答的問題是：西學最有價值的是科學、民主，中國文化或儒學中卻沒有[1]。

---

[1] 部分華人學者對儒學是否宗教或是否具有宗教性的看法，另請見拙作：〈儒學：入世的人文的又具有宗教性品格的精神形態〉，《文史哲》1998 年第 3 期，頁 35-37。又請見拙作：〈中國大陸地區近五年（1993-1997）來的儒學研究〉，1998 年 4 月 3 日曾演講於哈佛大學，並刊載於中央研究院中國文哲研究所籌備處劉述先主編之《儒家

　　當代新儒家的第二代人物唐君毅、牟宗三等，亦只是在 20 世紀 40 年代末、50 年代初才開始肯定宗教的價值[2]。移居香港後，他們進一步認識到西方文化中最有底蘊和深意的不是別的，恰恰是宗教。同時，在西方宗教意識與宗教價值的啟發下，基於與西方文化抗衡與護持中國文化精神的心結，開始以新的視域認識、掘發、詮解儒家、儒學中所蘊含的宗教精神。以 1958 年元旦唐君毅、牟宗三、徐復觀、張君勱四先生〈中國文化與世界〉宣言為代表[3]，標誌新儒家已有成型的一整套關於儒學宗教性的看法。他們認為，中國沒有如西方那種制度的宗教教會與宗教戰爭和政教分離，中國民族的宗教性的超越感情及宗教精神，與它所重視的倫理道德，乃至政治，是合一而不可分的。「天」的觀念在古代指有人格的上帝，古人對天的宗教信仰貫注於後來思想家關於人的思想中，成為天人合德、天人合一、天人不二、天人同體的觀念。儒家天人交貫的思想一方使天由上徹下以內在於人，一方使人由下升上而上通於天。氣節之士殺身成仁、捨生取義即含有宗教性的超越信仰。儒家義理之學、心性之學是打通人的生活之內外、上下、天人的樞紐。在一定意義上，唐牟稱儒學為道德的宗教、人文的宗教或成德之教，充分論證其既超越又內在、既神聖又凡俗的特性。要之，第二代新儒家潛在的背景（或潛臺詞）是：西學最有價值的是宗教，中國卻沒有宗教的傳統。因此他們從強勢的排斥性的啟蒙心態中擺脫出來，掘發儒學資源中的宗教精神價值，分析了儒學與世界上其它大的宗教的同一與差異，並開始試圖與各宗教

---

思想在現代東亞：中國大陸與臺灣篇》，2000 年。文中詳細介紹了李申的〈儒教、儒學和儒者〉（《中國社會科學院研究生院學報》1997 年第 1 期）和何光滬的〈中國文化的根與花——談儒學的「返本」與「開新」〉（《原道》第二輯，團結出版社，1995 年）等文。

**2**　例如唐君毅說：「直到民三十七年寫〈宗教意識之本性〉一文後，至今五六年，我才對宗教之價值有所肯定，同時認識儒家中之宗教精神。」（見唐君毅：〈我對於哲學與宗教之抉擇——《人文精神之重建》後序兼答客問〉，項維新、劉福增主編：《中國哲學思想論集》第 8 冊〔臺北：牧童出版社，1978 年〕，頁 186。）

**3**　這一宣言的起草者是唐君毅，初發表於《民主評論》，香港，1958 年元旦。現收入《唐君毅全集》第四卷（臺北：臺灣學生書局，1991 年）。

對話。

當代新儒家的第三代人物杜維明、劉述先等，具有開放寬容心態，對西方宗教有了更全面的理解。他們在唐、牟、徐的基礎上，又借助西方宗教存在主義或其他宗教學家等有關「宗教」的新界定、新詮釋，面對西方讀者或聽眾，積極闡發儒學的價值與意義，主動與基督教、天主教、回教對話。他們對神性與人性、道德精神與宗教精神、終極關懷與現實關懷、內在超越與純粹超越的問題作了進一步探討，尤其闡發宋儒「身心之學」、「自我」觀念與自我實踐過程中的本體論意蘊和倫理宗教的特質。面對兩種西方模式——科學主義模式與絕對外在的上帝模式的夾擊，他們作出了創造性回應，努力與西方神學界溝通，為其提供儒家資源中把超越外在的天道與俗世生活、自我反思連在一起的慧解。

從以上描述不難發現，對儒學內蘊的精神價值各層面的抉發和詮釋，與詮釋者自身對西方精神價值的理解程度（或方面）密切相關。三代現代新儒家對西學的回應由對抗式的，逐漸轉變成理解中的對話，汲取中的發揮。對話亦由被動變為主動。關於儒學是否是儒教，或是否具有宗教性的問題，本來就是從西方文化出發的問題意識。第二代現代新儒家借此闡明中國文化、儒家精神的特質——「內在的超越」的問題。第三代當代新儒家增事踵華，更加主動。總之，當代新儒家不同意把一元宗教的「外在超越」移植過來，而是充分重視儒學在凡俗世界中體現神聖的特點，充分發揮儒學中許多未被認識的珍貴資源。

## 二、唐君毅：人文涵攝超人文，本心本性即天心天性

唐先生是最具有悲憫惻怛之心與存在實感的哲學家。他對世界各大宗教都有相當同情的理解，認為當今世界、人類，極需宗教、道德與哲學加以救治，主張宗教間的相互寬容、融通，企盼建立中國的新宗教，由傳統宗教精神發展出來，主要由儒家的安身立命之道發展出來。

首先，唐主張超人文與人文的和合。宗教精神是超人文的，宗教家追求

現實生命以上的另一生命，肯定超現實世界超人文世界的形上實體，有超越的信仰，由此見宗教的神聖與莊嚴。同時，一切宗教事業又與人相關，宗教家一般都從事社會人文事業[4]。因此，宗教也是人文的一支。在現當代，超人文的宗教精神對人文為必需。人文世界中的人，可以相信有神。神靈世界的信仰，可以提升人的精神，使我們不致只以物的世界、自然的世界為托命之所，可以平衡我們精神的物化、自然化和背離人文的趨向，自覺瞭解人文的價值意義[5]。儒家講極高明而道中庸，使超世間與世間不二，而肯定一切人生人文的價值。儒者不是只有乾枯的神的觀念，而是通過「仁」的流行，通過人與天、人與人的精神感通以見神，體驗神境。儒者的宗教情緒、宗教精神，是通過我們對人倫、人文之愛，通過社會歷史文化活動而生發建立的。唐的思想，肯定自覺能通貫到超人文境界之人文精神，肯定儒家之人重於文，由人文世界，以通超人文世界之天心天理的修養之路[6]。

　　其次，唐主張天知與良知的和合，以良知作為判斷宗教信仰的標準。宇宙本源是天知或天心或上帝，但我們不能說天知與良知是絕對分離的二物。良知可說只是天知之呈於我，天知只是良知的充極其量。二者為互相保合關係，而不是因果關係、本體屬性關係、創造者與被創造者的關係。良知是人的一切判斷的自生之原。「依良知為標準，可以說一切高級宗教中的超越信仰，都出自人之求至善、至真、完滿、無限、永恆之生命之要求，求拔除一切罪惡與痛苦之要求，賞善罰惡以實現永恆的正義之要求，因而是人所當有

---

[4]　唐君毅：〈我對於哲學與宗教之抉擇——《人文精神之重建》後序兼答客問〉，《中國哲學思想論集》第 8 冊（臺北：牧童出版社，1978 年），頁 202。

[5]　見唐君毅：〈理想的人文世界〉，《中國哲學思想論集》第 8 冊（臺北：牧童出版社，1978 年），頁 262。唐氏認為人文包含宗教，也依賴於宗教。他把宗教界定為人文世界的一個領域，視宗教為「整個人生或整個人格與宇宙真宰或真如，發生關係之一種文化，亦即是天人之際之一種文化。」見唐著：《心物與人生》（臺北：臺灣學生書局，1984 年），頁 205。

[6]　見唐君毅：〈中國未來之文化創造〉，《中國哲學思想論集》第 8 冊（臺北：牧童出版社，1978 年），頁 220-221。

的。」[7]「依良知的標準，我們可以說，一切高級宗教中所講的上帝、阿拉、梵天，在究竟義上，都不能與人的良知為二，而相隔離。」[8]中國古代實信天為一絕對的精神生命實在。孔子的時代，有郊祀之禮，人民相信天，故孔孟的精神在繼天的前提下偏重盡心知性立人道，融宗教於道德。宋明時期人們不信天神，故宋明儒重立天道，即道德以為宗教。前者承天道以開人道，後者由人道以立天道，都講天人交貫[9]。儒家講性與天道、天心與人心的不二。儒教是以人之本心本性即天心天性的天人合一之教。儒家以良知判斷和反求諸己的精神，不會走入宗教戰爭、宗教對抗、宗教迷狂和盲目崇拜。

第三，唐在儒家思想的信仰中，發現宗教性的安身立命之所，是為儒家教化的基礎。這是涵宗教性而又超一般宗教的[10]。宗教並不必以神為本，而以求價值的實現過程中的超越、圓滿、悠久為本。儒家不同於一般宗教在於它的平凡。儒家精神與一切人類高級宗教的共同點，即是重視人生存在自己之求得一確定的安身立命之地的。儒家肯定根據心靈的無限性、超越性形成的種種宗教信仰，而且能回頭見此信仰中的一切莊嚴神聖的價值，都根於吾人之本心本性。儒者在信仰一超越的存在或境界之外，轉而自信能發出此信仰的當下的本心本性。唐氏強調儒家的自我、主體即具有超越性無限性的本心本性[11]。儒家由人自覺其宗教精神，有高層次的自知自信。儒家的信仰中，包含著對道德主體自身的信仰，其「重在能信者之主體之自覺一方面，而不只重在所信之客體之被自覺的一方面」[12]。儒家強調，肫肫之仁種直接蘊藏在吾人的自然生命與身體形骸中，而直接為其主宰。人之仁德充內形

7　唐君毅：〈我對於哲學與宗教之抉擇——《人文精神之重建》後序兼答客問〉，《中國哲學思想論集》第 8 冊（臺北：牧童出版社，1978 年），頁 204。

8　同前注。

9　唐君毅：〈中國未來之文化創造〉，同前注，頁 215。

10　唐君毅：《中國人文精神之發展》（臺北：臺灣學生書局，1974 年），頁 343。

11　唐君毅：《中國人文精神之發展》（臺北：臺灣學生書局，1974 年），頁 348、373-374、377。

12　唐君毅：《中華人文與當今世界》下冊（臺北：臺灣學生書局，1980 年），頁 465。

外，顯乎動靜，發乎四肢，而通於人倫庶物、家國天下。盡倫盡制看起來平庸，實際上並不平庸，此中之心性、仁種，既超越於此身形骸之上，又貫徹於身體形骸之中，並達之於社會關係中之他人的精神，對他人的心性、仁種加以吹拂。其它宗教缺乏這種自信，遂不免視此身為情欲、罪惡、苦業的淵藪。儒家則凝攝外向的信仰成自信，自安此身，自立此命，身體力行，由近及遠，把仁心一層層推擴出去，由孝親而敬長，由齊家而治國，而平天下，並及於禽獸草木。仁心的流行，凝聚於具體的人倫關係上，不似基督教、佛教一往平鋪的人類觀念、眾生觀念。人在現實的家庭、社會、國家、人類之道德實踐的層層推進中，透顯了本心本性的超越無限性，並上達一種形上的及宗教性的境界[13]。

第四，唐重視發掘「三祭」的宗教意義與宗教價值。中國人對天地、祖宗與聖賢忠烈人物的祭祀涵有宗教性。這不是哲學理論，也不是一般道德心理與行為。祭祀對象為超現實存在，祭祀禮儀與宗教禮儀同具有象徵意義。祭祀時，祭祀者所求的是自己生命精神的伸展，以達於超現實的已逝世的祖宗聖賢，及整個天地，而順承、尊戴祖宗聖賢及天地之德。此敬此禮，可以使人超越於其本能習慣的生活。唐主張復興祭天地與對親師聖賢的敬意，對人格世界、宗教精神、宗教聖哲的崇敬[14]。通過三祭，報始返本，使吾人的精神回到祖宗、聖賢、天地那裏去，展示人的心靈超越現實的局限，具有超越性與無限性，亦使人的心靈兼具保存與創造兩面。

最後，唐先生晚年有融攝世界各大宗教、哲學的《生命存在與心靈境界》的巨構，即心通九境之說。心靈生命次第超升，從客觀境界的三境到主觀境界的三境再到超主客觀境界的三境。通過升進與跌落的反復，通過超升過程中感覺經驗、理性知識、邏輯思維、道德理想、宗教信仰之正負面作用的揚棄，最終達到「仁者渾然與物同體」的「天人合一」之境。這也就是「天德流行」、「盡性立命」境。在唐氏看來，儒家融攝了西方一神教和佛

---

[13] 唐君毅：《中國人文精神之發展》（臺北：臺灣學生書局，1974 年），頁 379-381。

[14] 同前注，頁 383；又見唐君毅：〈中國未來之文化創造〉，《中國哲學思想論集》第 8 冊（臺北：牧童出版社，1978 年），頁 223。

教，其說最為圓融。達到最終境界的方式是「超越」。「超越」是本體即主體的特質，是主體超越了思維矛盾律的相對相反，超越了主體所表現的活動之用以及一切境物的有限性，達到自我與天道的冥會。當然，在這裏，「超越」主要是指的內在超越，指的心靈的無限性。唐氏所做的是一種廣度式的判教工作，對東西方宗教與哲學的主要傳統，予以包容和定位[15]。

總之，唐君毅以儒家的「良知」「仁心」學說作為涵攝各宗教和判教的根據。唐氏肯定儒家由道德向超道德境界的提升，由盡性知命的道德實踐向「天人合一」或「天德流行」的無上境界的提升。就終極之境而言，此與基督教的「上帝」、佛教的「涅槃」之境相類似。就達成的路徑而言，儒教不走否定現實人生之路，而是走道德實踐的路，以此融通種種超越的信仰，把宗教的價值轉入人的生命之中。生命心靈由「經驗的我」到「理性的我」到「超越的我」，心靈境界由「客觀境」到「主觀境」到「超主客觀境」，次第升進，不斷超越。每一重境界對生命也是一種限制。但生命心靈具有不斷自我超越、自我提升的本性。唐氏進一步把儒家的信仰內化，肯定人能完善自己，肯定而且張大了「合神聖以為一兼超越而亦內在於人心之神聖之心體」[16]。這實際上是對作為價值之源的，積澱了「天心天性」的「無限的仁心」、「本心本性」的完滿性的信仰。

## 三、牟宗三：內在而超越，道德的宗教

牟先生是最具有思辨智慧的哲學家，他對儒學宗教性的問題亦有一番特別的論說。首先，他對儒佛耶三教作了粗略的比較。他認為，儒家的悲憫，相當於佛教的大悲心和耶教的愛，三者同為一種宇宙的悲情。耶教的恐怖意識，佛教的苦業意識，從人生負面的罪與苦進入；儒家的憂患意識（借用徐復觀的說法），則從人生正面進入。儒家凸顯的是主體性與道德性。「在耶

---

[15] 另請參見拙著《熊十力思想研究》（天津：天津人民出版社，1993 年），頁 339-340。

[16] 唐君毅：《生命存在與心靈境界》下冊（臺北：臺灣學生書局，1986 年），頁 292。

教，恐怖的深淵是原罪，深淵之超拔是救贖，超拔後的皈依為進天堂，靠近上帝。天堂是耶教之罪惡意識所引發的最後歸宿。在佛教……由無常而起的痛苦（苦），由愛欲而生的煩惱（業），構成一個痛苦的深淵，它的超拔就是苦惱的解脫，即是苦惱滅盡無餘之義的滅諦，而超拔苦惱深淵後的皈依就是達到涅槃寂靜的境界。」[17]中國人的憂患意識，引發的是一個正面的道德意識，是一種責任感，是敬、敬德、明德與天命等等觀念。中國上古「天道」「天命」等「天」的觀念，雖似西方的上帝，為宇宙的最高主宰，但天的降命則由人的道德決定。這就與西方宗教意識中的上帝大異其趣。天命‧天道通過憂患意識所生的「敬」而步步下貫，貫注到人的身上，成為人的主體。在「敬」之中，我們的主體並未向上投注到上帝那裏去，我們所作的不是自我否定，而是自我肯定。這個主體不是生物學或心理學上的所謂主體，而是形而上的、體現價值的、真實無妄的主體。孔子的「仁」，孟子的「性善」都由此真實主體而匯出[18]。

　　其次，牟通過對「性與天道」的闡釋，論述了儒學「超越」而「內在」的特色。他說，天道一方面高高在上，有超越的意義，另一方面又貫注於人身，內在於人而為人之性，因而又是內在的。天道兼具宗教（重超越）與道德（重內在）的意味。在中國古代，由於特殊的文化背景，天道觀念在內在意義方面有輝煌的發展。孔子以前就有了性命與天道相貫通的思想傳統。孔子以仁、智、聖來遙契性與天道。「天道」既有人格神的意義，更是「生生不息」的「創生不已之真幾」。天命、天道可以說是「創造性本身」。（然而，「創造性的本身」在西方只有宗教上的神或上帝才是。「本身」就是不依附於有限物的意思。）「天道」是從客觀上講的，「性」是從主觀上講的。這個「性」是人的獨特處，是人之所以為人的本質，是人的本體，是創造性本身，而不是生物本能、生理結構、心理情緒所顯者。「成聖」是從應

17　牟宗三：《中國哲學的特質》，《牟宗三先生全集》第 28 冊（臺北：聯經出版事業公司，2003 年），頁 15-16。

18　牟宗三：《中國哲學的特質》，《牟宗三先生全集》第 28 冊（臺北：聯經出版事業公司，2003 年），頁 16-18。

然而非實然的層面講的，意思是正視自己的精神生命，保持生命不「物化」，以與宇宙生命相融和，相契接。「仁」就是精神生命的感通、潤澤，層層擴大，以與宇宙萬物為一體為終極。「仁」代表了真實的生命，是真實的本體，又是真正的主體。孔子講「下學而上達」，意即人只須努力踐仁，便可遙契天道。古人訓「學」為「覺」，即德性的開啟或悟發。孔子之「天」仍保持著它的超越性，為人所敬畏。孔子對天的超越遙契，有嚴肅、渾沌、神聖的宗教意味。

　　《中庸》《易傳》一系和《孟子》一系，都講內在的遙契，有親切、明朗的哲學意味。所謂內在的遙契，即不再要求向上攀援天道，反把天道拉下來，收進自己內心，使天道內在化為自己的德性，把人的地位，通過參天地而為三的過程，與天地並列而為三位一體。故天命、天道觀念發展的歸屬，是主體意義的「誠」「仁」觀念的同一化，由重客體性到重主體性，凸顯了「創造性自己」的創造原理、生化原理[19]。

　　再次，牟論證了作為宗教的儒教。他說，瞭解西方文化，不能只通過科學與民主政治來瞭解，還要通過西方文化的基本動力——基督教來瞭解；同樣，瞭解中國文化也要通過其動力——儒教來瞭解。（一）儒教首先盡了「日常生活軌道」的責任。周公制禮作樂，替民眾定倫常制度，既是「聖人立教」，又是「化民成俗」。倫常在傳統社會是鄭重而嚴肅的，背後有永恆的意義，有道德價值，有天理為根據，不僅僅是社會學、生物學的概念。如父慈子孝、兄友弟恭，是天理合當如此的。（二）儒教之所以為教，與其它宗教一樣，還為民眾開闢了「精神生活的途徑」。它一方面指導人生，成就人格，調節個人內心世界，另一方面在客觀層擔負著創造歷史文化的責任，此與一切宗教無異。（三）儒教的特點，其注意力沒有使客觀的天道轉為上

---

19　牟宗三：《中國哲學的特質》，《牟宗三先生全集》第 28 冊（臺北：聯經出版事業公司，2003 年），頁 22-23、28-29、36-43。又，關於《中庸》、《易傳》與《論語》、《孟子》之關係的看法，牟先生日後有所修訂，詳見《心體與性體》之〈綜論〉部。但就性命天道相貫通，就踐仁體道的道德實踐而蘊涵的宗教意識和宗教精神而言，《心體與性體》非但沒有改易，反而更有所發展。

帝，使其形式地站立起來，由之而展開其教義，也沒有把主觀呼求之情形式化為宗教儀式的祈禱；其重心與中心落在「人『如何』體現天道」上。因此，道德實踐成為中心，視人生為成德過程，終極目的在成聖成賢。因此，就宗教之「事」方面看，儒學將宗教儀事轉化為日常生活之禮樂，就宗教之「理」方面看，儒學有高度的宗教性，有極圓成的宗教精神。孔子的「踐仁成仁者」，孟子的「盡心知性知天」，都是要恢復、弘大天賦予我們人的創造性本身，即精神生命的真幾。一般人說基督教以神為本，儒家以人為本。這是不中肯的。儒家並不以現實有限的人為本，而隔絕了天。人通過覺悟和成德過程，擴充本性，體現天道，成就人文價值世界。儒家並不是盲目樂觀，不把人的能力看得太高，不認為人能把握天道的全幅意義、無限神秘，也不肯定人能克服全部罪惡；相反，儒家重視修養功夫，在無窮的成德過程中，一步步克服罪惡，趨向超越的天道[20]。

　　第四，牟就儒教的特點，闡發了「道德的宗教」說。從前節我們可知，唐君毅先生並不抹煞道德與宗教的界限，主張通過道德實踐走向超越的「天德流行」之境。通過此節，我們亦可知牟與唐都把天道的超越性與仁心的無限性貫通了起來。牟更進一步，直接把儒教界定為道德教、成德之教、人文教。他認為，道家之「玄理」、佛家之「空理」、儒家之「性理」，「當屬於道德宗教者。宋明儒所講者即『性理之學』也。此亦道德亦宗教，即道德即宗教，道德宗教通而一之者也。」[21]牟宗三先生指出，宋明儒之重點落在道德的本心與道德創造之性能（道德實踐所以可能之先天根據）上。這種「本心即性」的「心性之學」又叫「內聖之學」，意即內而在於個人自己，自覺地作道德實踐（即聖賢功夫），以發展完成其德性人格。一方面，它與一般宗教不同，其道德的心願不能與政治事功完全隔開，只退縮於以個人成德為滿足。另一方面，「此『內聖之學』亦曰『成德之教』。『成德』之最

---

[20] 參見牟宗三：〈作為宗教的儒教〉，《中國哲學的特質》，《牟宗三先生全集》第28冊（臺北：聯經出版事業公司，2003年），頁97-109。

[21] 牟宗三：《心體與性體》第1冊，《牟宗三先生全集》第5冊（臺北：聯經出版事業公司，2003年），頁6。

高目標是聖、是仁者、是大人，而其真實意義則在於個人有限之生命中取得一無限而圓滿之意義。此則即道德即宗教，而為人類建立一『道德的宗教』也。」[22]牟氏指出，這既與佛教之以舍離為中心的滅度宗教不同，亦與基督教之以神為中心的救贖宗教不同。在儒家，道德不是停留在有限的範圍內，不像西方某些學者那樣，以道德與宗教為對立的兩階段。牟認為「道德即通無限」。意思是說，儘管道德行為有限，但道德行為所依據之實體以成其為道德行為者則無限。「人而隨時隨處體現此實體以成其道德行為之『純亦不已』，則其個人生命雖有限，其道德行為亦有限，然而有限即無限，此即其宗教境界。體現實體以成德（所謂盡心或盡性），此成德之過程是無窮無盡的。要說不圓滿，永遠不圓滿，無人敢以聖自居；然而要說圓滿，則當體即圓滿，聖亦隨時可至。要說解脫，此即是解脫；要說得救，此即是得救。要說信仰，此即是信仰，此是內信內仰，而非外信外仰以假祈禱以賴救恩者也。聖不聖且無所謂，要者是在自覺地作道德實踐，本其本心性體以沏底清澈其生命。此將是一無窮無盡之工作。一切道德宗教性之奧義盡在其中，一切關於內聖之學之義理盡由此展開。」[23]

最後，牟進一步提出圓教與圓善學說，指出真正的圓教在儒家。牟先生在《智的直覺與中國哲學》、《現象與物自身》、《圓善論》等巨著中，消化康德，創造性發展儒釋道三教。他分疏了兩層存有論。他認為，康德所說的超越的區分，應當是一存有上的區分（現象界的存有論與本體界的存有論的區分），而不是一般形而上學所說的本體與現象的區分。牟又指出，康德不肯承認人有「智的直覺」，把「智的直覺」看成上帝的專利，因此他只能就知性的存有論（即「執的存有論」）的性格成就現象界的存有論即內在的形上學，而不能成就超絕的形上學，即本體界的存有論（「無執的存有論」）。中國儒、釋、道大都肯定人有智的直覺，以此改造康德哲學，可以完成康德無法完成的超絕的形上學與基本的存有論。此兩層存有論是在成

---

22 同前注，頁8。

23 牟宗三：《心體與性體》第1冊，《牟宗三先生全集》第5冊（臺北：聯經出版事業公司，2003年），頁8。

聖、成佛、成真人的實踐中帶出來的。就終極言，是成聖、成佛、成真人：
人雖有限而可無限。

　　牟先生發揮佛教天臺宗判教而顯之圓教觀來會通康德的圓善論，重釋中
國儒釋道的精神方向。他指出，基督教認為人有限而不能無限，上帝無限而
不能有限，人神之間睽隔不通，因此可稱之為「離教」（隔離之教）。佛家
的「般若智心」，道家的「道心」，儒家的道德意義的「知體明覺」，都是
「無限心」。儒釋道三教都承認人雖有限而可無限，都把握了「慎獨」（在
佛家是「修止觀」，在道家是「致虛守靜」）這一樞紐，都認為人可通過自
己的實踐朗現無限心，故稱之為「盈教」（圓盈之教）[24]。牟論述了儒釋道
三教的圓教與圓善，指出佛家的圓教是由「解心無染」入，道家的圓教是由
「無為無執」入，而儒家則直接從道德意識入。儒家的圓教自孔子踐仁知天
始，經孟子、《中庸》、《易傳》直至宋明儒，得到大的發展。相比較而
言，佛道兩家缺乏創生義，不能直貫於萬物。儒家「預設一道德性的無限智
心，此無限智心通過其創造性的意志之作用或通過其感通遍潤性的仁之作
用，而能肇始一切物而使之有存在者也。」[25]牟認為，儒教具有道德創造的
意義，縱貫於存在界，十字打開，是大中至正的圓教。道德主體使圓教成為
可能，只有在此圓實教中，德福一致的圓善才真正可能。在康德那裏，德福
一致的實現需要上帝作保證，在儒教這裏，按牟氏的說法，是以自由無限心
（道德主體）取代了康德的上帝。自由無限心本身就是德福一致之機。上帝
對象化為人格神，成為情識所崇拜祈禱的對象。然而，儒教的道德主體（無
限智心、自由無限心）卻能落實而為人所體現，在道德實踐中達到圓聖理
境。「圓聖依無限智心之自律天理而行即是德，此為目的王國；無限智心於
神感神應中潤物、生物，使物之存在隨心轉，此即是福，此為自然王國（此
自然是物自身層之自然，非現象層之自然……）。兩王國『同體相即』即為

---

[24] 參見牟宗三：《現象與物自身》，《牟宗三先生全集》第 21 冊（臺北：聯經出版事
　　業公司，2003 年），頁 465-470。

[25] 牟宗三：《圓善論》，《牟宗三先生全集》第 22 冊（臺北：聯經出版事業公司，
　　2003 年），頁 319。

圓善。圓教使圓善為可能；圓聖體現之使圓善為真實的可能。因此，依儒聖智慧之方向，儒家判教是始乎為士，終乎聖神。……由士而賢，由賢而聖，由聖而神，士賢聖神一體而轉。人之實踐之造詣，隨根器之不同以及種種特殊境況之限制，而有各種等級之差別，然而聖賢立教則成始而成終矣。至聖神位，則圓教成。圓教成則圓善明。圓聖者體現圓善於天下者也。此為人極之極則矣。」[26]在這裏，有士、賢、聖、神四位教。士位教有「尚志」、「特立獨行」或《禮記·儒行篇》等。賢位教以「可欲之謂善（此可欲指理義言），……充實之謂美，充實而有光輝之謂大」為代表。聖位教以「大而化之（大無大相）之謂聖」乃至「與天地合其德，與日月合其明」，「以天地萬物為一體」為標誌。神位教以「聖而不可知之之謂神」，「君子所過者化，所存者神，上下與天地同流」為內容。四位教亦可以說是四重境界。

　　總之，牟宗三關於儒學即「道德宗教」的反思，打通了性與天道、道德與宗教、超越與內在、圓教與圓善，明確提出了儒學即是宗教的看法，奠定了理論基礎。

## 四、杜維明：作為群體行為的終極的自我轉化

　　杜先生為儒學的源頭活水流向世界而不懈陳辭，是目前最活躍的新儒家代表。在主動與世界主要宗教對話的過程中，在新詮儒家傳統的過程中，他對儒學的宗教性問題作出了多方面的揭示。

　　首先，他不同意以一元宗教（超越外在上帝）作為衡量是否「宗教」的普遍標準。他在 70 年代初就提出不要把西方文明的特殊性作為人類文化的普遍性。以希臘的哲學思辨、基督的宗教體驗作為範式，或以「哲學」「宗教」的抽象觀念來分析儒家，可能會犯削足適履的謬誤。他主張把作為哲學

---

[26] 牟宗三：《圓善論》，《牟宗三先生全集》第 22 冊（臺北：聯經出版事業公司，2003 年），頁 323-324。另請參見顏炳罡：《整合與重鑄——當代大儒牟宗三先生思想研究》（臺北：臺灣學生書局，1995 年），頁 350-352；楊祖漢：〈牟宗三先生的圓善論與真美善說〉，第十屆國際中國哲學會（漢城）會議論文，1997 年 7 月。

或宗教的儒家的問題轉化為儒家的哲學性與宗教性問題。在哲學與宗教的交匯處與共通處理解儒家的學術或體驗的特徵，它恰恰是體驗式哲學或智性的宗教。要之，哲學與宗教在西方是兩個傳統，但在中國乃至東方只是指向同一傳統之兩面[27]。80 年代，杜批評了馬克斯・韋伯（Max Weber）關於儒家只是對世界的適應的說法，認為此說「嚴重地貶抑了儒家的心理整合和宗教超越的能力」[28]。90 年代，他反駁了中國文化的缺失是沒有上帝等說法。他認為，五四時以為缺科學民主，現在又認為缺宗教傳統，都是從西方文化出發的問題意識。前者從啟蒙思潮，後者從一元宗教。杜既不接受從工具理性的角度來宣揚儒家的所謂無神論，也不贊成以基督教或其它一元宗教的「超越外在」來補救儒家傳統的「超越內在」的不足。他對時下一些華人學者一廂情願地把西方特殊形態的宗教移植過來，或為了開拓一種宗教領域，而把自家文化中還相當有說服力和生命力的價值資源，在沒有深入研究之前就消解、遺棄的作法，提出了善意的勸告和批評[29]。凡此種種，都是要自立權衡，善待或正視自家資源的特色，避免西方中心論的影響。這都具有方法論的啟迪。

　　其次，在儒家及其心性之學具有宗教性的思考方面，杜受到多方面的影響，其中主要有四個方面：第一，他直承唐、牟、徐的傳統，可謂「接著講」。第二，他深受宗教存在主義者馬丁・布伯（Martin Buber）、保羅・田力克（Paul Tillich）、戈伯・馬賽爾（Gabriel Marcel）等人的影響，齊克果（Kirkegaard）也是杜感到親切的人，這對心性之學內蘊的宗教體驗層面的發揮不無啟發。第三，他受到美國宗教學家史密斯（W. C. Smith）關於宗

---

27　參見杜維明：〈儒家心性之學——論中國哲學和宗教的途徑問題〉，《杜維明文集》第一卷（武漢：武漢出版社，2002 年），頁 162-163、165-166。

28　杜維明：〈儒家論做人〉，《杜維明文集》第二卷（武漢：武漢出版社，2002年），頁 243。

29　周勤：〈儒學的超越性及其宗教向度——杜維明教授訪談〉，《中國文化》第 12 期（1995 年秋季號）。又見《杜維明文集》第四卷（武漢：武漢出版社，2002 年），頁 529-550。

教的界定及宗教意義、目的研究的影響。史密斯區分了「宗教」與「宗教性」，前者指靜態結構、客觀制度，後者指傳統、信仰，特別是某一信仰群體中的成員在精神上的自我認同。後者對作為一種精神傳統的宋明儒學的內在層面的揭示頗有補益。第四，他在與當代神學家、宗教學家對話的過程中亦得到啟發。

再次，杜揭示了「為己之學」的倫理宗教涵義，界定了宋明儒學的宗教性。對於韋伯關於儒學缺乏一個超越的支撐點的說法，杜反駁道：這實際上是把一種基督教的，從而是外來的解釋強加在儒學之上。在儒家，雖並不相信有位超越的人格化的上帝，但相信人性最終是善的，而且有包容萬物的神性。這種人性是天命所賜，必須通過心的有意識的、致良知的活動才能充分實現。杜把這稱為「存有的連續性」。天的實體對人決不是陌生的，能為人的意志、感情和認知功能所領悟。通過心靈的培育和修養，人可以察覺到神發出的最幾微的聲音，領悟天運作的奧妙。同任何神學證明不同，宋明儒堅持古代「天視自我民視，天聽自我民聽」的天人互動觀念，這規定了宋明儒的宗教性[30]。人的自我在其自身的真實存在中體現著最高的超越，這不能理解為孤立的個體與上帝之間的關係。「儒家對人性的固有意義的『信仰』，是對活生生的人的自我超越的真實可能性的信仰。一個有生命的人的身、心、魂、靈，都充滿著深刻的倫理宗教意義。就儒家意義而言，成為宗教，就是進行作為群體行為的終極的自我轉化。而『得救』則意味著我們的人性中所固有的既屬天又屬人的真實得到充分實現。」[31]作為知識群體或旨趣相近的求道者的終極依據，不是一個作為「全然他者」的超越力量。儒家深信超越作為存在狀況之自我，超越現實經驗的轉化，此轉化的界限是使人與天所賦予的本性相符。這種終極自我轉化的承諾即包含著某種超越層面。杜把宋明儒的宗教性表述為：「它是由人的主體性的不斷深化和人的感受性連續

---

30　參見杜維明：〈宋明儒學的宗教性和人際關係〉，《杜維明文集》第一卷（武漢：武漢出版社，2002 年），頁 162-163、165-166。

31　杜維明：〈儒家論做人〉，《杜維明文集》第三卷（武漢：武漢出版社，2002年），頁 252。

擴展的雙重過程構成的。在這種情況下，作為群體行為的終極的自我轉化必然產生一系列的吊詭：如對自我的培育採取了對自我的主宰的形式：自我為了實現其本性就必須改變它的以自我為中心的結構……」[32]又界定為：一種終極的自我轉化，這種轉化可以視為作為一種群體行為，以及作為對於超越者的一種忠誠的對話式的回應。簡言之，就是在學做人的過程中，把天賦人的自我超越的無限潛力全面發揮出來[33]。

杜維明指出：「儒教作為宗教性哲學，它所追求的是『立人極』。它主要的關懷是研究人的獨特性從而去理解他的道德性、社會性和宗教性……它的主要任務是在探究怎樣成為最真實的人或成為聖人的問題。」「儒家的成聖之道是以一個信念為基礎的，就是人經由自己的努力，是可以臻於至善的。這樣，作為自我修養形式的自我認識，也就同時被認作是一個內在自我轉化的行動。事實上，自我認識、自我轉化不僅密切相聯，而且也是完全結合成一體的。」[34]

最後，我們綜合一下杜在儒學宗教性論說中的三項重點與貢獻。（一）「自我」──是一個具有深遠的宇宙論和本體論含意的倫理宗教觀念。倫理宗教領域創造活動的中心是人的主體性。自我是開放的，是各種有機關係網絡的動態的中心，是一個具體的人通向整體人類群體的過程。在自我的可完善性中，它不斷深化，不斷擴展，在修、齊、治、平過程中經歷了與一系列不斷擴展的社會群體相融和的具體道路。修身的每一階段都是結構上的限制和程序上的自由之間的辯證關係。自我處境、社會角色的限制亦是自我發展的助緣。在前述過程中不斷超越人類學的限制，體現著我們每個人之中的聖

---

[32] 杜維明：〈宋明儒學的宗教性和人際關係〉，《杜維明文集》第三卷（武漢：武漢出版社，2002 年），頁 325-326。

[33] 詳見杜維明：《中與庸：論儒學的宗教性》之第五章〈論儒學的宗教性〉，紐約州立大學出版社，1989 年。又見《杜維明文集》第三卷（武漢：武漢出版社，2002 年），頁 459-489。

[34] 杜維明：〈從宋明儒學的觀點看「知行合一」〉，《杜維明文集》第四卷（武漢：武漢出版社，2002 年），頁 84。

性[35]。（二）「聖凡關係」——儒學宗教性的特點是在現實、凡俗的世界裏體現價值、神聖，把現實的限制轉化成個人乃至群體超升的助緣。在軸心時代，中國凸顯的是儒家為代表的對人本身的反思，即把一個具體活生生的人，作為一個不可消解的存在進行反思。其所涉及的四大層面是：自我、個人與群體、人與自然、人與天。儒家不從自我中心、社會中心、人類中心來定義人，又肯定天地之間人為貴。儒家把凡俗的世界當作神聖的，實然中有應然，高明寓於凡庸之中。這可以為世界各大宗教的現代化提供精神資糧[36]。（三）「體知」——這不是認知領域中的理智邏輯之知，而是修身過程中的德性之知，是一種生命體驗，自證自知。人與天、地、人、我的感通是動態的過程而非靜態的結構，不可能脫離天人合一的宏觀背景而成為隔絕的認識論[37]。杜進一步把「體知」疏理為感性的、理性的、智性的、神性的四層次，認為此四層體知交互滋養，是具備靈覺而又可以溝通神明的人的特性[38]。總之，杜關於身心性命、修養之學的倫理宗教性質的闡釋，特別是以上三點，為儒學的現代化和世界化提供了創造性的生長點，值得重視和發揮。

---

[35] 參見杜維明：《儒家思想》，《杜維明文集》第三卷（武漢：武漢出版社，2002年），頁 241、245-246、319-321。

[36] 周勤：〈儒學的超越性及其宗教向度——杜維明教授訪談〉，《中國文化》第 12 期（1995 年秋季號）。又見《杜維明文集》第四卷（武漢：武漢出版社，2002 年），頁 529-550。

[37] 參見杜維明：〈論儒家的「體知」——德性之知的涵義〉，見劉述先主編：《儒家倫理研討會論文集》（新加坡東亞哲學研究所，1987 年），又見《杜維明文集》第五卷（武漢：武漢出版社，2002 年），頁；杜維明：〈身體與體知〉，《當代》月刊第 35 期（1989 年 3 月），又見《杜維明文集》第五卷（武漢：武漢出版社，2002年）。

[38] 參見杜維明：〈從「體知」看人的尊嚴〉，北京「儒學的人論」國際學術研討會論文，1998 年 6 月，又見《杜維明文集》第五卷（武漢：武漢出版社，2002 年）。另請參見杜維明與馮耀明有關體知問題的論戰，見杜維明：〈宏願、體知和儒家論說——回應馮耀明批評「儒學三期論」〉和馮耀明：〈「儒學三期論」問題——回應杜維明教授〉，分別見《當代》月刊第 91 期（1993 年 11 月）和第 93 期（1994 年 1月）。

# 五、劉述先：兩行之理與理一分殊

　　劉述先無疑是當代新儒家陣營在現時代最有哲學修養的學者之一。他代表儒家，積極推動儒學與天主教、基督教、回教等方面的對話，努力參與世界宗教與倫理方面的交流互動。他有關儒學宗教性問題的中英文論文，最早發表於 1970-1971 年間[39]，基本論旨至今未有大變，然關於孔孟思想的宗教義蘊，近年來的論著顯然有更深入的發掘。

　　首先，劉氏注重現代神學的成果及面對現代化的儒耶溝通。他取基督教神學家田立克（Paul Tillich）的見解，把宗教信仰重新定義為人對終極的關懷。這顯然是對「宗教」取一種寬泛的界定方式，因為在田立克看來，人的宗教的祈向是普遍的，每個人都有自己的神，自己的信仰，自己的終極的關懷。當然，問題在於什麼樣的終極關懷才是真正的終極關懷。劉氏又借鑒現代神學家蒲爾脫曼（Rudolf Bultmann）、巴特（Karl Barth）、魏曼（Henry Nelson Wieman）、赫桑（Charles Hartshorne）、龐豁夫（Dietrich Bonhoeffer）、哈威・柯克斯（Harvey Cox）和孔漢思（Hans Kung）等人的思想，例如消解神化、象徵語言的進路、經驗神學、過程神學或宗教徹底俗世化的努力等等，進而從當代宗教的角度審視儒家傳統的宗教意涵。現代神學揚棄中世紀的宇宙論等形式架構，一面堅持基督資訊在現代的相干性，一面接受現代文明的挑戰。本來，以傳統基督教為模型的宗教觀念，根本就不適用來討論世界宗教（例如無神的佛教）。從宗教現象學的觀點看，宗教的定義必須重新加以修正，必須捐棄傳統以神觀念（特別是一神教）為中心的宗教定義。上帝可以死亡，但宗教意義的問題不會死亡。對於「他世」的祈向並不是宗教的必要條件，對於「超越」的祈向乃是任何真實宗教不可缺少的要素，對現世精神的注重未必一定違反宗教超越的祈向。

　　劉述先從這一視域出發，判定孔子雖然不信傳統西方式的上帝，並不表

---

[39] 劉述先：〈儒家宗教哲學的現代意義〉，原載《中國學人》第 1 期（1970 年 3 月）。此文後收入著者《生命情調的抉擇》（臺北：志文出版社，1974 年）。英文論文發表於夏威夷《東西哲學》，1971 年第 2 期（總第 21 期）。

示孔子一定缺乏深刻的宗教情懷，中國傳統對於「超越」的祈向有它自己的獨特的方式[40]。他認為：「由孔子反對流俗宗教向鬼神祈福的態度，並不能夠推出孔子主張一種寡頭的人文主義的思想。事實上不只在他的許多誓言如『天喪予』之類還保留了傳統人格神信仰的遺跡，他對超越的天始終存有極高的敬意。」[41]通過對孔子「天何言哉」等「無言之教」和「三畏」的詮釋，他進一步肯定孔子徹底突破了傳統：「天在這裏已經完全沒有人格神的特徵，但卻又不可以把天道化約成為自然運行的規律……孔子一生對天敬畏，保持了天的超越的性格。故我們不能不把天看作無時無刻不以默運的方式在宇宙之中不斷創生的精神力量，也正是一切存在的價值的終極根源。」[42]劉述先注意到孔子思想中「聖」與「天」的密切關聯及孔子對祭祀的虔誠態度，指出孔子從未懷疑過超越的天的存在，從未把人事隔絕於天。但孔子強調天道之默運，實現天道有賴於人的努力，人事與天道有不可分割的關係。這與當代西方神學思想所謂上帝（天道）與人之間的夥伴關係相類似。人自覺承擔起弘道的責任，在天人之際扮演了一個樞紐性的角色。但這與西方無神論不同，沒有與宗教信仰完全決裂。孔子所提倡的儒家思想兼顧天人的一貫之道，一方面把聖王之道往下去應用，另一方面反身向上去探求超越的根源。

劉氏認為，進入現代，面臨科技商業文明的挑戰，儒耶兩大傳統所面臨的共同危機是「超越」的失墜與意義的失落。新時代的宗教需要尋找新的方式來傳達「超越」的資訊。就現代神學思潮企圖消解神化，採用象徵語言進路，重視經驗與過程，並日益俗世化，由他世性格轉變為現世性格來說，儒

---

[40] 詳見劉述先：《生命情調的抉擇》（臺北：志文出版社，1975 年），頁 47-48；劉述先：《當代中國哲學論：問題篇》（美國新澤西：八方文化企業公司，1996 年），頁 85-93。

[41] 劉述先：《當代中國哲學論：問題篇》（美國新澤西：八方文化企業公司，1996 年），頁 94。

[42] 劉述先：〈論孔子思想中隱涵的「天人合一」一貫之道——一個當代新儒學的闡釋〉，《中國文哲研究集刊》1997 年第 10 期，頁 7。

耶二者的距離明顯縮短。儒家本來就缺少神化的傳統，至聖先師孔子始終只有人格，不具備神格，陰陽五行一類的宇宙觀是漢儒後來附益上去的，比較容易解構。中國語言對於道體的表述本就是使用象徵語言的手法。中國從來缺少超世與現世的二元分裂，儒家自古就是現世品格。儒家有一個更注重實踐與實存的體證的傳統。面對現代化挑戰，在現代多元文化架構下，宗教傳統必須與時推移作出相應的變化，才能打動現代人的心弦，解決現代人的問題，既落實在人間，又保住超越的層面，使人們保持內心的宗教信仰與終極關懷。在這些方面，儒教比基督教反有著一定的優勢，有豐富的睿識與資源可以運用[43]。

其次，劉氏發展「超越內在」說[44]，充分重視二者的張力，提出「超越內在兩行兼顧」的理論。他認為儒家有超越的一面，「天」是孔子的超越嚮往，《論語》所展示的是一種既內在而又超越的形態。孟子從不否認人在現實上為惡，孟子只認定人為善是有心性的根據，而根本的超越根源則在天。我們能夠知天，也正因為我們發揮了心性稟賦的良知和良能。孟子雖傾向在「內在」一方面，但孟子論道德、政事同樣有一個不可磨滅的「超越」的背景，由此發展出一套超越的性論。孟子與孔子一樣清楚地瞭解人的有限性，接受「命」的觀念，但強調人必須把握自己的「正命」。如此一方面我們盡心、知性、知天，對於天並不是完全缺乏瞭解；另一方面，天意仍不可測，士君子雖有所擔負，仍不能不心存謙卑，只有盡我們的努力，等候命運的降臨。

劉氏指出，由孟子始，儒家認為仁心的擴充是無封限的，這一點與田立克之肯定人的生命有一不斷自我超越的構造若合符節。「仁」既超越又內在，但天與人之間是有差距的。人的生命的終極來源是來自天，但既生而為人就有了氣質的限定而有了命限，然而人還是可以就自己的秉賦發揮自己的

---

[43] 劉述先：《當代中國哲學論：問題篇》（美國新澤西：八方文化企業公司，1996年），頁98-99。

[44] 關於劉述先的「內在超越」說、「理一分殊」說的討論，詳見本書〈劉述先的新儒學思想〉一文。

創造性，自覺以天為楷模，即所謂「正命」、「立命」。天道是一「生生不已」之道，這一生道之內在於人即為人道。儒家「生生」之說體現的是個體與天地的融合。

再次，劉氏強調超越理境的具體落實，重新解釋「理一分殊」，以示儒家宗教哲學的現代性與開放性。他認為，超越境界是無限，是「理一」，然其具體實現必通過致曲的過程。後者即是有限，是「內在」，是「分殊」。「理一」與「分殊」不可以直接打上等號，不可以偏愛一方，而是必須兼顧的「兩行」。兼顧「理一」與「分殊」兩行，才合乎道的流行的妙諦。

總之，劉述先沿著牟宗三、方東美等人的思路，強調儒家仁心與生生精神可以作為現代人的宗教信念與終極關懷，通過對傳統與現代的多維批判，肯定儒家思想的宗教意涵有著極高的價值與現代的意義。

# 六、結語

唐、牟、杜、劉關於儒學宗教性問題的反思，深化、豐富了我們對儒家精神特質的認識，這本身已成為貢獻給現代世界的、極有價值的精神資源。在人的安身立命與終極關懷問題日益凸顯而科技又無法替代的今天，這些論說就更加有意義。

他們反思的共同點是承認儒學資源中飽含有超越的理念和宗教精神，尤其肯定了其特點是「內在的超越」，即相對於基督教的他在的上帝及其創世說，儒家的「天」與「天道」既是超越的，卻又流行於世間，並未把超越與內在打成兩橛。基督教相信一個超越的人格神，失樂園之後的人有原罪，需要通過對耶穌基督的他力得到救贖，超世與俗世形成強烈的對比。傳統儒家體證的道在日用行常中實現。儒家相信無人格性的道，肯定性善，自己做修養工夫以變化氣質，體現天人合一的境界。

他們的反思也各有特色。總體上是唐牟打基礎，杜劉循此繼進，有所發展。但相比較而言，唐、杜偏重從中國人文精神，從人文學或哲學的人學的角度涵攝宗教；牟、劉則偏重從存有論，從宗教哲學的角度闡明儒學之宗教

之旨。唐注意宗教與道德的分別，牟直接指陳儒家即宗教即道德，為「道德宗教」。牟不重視倫理學，杜重視倫理學，更接近徐。杜只肯定到儒學具有「宗教性」的程度為止，即先秦、特別是宋明儒學觀念中有著信奉精神自我認同的宗教傾向，在超越自我的精神修養中含有本體論和宇宙論的道德信仰。劉則把宗教定義為終極關懷，在此前提下，肯定儒學有極其深遠的宗教意蘊。雖然在牟那裏，天人也不是絕對同一的，但牟不太注重超越、內在之間的距離，劉則突出了這一點，強調「超越」、「內在」的並行不悖。唐、牟注重儒耶之異，其比較還停留在一般水準上。對耶教等，唐、牟以判教的姿態出現，杜、劉則放棄判教，轉向吸收神學新成果，在理解中對話。這看起來似乎是把儒家拉下來了，但卻不是消極退縮，而是積極參與，為世界各大宗教的現代化提供儒教的智慧。杜、劉比唐、牟更重視《論語》。杜、劉的批判性、現實性較強。

　　唐的貢獻在從存在實感上奠定了儒學所具有的宗教精神的基礎，開拓了儒學宗教性研究之領域，揭示了仁心良知、本心本性即宗教性的安身立命之所，發掘了包括「三祭」在內的儒家的宗教價值，設置了「天德流行」「盡性立命」等超主客觀境界。牟的貢獻在奠定了儒家道德宗教學說的主要理論基礎，特別是從宗教哲學的高度創造性地解讀了「性與天道」和相關的內聖、心性學說，融攝康德，架構了「內在的超越」、「有限通無限」、「圓教與圓善」論，凸顯了道德的主體性。杜的貢獻是在英語世界開闢了儒家論說領域，進一步揭示了「為己之學」的倫理宗教意義，並在儒家的「自我轉化」觀、「聖凡關係」論和「體知」問題上有全新的發展。劉的貢獻在進一步推進了「內在超越」學說，為儒家宗教精神的現代化和落實化，重新解讀「理一分殊」，積極宣導「兩行之理」，發展了「仁」與「生生」之旨。所有這些，對儒家學說乃至中國傳統精神的現代轉化都有多方面的啟迪。

　　我覺得還有一些尚待思考的問題需要提出來作進一步研究。（一）在學理上，當代新儒家主要關心的是心性之學和知識精英士大夫的信仰，而禮樂倫教是傳統社會的制度性生活，對儒教設施、組織、祭祀活動、政教關係，特別是歷史上民間社會、民心深處的宗教性問題卻疏於探討。在儒家倫範制

度中體現了臨近終極的強烈情緒和信仰，也滲透了對生死問題的最後意義的解答。不僅在士大夫中，而且在民間，人們並非憑藉超自然的力量，而憑藉人的道德責任。足見儒家體制對現世的重視，儒家宗教精神對民間的滲透。但小傳統中的民間鬼神信仰與儒學信仰畢竟有很大差別[45]。對這些問題，尚需作全面的研討。（二）對儒學宗教性的負面效應，包括倫教之負面，還要作出進一步的檢討與批判。（三）無需諱言，儒學超越性不及，而內在性偏勝。如何從宗教現象學、比較宗教學和儒教史的角度，解答超越性不足所帶來的中國文化中的諸多問題。（四）在詮釋儒學的宗教意涵上，需要並重經學資源與理學資源。目前特別要加強考古新發現的簡帛中的先秦儒學資料的研究。（五）在比較康德與儒學時，充分注意康德的近代知識學與理性主義的背景，此與仁心良知的體驗實踐路數有著重大區別。（六）本心仁體、自由無限心及知體明覺活動的限制問題，即道德的主體性的限制問題（此還不是「命」之限制性問題），道德的主體性與個體性不能互相替代的問題，作為生命存在的個體全面發展的問題，具體的人作為特殊的人本身才是目的而不是手段的問題，尚需作進一步的疏理。（七）儒家、儒學、儒教之精義能否或在什麼意義、什麼層次上重返現實社會，並為當代人安身立命的現實可能性的問題，還需要從理論與實踐的結合上作出探討。

---

[45]　參見鄭志明：〈當代儒學與民間信仰的宗教對談〉，林安梧主編：《當代儒學發展之新契機》（臺北：文津出版社，1997年）。

# 簡論大陸新儒家

　　「大陸新儒學（家）」究竟如何定義，學界見仁見智。有人以此相標榜，但學界甚不以為然，因他們持封閉的儒教原教旨主義的立場，脫離了時代性與現實性。我們需要為「大陸新儒學（家）」正名。我與中哲史界一些同仁的看法是：就其主流而言，所謂「大陸新儒學（家）」或「新時期大陸的新儒學（家）」，是受當代哲學思潮，特別是現代新儒學思潮的影響，面對中國大陸改革開放以後社會生活的實際問題，在馬、中、西互動的背景下，以儒家哲學思想的學術研究為基礎，積極調動以儒學為主體的中國文化資源，促進儒學與現代社會相調適，並創造性地詮釋儒學精義，推動儒學現代化與世界化的學派。其代表人物有：湯一介、龐樸、張立文、余敦康、蒙培元、牟鐘鑒、陳來、楊國榮、郭齊勇、吳光、張祥龍、顏炳罡、景海峰、朱漢民、舒大剛等。這個名單也許還可斟酌，但這些個性、學養迥異的學者有著共同的取向，即強調中西融合與儒學的根源性、當代性、開放性、包容性、批判性、創造性和實踐性。他們在理論與實踐的兩方面都有開拓。

　　第一，在理論上，這一學派之兩代不同學者有新思考與新建構，在儒學新系統的建構上有創慧與貢獻。他們針對近 60 多年來的現實生活的弊端，如前 30 年，特別是文革時期的以階級鬥爭為綱的鬥爭、仇恨論，後 30 年以金錢權力掛帥，人心與環境出現大的問題，而予以反思。例如湯一介的（天人、知行、情景）「三個合一」論、龐樸的「一分為三」、張立文的「和合學」、蒙培元的「情感儒學」、牟鐘鑒的「新仁學構想」、陳來的「仁學本體論」等。他們的哲學思考，受到西方諸新思潮、新問題的啟發，也予以了回應和批評。他們是接著講（不是照著講），接著中國傳統，主要是儒釋道傳統，又特別是儒學傳統講的，包括接著熊十力、馮友蘭、牟宗三、唐君毅

講的，同時又努力超越之。他們思考的中心還是傳統儒學與當今時代的關係問題，調動儒學資源應對時代的挑戰。他們背後都有康德、牟宗三的影子，又不同程度地受到唯物史觀的深刻影響，肯定衣食住行、社會實踐。他們還受到現代西方哲學「拒斥形上學」、「反本質主義」的影響，一方面試圖有新的哲學系統，一方面仍主張消解形上學，宣稱不建構體系，或者只承認廣義的形上學的意義，終結狹義的形上學，把真實的「情」放在最高地。當然，儒學誠然重視生命、生活世界，不離日用常行，但傳統仁學背後有天、天命、天道的終極實在，不可消解。

　　我們以陳來的哲學建構為例。他的仁學本體論既是面對現代儒學建構形而上學的需要，也是面對中華民族復興時代重建儒學或復興儒學的需要，更是面對當今中國與世界的道德迷失的需要，因此它最終要落腳在價值、倫理、道德的領域。仁學本體論雖然重在講本體論、形上學，但崇本而能舉末，舉體而始成用，因此並非空言。陳來主張「仁體和用」，他的哲學體系的特點是：1、這一哲學沒有脫離中國哲學的主要傳統，而是置根於這一深厚的傳統之中，推陳出新，繼往開來。2、這一哲學吸收並回應了西方哲學的主要傳統，尤其深入分析了中西哲學本體論、生命哲學之異同，高揚了中國自己的本體哲學。3、這一哲學面對著中國的現實問題，重建仁學本體論對今天的中國有著重大的現實意義。

　　第二，在實踐上，這一學派之兩代不同學者積極支援、引導民間儒學的新開展。30 年來，中國大陸各地自發形成了民間儒學的再生運動。民間儒學是儒學靈根自植、重返社會人間的文化思想形態，使仁義禮智信、忠孝、廉恥等核心價值進入尋常百姓之家，成為老百姓的生活指南與安身立命之道，安立世道人心。大陸新儒家學者眼中有民，努力到民間去，弘揚儒學，把會議儒學、書本儒學轉化為民間儒學、生命儒學。民間儒學，也可以理解為在民間、在日常生活世界裏的儒學，或民間組織推動的儒學。現代儒學既包括鄉村儒學的重振，又包括城市社區儒學的建設，還有各地書院的重建，這是使中國文化的基本做人做事之正道，即儒家仁義之道，透過廣大城鄉的家庭及現代公民社會的組織形式，在國人的心中扎根。民間儒學的形態是多

樣的，它的出現是官、學、民、商各界互動的結果。與西方宗教在社會上日甚一日的發展相較，民間儒學的興起，堅持了文化的主體性，維繫了文化的生態平衡。

# 附　錄

## 一、郭齊勇簡介

　　郭齊勇，武漢大學哲學學院與國學院教授、博士生導師，中國傳統文化研究中心榮譽主任，人文社會科學研究院駐院研究員。2006 年被評為國家級教學名師，2017 年被評為世界儒學研究傑出人物，2020 年被評為「儒學大家」。曾任武漢大學人文學院院長、哲學學院院長，國際中國哲學會（ISCP）會長與主席、中國哲學史學會副會長等，現兼任中華孔子學會副會長、山東嘉祥曾子研究院名譽院長、貴陽孔學堂學術委員會主席。主要從事中國哲學與文化的教學與研究工作，專長為中國哲學史、儒家哲學。著有《中國哲學史》《中國儒學之精神》《中國哲學智慧的探索》《中華人文精神的重建》《儒學與現代化的新探討》《中國文化精神的特質》《中國人的智慧》《中國思想的創造性轉化》《現當代新儒學思潮研究》《熊十力哲學研究》等。

# 二、郭齊勇新儒學研究論著目錄

## 一、著作

1. 《熊十力及其哲學》，中國展望出版社，北京，1985 年 12 月；其修訂擴大本改名為《熊十力與中國傳統文化》，天地圖書公司，香港，1988 年 8 月；遠流出版事業公司，臺北，1990 年 6 月。

2. 《熊十力思想研究》，天津人民出版社，天津，1993 年 6 月第一版；新版改書名為《熊十力哲學研究》，人民出版社，北京，2011 年 10 月。

3. 《天地間一個讀書人：熊十力傳》，業強出版社，臺北，1994 年 11 月；上海文藝出版社，上海，1994 年 11 月第一版。新版改名為：《熊十力傳論》，北京：中國社會科學出版社，2013 年 1 月。

4. 《錢穆評傳》，與汪學群合著，百花洲文藝出版社，南昌，1995 年 1 月初版；2015 年 3 月第二版。

5. 《梁漱溟哲學思想》，與龔建平合著，湖北人民出版社，武漢，1996 年 5 月初版；北京大學出版社，北京，2011 年 3 月新版。

6. 《郭齊勇自選集》，廣西師範大學出版社，桂林，1999 年 3 月。

7. 《熊十力》，雲南教育出版社，昆明，2008 年 9 月。

8. 《立本開用：熊十力說儒》，與吳龍燦合著，孔學堂書局，貴陽，2015 年 5 月。

9. 《現當代新儒學思潮研究》，人民出版社，北京，2017 年 9 月。

## 二、整理、編輯的書

1. 《熊十力論著集之一——新唯識論》，點校、整理者之一，中華書局，北京，1985 年 12 月。

2. 《玄圃論學集——熊十力生平與學術》論文集，主要編輯、整理者之一，三聯書店，北京，1990 年 2 月；新版改書名為《存齋論學集：熊十力生平與學術》，三聯書店，北京，2008 年 10 月。

3.　《熊十力論著集之二——體用論》，點校、整理者之一，中華書局，北京，1994 年 2 月。

4.　《熊十力學案》，《現代新儒家學案》之一，中國社會科學出版社，北京，1995 年 9 月。

5.　《現代新儒學的根基——熊十力新儒學論著輯要》，中國廣播電視出版社，北京，1996 年 12 月。

6.　《熊十力學術文化隨筆》，中國青年出版社，北京，1999 年 1 月。

7.　《中國現代學術經典：錢賓四卷》（上、下），郭齊勇、汪學群編校，河北教育出版社，石家莊，1999 年 3 月。

8.　《熊十力全集》，九卷十冊，蕭萐父主編，郭齊勇副主編（主要收集、點校、整理、編纂者之一），湖北教育出版社，武漢，2001 年 8 月。

9.　《杜維明文集》，五卷五冊，郭齊勇、鄭文龍編，武漢出版社，武漢，2002 年 4 月。

10.　《玄圃論學續集——熊十力與中國傳統文化國際學術研討會論文集》，主編，湖北教育出版社，武漢，2003 年 3 月。

11.　《人文論叢》2006 年卷（第七屆當代新儒學國際會議專輯），郭齊勇、胡治洪執行主編，武漢大學出版社，武漢，2007 年 6 月。

12.　《熊十力卷》，中國近代思想家文庫之一，中國人民大學出版社，北京，2014 年 6 月。

13.　《徐復觀全集》，二十五種，二十六冊，徐武軍、王曉波、郭齊勇、薛順雄編，九州出版社，北京，2014 年。

14.　《劉述先文集》，十卷十冊，郭齊勇、胡治洪、姚才剛編，中國人民大學出版社，北京，2020 年。

15.　《熊十力集》，荊楚文庫之一，郭齊勇主編，湖北教育出版社，武漢，2020 年。

16.　《胡秋原集》，荊楚文庫之一，郭齊勇主編，武漢大學出版社，武漢，2020 年。

## 三、論文

1. 〈試論熊十力哲學的性質〉，與李明華合作，《江漢論壇》1983 年第 12 期。

2. 〈熊十力的認識辯證法初探〉，《中國社會科學》1985 年第 6 期，英譯載《中國社會科學》（英文版）1987 年第 1 期。

3. 〈熊十力及其哲學基本命題〉，《光明日報》1985 年 12 月 23 日理論版。

4. 〈論熊十力「天人不二」的思維模式〉，《江漢論壇》1985 年第 11 期。

5. 〈論熊十力的中國文化觀〉，《孔子研究》1987 年第 3 期。

6. 〈賀麟前期的中西文化觀與理想唯心論試探〉，《天津社會科學》1988 年第 1 期。

7. 〈梁漱溟的文化比較模式析論〉，《武漢大學學報》1988 年第 2 期。

8. 〈唐君毅與熊十力〉，臺灣《鵝湖》1989 年 2 月總第 164 期；《唐君毅思想國際會議論文集》（Ⅲ），香港法住出版社，1993 年 10 月。

9. 〈特立獨行　一代直聲——梁漱溟的人格和著作漫談〉，《社會科學報》1989 年 1 月 5 日；臺灣《中國文化月刊》1989 年 2 月總第 112 期。

10. 〈簡論牟宗三的中西文化比較模式〉，方克立、李綿全主編：《現代新儒學研究論集》（一），中國社會科學出版社，北京，1989 年 4 月。

11. 〈試論五四與後五四時期的文化保守主義思潮〉，臺灣《中國文化月刊》，1989 年 11 月總第 121 期；《學習與探索》1990 年第 1 期；《歷史的反響》，香港三聯書店，1990 年 5 月。

12. 〈熊馮金賀合論〉，《哲學研究》1991 年第 2 期；《新華文摘》1991 年第 5 期；臺灣《哲學與文化》1991 年第 7 期。

13. 〈熊十力「本體－宇宙論」諸範疇闡要〉，《中國文化》1991 年秋季號，總第 5 期，北京三聯書店。

14. 〈熊十力——文化意識宇宙中的巨人〉，李振霞主編：《當代中國十

哲》，華夏出版社，北京，1991 年 12 月。

15. 〈論熊十力對現代新儒學之形上學基礎的奠定〉，方克立、李綿全主編：《現代新儒學研究論集》（二），中國社會科學出版社，北京，1991 年 12 月。

16. 〈試論現代新儒學的幾個特點〉，《孔子誕辰 2540 周年紀念與學術討論會論文集》（下），上海三聯書店，1992 年 5 月。

17. 〈論賀麟的中國哲學史研究〉，《哲學雜誌》（山東聊城），1993 年 1 月第 1 期。

18. 〈「新儒家」和「新道家」的超越〉，臺灣《中國文化月刊》1993 年 5 月第 163 期。

19. 〈論徐復觀的思想史觀〉，《江漢論壇》1993 年第 6 期。

20. 〈論唐君毅的文化哲學〉，《求是學刊》1993 年第 4 期。

21. 〈論牟宗三「兩層存有論」的道德形上學〉，《天津社會科學》1993 年第 5 期。

22. 〈《熊十力全集》第一、二卷編者後記〉，《中國哲學史》1993 年第 3 期。

23. 〈唐牟徐合論〉，《學人》第五輯，江蘇文藝出版社，1994 年 2 月；《當代新儒家人物論》（第二屆當代新儒學國際研討會論文集），臺北文津出版社，1994 年 2 月。

24. 〈馬一浮的人格境界與哲理詩〉，《中國文化》1994 年 2 月總第 9 期，北京三聯書店。

25. 〈為熊十力先生辯誣──評翟志成〈長懸天壤論孤心〉〉（第八屆國際中國哲學大會論文），臺灣《鵝湖》1994 年 2 月總第 224 期。

26. 〈翟志成「審訂」之〈熊十力佚書九十六封〉糾謬〉，臺灣《鵝湖》1994 年 3 月總第 225 期。

27. 〈錢穆的文化學思想〉，與汪學群合作，《中州學刊》1995 年第 1 期。

28. 〈縱橫中西　集異建同──論錢穆的文化學與文化比較觀〉，與汪學群

合作，《新儒家評論》第 2 輯，中國廣播電視出版社，北京，1995 年 7 月。

29. 〈論錢穆的儒學思想〉，《學人》第八輯，江蘇文藝出版社，南京，1995 年 11 月；《當代新儒學的關懷與超越》（第三屆當代新儒學國際學術會議論文集），臺北文津出版社，1997 年 12 月。

30. 〈理性──梁漱溟中國文化觀的中心範疇〉，與龔建平合作，《珞珈哲學論壇》第一輯，武漢大學出版社，武漢，1996 年 11 月。

31. 〈錢穆學術思想探討〉，與汪學群合作，《學術月刊》1997 年第 2 期。

32. 〈形式抽象的哲學與人生意境的哲學──論馮友蘭哲學及其方法論的內在張力〉，《中州學刊》1998 年第 3 期。

33. 〈當代新儒家對儒學宗教性問題的反思〉，《中國哲學史》1999 年第 1 期。

34. 〈近 20 年當代新儒學研究的反思〉，《求是學刊》2001 年第 1 期；《中國社會科學文摘》2001 年第 5 期。

35. 〈論現代新儒學的特色〉，日文，日本北海道大學《中國哲學》第三十號，2001 年 12 月，吉田千奈美譯。

36. 〈近 20 年中國內地學人有關當代新儒學研究之述評〉，《人文論叢》2001 年卷，武漢大學出版社，武漢，2002 年 10 月。

37. 〈論杜維明學術思想〉，《中國哲學史》2002 年第 4 期。

38. 〈論熊十力與唐君毅在劉蕺山「意」與「誠意」觀上的討論與分歧〉，《玄圃論學續集》，湖北教育出版社，武漢，2003 年 3 月。

39. 〈熊十力與道家〉（第十屆國際中國哲學大會論文），《道家文化研究》第 20 輯，北京三聯書店，2003 年 9 月。

40. 〈中國民族性與中國文化精神──錢穆論歷史、民族與文化〉，《錢賓四先生百齡紀念會學術論文集》（新亞學術集刊第十四輯），香港中文大學新亞書院，2003 年。

41. 〈二十世紀新儒家再考〉，日文，日本大阪市立大學《中國學志》蠱

號，2003 年 12 月，白井順譯。

42. 〈熊十力の佛教唯識學批判〉，日文，日本關西大學《東西學術研究所紀要》第 37 期，2004 年 4 月，吾妻重二譯。

43. 〈現代新儒家的易學思想論綱〉，《周易研究》2004 年第 4 期。

44. 〈徐復觀論禮樂〉，《江西社會科學》2004 年第 8 期。

45. 〈形式抽象的哲學與生命體驗的哲學——馮友蘭哲學的內在張力〉，日文，日本東北大學文學部《文化》第六十八卷第一、二號合刊，2004 年 9 月，齋藤智寬譯。

46. An Overview of the New Confucian Intellectual Movement　*Contemporary Chinese Thought*　Winter 2004-5/ VOL. 36, NO. 2　M. E. Sharpe, 紐約 John Makeham　Sue Wiles 英譯。

47. 〈牟宗三先生以「自律道德」的理論詮釋儒學之蠡測〉，《哲學研究》2005 年第 12 期；《香港中文大學的當代儒者》（新亞學術集刊第十九輯），香港中文大學新亞書院，2006 年 10 月。

48. An exposition of *Zhou Yi* studies in modern Neo-Confucianism　*Frontiers of Philosophy in China, Selected Publications from Chinese Universities* 2006 年 1 卷 2 期，郝長墀譯，高等教育出版社，北京，2006 年 4 月。

49. 〈牟宗三《歷史哲學》新版序〉，《歷史哲學》，廣西師大出版社，桂林，2007 年 1 月。

50. 〈論熊十力對佛教唯識學的批評〉，《世界宗教研究》2007 年第 2 期。

51. 〈牟宗三先生會通中西重建哲學系統的意義〉，《人文論叢》2006 年卷，武漢大學出版社，武漢，2007 年 6 月。

52. 〈對歷史的敬意——錢穆的《國史大綱》〉，載馬寶珠主編：《20 世紀中國史學名著提要》，北京師範大學出版社，北京，2007 年 4 月。

53. 〈中國的現代儒學研究〉，俄文，俄羅斯科學院《遠東問題》2008 年第 1 期，姜明琪譯。

54. 〈牟宗三的形上學體系及其意義〉，臺灣《鵝湖》2009 年 12 月第 6

期。

55. 〈熊十力的易學與宋明易學的關係〉，黃黎星等主編：《黌門菊燦——蕭漢明教授七秩華誕紀念文集》，吉林文史出版社，長春，2009 年 12 月。

56. 〈綜論現當代新儒學思潮、人物及其問題意識與學術貢獻——兼談我的開放的儒學觀〉（上、下），《探索》2010 年 6 月第 3、4 期連載。

57. 〈胡秋原論中國知識分子〉，《南京大學學報》（哲學・人文科學・社會科學）2011 年第 4 期。

58. 〈新發現的徐復觀致胡秋原佚書三通〉，郭齊勇、介江嶺，臺灣中央研究院中國文哲研究所《中國文哲研究通訊》第二十二卷第二期，2012 年 6 月。

59. 〈徐復觀：勇者型現代新儒家學者〉，2014 年 6 月 14 日《新京報》B06 文化版。

60. 〈劉述先先生的學術貢獻——恭祝劉述先先生八十華誕〉，臺灣《鵝湖》2014 年第 7 期總 469 期。

61. 〈熊十力〉，《20 世紀中國知名科學家學術成就概覽》哲學卷第一分冊，科學出版社，北京，2014 年 12 月。

62. 〈現代三聖：梁漱溟、熊十力與馬一浮〉，《光明日報》2015 年 4 月 30 日第 11 版。

63. 〈明瞭民族生命精神之所寄——讀錢穆《國史大綱》〉，《北京日報》2015 年 9 月 28 日；《新華文摘》2016 年第 1 期轉載。

64. 〈從王陽明到熊十力——貴州龍場「陽明洞會講」第一期〉，《貴州大學學報》（社會科學版）2015 年第 5 期，郭齊勇等。

65. 〈熊十力與心學的易學觀〉，《陽明學研究》（創刊號），中華書局，北京，2015 年 10 月。

66. 〈牟宗三先生「三統並建」說及其現代意義——以「開出民主政治」說為中心〉，《孔子研究》2016 年 1 月第 1 期

67. 〈當代新儒學思潮概覽〉，《人民日報》2016 年 9 月 11 日第 5 版。

# 後 記

　　承高柏園校長抬愛，讓某與他連袂主編《當代新儒學叢書》，蒙臺灣學生書局及其主編陳蕙文女士關照，本書得以在臺出版，這都是令人十分高興的事情。本書收錄了我曾發表過的有關現當代新儒學的部分論文。在編稿過程中，得到譚競男、介江嶺、謝遠笋三位青年才俊的幫助。他們在武漢市的三所大學任教，本職工作之餘，幫我編稿，審讀、修訂，加工、整理，核對引文並盡可能把引文出處調整為全集本或文集本，又改為繁體字，按學生書局要求的體例、規範一一坐實。諸事非常瑣碎，三位博士很耐心很細緻地作業，令人感動！學生書局的責任編輯細心處理書稿。特此一並致謝！本書錯謬之處難免，敬請讀者賜教。

郭齊勇

丙申 2016 年仲秋於武昌珞珈山麓

國家圖書館出版品預行編目資料

郭齊勇新儒學論文精選集

郭齊勇著. – 初版. – 臺北市：臺灣學生，2020.05
面；公分. –(當代新儒學叢書)
ISBN 978-957-15-1823-7 (平裝)

1. 新儒學 2. 文集

128.07                                            108022441

**郭齊勇新儒學論文精選集**

| | |
|---|---|
| 主　編　者 | 郭齊勇、高柏園 |
| 著　作　者 | 郭齊勇 |
| 出　版　者 | 臺灣學生書局有限公司 |
| 發　行　人 | 楊雲龍 |
| 發　行　所 | 臺灣學生書局有限公司 |
| 地　　　址 | 臺北市和平東路一段 75 巷 11 號 |
| 劃撥帳號 | 00024668 |
| 電　　　話 | (02)23928185 |
| 傳　　　眞 | (02)23928105 |
| E-mail | student.book@msa.hinet.net |
| 網　　　址 | www.studentbook.com.tw |
| 登記證字號 | 行政院新聞局局版北市業字第玖捌壹號 |
| 定　　　價 | 新臺幣六〇〇元 |
| 出版日期 | 二〇二〇年五月初版 |
| ISBN | 978-957-15-1823-7 |

12852